Südtirol

Allgemeine Übersicht und Hauptverkehrsadern

Wanderatlas Südtirol

Ernst Höhne

Wanderatlas Südtirol

Die 185 schönsten Touren für die ganze Familie in Europas beliebtester Wanderregion

Bechtermünz

Inhalt

Rast auf dem Weg zur Hinteren Schöntaufspitze. Hinten Königsspitze, Zebrù und Ortler

Erker eines alten Bergwerksgebäudes in Steinhaus im Ahrntal

Die Grasleitenpaßhütte auf knapp 2600 Meter Höhe im Rosengartengebiet. Hier beginnt der Aufstieg zum Kesselkogel

Die Vajolethütte im gleichnamigen Tal, oben rechts der Kesselkogel

Inhalt

Eines der Wahrzeichen der Dolomiten, die Drei ZInnen von Norden, von ihrer Südtiroler Seite

Altes Bauernhaus im Pfitschtal gegen den Hochfernerstock der Zillertaler Alpen

Die Kirche von Kolfuschg gegen die Felsriesen der Sellagruppe

Zu den köstlichsten Früchten Südtirols gehören die herrlichen, meist in Pergeln wachsenden Trauben

Auf dem Weg zur Puezhütte, oben die Puezspitze

Wandern in Südtirol

Wohl ist die Welt so groß und weit und voller Sonnenschein; das allerschönste Stück davon ist doch die Heimat mein.

Bozner Bergsteigerlied

Keine Kunst ist es, in Südtirol eine große Anzahl begeisternd schöner Wanderungen und Touren für jeden Geschmack zu finden. Aber eine Kunst darf man es beinahe nennen, aus diesen fast unzähligen Wanderungen eine Anzahl herauszusuchen, die mit Recht als die schönsten zu bezeichnen sind. Ziel dieses Buches ist es, die reizvollsten der leichteren Wanderungen unter den vielen zu beschreiben, die es in Südtirol gibt. Auch den Autoren hat das Zusammenstellen ihrer Lieblingstouren großen Spaß gemacht, weckt doch allein die Erinnerung an sie die Lust, den Rucksack zu packen und wieder aufzubrechen. Mit den angeregten Wanderungen sind viele wunderschöne Erlebnisse von Landschaft, Menschen und Kultur Südtirols verbunden; darüber hinaus bringen sie Freude an der körperlichen Betätigung und Genugtuung über das Geleistete mit sich.

Südtirol bietet unzählige idyllische und geruhsame Wanderwege auch für Kinder und Ältere

An Südtirol beeindruckt den Besucher vor allem die grandiose Landschaft, die durch die großen Unterschiede in den Höhenzonen gekennzeichnet ist; von 200 Meter Seehöhe inmitten von Obst- und Weingärten reicht sie bis in die Nähe der Viertausendergrenze, genauer zum „König" Ortler – mit 3905 Metern ein menschenfeindliches Gebiet, in dem Fels, Schnee und Gletscher herrschen. So reizvoll solche Extreme auch wirken mögen, der Hauptteil des Landes liegt niedriger und umfaßt zahlreiche Zonen, in denen sich das Leben abspielt und die außerordentlich reichhaltig an Besonderheiten sind, die es zu entdecken gilt.

Die klimatischen Gegebenheiten lassen sich kurz zusammenfassen: Die Sonnenscheindauer ist größer, die Durchschnittstemperatur höher und die Niederschläge sind geringer als in jedem Gebiet nördlich der Alpen! Das ist angenehm und verlockend – und nicht zuletzt ein unüberschätzbarer Vorteil für jeden, der Wanderungen der nachfolgend geschilderten Art unternehmen will. Denn jeder weiß, daß eine Tour in einer faszinierenden Umgebung bei Regen nur einen Bruchteil so schön und befriedigend sein kann wie bei Sonne und guter Fernsicht. Ganz wesentlich tragen auch die Bewohner Südtirols dazu bei, daß sich der Fremde wohlfühlt. Die Südtiroler – soweit sie nicht aus dem Süden zugezogen sind – sprechen unsere Sprache, obwohl sie in einem italienischsprachigen Staat leben. Wir können uns also ohne weiteres mit ihnen verständigen, was sie durch Freundlichkeit und Aufgeschlossenheit erleichtern. Man kommt schnell mit ihnen ins Gespräch, wird in den Bergen oft angesprochen. Vor allem aber leben hier noch die alte Gastfreundschaft und die ganz selbstverständliche Hilfsbereitschaft, die auch intensiver Fremdenverkehr nicht verdrängen konnte.

Südtirol hat aber auch viele hochalpine Wege und Steige in seiner eindrucksvollen Berglandschaft

Kunst- und Kulturdenkmäler prägen die Eigenart dieses kleinen Landes. Aus vorgeschichtlicher, keltischer und römischer Zeit wurden Wallburgen, Menhire und zahlreiche Bauten gefunden.
In St. Prokulus bei Naturns gibt es die ältesten Fresken des deutschen Sprachraums. Man findet zahlreiche romanische Kirchen, doch die Blütezeit der Südtiroler Kunst war die Spätgotik, aus der die meisten und die beeindruckendsten Bauwerke, Schnitzereien und Malereien von berühmten Meistern erhalten sind.
Die fest verwurzelte Gotik verzögerte das Eindringen der Renaissance, was sich auch in der Volkskunst zeigt, die von dieser Stilrichtung kaum Kenntnis nahm. Ganz anders Barock und Rokoko: Sie wurden freudig aufgenommen, in großartige Werke umgesetzt und haben auch die Volkskunst nicht wenig beeinflußt.
Es ist nicht zu übersehen, daß zahlreiche vielgestaltige Schönheiten in diesem Land auf ziemlich kleinem Raum zu entdecken sind. Deshalb sollen die Wanderungen nicht allein als sportliche Betätigung inmitten einer liebenswerten Landschaft erlebt werden, sondern auch als Wege zu den vielfältigen anderen Sehenswürdigkeiten des Landes. Entsprechende Hinweise wurden deshalb in die Beschreibung der Touren aufgenommen. Die Zusammenstellung der reizvollen Unternehmungen hat erst durch die Unterstützung mehrerer Mitarbeiter, zum Teil Südtiroler, ihre nötige Kompetenz erlangt.
Für guten Rat und sachverständige Beiträge danke ich besonders Frau Giovanna Koch, Herrn Hans Kammerer, Herrn Dr. Karl-Heinz Rochlitz und Herrn Kurt Wustl.
Allen Lesern wünschen wir von Herzen, daß sie neben herrlichen Wanderungen und unvergeßlichen Ausblicken auch etwas von der Kultur der Täler und ihrer Bewohner kennenlernen. So kann Südtirol zur Landschaft der Sympathie und der Sehnsucht werden, das seine Anziehungskraft ein Leben lang behalten wird.

Ernst Höhne

Südtirol – eine Übersicht

NATÜRLICHE GEGEBENHEITEN

GEOGRAPHIE

Die geographische Einteilung des Landes ergibt ausschließlich die Zugehörigkeit zu verschiedenen Gebirgsgruppen der Alpen. Demnach gehört Bozen zu den Sarntaler Alpen und Meran zu den Ötztaler Alpen. Ohne Berücksichtigung der zahlreichen Untergruppen sieht das so aus:

Die geographische Aufteilung Südtirols in Gebirgsgruppen

GEOLOGIE

Aus der Sicht der Geologen unterscheidet man in Südtirol drei geologische Zonen:
Die Ostalpine mit meist kristallinem Gestein der Zentralalpen, die Südlichen Kalkalpen und die Bozner Porphyrplatte dazwischen. Jede dieser drei geologischen Zonen setzt sich aus verschiedenartigen Gesteinen zusammen, die im Lauf der Entwicklung sozusagen zusammengewürfelt wurden, wobei zahlreiche Ursachen maßgebend waren: Hebungen, Faltungen und Verschiebungen durch die Annäherung des afrikanischen Kontinents an Europa, was zur Bildung der Alpen und anderer Gebirge geführt hat, aber auch vulkanische Einflüsse. Man nimmt an, daß die Nördlichen Kalkalpen aus dem Bereich der Zentralalpen nach Norden geschoben wurden. Im Lauf dieses Geschehens gerieten auch riesige Massen kristalliner Gesteine in große Tiefe, wo sie durch Druck und Temperaturen zu metamorphen Gesteinen, wie Phylliten, Schiefern und Gneisen, umgewandelt wurden. Später wurden sie wieder gehoben, heute treten sie im Bereich der Ötztaler Alpen zutage. Dazu kamen noch Glimmerschiefer und Quarzphyllite, die auch in den Ortler-Alpen einen großen Anteil besitzen; in deren westlichem Teil liegt auf den genannten Gesteinen noch ein Rest aus Triaskalk und Dolomit – Überbleibsel der großräumigen Dekke, die größtenteils in die Nördlichen Kalkalpen verschoben wurde.

Name	Größe (in qkm)	Höchster Gipfel in Südtirol	
Sesvennagruppe	170	Piz Sesvenna	3205 m
Ötztaler Alpen	1000	Weißkugel	3739 m
Ortler-Alpen	1550	Ortler	3905 m
Stubaier Alpen	400	Wilder Freiger	3418 m
Sarntaler Alpen	1150	Hirzer	2781 m
Fleimstaler Alpen	400	Schwarzhorn	2440 m
Zillertaler Alpen	730	Hochfeiler	3510 m
Venedigergruppe	200	Dreiherrnspitze	3499 m
Rieserfernergruppe	300	Hochgall	3435 m
Villgratner Berge	250	Kerlskopf	2836 m
Dolomiten	1350	Langkofel	3181 m

Auf dem Weg vom Büllelejoch zur Drei - Zinnen - Hütte; darüber die Bödenknoten

Im Nordosten Südtirols, im Bereich der Hohen Tauern, wurden die Decken so stark herausgehoben und wieder abgetragen, daß die tieferliegenden Schichten des Penninikums zutage treten. Ihr harter Kern, Zentralgranite und -gneise, bilden den Zillertaler Hauptkamm, zusammen mit grünlichem Bündner Schiefer. An der Südabdachung liegen die südalpinen Decken – wiederum zuunterst kristallin, darüber kilometermächtige Stapel von Meeressedimenten, die an ihrem Nordrand am stärksten gehoben wurden, so daß – nach Abtragung der Deckschichten – im Raum Brixen der kristalline Untergrund in Form von Quarzphyllit auftaucht. An der Insubrischen Bruchlinie sind auch flüssige Gesteinsschmelzen an die Oberfläche gedrungen, die am Ifinger bei Meran, im unteren Pustertal sowie in der Rieserfernergruppe Granitstöcke gebildet haben. Ansonsten besteht der Hauptanteil des Südalpins,

Deutliche Unterschiede zwischen Schiefer und Kalk in der Latemargruppe

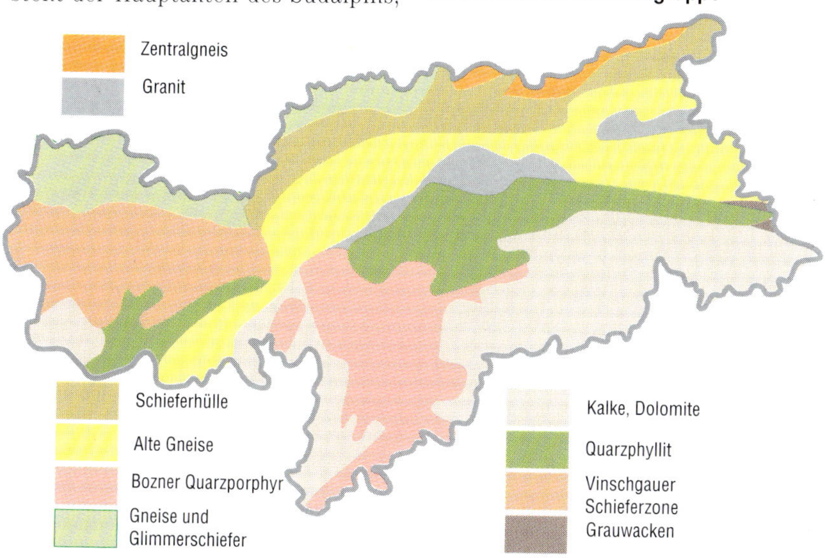

Geologische Übersicht Südtirols nach Gesteinsarten

vereinfacht als Südliche Kalkalpen bezeichnet, aus flachlagernden, kaum verfalteten Kalk- und Dolomitbänken, die aus Meeresablagerungen wie Korallenriffen, Schalentieren, Algen und Kalkschlamm der Triaszeit hervorgegangen sind und zahllose Versteinerungen enthalten. Schließlich ist die Bozner Quarzporphyrplatte zu nennen, die größte vulkanische Gesteinsmasse des europäischen Festlandes, die den Südteil der Sarntaler Alpen und die flacheren Randberge der westlichen Dolomiten aufbaut. Laven, Tuffe und Aschen wurden hier in der Permzeit vor rund 250 Millionen Jahren an die Oberfläche befördert und bilden heute eine starre, bis zu 2000 Meter mächtige Platte, über die sich in den zentralen Dolomiten die erwähnten Kalksedimente legen.

VERGLETSCHERUNG

Obwohl es am Südhang des Alpenhauptkamms liegt, besitzt Südtirol doch eine beachtliche Anzahl auch größerer Gletscher. Das gilt natürlich in erster Linie für die zentrale Ortlergruppe, aber auch für die kleinere Rieserfernergruppe, deren nordgerichtete Talschlüsse alle zu Südtirol gehören, und für einen Teil der Venedigergruppe. Auch an der Südseite des Alpenhauptkamms, der auf etwa 130 Kilometern die Grenze zu Nordtirol sowie zu Salzburg bildet, existieren zahlreiche beachtliche Gletscherflächen. Es ist erstaunlich, daß der größte Gletscher Südtirols, der Übeltalferner der Stubaier Alpen, gegen Süden gewandt ist. Sein relativ hohes Becken (hauptsächlich zwischen 3400 und 2700 Meter Höhe), aber auch die klimatische Lage haben seine Größe erhalten. Das ist aber untypisch, denn fast durchgehend sind die nordgerichteten Gletscher auch größer. Die Gletscher Südtirols tragen im Westen – bis in die Zillertaler Alpen hinein – den Namen Ferner, was auch für die Ortler-Alpen zutrifft, während man sie weiter im Osten – im überwiegenden Teil der Zillertaler Alpen, in der Venedigergruppe ganz und in der Rieserfernergruppe mei-

Eine eigenartige Erscheinung zeigen die sogenannten Erdpyramiden, hier am Ritten

Stark vergletschert ist der Talschluß des Suldentals, wo Suldenferner und Ebenwandferner zusammengewachsen sind

stens – Keese nennt. Wie die meisten Gletscher Europas sind auch die Südtiroler in den letzten Jahrzehnten stark zurückgegangen. Das äußert sich nicht allein in der geringen Länge, sondern auch in der Stärke des Eisstroms. Für den Bergsteiger hat das erhebliche Auswirkungen, da mit abnehmender Stärke immer mehr Spalten und Brüche zutage treten. Das heißt, die Überquerung von Gletschern ist wegen der nötigen Umwege umständlicher und gefährlicher geworden. Diese Tatsache wird von vielen Gletscherbegehern immer noch ignoriert – oft zu ihrem Unglück. Die Gletscher Südtirols gehören zum allergrößten Teil den Kargletschern des Pyrenäentyps an, der auch unter der Bezeichnung „Gletscher zweiter Klasse" geläufig ist. Rund 20 darf man als alpine Gletscher bezeichnen, die aus einem Nährbecken eine ausgeprägte Zunge entsenden. Mindestens einer, der Übeltalferner, gehört zum Himalayatyp, der durch Zusammenfluß von Eis aus mehreren Nährbecken gekennzeichnet ist. Neben dem Übeltalferner (9,5 qkm) gehört der Langtauferer Ferner (8,5 qkm) zu den größten Gletschern Südtirols.

KLIMA

Die klimatischen Bedingungen Südtirols sind – im Vergleich zu nordalpinen Gebieten – durch relativ hohe Durchschnittstemperaturen und mehr Sonnenscheintage gekennzeichnet. Daraus auf ein einheitliches Klima Südtirols zu schließen, wäre völlig verfehlt. Denn die klimatischen Unterschiede innerhalb des Landes klaffen weiter auseinander als die der nordalpinen Nachbarn. So erhalten die Täler in nächster Nähe des Alpenhauptkamms bei niedrigen Durchschnittstemperaturen fast extrem starke Niederschläge. Der Süden mit seinen geringen Seehöhen hat die meisten Sonnentage, muß andererseits aber auch nicht selten unter zu geringen Niederschlägen leiden. Zwischen den niedrigen Lagen des Südens und den sehr hohen der höchsten Berge liegen also – klimatisch gesehen – ganze Welten. Trotzdem genießen wir „Nordlichter" die angenehmen Durchschnittswerte. Südtirol hat auch gegenüber dem Hauptteil von Oberitalien verschiedene Vorzüge, so ist es gänzlich frei von hartnäckigem Nebel. Insgesamt kann man das Land – klimatisch gesehen – als geglückte Mischung aus Nord und Süd betrachten.

PFLANZEN UND TIERE

Die Artenvielfalt der Pflanzen- und Tierwelt Südtirols ist allgemein bekannt und bildet zweifellos einen seiner Anziehungspunkte. Sie erklärt sich aus klimatischen Bedingungen, großem Spielraum in den Seehöhen und dem relativ hohen Anteil an Ödland und von Menschen kaum beeinflußten Gebieten. Pflanzen und Tiere des Mittelmeerraums beeindrucken die aus kühleren Gegenden kommenden Urlauber besonders: Hier wachsen Palmen, Zypressen, Lorbeer , Mandel-, Maulbeerbäume und Zedern, es kreuchen und fleuchen so seltene Geschöpfe wie Smaragdeidechse, Schildviper, Gottesanbeterin, Singzikade und Hirschkäfer.

Ungleich größer ist noch die Vielfalt der alpinen oder teilalpinen Arten. Die Bergblumenpracht Südtirols ist fast sprichwörtlich. Doch nicht nur der Laie erfreut sich an den bunten Teppichen, auch der Botaniker findet zahlreiche eher seltene oder endemische, das heißt, nur hier vorkom-

Steinröserl, Breitblättriger Enzian, Gelber Alpenmohn, Krokus, Edelweiß, Storchschnabel (von links nach rechts)

mende Arten. Dabei übertrifft der Kalkuntergrund die kristallinen Gesteine auffällig an Blumenvielfalt; manche Pflanzen wachsen nur auf alkalischem Kalk, andere nur auf eher saurem Boden. Es würde zu weit führen, die schönsten hier aufzuzählen. Sicher ist jedoch, daß viele Berglandschaften Südtirols als Blumenparadiese schon unzählige Menschen beeindruckt und begeistert haben.

Das gilt in ähnlicher Weise, wenn auch nicht so ins Auge stechend, für fast alle Alpentierarten. Angefangen mit den wiedereingebürgerten Alpensteinböcken findet man hier Steinadler, Gemsen, Murmeltiere, Schneehühner und in den Seen und Flüssen verschiedene Forellen- und weitere Fischarten. Dazu kommen noch die auch in tieferen Lagen heimischen Wildtiere wie Rehe, Füchse, Auer- und Birkhühner, Stein- und Rebhühner und unzählige andere. Wissenschaftler haben 350 Wirbeltierarten gezählt, aber noch viel größer ist die Zahl der Käfer – nämlich 4000!

Eine weitere erfreuliche Tatsache sind die noch vorhandenen ausgedehnten Laub-, Misch- und Nadelwälder. Deren Bedeutung darf, außer für den Menschen als Urlauber, nicht übersehen werden als Klimafaktoren, Feuchtigkeitshalter und Grundlagen vieler Biotope. Trotz vieler Eingriffe durch den Menschen hat sich der Zustand von Flora und Fauna noch einigermaßen intakt und lebensfähig erhalten, sicher einer der größten Vorzüge des Landes.

Einer der heute wieder in Südtirol vorkommenden Steinböcke

NATURPARKS

In Südtirol wurden zum Schutz der Natur mehrere Naturparks angelegt, in denen strenge Schutzbestimmungen gelten. Zur Zeit gibt es folgende bestehende beziehungsweise in Vorbereitung befindliche Naturparks: Stilfser-Joch-Nationalpark, Naturpark Fanes-Sennes-Pragser-Dolomiten, Naturpark Puez-Geisler, Naturpark Schlern, Naturpark Texelgruppe, Naturpark Rieserfernergruppe, Naturpark Sarntaler Alpen, Naturpark Drei Zinnen, Naturpark Truden-Altrei-Hornspitze.

Die Blumenrabatte im Meraner Kurpark zeigt den Tiroler Adler

DATEN, FAKTEN, ZAHLEN

Südtirol entspricht der italienischen Provinz Bozen (Bolzano), an deren Spitze der Landeshauptmann (Prefetto) steht. Die Provinz ist in zehn Gerichtsbezirke gegliedert: Bozen, Brixen, Bruneck, Kaltern, Klausen, Meran, Neumarkt, Schlanders, Sterzing und Welsberg.

GRÖSSE

Südtirol ist mit 7400 Quadratkilometern Fläche und 444000 Einwohnern ein eher kleines Gebiet. In welchem Ausmaß das Leben in Südtirol durch die Berge bestimmt wird, zeigt die Angabe der Höhenstufen:

Bis 500 m Höhe	3,9 % der Fläche
500 bis 1000 m	10,2 % der Fläche
1000 bis 1500 m	21,5 % der Fläche
Über 1500 m	64,4 % der Fläche

WIRTSCHAFT

Neben dem Fremdenverkehr bildet die Landwirtschaft – und hier wiederum vor allem Obst- und Weinbau – die Haupterwerbsquelle der Südtiroler. Trotz des hohen Anteils an Gebirgsgegenden beträgt die landwirtschaftlich genutzte Fläche 36,8 %.
39,3 % des Landes sind mit Wald bedeckt, so daß die nicht genutzte und für die Landwirtschaft unproduktive Fläche nur 22,2 % beträgt.

→ Obstbau

Der relativ junge, mit der Trockenlegung der Etschsümpfe begonnene Obstanbau in Südtirol hat in rund 200 Jahren einen großen Aufschwung genommen und sich zu einem wichtigen Wirtschaftsfaktor entwickelt. 8000 Unternehmen produzieren auf 15000 Hektar 6 Millionen Doppelzentner Äpfel und Birnen, die zu 60 % exportiert werden. Das konnte nur durch den Bau von Bewässerungsanlagen und mit viel Fleiß erreicht werden. Bei den Äpfeln steht die Sorte Golden Delicious mit 40 % an der Spitze, bei den Birnen die Sorte Kaiser Alexander mit 57 %.

→ Weinbau

Anders als der Obstanbau hat die Weinkultur in Südtirol ein beachtliches Alter von etwa 2500 Jahren. Hier wurde lang vor der Römerzeit Wein gebaut, der von hervorragender Qualität gewesen sein muß, da sogar Kaiser Augustus – und nicht nur er – den „rätischen Wein“ aus dem Etschtal hochschätzte. Im Mittelalter ging ein großer Teil der Produktion nach Süddeutschland: Dortige Klöster verfügten über Besitzungen in Südtirol. Doch auch die Einheimischen waren ihrem Rebensaft nicht abgeneigt, wie die Lieder Oswalds von Wolkenstein beweisen. Eine typische Eigenart des Südtiroler Weinbaues ist die Pergel, ein laubenartiger Hochanbau. Obwohl ein guter Teil der Weinherstellung in

Ein beliebtes Vergnügen für Gäste und Einheimische ist das Törggelen im Herbst

bäuerlichen Händen liegt, haben sich doch viele Bauern zu größeren Genossenschaften zusammengeschlossen. Der Weinbau ist hier auf Qualität ausgerichtet und erzeugt keine sehr großen Mengen – etwa 1 % des europäischen Weines. Das sind rund 550000 Hektoliter, von denen 82 % auf Rotweine entfallen. Diese Menge kommt von 5800 Weinbaubetrieben, 5800 Hektar Anbaufläche und etwa 20 Millionen Rebstöcken. Über 60 % der Produktion werden exportiert. Die verbreitetste Rebsorte ist mit 66 % der Vernatsch.

BEVÖLKERUNG

Die Einwohner setzen sich nach der Volkszählung 1991 aus drei Sprachgruppen zusammen: Von 422851 Menschen waren 287593 Deutsche, 116914 Italiener und 18434 Ladiner. Das war nicht immer so, wie die untenstehende Aufstellung zeigt.

Während nach dem Anschluß an Italien 1919 der italienische Bevölkerungsanteil um etwa 2000 % anstieg, ging der deutsche nach der Umsiedlung 1939 um 25 % zurück, erreichte erst 1953 wieder etwa die Zahl von 1910 und hat seither leicht zugenommen, während der italienische Anteil seit ungefähr 1970 wieder etwas zurückgeht.

Wann	Bevölkerung gesamt	Deutsche	Italiener	Ladiner
1910	237800	221200	6950	9350
1921	232600	202400	20300	9900
1939	326700	234650	80800	11250
1943	291700	176300	104750	10650
1953	341521	214257	114568	12696
1961	373582	232717	128271	12594
1971	413566	260351	137759	15456

GESCHICHTE

Der Rückblick auf die Vergangenheit des politischen Begriffs Südtirol reicht, genau genommen, nur bis 1919, da Südtirol bis zu dieser Zeit Teil von Tirol gewesen war. Dieses Land Tirol umfaßte neben Südtirol auch Nordtirol und Osttirol in Österreich sowie Täler und Orte in den heutigen italienischen Provinzen Trient und Belluno und war seit dem 14. Jahrhundert zu einer historischen Einheit zusammengewachsen.

Mindestens seit der Jungsteinzeit haben Menschen in Südtirol gelebt, und sie scheinen sich rasch ausgebreitet zu haben, wofür die Steinkistengräber von Eppan ebenso sprechen wie rund 800 Siedlungsstätten aus vorrömischer Zeit. Andere Gräberfunde deuten auf ein einheitliches Kulturgebiet zu beiden Seiten des Brenners hin. Schon in der Bronzezeit wurden die Kupfererzlager des Ahrn- und des Eisacktales ausgebeutet. Welche Völker damals im Gebiet von Südtirol gewohnt, welche Sprache sie gesprochen haben, ist nicht bekannt. Wahrscheinlich gehörten sie verschiedenen Rassen, Sprachen und Dialekten an. Doch die Römer, die mit dem Feldherrn Drusus 15 v. Chr. in das Gebiet eingedrungen waren, nannten diese vielen Völker – wie die meisten anderen in den Alpen wohnenden – trotz ihrer Verschiedenheit kurzerhand Räter. Später unterschieden sie im Gebiet von Südtirol Isarken, Genaunen, Breonen und Venosten, deren Namen heute in verschiedenen italienischen Bezeichnungen wieder auftauchen. Die Zeit der römischen Be-

An die Zeit vor ungefähr 2000 Jahren erinnern stellenweise auch heute noch die römischen Meilensteine

satzung beeinflußte die unterworfenen Räter, vor allem aber bildete sich in dieser Zeit aus dem Römischen und den einheimischen Dialekten die rätoromanische Sprache, die damals wahrscheinlich von Piemont bis Friaul und vom südlichen Alpenrand bis weit nach Bayern hinein in vielen Abstufungen gesprochen wurde. Auf die römische folgte die ostgotische Herrschaft, die zwar nicht so starke Eindrücke hinterließ, aber dennoch nicht ohne Einfluß geblieben ist. Die Nachfolge des fast 300 Jahre bestehenden Ostgotenreichs traten in Südtirol zwei weitere germanische Völker an: Vom Süden kamen die Langobarden, von Norden die Bajuwaren, die die Slawen aus dem Pustertal nach

Die Trostburg über Eisack- und Grödental; vorn die Kirche von Kollmann

sondern anfangs nur eine religiöse und teils eine der Regierenden.
Im 14. und 15. Jahrhundert dürften in Tirol ebenso viele Menschen rätoromanisch wie deutsch gesprochen haben. Die längere friedliche Zeit mit kürzeren unruhigen Abschnitten förderte die Kunstentwicklung, die fast ausschließlich in Kirchen und Klöstern stattfand. Stärkere Einschnitte brachten der Bündnerkrieg, die Auswirkungen der Reformation und die Bauernerhebung. In den Freiheitskriegen führte der gemeinsame Aufstand aller Tiroler zwar nicht zum Erfolg, er bewies aber, zu welchen fast unglaublichen Leistungen ein Volk fähig ist. Nur wenige Jahre dauerte die napoleonische Aufteilung Tirols zwischen Bayern und dem neuen Königreich Italien, bis Tirol wiederhergestellt wurde.
Im Vertrag von St. Germain wurde dem Königreich Italien am 10. September 1919 Tirol bis zum Alpenhauptkamm im Norden und bis zur Kammverbindung Dreiherrnspitze-Karnischer Hauptkamm im Osten zugesprochen. Daß es so weit kam, war nicht allein eine Belohnung für den Kriegseintritt Italiens, sondern sicher ein Erfolg der umfangreichen Verfäl-

Osten zurückdrängten. Mit dem Sieg Karls des Großen über Bajuwaren und Langobarden kam das Gebiet an das Fränkische Reich und so später an das Deutsche Kaiserreich, wobei an den kleinen Herrschaftsgebieten und vor allem am weiteren bajuwarischen Zuzug nichts geändert wurde.
Im Jahr 1027 verlieh Kaiser Konrad II. die Lehenshoheit über den größten Teil des Gebietes von Tirol den Bischöfen von Trient und Brixen. Diese setzten Angehörige des niederen Adels als Vögte ein, die sich bald gegenseitig bekriegten. Die Grafen von Vinschgau, die sich später Grafen von Tirol nannten, wurden im Lauf dieser Kämpfe immer mächtiger, so daß sie die Führung des von ihnen Tirol genannten Landes übernahmen. Hauptstadt wurde Meran, und das Land erhielt ein Mitbestimmungsrecht der Stände, eine demokratische Ordnung, die im Großen Freiheitsbrief von 1342 festgelegt wurde. Obwohl nach dem Aussterben der Grafen von Tirol und der nachfolgenden Grafen von Görz Tirol an Habsburg kam und Innsbruck zur neuen Hauptstadt erhoben wurde, festigte sich der Zusammenhalt der Tiroler immer mehr. Das war ein erstaunlicher Prozeß, da keine sprachliche Übereinstimmung herrschte,

Altertümlich, vornehm und gemütlich: Kachelofen und Wandtäfelung im Schloß Velthurns

schungs- und Täuschungsarbeit Ettore Tolomais, wodurch der amerikanische Präsident Wilson veranlaßt wurde, den von Italien geforderten neuen Grenzen zuzustimmen. Die Abtrennung wirkte wie ein Schock, und Hoffnungen auf verständnisvolle Behandlung der deutschen Minderheit erwiesen sich schnell als haltlos. 1922 fand die Machtergreifung der Faschisten statt, die zum traurigsten Datum für die Südtiroler werden sollte. Mit aller Konsequenz wurde nun versucht, allen Einwohnern und allen Regionen Italiens eine einheitliche Kultur aufzuzwingen. Deutsche Schulen, deutsche Parteien und Vereine wurden verboten, Italienisch als Amtssprache eingeführt. Auf Grabsteinen mußten deutsche Namen beseitigt werden. Alle staatlichen Stellen in Verwaltung, Polizei, Bahn und Post wurden ausschließlich mit Italienern besetzt. Trotz Androhung drakonischer Strafen bildeten sich sogenannte Katakombenschulen, in denen den Kindern die deutsche Schriftsprache vermittelt wurde, die in der Schule nur Italienisch lernten.

Nach beinahe zwei Jahrzehnten der Unterdrückung folgte der größte Schlag gegen die Südtiroler: Das Umsiedlungsabkommen zwischen Hitler und Mussolini. Schließlich entschieden sich 86 % der Südtiroler für Deutschland, und damit dafür, die Heimat verlassen zu müssen. Es war ein Sieg für die Italianisierungspolitik, denn die restlichen 14 % Südtiroler Minderheit waren kein Problem mehr für die Machthaber. Bis September 1943 waren 75000 deutsche Südtiroler umgesiedelt worden. Nach dem Umschwenken der Italiener zu den Alliierten wurde die Aussiedlung eingestellt, und Südtirol kam unter deutsche Verwaltung.

Nach dem Ende des Zweiten Weltkriegs hoffte man in Südtirol auf die Anwendung des Selbstbestimmungsrechts, was aber von den Siegermächten abgelehnt wurde. Am 5. September 1946 wurde der Pariser Vertrag geschlossen, der Maßnahmen für den Schutz der Südtiroler enthielt und Österreich als Schutzmacht Südtirols

Eines der Wahrzeichen für Südtirols jüngere Geschichte, die Burgruine Sigmundskron

vorsah. Die im Vertrag vorgeschriebenen Maßnahmen wurden von der italienischen Regierung aber unterlaufen, indem sie die Region Trentino-Südtirol einführte, in der die deutschsprachigen Südtiroler in der Minderheit waren.

Die Behandlung der Südtiroler Anliegen in der Regionalregierung erregte in Südtirol Empörung und Enttäuschung, die besonders anschwoll, als Italien auf die österreichische Südtirol-Note negativ reagierte. Sprengstoffanschläge, darauffolgende Verhaftungen und Folterungen und die Mailänder Prozesse machten die Weltöffentlichkeit auf Südtirol aufmerksam. Erst als 1961 die Südtirol-Frage vor die UNO und den Europarat gebracht wurde, fand sich die italienische Regierung bereit, eine Kommission einzusetzen, die Vorschläge für eine Lösung ausarbeiten sollte. Nach fünfjähriger Arbeit legte die Regierung endlich ein Gesamtangebot von Maßnahmen zur Lösung der Südtirol-Frage vor, das „Südtirol-Paket“. Aus dem Abstimmungsergebnis 583 Ja- zu 492 Nein-Stimmen geht allerdings deutlich hervor, daß das Südtirol-Paket nicht das Nonplusultra der Südtiroler Wünsche darstellte.

SPRACHE UND BRAUCHTUM

Aus der Geschichte geht deutlich hervor, daß in der Region Südtirol im Lauf der Zeit viele Völker und Sprachen zusammengetroffen sind, die alle etwas zum Südtiroler von heute beigetragen haben. Die rätoromanische Sprache, die noch vor einigen Jahrhunderten

Auf alte Tradition und die Freude an künstlerischer Ausschmückung weisen die Fahnen der Schützenkompanien hin

Zum alten Brauchtum gehören die Trachtentänze im Grödental

weit verbreitet war, ist zwar langsam der deutschen gewichen, man findet sie aber heute noch als ladinisch in einigen Dolomitentälern. Das gilt nicht für das sogenannte Welschtirol, wo die italienische Sprache die rätoromanische fast vollkommen verdrängt hat. Das neben dem germanischen auch sehr starke rätoromanische Element herrscht – wenn auch ohne eigene Sprache – in manchen Gebieten deutlich vor und äußert sich in Namen, Sprachgewohnheiten und Bauweise. Von anderen Vorläufern aus vorrätoromanischer Zeit, den Illyrern, Kelten oder Römern lassen sich Erbeinflüsse vermuten, aber kaum schlüssig nachweisen. Die Unterschiedlichkeit der Menschen, die verschiedenen Überlieferungen und besonders die religiösen Anlässe haben zu einer Fülle von Bräuchen und Gewohnheiten geführt, von denen viele noch heute gültig sind oder wenigstens in der Erinnerung der älteren Menschen weiterleben, wenn auch moderne Einflüsse eher zum Vergessen beitragen. Freilich darf auch nicht ganz übersehen werden, daß manche Bräuche deshalb gepflegt werden, weil man sich davon eine Förderung des Fremdenverkehrs verspricht. Unter den Bräuchen finden sich viele mit vorchristlicher Herkunft, die – teils christianisiert – bis heute lebendig geblieben sind.

Zu jedem Südtiroler Ort gehört eine Musikkapelle, die bei vielen Gelegenheiten in Trachten musiziert

Jahreszeitlich bestimmt sind viele Segnungen und Bitten um ein gutes Jahr, wie am Dreikönigstag nach den Rauhnächten. Praktische Bedeutung hatte der Schlenggltag, an dem Knechte und Mägde ihren Dienst beendeten und einen neuen antraten. Am Unsinnigen Donnerstag findet das Langeswecken (Frühlingswecken) statt. Am Kaassonntag werden Käsegerichte aufgetragen und auf den Anhöhen Feuer entzündet und brennende Holzscheiben abgelassen. Palmsonntag, Karfreitag und Ostersonntag sind besonders reich an verschiedenartigen Festlichkeiten. Die Wintervertreibung mit Lärm, Feuer und „Wilden Männern" ist, wie in vielen Bergländern, überall lebendig geblieben. Pfingstbräuche und das Fest des Viehaustriebs haben vorchristliche Grundlagen, die mit christlichen Gedanken überdeckt sind. Das jetzt schon zur Fremdenverkehrsattraktion gewordene Törggelen war früher ein ernsthafter Brauch der Einheimischen. Am Allerheiligen- und Allerseelentag wird für die Verstorbenen geheizt und der Tisch gedeckt; dann gehen die Hausbewohner schlafen, um die Gäste nicht zu stören.

Um Weihnachten herum bestehen noch viele Bräuche, die den guten Willen der ganzen Umwelt gegenüber ausdrücken sollen, der Toten wird gedacht, die Tiere werden besser gefüttert.

So ist das Brauchtum insgesamt ein noch lebendiges Zeichen der zahlreichen Wünsche der Menschen, die seit Jahrhunderten versucht haben, höhere Mächte und ihre nächste Umgebung positiv zu beeinflussen.

BILDENDE KUNST

In Südtirol beginnt die uns überlieferte bildende Kunst mit Felszeichnungen, dazu gehören etwa die Mühlespiele auf der Tschötscher Heide bei Brixen, und die Menhire, aufrechtstehende Steine mit Ritzzeichnungen.

In der Römerzeit wurden vollendete Skulpturen aus Stein und Bronze gefertigt. Die von St. Gallen geschickten irischen und angelsächsischen Mönche brachten um 800 eine weitere Kunstform, die Malerei. Farbkräftige Fresken entstanden in den ersten Kapellen des hier noch jungen Christentums. St. Prokulus bei Naturns enthält die ältesten Fresken des deutschen Sprachraums aus karolingischer Zeit. Es ist nicht zu übersehen, daß die neuen Kunsteinflüsse ab dieser Zeit von Westen gekommen sind, die in der Zeit der Romanik sich über ganz Südtirol verbreitet haben und auch zahlreiche Bauwerke entstehen ließen. Noch heute kann man die eindrucksvolle Stiftskirche von Innichen aus dieser Epoche bewundern. Es muß damals eine schnelle Entwicklung stattgefunden haben, denn in wenigen Jahrhunderten entstand eine große Zahl von Kirchen und Burgen mit wertvollen Fresken. Hocheppan und Schloß Tirol sind wohl die bekanntesten Beispiele.

Die Ablösung durch die Gotik kam allmählich. So wurden zahlreiche Bauwerke romanisch begonnen und gotisch vollendet, wie die Stadtpfarrkirche von Bozen. Erst nach ein- bis zweihundert Jahren hatte sich die Gotik durchgesetzt, die die bedeutendsten und schönsten Werke in Südtirol hervorbrachte. Die Schnitzkunst erfuhr jetzt einen Höhepunkt. Die Namen Pacher, Multscher, Schnatterpeck, Lederer, Lutz von Schussenried stehen für diese Blütezeit der Kunst in Südtirol.

Hatte sich bisher die Kunst eindeutig auf religiöse Themen beschränkt, so entdeckte sie mit den Fresken von Runkelstein erstmals auch weltliche. Die Minnesänger machten ebenfalls lebensnähere Themen zum Gegenstand ihrer Lieder. Oswald von Wolkenstein und Walther von der Vogelweide sind die berühmtesten Südtiroler auf diesem Gebiet.

Wie stark verwurzelt die Gotik bei den Einheimischen war, zeigt die Tatsache, daß die Renaissance fast nicht Fuß fassen konnte; in Südtirol gibt es nur wenige Beispiele, wie die Brixner Hofburg oder Schloß Velthurns. So wurde hier – beinahe – die Spätgotik durch das Barock abgelöst und vom Volk erfreut aufgenommen. Dieser neue, heitere, beschwingte Stil brachte das, was die fremdartige Renaissance ausgeschlossen hatte. Viele prachtvoll ausgemalte Kirchen entstanden und ältere wurden barockisiert.

St. Leonhard in Abtei, Toblach und Neustift gehören zu den schönsten, wie die Rokokokirchen von Kaltern oder Gries. Barock und Rokoko waren „Volks-Stile", die man nicht mehr missen wollte und die ihre Beliebtheit behielten, als die europäische Kunst sich längst anderen Stilen zugewendet hatte. Es ist interessant, daß die Volkskunst, also die der nicht ausgebildeten Künstler, diesen Stilarten näher steht als allen moderneren Kunstrichtungen.

Von Hocheppan aus soll man 30 Burgen sehen können! Das allein würde schon berechtigen, vom vielleicht burgenreichsten Land der Erde zu sprechen. Die Kirchen, die man von Eppan aus sieht, hat noch niemand gezählt. Es sind vermutlich etwa doppelt so viele. Wie in den meisten katholischen Ländern bildeten sie über Jahrhunderte die Kristallisationspunkte der Kunst. Im Anhang sind die sehenswertesten Kirchen, Burgen und Schlösser, also die bedeutendsten Kulturstätten des Landes, zusammengestellt für diejenigen, die neben dem Wander- auch einen Kultururlaub planen.

Die ältesten Fresken des deutschen Sprachraums können in St. Prokulus bei Naturns bewundert werden

Südtirol besitzt viele gotische Schnitzaltäre; einer der wertvollsten ist der Lederer-Altar in Latsch

Hinweise zur Benutzung

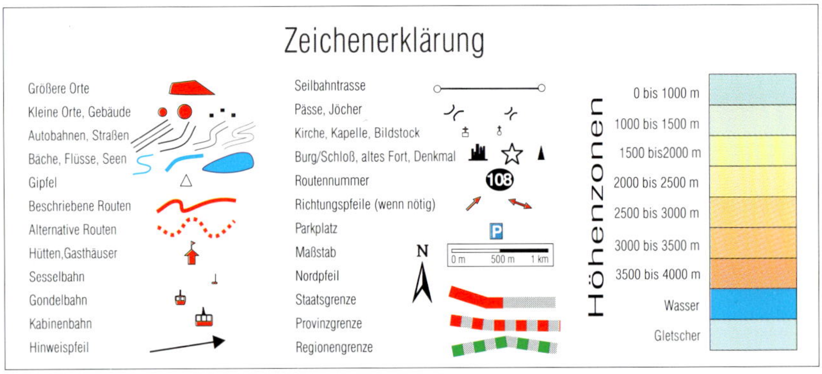

NUMERIERUNG DER TOUREN

Grundsätzlich werden in diesem Buch Touren innerhalb von Südtirol behandelt. Das schließt nicht aus, daß in Einzelfällen manche Touren die Landesgrenzen wenig überschreiten; doch das bleiben Ausnahmen. Um die beschriebenen 185 Wanderungen besser finden und einordnen zu können, wurde hier eine rein talbezogene Einteilung gewählt. Das heißt, die Touren sind nicht in Gebirgsgruppen zusammengefaßt, sondern allein nach der Erreichbarkeit aus den Tälern. Alle Stellen, die vom Zentrum Meran zu erreichen sind, gehören also zur Region Meran. Wohin man von Sterzing am besten kommt, das gehört zur Region Sterzing. Zum leichteren Auffinden trägt jede Tour eine Nummer, angefangen ganz im Westen bei 1 bis zur Nummer 185 im äußersten Osten: Eine hohe Zahl wird also nicht um Meran herum sein und eine niedrige nicht im Osten. Die Regionenkarten am Anfang jeder Gebietsbeschreibung zeigen deutlich die Grenzen der Gebiete und die Lage der numerierten Touren.
Übereinstimmendes Kennzeichen aller Touren sind landschaftliche Reize und möglichst geringer Kraft- und Zeitaufwand, damit möglichst viele Menschen diese Wanderungen unternehmen können. Nahezu alle Unternehmungen beanspruchen weniger als einen Tag, so daß jeder sein Talquartier wieder erreichen kann.
Die Übernachtung in Hütten ist also grundsätzlich nur in ganz wenigen Fällen nötig und deshalb auch nicht vorgesehen; als Rastplatz oder für die Einnahme einer Mahlzeit werden sie jedoch stets willkommen sein. In einigen Fällen ist die Hüttennächtigung empfohlen, um am nächsten Morgen schon hoch oben aufbrechen zu können. Außerdem sollte man sich eine Übernachtung auf der Hütte natürlich wegen des unvergeßlichen Erlebnisses von Sonnenauf- und -untergang auf dem Berg nicht entgehen lassen.

ORIENTIERUNGSSTUFEN

Im Informationskasten und bei der Tourenbeschreibung steht eine Zahl von ① bis ④: Das sind die vier Orientierungsstufen, die man auch als Schwierigkeitsstufen bezeichnen könnte. Doch schwierige Touren im Sinn der Alpenskala gibt es in diesem Buch nicht. Schließlich haben Sie hier eine Sammlung von Wanderanregungen vor sich, die auch für unerfahrene Bergsteiger gedacht ist!

① = Kurze Spaziergänge oder Wanderungen ohne jede Schwierigkeit, meist auf guten Wegen, auch für Ältere und kleinere Kinder geeignet.

② = Wanderungen eventuell von längerer Dauer, aber ohne Schwierigkeiten und besondere Ausrüstungsanforderungen, größere Kinder unter geeigneter Aufsicht können teilnehmen.

③ = Unternehmungen ohne größere Schwierigkeiten, die aber Trittsicherheit, Schwindelfreiheit und geeignete Ausrüstung voraussetzen. Eigene Erfahrung oder Führung durch Erfahrene wichtig. Größere Kinder nur mit Erfahrung und Sicherung.

④ = Bei diesen an sich unschwierigen Touren werden Gletscher überquert, was entsprechendeVorsicht und Ausrüstung nötig macht.

WEGBESCHREIBUNG

Nach einer kurzen Charakterisierung der Unternehmung folgen die wichtigsten Angaben zu Auffahrt, Aufstieg, Abstieg; außerdem werden Anregungen gegeben für kleine Abstecher oder Variationsmöglichkeiten. Bei den Zeitangaben handelt es sich um reine Gehzeiten, die keine Rasten oder Brotzeitpausen enthalten, sind aber eher für gemächliche Geher berechnet, so daß jeder sie einigermaßen einhalten kann.

INFO-KASTEN

Das neben den Touren stehende Info-Kästchen enthält die notwendigen Kurzangaben auf einen Blick, darunter das zuständige Tourismusbüro. Derzeit werden in Südtirol die Telefonnummern geändert, bereits bekannte Änderungen wurden natürlich berücksichtigt. Ferner finden sich hier unter anderem Angaben über die genaue Landkarte, einen ausführlichen Führer, Stützpunkte unterwegs, in denen man sich verpflegen kann, und hinter dem Sternchen steht eine

kurze zusammenfassende Würdigung der beschriebenen Tour.

VERHALTEN IN DEN BERGEN

Für Hans-guck-in-die-Luft sind die Berge kein gutes Pflaster! Gute Bergsteiger setzen ihre Füße bewußt auf sicheren Untergrund, gehen gleichmäßig und bedächtig, reden auch nicht zuviel, was nur von der Vorsicht ablenkt. Freilich ist das für einen Erwachsenen leichter zu befolgen als für Kinder, denen die Gemsen ein lustiges Vorbild sind. Leider haben wir Menschen nicht vier Beine, und uns fehlt auch die Geschicklichkeit der Tiere. Darauf müssen Kinder immer wieder hingewiesen werden. Notfalls nimmt man allzu sorglose Kinder an ein kurzes Seil.
Diese Bemerkungen sollten Sie dazu veranlassen, die Berge nicht zu sehr zu unterschätzen. Andererseits wollen wir auch nicht den Eindruck erwecken, als ob Sie auf Schwieriges und Gefährliches gefaßt sein müßten. Bei diesen ausschließlich vergnüglichen Unternehmungen nicht! Fast alle sind als unschwierig einzuordnen, nur wenige erfordern etwas mehr: mehr Kraft, mehr Vorsicht, bessere Ausrüstung, ein wenig Erfahrung oder gute Freunde mit Erfahrung. Aber in keinem Fall sind größere Gefahren zu befürchten! Es ist wirklich nicht viel, was Sie beachten müssen, und die ersten Wanderstunden werden Ihr Wissen in erfreulicher Weise ergänzen.
Schließlich gehört noch etwas ganz anderes zum Verhalten in den Bergen: das Wohlverhalten anderen gegenüber und besonders gegenüber der Natur. Ein Mensch stört niemand anderen und verhält sich ruhig. Daß man den Abfall, den man hinaufgetragen hat, auch wieder zurückträgt, sollte jedem eine Ehrensache sein. Das Zerschlagen von Glas ist höchste Rücksichtslosigkeit! Kurz: Was man in der eigenen Wohnung nicht tut, das sollte man auch in der freien Natur unterlassen!

Auf der Westseite des Grödnerjochs gegen die vielzackigen Cirspitzen

WETTER

Viele tun das Problem Wetter in den Bergen mit der lapidaren Feststellung ab: „Ich bin doch nicht aus Zucker!“, was schon so manchen in ernsthafte Schwierigkeiten gebracht hat. Das Ziel einer Bergwanderung ist doch das genußvolle Erleben einer großartigen Landschaft. Und das ist im allgemeinen nur bei gutem Wetter möglich, be-

Die Berge halten alle Wetterarten bereit, die sich unerwartet rasch ändern können. Auf dem Weg zum Heiligkreuzkofel

sonders, je weiter oben man sich bewegt! Leider bedeutet schlechtes Wetter in den Bergen nicht nur schlechte bis nicht vorhandene Sicht, es ist auch mit vielerlei anderen Nachteilen und teils größeren Gefahren verbunden. Schlimme, ja haarsträubende Beispiele dafür und gleichzeitig für die Unterschätzung der Berge gibt es in erschreckenden Mengen.

Deshalb gilt die Empfehlung: Bergwanderungen nur bei gutem Wetter antreten – das gilt in steigendem Maß in größeren Höhen. Wettervorhersage kritisch beachten! Und wenn Sie nicht gerade eine einfache Talwanderung machen, gehört auch bei strahlendem Sonnenschein Regen- und Kälteschutz in den Rucksack, da sich das Wetter in den Bergen sehr schnell ändern kann!

Wichtig ist – vor allem im Frühjahr – die Einschätzung der Schneelage. Wenn auch keine gültige Aussage möglich ist, darf man doch verallgemeinern: Vor Juni sind Wanderungen in den Alpen nur in vergleichsweise niedrigen südseitigen Lagen gut möglich. An den Nordseiten wird man häufig noch im Juli mit Schneeresten rechnen müssen, je höher oben, desto mehr! Im Zweifelsfall ist es sicherer, Erkundigungen einzuholen.

WEGE UND KARTEN

Auf den Kartenskizzen sind die beschriebenen Wege, mit der Tourennummer gekennzeichnet, rot eingetragen, was allein schon einige Anhaltspunkte ergibt. Nebenrouten und Routen zur Wahl sind rot gestrichelt eingezeichnet.

Die Routen der vorgeschlagenen Wanderungen sind fast durchgehend – und im allgemeinen auch gut – mar-

Nicht alle Markierungen sind so liebevoll gemalt, aber sicher sind die meisten von ihnen gut zu erkennen

kiert. Das heißt, der Routen- oder Wegverlauf ist durch Farbkleckse oder Farbstriche und mit Wegtafeln oder anderen Hinweisen an Felsen oder Bäumen gekennzeichnet. Wenn man nur einigermaßen aufpaßt, kann man den Weg eigentlich nicht verlieren. Und doch gibt es Ausnahmen, durch dichten Nebel oder Wettereinflüsse, die Markierungen unerkennbar machen können. Wenn die Markierung nicht mehr zu finden ist, gibt es nur eine Abhilfe: Umkehren und die letzte Markierung suchen! Das funktioniert natürlich nur bei aufmerksamen Wanderern, die ihrem Weg auch Beachtung geschenkt haben. Zum sicheren Tritt kommt also noch das ständige Umherschauen – je schlechter die Verhältnisse, desto wichtiger ist das. Natürlich ist höchste Aufmerksamkeit nötig, wenn man sich auf unmarkierten Steigen befindet.

In den Informationskästen zu den Touren wurden jeweils die entsprechenden Kompasskarten angegeben, weil sie nahezu überall zu haben sind und für die Art der empfohlenen Touren völlig ausreichen.

Wer jedoch genauere und aufschlußreiche Karten im Maßstab 1:25000 wünscht, dem seien folgende Erscheinungen genannt, bei deren Herstellung unser Mitarbeiter Hans Kammerer aktiv mitgewirkt hat: Verlag Mapgraphic, I-39050 St. Pauls in Eppan, Tel. 0471-664395, Verlag Tabacco, I-33010 Felletto Umberto, Tel. 0432-573822. Die angegebenen Führer beschreiben in den meisten Fällen die genannte Tour; auf jeden Fall befassen sie sich mit der betreffenden Gegend.

Ganz allgemein gilt für alle Zahlenangaben, daß sie gerundet sein können und manchmal nicht korrekt übereinstimmen.

AUSRÜSTUNG

Die Ausrüstung ist zwar keinesfalls unwichtig, steht aber doch an Bedeutung weit hinter dem richtigen Verhalten des Menschen zurück. Wenn man sich vergegenwärtigt, daß die bewundernswerten Leistungen der Anfangszeit des Alpinismus ohne jede Ausrüstung im Sinn von heute oder mit heute völlig unzureichend erscheinenden Mitteln vollbracht wurden, wird jeder ahnen, daß Ausrüstung nicht alles ist. Das gilt für Expeditionen, die trotz bester Ausrüstung scheitern, ebenso wie für Bergwanderer, die Unsinniges mitschleppen. Es gibt nur wenige wichtige Ausrüstungsstücke, die man als Bergwanderer unbedingt haben sollte. Und zwar nicht, weil sie immer absolut nötig wären, sondern weil sie das Wandern sicherer machen und in Notfällen Bedeutung erlangen können.

Da stehen an erster Stelle die festen, hohen Bergschuhe, die sicheren Tritt auf verschiedenstem Untergrund garantieren und Füße und Knöchel gut schützen. Turn- oder Joggingschuhe, und seien sie noch so schick, taugen nicht. Wer schon einmal durch Schnee gestapft oder im Geröll abgestiegen ist, weiß das. Und wer es nicht glaubt, wird es irgendwann einmal bedauern, um nicht zu sagen büßen.

Gleich danach kommt der Rucksack. Abgesehen davon, daß er viel aufnehmen kann und bequem zu tragen ist, garantiert er – im Gebirge immer wichtig – freie Hände.

In den Rucksack gehört immer ausreichender Schutz gegen Kälte und Nässe. Verpflegung im Rahmen der empfohlenen Touren wird nur selten nötig sein, sofern man sie nicht spazierentragen will. Meist gibt es Hütten oder Jausenstationen, die man auch benutzen wird. Bei Getränken ist es wichtig, darauf zu achten, daß sie keinen Zucker enthalten, der Durst macht und auch sonst Nachteile mit sich bringt. Bier, Cola, Limonade und ähnliches sollten gemieden werden. Viele Bergsteiger schwören auf heißen Tee aus der Thermosflasche. Zur festen Nahrung sei nur angemerkt, daß die Ersteiger der höchsten Berge der Alpen vor rund 100 Jahren folgendes mitnahmen: schwarzes Brot, Speck und Äpfel.

Auf manchen Wegen in den Bergen herrscht reger Verkehr. Hoffentlich sind alle Wanderer vernünftig ausgerüstet

VINSCHGAU

Obervinschgau gegen Klopaier Spitze; im Vordergrund Laatsch, rechts Mals

Diese westlichste Region Südtirols endet schon vor der Schnalstalmündung. Die Begrenzung gegen die östlich anschließende Region Meran verläuft von der Weißkugel auf dem Kamm gegen Süden beziehungsweise Südosten, quert bei Staben das Etschtal, zieht gegen Süden zum Rontscher Berg und folgt dann dem ansteigenden Kamm bis zur Lorchenspitze, wo sie auf die Provinzgrenze trifft. Mit ihr geht die Regionengrenze bis zum Stilfser Joch, dann mit der Staatsgrenze nach Norden und Osten zur Weißkugel.

Die Region ist klar gegliedert: In das Haupttal der Etsch münden mehrere starke Bäche, die zum Teil lange, wenn auch meist nur gering besiedelte Täler durchziehen. Die wichtigsten sind Langtauferer Tal, Schlinigtal, Münstertal – das Tal des Rambachs, es befindet sich größtenteils im Schweizer Kanton Graubünden –, Matscher Tal, Suldental und Martelltal. Das ganze Gebiet ist überwiegend alpin oder sogar hochalpin und umfaßt ungefähr den Einzugsbereich der oberen Etsch.

Der niedrigste Punkt bei Staben besitzt nur 500 Meter Seehöhe, der höchste, der Ortler, 3905 Meter. Tatsächlich liegen aber nur etwa 5 % des Vinschgaus niedriger als 1000 Meter.

Der Talbereich des Vinschgaus ist durch zahlreiche, teils riesige Schwemmkegel gekennzeichnet, die von der Etsch oder Seitenbächen aufgeschüttet worden sind – darunter der größte der gesamten Alpen! Zwei dieser Schwemmkegel, westlich von Schlanders und westlich von Mals, wirken als deutliche Landschaftsgrenzen und teilen den Vinschgau sozusagen in drei Stockwerke.

Die klimatischen Gegebenheiten weichen nicht viel von denen anderer Alpenbereiche vergleichbarer Höhe ab. Und doch besitzt der Vinschgau eine Besonderheit: Er gehört zu den trockensten Gebieten der Alpen. So waren die Bewohner, vor allem auf den Sonnenseiten, also den Nordseiten der Täler, gezwungen, für zusätzliche Bewässerung zu sorgen. Sie lösten dieses Problem, zweifellos mit unglaublichem Einsatz an Arbeit und Zeit, durch die sogenannten Waale, die oft

Region Vinschgau

Übersicht der beschriebenen Touren

sehr langen überirdischen Wasserleitungen. Die Verteilung des Wassers wurde streng und genau geregelt – wie in einem anderen bekannten Trockengebiet, dem Wallis! Sehr auffällig ist der Unterschied zwischen dem heißen, trockenen und teils versteppenden Sonnenberg an der Nordseite und dem eher kühlen, waldreichen Nörderberg an der Südseite.

Die rätoromanische Sprache ist vom 14. bis 18. Jahrhundert im Vinschgau langsam erloschen, lebt aber noch in unzähligen klangvollen Eigen- und Ortsnamen weiter. Das rätoromanische Erbteil zeigt sich auch deutlich in der Bauweise und verschiedenen Eigenarten der Menschen, die überwiegend sehr religiös sind und das Althergebrachte hochschätzen.

Den Vinschgau durchzieht seit alters ein bedeutender Handelsweg mit heute teils starkem Durchgangsverkehr. Natürlich wickelt er sich in der Hauptsache zwischen Reschen und Meran beziehungsweise Bozen ab. Über Umbrailpaß und Stilfser Joch gibt es prak-

Blick über ein Mohnfeld im Vinschgau gegen Laaser Berge und Laaser Ferner

tisch keinen Schwerverkehr. Doch Untertunnelungspläne hat es schon gegeben, wenn auch derzeit nicht davon gesprochen wird.
Wenn man von Sulden und dem Stilfser Joch absieht, gibt es keine stark erschlossenen Fremdenverkehrszentren, doch leben viele Orte heute schon großteils vom Tourismus. Es gibt mehrere Gondel- und Sesselbahnen, die auch im Sommer verkehren. Das Wegenetz ist gut ausgebaut, markiert und in Ordnung gehalten. Und auch an Hütten mangelt es nicht. Gleichgültig, ob in der Sesvennagruppe, in den Ötztaler Alpen oder in den Ortler-Alpen, überall finden Wanderer eine große Auswahl an Verpflegungs- und Übernachtungsstationen vor. Während Sulden, Stilfser Joch und das Martelltal stellenweise eher überlaufen sind, kann man in den anderen Gegenden noch fast überall absolute Ruhe und das – für Nordlichter – meist traumhafte Wetter genießen.

→ ORIENTIERUNGSSTUFEN VINSCHGAU

① Touren 4, 6, 7, 14, 17 (wenn die Seilbahn benutzt wird)

② Touren 1, 3, 5, 8, 9, 10, 11, 12, 13, 16, 18, 19, 20, 22, 24, 25, 26

③ Touren 2, 15, 21, 23

④ Tour 17

① = Kurze Spaziergänge oder Wanderungen ohne jede Schwierigkeit, meist auf guten Wegen, auch für Ältere und kleinere Kinder geeignet.

② = Wanderungen eventuell von längerer Dauer, aber ohne Schwierigkeiten und besondere Ausrüstungsanforderungen, größere Kinder unter geeigneter Aufsicht können teilnehmen.

③ = Unternehmungen ohne größere Schwierigkeiten, die aber Trittsicherheit, Schwindelfreiheit und geeignete Ausrüstung voraussetzen. Eigene Erfahrung oder Führung durch Erfahrene wichtig. Größere Kinder nur mit Erfahrung und Sicherung.

④ = Bei diesen an sich unschwierigen Touren werden Gletscher überquert, was entsprechende Ausrüstung nötig macht.

Blick über Laatsch im Obervinschgau gegen Norden auf die westlichsten Berge der Ötztaler Alpen

Über dem Reschensee

Auf dem Gipfel des Piz Lat. Über dem nebelerfüllten Engadin Stammerspitze und Muttler in der Samnaungruppe

1 Piz Lat ②

i: Tourismusverband Vinschgauer Oberland, I-39020 Graun, Tel. (0473) 634603.

Landkarte: Kompass-Karte 1:50000, Nr. 52, Vinschgau.

Führer: Rochlitz, Südtirol für Bergwanderer, Bd. 1, Vinschgau, Tappeiner, Bozen.

Talorte: Reschen, 1525 m oder St. Valentin auf der Haide, 1470 m.

Ausgangspunkt: Reschener Alm, 1980 m, etwa 8 km von Reschen und 10 km von St. Valentin.

Aufstieg: 3 Std., unschwierig.

Abstieg: 1¼ Std.

☀: Weitreichende Umschau, Tiefblicke ins Engadin und zum Reschensee.

1 Piz Lat, 2808 m ②

Nordwestlichster Eckpfeiler Südtirols und grandiose Aussichtswarte hoch über Reschensee und Engadin am Rand der Sesvenna-Lischana-Gruppe zwischen Silvretta, Samnaun, Ötztaler Alpen und Ortlerbergen.

Auffahrt: Von Reschen oder St. Valentin auf der Haide fährt man am, beziehungsweise über dem weiten Reschensee in Richtung Rojen. Vom Zusammentreffen der beiden Straßen hält man sich weiter in Richtung Rojen, bis nach dem Überqueren des Rojenbachs ein Sträßchen gegen rechts – Wegweiser Gravalad – abzweigt. Ihm folgt man bis zur Reschener Alm in etwa 1980 m. Hierher gelangt man auch zu Fuß von Reschen in 1 ½ Std.

Aufstieg: Von der Reschener Alm folgt man der Markierung 5, die knapp nördlich der Alm vom Sträßchen gegen Westen, bald gegen Nordwesten emporzieht und Resten alter Militärwege folgt. Über die Piz-Lat-Ostflanke erreicht man zuerst das Gipfelkreuz und erst danach über den Grat die beiden Spitzen. Auffallend rote Flechten bedecken die Gipfelfelsen. 3 Std., unschwierig.

Abstieg: Auf dem gleichen Weg. 1¼ Std.

Anregung: Kaum schwieriger, aber rund 2 Std. länger ist die herrlich aussichtsreiche Gratwanderung über Piz Nair, Jochboden-

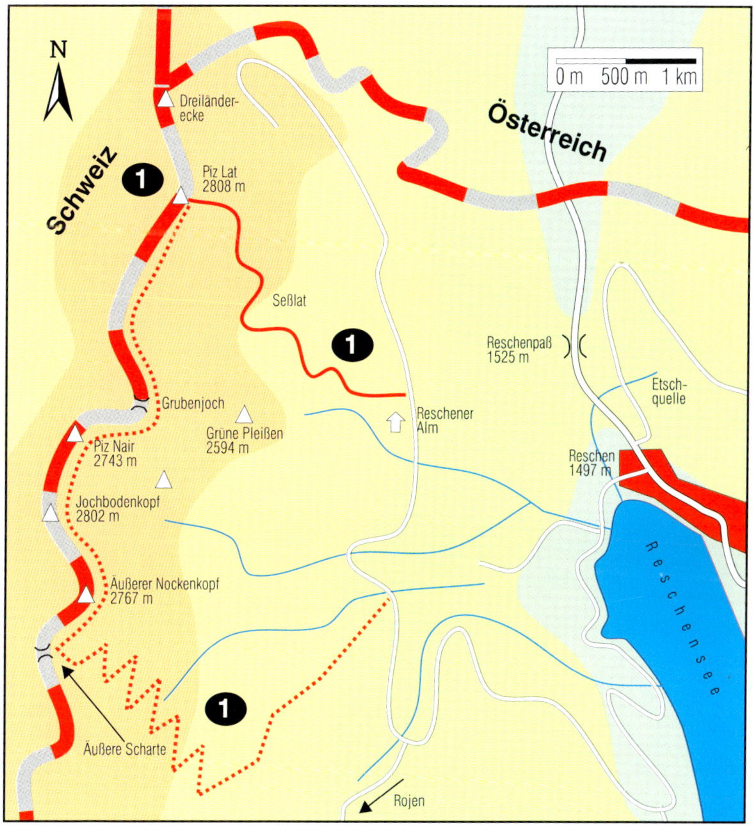

Reschen und Reschensee vom Piz-Lat-Anstieg gegen die Ötztaler Alpen

kopf und Äußeren Nockenkopf mit Abstieg von der Äußeren Scharte auf Markierung 7 zurück zum Sträßchen, das man etwa 1 km südlich der Reschener Alm erreicht. Nun auf dem Sträßchen zur Reschener Alm.

2 Grauner Endkopf, 2652 m ③

Der aus den Fluten des Reschensees halb herausragende Kirchturm der versunkenen Ortschaft Graun ist sicher ein außergewöhnlicher Anblick. Nicht weniger eigenartig, wenngleich im allgemeinen kaum beachtet, präsentiert sich der hoch darüberstehende mächtige Grauner Endkopf. Der „Jaggl“, wie er bei den Einheimischen heißt, ist ein Tafelberg aus Kalk, mitten im Urgestein.

Aufstieg: Vom Parkplatz im Langtauferer Tal, etwa 2½ km östlich von Graun, kurz den Fahrweg aufwärts, dann links und kurz darauf wieder rechts auf einen ostwärts durch den Wald ansteigenden Weg. Eine Dreiviertelstunde lang – zweimal einen Fahrweg überquerend – ostwärts meist steil hinauf und erst dann bei einem Kreuz wieder nach Westen. Fast eben erreicht man nach einer Viertelstunde den weit unten überschrittenen Rosebenbach. Nun längs des Baches hinauf zur Waldgrenze, ½ Std., und kurz darauf rechts in ¼ Std. in das zur Jagglscharte ziehende Tälchen queren, in dem man ½ Std. später, teilweise über steilen Schutt, die Scharte erreicht. Weiter über Mattengelände ostwärts zum Gipfel, ¼ Std., und von ihm aus 3 Min. abwärts (!) zum exponiert stehenden Gipfelkreuz. 2¾ Std.

Abstieg: Folgt dem gleichen Weg. 2 Std.

2 Grauner Endkopf ③

i: Tourismusverband Vinschgauer Oberland, I-39020 Graun, Tel. (0473) 634603.

Landkarte: Kompass-Karte 1:50000, Nr. 52, Vinschgau.

Führer: Rochlitz, Südtirol für Bergwanderer, Bd. 1, Vinschgau, Tappeiner, Bozen.

Talort: Graun am Reschensee, 1520 m.

Ausgangspunkt: Langtauferer Straße, 1600 m, von Graun 2 ½ km, etwa östlich talein bei einer rechts über den Bach führenden Brücke; jenseits kleiner Parkplatz und Markierung 10 am Felsen.

Aufstieg: 2 ¾ Std., etwas anstrengend, sonst unschwierig.

Abstieg: 2 Std.

☀: Prächtiger Tiefblick auf den Reschensee.

Tip: Der beschriebene Aufstieg von Norden ist dem von Süden vorzuziehen.

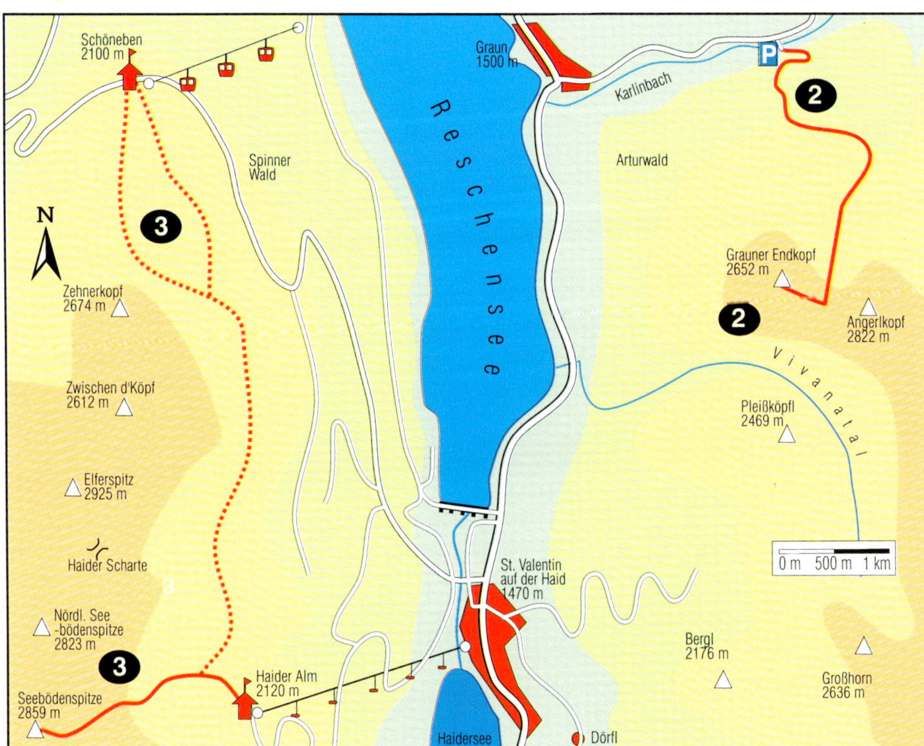

Reschensee mit Graun (vorn) und Reschen vom Endkopf; hinten der Muttler

3 Seebödenspitze ②

i: Tourismusverband Vinschgauer Oberland, I-39020 Graun, Tel. (0473) 634603.

Landkarte: Kompass-Karte 1:50000, Nr. 52, Vinschgau.

Führer: Rochlitz, Südtirol für Bergwanderer, Bd. 1, Vinschgau, Tappeiner, Bozen.

Talort: St. Valentin auf der Haide, 1470 m.

Ausgangspunkt: Bergstation des Sesselliftes auf die Haider Alm, 2120 m.

Aufstieg: 2 Std., unschwierig.

Abstieg: 2 1/2 Std.

Stützpunkt: Restaurant Haider Alm bei der Lift-Bergstation.

✳: Überraschende Tiefblicke und interessante Sicht auf Ortler und Weißkugel.

... und nach der Tour

Wer den berühmtesten Kirchturm des Vinschgaus, den aus dem Reschensee ragenden der versunkenen Kirche St. Katharina von Alt-Graun schon gesehen hat, sollte auch die weiteren Kleinode der näheren Umgebung nicht versäumen: das Kirchlein zur heiligen Anna in Graun, die Pfarrkirche zum heiligen Valentin in St. Valentin und das Bergkirchlein St. Nikolaus in Rojen. Letzteres enthält bedeutende Fresken der Meraner Schule aus dem 15. Jahrhundert. Der Schlüssel ist tagsüber im Gasthof Rojen/Bergkristall abzuholen. Der Eintritt ist frei. Den Malereien zuliebe bitte nicht blitzen!

3 Seebödenspitze, 2859 m ②

Sehr schöner Aussichtsberg über dem Vinschgauer Oberland mit Prachtblicken zum Reschensee und auf die Malser Haide, den größten Murkegel der Alpen.

Auffahrt: Mit Sessellift von St. Valentin auf der Haide zur Haider Alm.

Aufstieg: Von der Bergstation des Sesselliftes am neuen Restaurant links vorbei, kurz danach bei einer Wegteilung links und weiterhin links haltend im Pistenbereich aufwärts, bis man die Bergstation eines Schleppliftes bei einem großen Almstall erreicht. Nun rechts, später auf einem Wiesenrücken links haltend an einem weiteren Lift vorbei bis in gut 2600 m. Über Blöcke und Geröll zum Kamm links des Gipfels und leicht über ihn zum schönen Gipfelkreuz. 2 Std.

Abstieg: Auf gleicher Route 1 1/2 Std.

Anregung: Lohnend ist die Wanderung von der Bergstation nach Schöneben, 2100 m, 2 1/2 Std. Entweder auf dem gleichen Weg in gleicher Zeit zurück oder Talfahrt mit der Gondelbahn zum Ufer des Reschensees.

Der Kirchturm der im Stausee versunkenen Ortschaft Graun bei Niedrigwasser gegen die Ortlergruppe

Unter der Weißkugel

Weißkugel von Nordwesten aus der Gegend der Inneren Schafberghütte

4 Weißkugelhütte ①

i: Tourismusverband, I-39020 Graun, Tel. (0473) 634603.

Landkarte: Kompass-Karte 1:50000, Nr. 52, Vinschgau.

Führer: Rochlitz, Südtirol für Bergwanderer, Bd. 1, Vinschgau, Tappeiner, Bozen.

Talort: Melag, 1915 m.

Ausgangspunkt: Parkplatz kurz vor dem Weiler Melag, 1915 m.

Aufstieg: 2½ Std., leichter Weg.

Abstieg: 2 Std.

Stützpunkt: Weißkugelhütte, 2542 m.

☀: Eindrucksvolle Gletscherbilder in nächster Nähe zu Füßen der Weißkugel.

4 Weißkugelhütte, 2542 m ①

Prachtvoll in hochalpiner Umgebung gelegene kleine Hütte. Höhepunkt einer reizvollen, ganz leichten und bilderreichen Rundtour auf markierten Wegen.

Aufstieg: Vom Parkplatz kurz vor Melag durch den kleinen Ort und im fast ebenen und sich langsam verengenden Langtauferer Tal auf einem kleinen Fahrweg über grüne Böden zur Melager Alm. Hinter ihr ein Stück weiter und dann auf deutlichem Weg in zahlreichen Kehren auf dem Südhang empor. Auf der alten Seitenmoräne des früher weit ins Tal reichenden Langtauferer Ferners steigt der Weg weiter an bis zu einigen winzigen Seen. Die Hütte und eine Kapelle stehen auf einem kleinen Plateau hoch über dem tief unten schimmernden Eisstrom. Die hohen Gipfel ringsum überragen mehrere Gletscherströme und bieten unvergeßliche Bilder; der höchste Berg ist die Weißkugel, 3738 m. 2½ Std.

Abstieg: Das aussichtsreiche erste Stück ist schon vom Aufstieg her bekannt. Dann zweigt der markierte Weg rechts ab und zieht durch eine felsdurchsetzte Rasenfläche fast eben weiter. Jetzt verändern sich die Perspektiven. Obwohl man sich von der Weißkugel entfernt, scheint sie jetzt auffallend zu wachsen und überragt bald deutlich alle anderen Berge. Von Norden mündet das Tal des Falginferners, das von der Weißseespitze herunterzieht. Bei der Inneren Schafberghütte führt ein Weg direkt ins Langtauferer Tal zurück, dem die meisten Wanderer folgen. Reizvoller ist es, den anderen Weg auf den aussichtsreichen Hängen zu nehmen, um erst später nach Melag hinunterzusteigen. 2 Std.

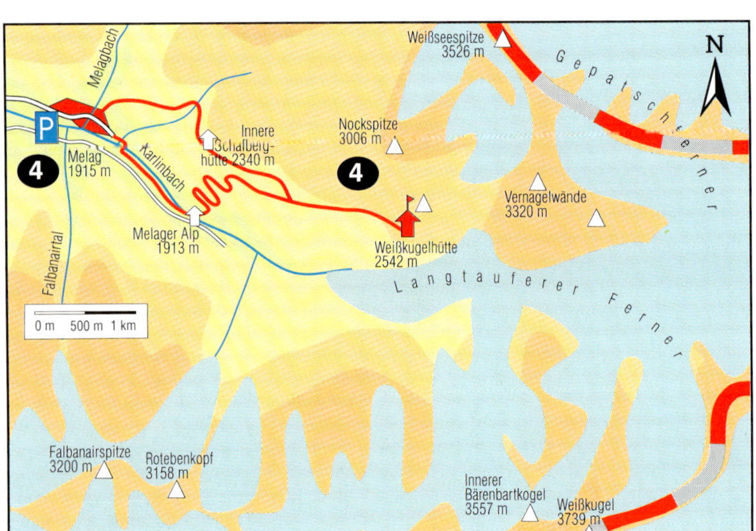

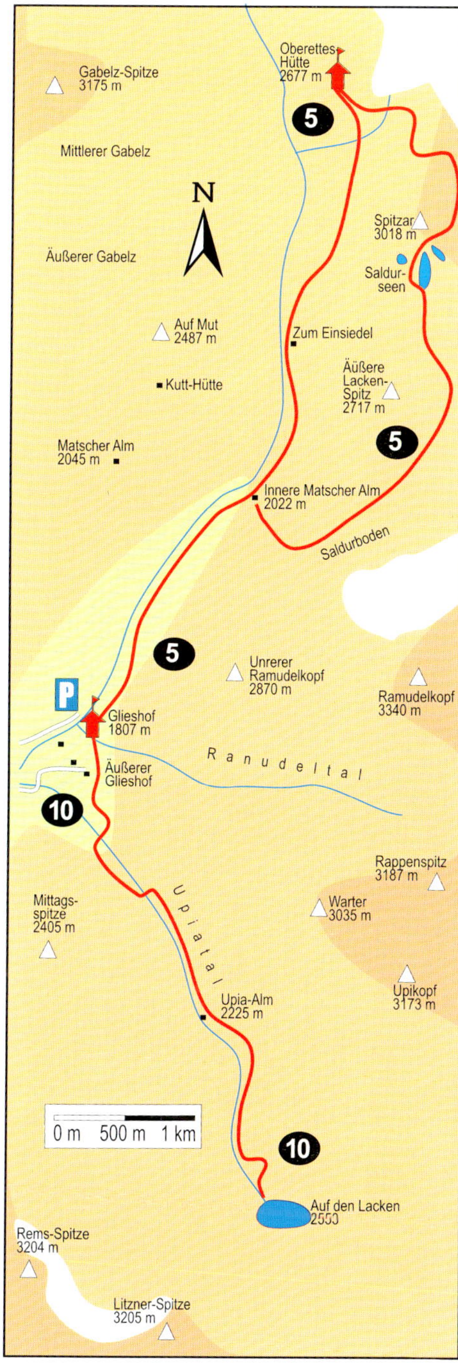

Aus dem Matscher Tal bei Matsch geht die Schau über das untere Matscher Tal, den Vinschgau und das untere Suldental zu den schnee- und gletscherbedeckten Hochgipfeln der westlichen Ortler-Alpen. Links ist der Ortler zu erkennen, dessen Spitze in die Wolken ragt, rechts die Berge um das Stilfser Joch

5 Oberetteshütte, 2677 m ②

Interessante alpine Wanderung durch ein für die südwestlichen Ötztaler Alpen typisch karges Hochtal zu einer der jüngsten Hütten Südtirols inmitten einer außerordentlich beeindruckenden Hochgebirgslandschaft.

Auffahrt: Von Matsch 8 km zum Parkplatz bei den Glieshöfen.

Aufstieg: Vom Parkplatz entweder links des Baches auf einer Almstraße oder schöner von den Glieshöfen rechts des Baches über einen Waldweg talein bis zur Talstation der Materialseilbahn, 1¼ Std. Auf dem rechts abzweigenden Fußweg durch anfangs sehr steile Hänge zur Hütte, 1¼ Std. Insgesamt 2 ½ Std.

Abstieg: Auf dem gleichen Weg 1¾ Std.

Anregung: Ausdauernde Wanderer können die Saldurseen, die höchstgelegene Seengruppe Südtirols kennenlernen: Von der Hütte bis zu ihnen benötigt man etwa 1 Std. Aufstieg, dann 3 Std. Abstieg zur Matscher Alm, markiert. Die prächtigste Tour in diesem Gebiet. Gehzeit vom Parkplatz über die Hütte zu den Saldurseen und zurück etwa 7 Std.

5 Oberetteshütte ②

i: Tourismusverein, I-39024 Mals, Tel. (0473) 831190.

Landkarte: Kompass-Karte 1:50000, Nr. 52, Vinschgau.

Führer: Rochlitz, Südtirol für Bergwanderer, Bd. 1, Vinschgau, Tappeiner, Bozen.

Talort: Matsch, 1564 m.

Ausgangspunkt: Parkplatz am Bach unterhalb der Glieshöfe, 1800 m. Anfahrt von Matsch auf der Talstraße bis zu deren Ende, 8 km.

Aufstieg: 2½ Std.; etwas Trittsicherheit nötig.

Abstieg: 1¾ Std.

Stützpunkte: Glieshöfe, 1834 m, Oberetteshütte, 2677 m.

☼: Von der Hütte prächtiger Fernblick bis in die Berninagruppe; allerdings keine Sicht zur Weißkugel.

Tip: Am Morgen die beste Beleuchtung für Fernblicke. Es werden laufend weitere Wege instandgesetzt.

An der Bündner Grenze

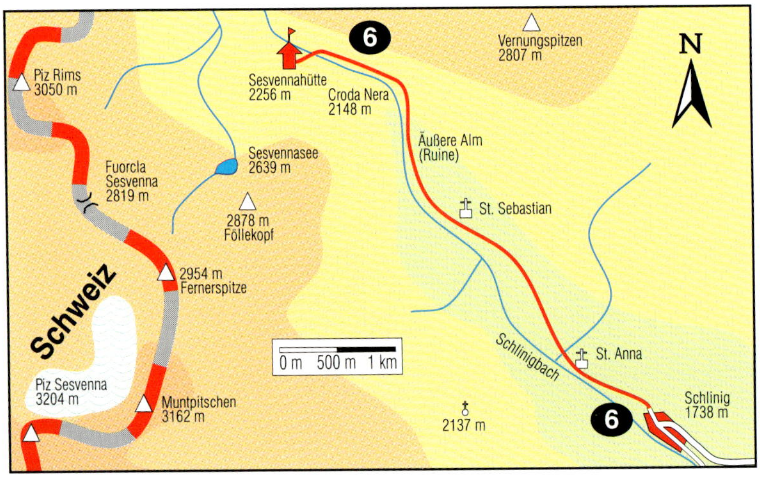

6 Sesvennahütte ①

i: Tourismusverein, I-39024 Mals, Tel. (0473) 831190.

Landkarte: Kompass-Karte 1:50000, Nr. 52, Vinschgau.

Führer: Rochlitz, Südtirol für Bergwanderer, Bd. 1, Vinschgau, Tappeiner, Bozen.

Talort und Ausgangspunkt: Schlinig, 1726 m.

Aufstieg: 1½ Std. Einfache, breite Wege.

Abstieg: 1 Std.

Stützpunkt: Sesvennahütte, 2256 m.

✳: Zahlreiche lohnende Ausflüge in die Umgebung der Hütte.

6 Sesvennahütte, 2256 m ①

Seit dem Bau der Sesvennahütte gibt es auch auf der Südtiroler Seite der stillen Sesvennagruppe einen Stützpunkt für Wanderer und Bergsteiger. Die Hütte liegt in der Nähe des wenig höheren Schlinigpasses, 2311 m, hinter dem ein guter Weg durch die großartige Uinaschlucht ins Unterengadin hinunterleitet.

Aufstieg: Von unterhalb des Ortes Schlinig an der Kirche vorbei zum Ortsende und links (nur anfangs) oder auch rechts des Baches in den Talschluß. Rechts der Felswand mit dem Wasserfall auf breitem Weg über eine Steilstufe und im wieder flachen Paßtal bequem zur neuen Sesvennahütte. Kurz vorher am Weg die Ruine der alten Pforzheimer Hütte und ein kleiner See. 1½ Std.

Abstieg: Auf gleicher Route 1 Std.

Anregungen: Zum Beginn der Uinaschlucht benötigt man über den Schlinigpaß auf immer einfachen Wegen ½ Std.; auf jeden Fall sehr lohnend! Für Bergsteiger ist der unschwierige Weg zur Sesvennascharte, 2819 m, ein großartiges Erlebnis, der mit Rückweg 3½ Std. in Anspruch nimmt.

7 Calvenbrücke – Taufers, 1240 m ①

Landschaftlich reizvolle Talwanderung durch das unterste Tauferer Tal. Sie beginnt an der historischen Calvenbrücke (Calva = rätoromanisch: Talgrund des Rambachs), bei der 1499 die Tiroler ihre schlimmste Niederlage durch die Bündner erleben mußten. 1799 gab es an der gleichen Stelle eine weitere Schlacht gegen die Franzosen.

Wegbeschreibung: Auf der Staatsstraße über die Brücke und gleich links ab, auf einem nur leicht ansteigenden Fahrweg tal-

... und nach der Tour

Wer nach einer kurzen Wanderung oder an einem wanderfreien Tag dennoch Lust auf sportliche Betätigung verspürt, sollte zumindest einen Teilabschnitt der Obervinschgauer Radtour unternehmen. Der Tourismusverband Vinschgau hat im Tal der Etsch von Latsch bis ans Ende des Reschensees zwei Fahrradtouren hervorragend ausgeschildert: einen einfachen Familienradweg und eine anspruchsvollere Mountainbike-Tour. Beide verlaufen auf Wegen abseits der Hauptstraßen. Auskünfte über Wegverlauf und Fahrradverleih gibt der Tourismusverband, St. Benediktstr. 1, I-39024 Mals, Tel. (0473) 830600.

Die Sesvennahütte im oberen Schlinigtal

einwärts. Kurz darauf bei einer einzelnen Birke rechts und nach Überquerung eines in Betonhalbrohren zu Tal führenden Waales rechts hinauf zur Staatsstraße. Man überquert sie und geht im Waldrandbereich leicht, später im Wald steiler aufwärts. Nach 45 Min. erreicht man hinter einigen Hochwasserverbauungen einen Fahrweg (dort steile, aber wenig lohnende Wegvariante nach rechts aufwärts zum Eselsweg, 1500 m).

Schöner geht man 5 Min. auf dem Fahrweg abwärts, bis rechts ein hübscher Fußweg längs des aufgelassenen Turnaunawaales abzweigt; auf ihm zum Rand des Tellatales. Von hier sehr lohnender Aufstieg zur Burgruine von Reichenberg, hin und zurück 20 Min. Jenseits des Tellatales steht bereits die Pfarrkirche von Taufers; kurz zu ihr hinüber und dann – als kürzere Wegvariante – steil links hinunter zur Staatsstraße. Jenseits von ihr beginnt ein Fahrweg; auf ihm und, wo er sich verliert, über die Wiesen sanft hinunter geht es zum Weiler Rifair am Rambach (30 Min.; in den Wiesen interessante Waalebewässerung mit kleinen Kämmen, sogenannten Ilzen, die binnen einiger Jahrhunderte durch Schwebstoffe im Wasser entstanden sind). Abwärts zum Rambach und jenseits der Brücke auf einen Weg, dem man immer längs des Baches über Rifair am Rambach zurück zur Calvenbrücke folgt. $3^1/_2$ Std.

Anregung: Lohnender Abstecher über die Grenze zur nahen Klosterkirche St. Johann in Müstair. Ausweis mitnehmen!

Die alte Kirche St. Johann in Taufers im Münstertal

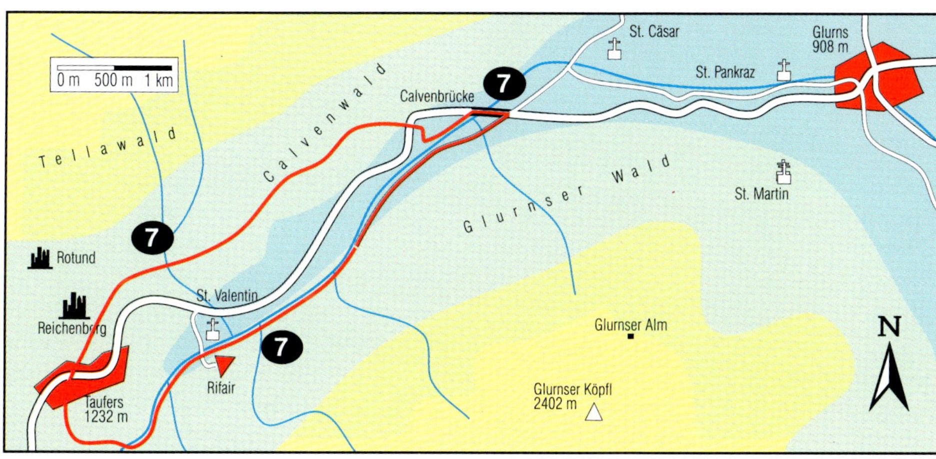

8 Troda, 2265 m ②

(Den Verlauf dieser Route finden Sie auf der Kartenskizze Seite 36)

Erhebung am Westrand des Fallaschkammes, zu der die leichte Aussichtsrundtour mit prächtigen Blicken zum Ortler und seinen Trabanten und zu den Ötztaler Alpen führt. Sie ist auch für Familien und ältere Menschen zu empfehlen.

Auffahrt: Von der Straße Gomagoi-Stilfs auf halbem Weg links ab und oberhalb am Weiler Platz vorbei bis zur zweiten Kehre (Wildgehege und Rastplatz, Fahrverbotstafel). Parkplatz.

Aufstieg: Vom Parkplatz folgt man dem Militärsträßchen, das bald mit zahlreichen Kehren bequem aufwärts führt, bis sich nach 1 Std. an der Prader Alm, 2051 m, ein

7 Calvenbrücke – Taufers ①

i: Verkehrsverein, I-39020 Glurns, Tel. (0473) 831097, oder Verkehrsverein, I-39020 Taufers, Tel. (0473) 832168.

Landkarte: Kompass-Karte 1:50000, Nr. 52, Vinschgau.

Führer: Rochlitz, Südtirol für Bergwanderer, Bd. 1, Vinschgau, Tappeiner, Bozen.

Talort: Glurns, 907 m.

Ausgangspunkt: Calvenbrücke, 969 m. Zum Parkplatz vor der Brücke links von der Staatsstraße abzweigen.

Wegstrecke: $3^1/_2$ Std., unschwierig.

✳: Stimmungsvolle Wanderung im Tal des Rambachs nach Taufers.

Der Ortler und einige seiner Trabanten aus der Gegend des Schafecks

8 Troda ②

i: Verkehrsamt für das Ortlergebiet, I-39029 Sulden, Tel. (0473) 613015

Landkarte: Kompass-Karte 1:50000, Nr. 52, Vinschgau.

Führer: Rochlitz, Südtirol für Bergwanderer, Bd. 1, Vinschgau, Tappeiner, Bozen.

Talort: Stilfs, 1310 m.

Ausgangspunkt: Fraches, 1701 m.

Aufstieg: 2 Std., überwiegend nicht sehr steile Wege.

Abstieg: 1½ Std.

☀: Leichte, genußreiche Wanderung mit unvergeßlichen Ortlerblicken.

ungemein eindrucksvoller Ortlerblick öffnet, der nach dem Aufstieg viel mehr beeindruckt, als wenn man ihn ständig im Blickfeld gehabt hätte. Von der Alm über den Fahrweg gut 5 Min. weiter in Richtung Furkelhütte, bis rechts ein mit Nr. 4 bezeichnetes Militärsträßchen abzweigt. Nur wenig ansteigend bis kurz vor den Platzbach; bei der Kehre des Sträßchens geht man geradeaus weiter und erreicht in langer Hangquerung mit zwei kurzen Steilaufstiegen einen herrlichen Aussichtspunkt, Troda, 2265 m (hier ist die Abzweigung von Weg Nr. 4a zum Piz Chavalatsch). 2 Std.

Abstieg: Nordwärts in 5 Min. nur leicht absteigend zu einer Stelle, an der sich der Blick zur Stilfser Alm öffnet; den Hang querend dorthin hinunter. Von der Stilfser Alm auf dem Fahrweg über Wiesen in den Wald; nach Eintritt in den Wald zweigt bald rechts der Fußweg Nr. 2 ab. Mit einigem Auf und Ab und schließlich leicht absteigend zurück nach Fraches. 1½ Std.

Anregung: Ausdauernde Wanderer können von Troda aus auf den Piz Chavalatsch und von seinem Gipfel aus auf gutem, zum Schluß steinigem Weg hinunter zur Stilfser Alm steigen. Sehr lohnend! Zusätzliche Gehzeit 2½ Std.

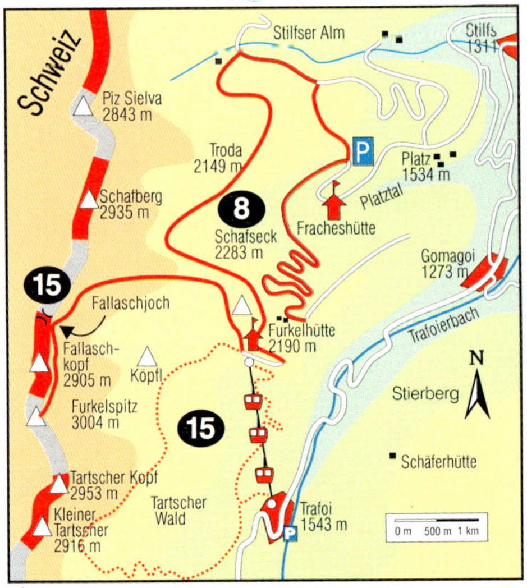

Um das Matscher Tal

9 Spitzige Lun, 2324 m ②

(Den Verlauf dieser Route finden Sie auf der Kartenskizze Seite 38)

Genau zu Füßen der Spitzigen Lun biegt der Vinschgau von seiner Nord-Süd-Richtung nach Osten um: Die Aussicht ist deshalb besonders beeindruckend. „Spitzig" stellt eine Verballhornung des rätoromanischen „Piz" (= Berg) dar; richtig übersetzt müßte der Piz Lun eigentlich „Mondberg" heißen.

Auffahrt: Von Tartsch bei Mals gut 4 km auf der Straße in Richtung Matsch bis zum Ende der großen Steigung, dann links und später noch einmal rechts. Am Waldrand hinter dem Gemassenhof Parkplatz und Fahrverbotstafel.

Aufstieg: Vom Parkplatz kurz auf der Forststraße zu einer Straßenteilung, dann links und gut eine Viertelstunde bis zu einer Kehre, von der ein Fußweg in derselben Richtung weiterleitet. Man erreicht Weidegelände und hält sich rechts hinauf zur Einmündung des von Mals kommenden Aufstiegs, 1 Std. ab der Kehre. Am Waldrand wieder rechts in den Wald, auf der zweiten Wiese Kehre nach links und mit vielen kleinen Kehren zum Gipfel. Insgesamt 2¼ Std.

Abstieg: Leicht abwärts zu einem kleinen Sattel – geradeaus geht's weiter zum Hohen

Mals von Osten gegen die Berge der Sesvennagruppe

9 Spitzige Lun ②

i: Tourismusverband, I-39024 Mals, Tel. (0473) 831190.

Landkarte: Kompass-Karte 1:50000, Nr. 52, Vinschgau.

Führer: Rochlitz, Südtirol für Bergwanderer, Bd. 1, Vinschgau, Tappeiner, Bozen.

Talort: Tartsch, 1029 m.

Ausgangspunkt: Gemassenhof, 1604 m.

Aufstieg: 2¼ Std., unschwierig.

Abstieg: 1½ Std.

☼: Prachtvolle Blicke zum Ortler und talauf wie talab in den Vinschgau.

Tip: Wegen der südseitigen Lage sehr lang im Jahr begehbar.

... und nach der Tour

Wer mit seinen Kindern in Mals, Burgeis und Umgebung seinen Urlaub verbringt, kann den Kleinen zu „Spaß, Spiel und Abenteuer" mit anderen kleinen Urlaubsgästen verhelfen: Die Informationsbüros Mals und Burgeis organisieren in den Monaten Juli und August „Kinder-Erlebnistage" mit erfahrenen Betreuerinnen.

Auf Kinder, die im Urlaub Geburtstag haben, wartet in den genannten Informationsbüros an diesem Tag eine kleine Überraschung!

Die Churburg über Schluderns gegen Norden; der Einschnitt dahinter (oben) ist das Matscher Tal

Blick in das oberste Matscher Tal, über dem die Berge des Saldurkammes aufragen

Joch – und in gleicher Richtung durch die freien Südhänge des Niederen Jochs nach Plantavillas, 2057 m. Dann kurz steil durch Wald hinunter zu einer Forststraße, 3/4 Std. Auf ihr nach rechts zu einer steilen Doppelkehre und wieder flacher zum Parkplatz zurück. 1 1/2 Std.

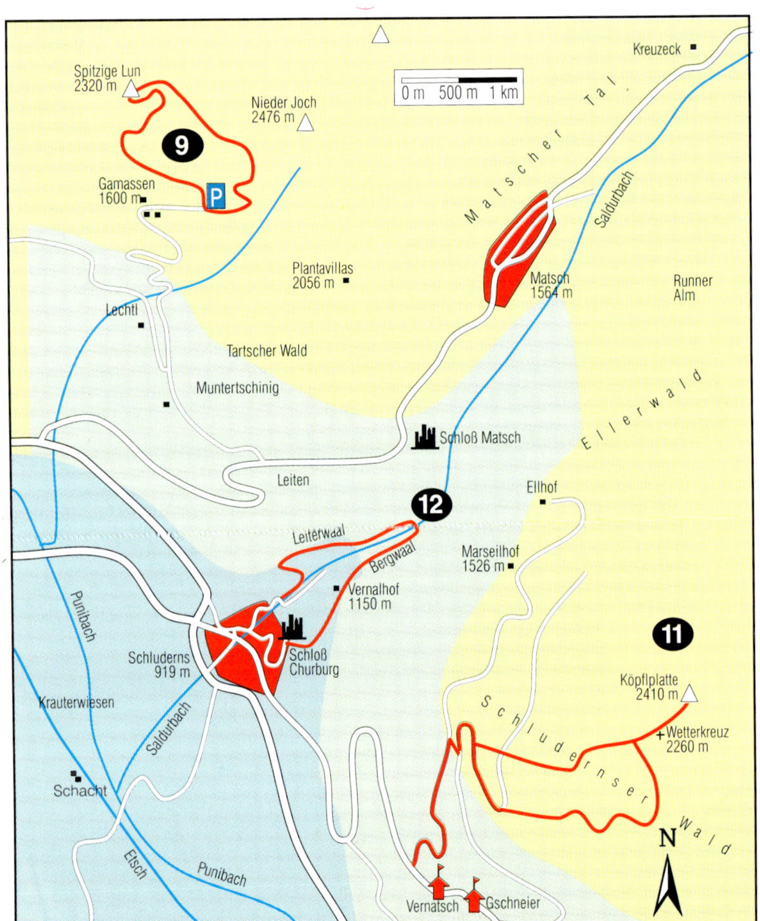

Anregung: Wer gut zu Fuß ist, steige vom Piz Lun auf einem unmarkierten, aber einfachen Weg links unterhalb des Niederen Jöchls auf den überaus schönen Gipfel des Hohen Jochs, 2593 m, 1 Std., der noch umfassendere Aussicht gewährt.

10 Upisee, 2552 m ②

(Den Verlauf dieser Route finden Sie auf der Kartenskizze Seite 33)

Auch als „Auf den Lacken" wird der Upi- oder Upiasee bezeichnet, was dem gar nicht kleinen Hochgebirgssee nicht gerecht wird. Unschwierige Wanderung in eine herbe Hochgebirgslandschaft.

Auffahrt: Straße von Matsch zu den Glieshöfen, etwa 8 km.

Aufstieg: Hinter dem Wirtshaus Glieshöfe auf einem Fahrweg nach rechts aufwärts, und an einigen Lawinenverbauungen vorbei steil hinauf in den Wald; erst nach über einer halben Stunde öffnet sich das Upital. An der verfallenen Schludernser Alm vorbei zur Upialm, 2225 m. Weiter links des Baches ohne deutlichen Weg zu einer das Tal abriegelnden Felsstufe; kurz links hinauf zu einer Bresche und durch die Felsen auf die Oberkante der Felsstufe. Gleich weiter steil auf einen begrünten Moränenwall und auf ihm, nicht mehr steil, aber sehr kurzweilig hinauf zum See. 2 1/4 Std.

Abstieg: Auf gleicher Route 1 1/4 Std.

11 Köpflplatte, 2410 m ②

Großartige Aussichtsplattform etwa 1500 Höhenmeter über dem Obervinschgau mit bezaubernder Sicht auf den Ortler und gutem Überblick über das obere Etsch- und das Münstertal. Unschwierige Tour, die ein wenig Orientierungssinn erfordert.

Auffahrt: Von Schluderns auf der Höfestraße bis kurz vor Gschneir, etwa 1 km hinter der zweiten Kehre: Abzweigung der Höfestraße zum Gial- und Marseilhof (Fahrverbotstafel); etwa 5 km.

Aufstieg: Auf der abzweigenden Höfestraße über den Gschneirer Waal und mit zwei Kehren aufwärts, bis nach gut 2 km die Straße zum Gialhof abzweigt. Auf ihr weiter zu einer Gabelung, links und gleich wieder

Blick vom Wetterkreuz am Weg zur Köpflplatte über den Vinschgau zu den Ortlerbergen

mit einer Kehre nach rechts; fünf Minuten später zweigt spitzwinklig nach links der „Alpsteig" ab. Auf ihm hinauf zur Inneren Schludernser Alm, 1884 m. Am oberen Ende der Wiese im Wald in einen Graben, in dem sich nach knapp 1/2 Std. die Markierung teilt; schöner rechts über eine Waldschneise aufwärts und nach der Steilstufe flach zu einem herrlichen Aussichtspunkt (ca. 2200 m, Wetterkreuz und große Felsplatte). Links zur nahen Waldgrenze und unterhalb des Kammes durch eine parkähnliche Landschaft weiter, bis ein weiterer Weg von links heraufkommt; kurz darauf bei einigen Viehtränken rechts steil hinauf zu einem Kreuz und über das weite Gipfelplateau zum höchsten Punkt. 3 1/2 Std.

Abstieg: Auf demselben Weg zum Wetterkreuz und dann links durch Schutt (kurz) sowie Wald hinunter zu einer großen Wiesenfläche (Mähder, 1933 m). Gleich wieder rechts in den Wald und zur Äußeren Schludernser Alm, 1826 m, wo sich die Markierung verliert. Kurz abwärts zum darunter verlaufenden Waldweg oder geradeaus zu einer Forststraße, der man nach links zur Kehre am Platzoßboden folgt, 1640 m. Leicht fallend auf der Forststraße zum Aufstiegsweg zurück, den man nahe der Abzweigung zum Gialhof erreicht. 2 1/4 Std.

Anregung: Sehr ausdauernde Bergwanderer können von der Köpflplatte den spärlichen Markierungen über den Kamm auf das Hohe Kreuzjoch, 2992 m, folgen – eine prächtige Panoramawanderung auf einen Fast-Dreitausender.

10 Upisee ②

i: Tourismusverband, I-39024 Mals, Tel. (0473) 831190.

Landkarte: Kompass-Karte 1:50000, Nr. 52, Vinschgau.

Führer: Rochlitz, Südtirol für Bergwanderer, Bd. 1, Vinschgau, Tappeiner, Bozen.

Talort: Matsch, 1564 m.

Ausgangspunkt: Parkplatz am Bach unterhalb der Glieshöfe, 1800 m, 8 km von Matsch.

Aufstieg: 2 1/4 Std., ohne Schwierigkeiten.

Abstieg: 1 1/4 Std.

Stützpunkt: Glieshöfe, 1834 m.

☀: Ziemlich einsame, sehr lohnende Wanderung in eine herbe Hochgebirgslandschaft.

11 Köpflplatte ②

i: Verkehrsverein, I-39020 Schluderns, Tel. (0473) 615258.

Landkarte: Kompass-Karte 1:50000, Nr. 52, Vinschgau.

Führer: Rochlitz, Südtirol für Bergwanderer, Bd. 1, Vinschgau, Tappeiner, Bozen.

Talort: Schluderns, 921 m.

Ausgangspunkt: Ende der erlaubten Straße unterhalb des Gialhofs, etwa 1300 m.

Aufstieg: 3 1/2 Std., nicht schwierig.

Abstieg: 2 1/4 Std.

☀: Aussichtsmäßig herausragender Gipfel hoch über dem Vinschgau und gegenüber den Ortler-Riesen.

Vinschgauer Waalwege

Abend am Kortscher Waal, auch Zaal genannt

12 Auf Waalwegen oberhalb Schluderns ②

(Den Verlauf dieser Route finden Sie auf der Kartenskizze Seite 38)

Abenteuerliche, aber außer nach Unwettern oder im zeitigen Frühjahr immer gut gesicherte Waalwege. Eine schattige Wanderung in die wilde Mündungsschlucht des Saldurbaches und zurück in den Vinschgau.

Rundweg: Ausgangspunkt ist die Brücke über den Saldurbach in Schluderns unterhalb der Churburg. Über die Zufahrt hinauf zur Burg und hinter ihr links auf Weg Nr. 20 weiter; kurz darauf mündet ein schöner Fußweg, der vor den Tennisplätzen am Saldurbach beginnt. Nun gerade den Berghang, einmal kurz über einen schmalen asphaltierten Weg, hinauf zum Vernalhof, 1152 m, um den die Markierung Nr. 20 links herumführt. Kurz darauf kommt man im Wald zum Bergwaal; der östliche Teil des Waales wurde 1984 verrohrt und zugeschüttet – zum Glück die letzte Aktion dieser Art im Vinschgau. Im Wald längs des Waales teilweise etwas abenteuerlich, aber an heiklen Stellen mit einem Geländer gut gesichert talein zu einem schönen Rastplatz. Weiter über zwei Brücken zur Brücke über den Saldurbach und jenseits kurz hinauf zum Leitenwaal: Er zieht noch abenteuerlicher als der Bergwaal mit einem teilweise schmalen Weg talaus, ist aber zum Abgrund hin immer gut mit einem Geländer gesichert. Hinter einem Hangrutsch in harmloseres Gelände, in dem man den Waal bald nach links verläßt. Über Weg Nr. 18 in Kehren hinunter zum aufgelassenen Griggwaal, mit ihm talaus zu einem schönen Aussichtspunkt und kurz dahinter zurück nach Schluderns. Insgesamt 3 Std.

12 Auf Waalwegen oberhalb Schluderns ②

i: Verkehrsverein, I-39020 Schluderns, Tel. (0473) 615258.

Landkarte: Kompass-Karte 1:50000, Nr. 52, Vinschgau.

Führer: Rochlitz, Südtirol für Bergwanderer, Bd. 1, Vinschgau, Tappeiner, Bozen.

Talort und Ausgangpunkt: Schluderns, 921 m.

Rundweg: 3 Std., stellenweise Vorsicht nötig.

✳: Sehr interessante, wenn auch etwas abenteuerliche Waalwanderung über Schluderns mit herrlicher Aussicht.

Tip: Bei zerstörtem Weg nach Unwettern die Tour besser abbrechen!

13 Auf Waalwegen oberhalb Schlanders ②

(Den Verlauf dieser Route finden Sie auf der Kartenskizze Seite 52)

Das Gegenstück zur eben beschriebenen Waalrunde ist die Wanderung entlang der „Zaal" und des Ilzwaals oberhalb Schlanders. Den großartigen Abschluß der Wanderung bildet das romanische St.-Ägidius-Kirchlein oberhalb Kortsch. Gelegentlich Trittsicherheit wichtig.

Rundweg: Vom Ortszentrum (Apotheke) an der Post vorbei zum Berghang und mit zwei Kehren auf die Brücke über den Schlandraunbach. Dann ganz kurz das von der Freizeitanlage kommende Sträßchen talein und gleich wieder rechts über eine Wiese zum Wald (Weg Nr. 7). Kurz durch Wald zu freien Hängen und über sie abenteuerlich hinauf nach Schlandersberg. Hinter der Burg links unter einer Scheuneneinfahrt hindurch in das Tal des Schlandraunbaches und über Kehren zu ihm hinunter; über eine gute Brücke zum jenseitigen Ilzwaal und nun an ihm talaus. Bald hinter einer Wegkreuzung, die man geradeaus passiert, fließt der Waal links steiler abwärts; man geht geradeaus eben weiter (Weg Nr. 6) und erreicht vorbei am ehemaligen Pflanzgarten (für die Sonnenberg-Aufforstung) die Sonnenberger Höfestraße. Direkt vor ihr steil hinunter zum Ägidiuskirchlein, ein wunderbarer Rastplatz über Kortsch. Gleich unterhalb der Kirche links auf Weg Nr. 5, der zum Ilzwaal zurückbringt; man verläßt ihn bereits kurz darauf nach rechts und steigt über einen steilen, aussichtsreichen Weg nach Schlanders ab. Insgesamt 3 Std.

Am Zaalwaalweg über Kortsch gegen Hasenöhrlgruppe

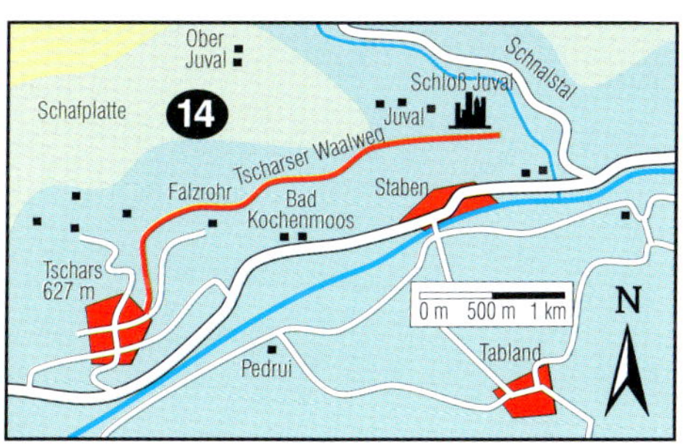

14 Tscharser Waalweg ①

Einer der schönsten und stimmungsvollsten Waalwege im gesamten Vinschgau. Leichte Wanderung über dem Untervinschgau in der Nähe des Schlosses Juval.

Aufstieg: Vom Parkplatz durch das schöne Dorf Tschars zur Kirche und dem Wegweiser folgend über einige Treppen, später über einen asphaltierten Weg durch die Obstanlagen aufwärts, bis Weg Nr. 3 rechts abzweigt. Sobald man die Obstkulturen hinter sich gelassen hat, führt ein sehr alter, teilweise gepflasterter Weg durch einen hübschen Wald hinauf zum Waal. Nach rechts entlang des Waales zunächst noch durch Wald, dann aber durch eine prächtige Sonnenberg-Landschaft zur Jausenstation Sonnenhof, 830 m. Es lohnt sich, dem Waal noch 10 Minuten länger bis zur Waalerhütte an der Umbiegung ins Schnalstal zu folgen (etwas rechts schöner Aussichtspunkt), 2 Std.

Abstieg: Man folgt dem Aufstiegsweg, 3/4 Std, oder steigt vom Sonnenhof über Weg Nr. 1 sehr schön hinunter ins verkehrsdurchbrandete Staben, 1/2 Std.; von dort mit dem Linienbus zurück zur Abzweigung der Stichstraße hinauf nach Tschars.

Anregung: Trittsichere Wanderer können dem Schnalswaal bis zu seinem Ende im Schnalstal folgen; von den Gasthäusern Alt- und Neuratheis – etwa 1 bis 1 1/2 Std. vom Sonnenhof – gibt es gute Busverbindungen zurück zur Staatsstraße unterhalb Tschars (am Schnalserhof umsteigen).

Tiefblick auf die Schnalstalmündung; links deutlich der Tscharser Schnalswaal

13 Auf Waalwegen oberhalb Schlanders ②

i: Tourismusverband, I-39028 Schlanders, Tel. (0473) 730155.

Landkarte: Kompass-Karte 1:50000, Nr. 52, Vinschgau.

Führer: Rochlitz, Schlanders, Tappeiner, Bozen.

Talort und Ausgangpunkt: Schlanders, 721m.

Rundweg: Etwa 3 Std., unschwierig, aber Trittsicherheit wichtig.

☀: Trotz der geringen Höhe prächtige Aussicht ins Tal und auf die gegenüberliegenden Berge der Ortlergruppe.

14 Tscharser Waalweg ①

i: Tourismusverein, I-39020 Kastelbell, Tel. (0473) 624193.

Landkarte: Kompass-Karte 1:50000, Nr. 52, Vinschgau.

Führer: Rochlitz, Südtirol für Bergwanderer, Bd. 1, Vinschgau, Tappeiner, Bozen.

Talort und Ausgangpunkt: Tschars, 625 m. Kurze Auffahrt von der Talstraße; Parken am besten in der zweiten Kehre.

Aufstieg: Bis Sonnenhof 2 Std., leicht.

Abstieg: Auf gleichem Weg 3/4 Std., nach Staben 1/2 Std.

Stützpunkt: Jausenstation Sonnenhof.

☀: Leichter, stimmungsvoller Wanderweg längs des Waales, aussichtsreich und dicht mit Bäumen und Büschen bewachsen.

Um das Stilfser Joch

Der Kirchturm von Trafoi gegen Unteren Ortlerferner und Trafoier Ferner

15 Furkelspitze ③

i: Tourismusverein, I-39020 Trafoi, Tel. (0473) 611677.

Landkarte: Kompass-Karte 1:50000, Nr. 72, Ortler-Cevedale.

Führer: Holl, Alpenvereins-Führer Ortleralpen, Rother, München.

Talort: Trafoi, 1543 m.

Ausgangspunkt: Furkelhütte, 2190 m, Sesselbahn von Trafoi.

Aufstieg: $2^1/_2$ Std., unschwierig.

Abstieg: $1^3/_4$ Std.

Stützpunkt: Furkelhütte, 2190 m.

✳: Prachtblicke auf die Gletscherwelt der westlichen Ortlergruppe.

15 Furkelspitze (Piz Costainas), 3004 m ③

(Den Verlauf dieser Route finden Sie auf der Kartenskizze Seite 36)

Die Furkelspitze ist der massigste und als höchster erscheinende Gipfel des Fallaschkammes zwischen Graubünden und Tirol mit Rundum-Blick auf die Gipfel und idyllischem Ausgangspunkt auf dem Kleinboden.

Auffahrt: Mit Sessellift von Trafoi zum Kleinboden.

Aufstieg: Von der Liftstation am Kleinboden in nächster Nähe der Furkelhütte zieht der markierte Steig am Schafseck vorbei gegen Nordwesten empor und quert dann die Weideflächen der Prader Alm gegen Westen. Dort ist bald das Fallaschjoch erreicht, wo die Blicke zum ersten Mal weit hinaus gegen Westen nach Graubünden gehen. Nun steigt man auf dem Schotter- oder Plattengrat gegen Süden zum 2905 m hohen Fallaschkopf hinauf, wobei sich ständig die Aussicht weitet. Der letzte Teil des Anstiegs bleibt auf dem Grat, über den man nach $^1/_4$ Std. den Gipfel der Furkelspitze betritt. Insgesamt $2\,^1/_2$ Std.

Abstieg: Der Rückweg benutzt den bekannten Anstiegsweg, $1^3/_4$ Std. Anregung: Wer sich noch kräftig fühlt, dem kann der Abstieg nach Trafoi sehr empfohlen werden. Von der Furkelhütte benötigt man rund $1^1/_2$ Std.

Tip: Von der Beleuchtung her ist der Abstieg am Spätnachmittag ein besonderer Leckerbissen, nicht zuletzt für Fotografen.

Die Paßhöhe des Stilfser Jochs mit Hotels und Parkplätzen gegen den Monte Scorluzzo

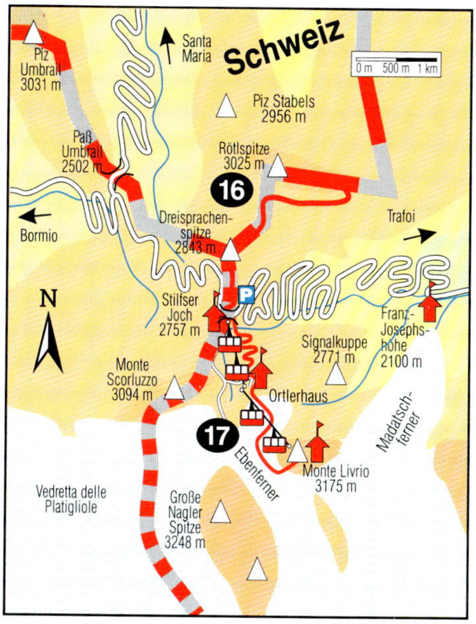

16 Rötlspitze, 3026 m ②

Von keinem anderen Schau-Platz läßt sich mit so wenig Mühe und Anstrengung die ganze Gletscherpracht um den Ortler in ihrer geradezu westalpinen Macht bestaunen. Die Rötlspitze steht in nächster Nähe des Stilfser Jochs, mit 2756 m der zweithöchste Alpenpaß, der für einen hochgelegenen Ausgangspunkt und einen erfreulich kurzen Anstieg sorgt.

Auffahrt: Von Trafoi zum Stilfser Joch 14 km.
Aufstieg: Von der Paßhöhe steigt man auf steilem, breitem Weg über Schotterhalden gegen Norden empor. Schon nach etwa 10 Minuten ist der erste Gipfel erreicht, die Dreisprachenspitze, 2843 m, mit einer kleinen bewirtschafteten Hütte. Die Bezeichnung dieses Felshöckers ist berechtigt, denn tatsächlich stoßen hier italienische, rätoromanische und deutsche Sprache zusammen. Auch der Name Dreiländerspitze ist gebräuchlich. Um den Weg herum halten sich bis in den Spätsommer hinein Schneefelder, die allerdings im Sommer die hier überwiegend ebene Route keinesfalls erschweren. Nach einem kurzen Stück bergabführenden Wegs steht man in der Scharte unterhalb der Südabstürze des roten Blockwerks unseres Gipfelziels. Die deutlichen Wegspuren zur Rötlspitze ziehen gegen Nordosten die Blockhänge hinauf. Auf ihnen erreicht man bald den breiten Ostkamm des Berges, über den der Gipfel bequem zu ersteigen ist. $1\frac{1}{2}$ Std.
Abstieg: Auf dem gleichen Weg $\frac{3}{4}$ Std.
Anregung: Abstecher zum Goldsee, etwa 2700 m. Von der Scharte südlich unterhalb des Gipfels der Rötlspitze wandert man auf altem Militärweg gegen Osten abwärts zum prachtvoll gelegenen See, $\frac{1}{4}$ Std. Rückweg zur Scharte $\frac{1}{2}$ Std.

16 Rötlspitze ②

i: Tourismusverein Ortlergebiet, I-39020 Stilfser Joch, Tel. (0342) 903030.
Landkarte: Kompass-Karte 1:50000, Nr. 72, Ortler-Cevedale.
Führer: Holl, Alpenvereins-Führer Ortleralpen, Rother, München.
Talort: Trafoi, 1543 m.
Ausgangspunkt: Stilfser Joch, 2756 m, 14 km von Trafoi.
Aufstieg: $1\frac{1}{2}$ Std., unschwierig.
Abstieg: $\frac{3}{4}$ Std.
Stützpunkt: Dreisprachenspitzhütte, 2843 m.
☀: Grandioser Blick auf den Ortler und die zahlreichen Gletscher und Gipfel an seiner Westseite.
Tip: An schönen Sommertagen sind die Parkmöglichkeiten um die Paßhöhe des Stilfser Jochs bald erschöpft. Früher Aufbruch empfohlen.

... und nach der Tour

Die beschriebenen Touren im Stilfserjoch Nationalpark ermöglichen dem Wanderer Begegnungen mit zahlreichen seltenen, geschützten Tier- und Pflanzenarten.

Wer sich näher informieren oder Alpentiere aus der Nähe sehen will, der fahre einige Kilometer nach dem Ort Stilfs im Trafoiertal zum Wildgehege, das die Parkverwaltung für kranke und verletzte Alpentiere eingerichtet hat.

Die Parkdirektion befindet sich in Schlanders, auch hier gibt es interessante Ausstellungen über Flora und Fauna zu sehen, ebenso wie Dokumentarfilme, die im Naturpark aufgenommen wurden.

Wer sich in der Gegend um Sulden in den Himalaya versetzt fühlt, hat vermutlich eines der tibetanischen Yaks gesichtet, die von Südtirols bekanntestem Bergsteiger Reinhold Messner hier angesiedelt wurden. Sie stellen mit ihrem dichten zottigen Fell und den eindrucksvollen Hörnern ein beliebtes Fotomotiv dar, dem man sich allerdings mit der gehörigen Distanz nähern sollte.

Auf dem Gipfel der Rötlspitze. Blick etwa gegen Südosten zum Ortler

Die Seilbahn zum Monte Livrio gegen den Ortler

17 Monte Livrio, 3175 m, mit Seilbahn ①, sonst ④

(Den Verlauf dieser Route finden Sie auf der kartenskizze Seite 43)

Ganz nach eigener Vorstellung kann dieser von Gletschern umgebene Berg als Gipfeltour, als bequeme Wanderung bergab oder allein mit Bergbahnen erreicht werden. Auf jeden Fall ein seltenes Erlebnis, im Hochsommer ein so weites und ausgedehntes Skigebiet zu sehen.

Auffahrt: Von Trafoi zum Stilfser Joch 14 km.

Aufstieg: Von der Stilfser-Joch-Paßhöhe folgt man dem Sträßchen, das zum Ortler-Haus bzw. zur Naglerhütte führt, beide 3000 m hoch. Der Fußanstieg verläuft teils auf Sträßchen, manchmal sogar mit Markierungen versehen oder auch – infolge der Pistenplanierungen – weglos. Die beiden Hütten sind schon zu sehen. Von ihnen und der Seilbahn-Zwischenstation führt die Route über den praktisch spaltenlosen Ebenferner. Zuerst benutzt man die breite Skiraupenstraße, dann steigt man entlang des Liftes gemächlich bis zu seinem Ende in einer sanften Gletschermulde zwischen Monte Livrio und Naglerspitze. Von dort zieht die Pistenraupenstraße direkt zum Livriogipfel. Die Aussicht vom durch zwei große Hütten (Hotels) fast bedeckten Gipfel umfaßt neben dem Glanzpunkt Ortler weite Teile der Sesvennagruppe und der Ötztaler Alpen. $1\frac{1}{4}$ Std.

Abstieg: Der Rückweg verläuft auf gleicher Route wie der Anstieg, $\frac{3}{4}$ Std.

17 Monte Livrio ①/④

i: Tourismusverein Ortlergebiet, I-39020 Stilfser Joch, Tel. (0342) 903030.

Landkarte: Kompass-Karte 1:50000, Nr. 72, Ortler-Cevedale.

Führer: Holl, Alpenvereins-Führer Ortleralpen, Rother, München.

Talort: Trafoi, 1543 m.

Ausgangspunkt: Stilfser Joch, 2756 m, 14 km von Trafoi.

Aufstieg: $1\frac{1}{4}$ Std., teils über (harmlosen) Gletscher.

Abstieg: $\frac{3}{4}$ Std.

Stützpunkte: Ortler-Haus, Naglerhütte, beide 3000 m, Hotels auf der Paßhöhe.

***:** Aufenthalt in weiter Gletscherlandschaft inmitten eines Sommerskigebiets.

Tip: An schönen Sommertagen sind die Parkmöglichkeiten um die Paßhöhe des Stilfser Jochs bald erschöpft. Früher Aufbruch ratsam. Bei Seilbahnbenutzung ist oft mit Wartezeiten zu rechnen.

Der Monte Livrio mit Hotel und Seilbahnstation vom Ebenferner

Über Sulden

In der Nähe der Hintergrathütte gegen Suldenferner und Suldenspitze

18 Hintergrathütte ②

i: Tourismusverband, I-39029 Sulden, Tel. (0473) 613015, 613088.

Landkarte: Kompass-Karte 1:50000, Nr. 52, Ortler-Cevedale.

Führer: Holl, Alpenvereins-Führer Ortleralpen, Rother, München.

Talort: Sulden, 1906 m.

Aufstieg: 3½ Std., mit Liftbenutzung 2 Std., ohne Schwierigkeit.

Abstieg: 2 Std.

Stützpunkte: K-2-Hütte, 2230 m, Hintergrathütte, 2660 m.

☼: Überraschende Nahschau auf Gletscher und Eisberge.

18 Hintergrathütte, 2660 m ②

(Den Verlauf dieser Route finden Sie auf der Kartenskizze Seite 46)

Unschwierige Rundtour über die K-2-Hütte zur Hintergrathütte und durch das oberste Suldental zurück. Gletscher, Eisgipfel, Gratseen, Moränen – Hochgebirge in eindrucksvollster Form – erlebt man hier in greifbarer Nähe!

Auffahrt: Wer sich 1½ Std. Aufstieg ersparen will, benutzt den Langenstein-Sessellift bis zur K-2-Hütte, 2230 m.

Aufstieg: Von der Nähe der Kirche in Sulden steigt man mit der Markierung 3 meist in schattigem Wald empor zur K-2-Hütte und befindet sich schon in einer ursprünglichen Moränenlandschaft des End-der-Welt-Ferners. Zu Füßen von Eismassen und tief unter dem Ortler windet sich das Steiglein empor und kommt bald in weniger abweisendes Gelände. Während die Ortler-Nordabstürze fast ständig im Blickfeld bleiben, tauchen die beeindruckenden Eishänge von Königsspitze und Zebrù erst kurz vor der Hintergrathütte auf. Hier hat man den Hintergrat erstiegen und nach wenigen Minuten die prachtvoll hoch über Sulden gelegene Hütte erreicht. Im Angesicht der zerrissenen Gletscher und vieler Eisgipfel kann man sich hier niederlassen. Vielleicht noch eindrucksvoller ist der nahe Gratsee, an dem der Abstiegsweg vorbeiführt. In ihm spiegelt sich die Eislandschaft. 2 Std., ohne Lift 3½ Std.

Abstieg: Der zweite Teil der Rundtour passiert den herrlichen Gratsee und führt scheinbar direkt hinein in die gleißenden Gletscherfelder unter der majestätischen Königsspitze. Nach einiger Zeit wendet sich der Weg gegen Norden und führt in Serpentinen und über Moränen ins Tal. Dort trifft man bei der Bergbahn-Mittelstation auf ein kleines Sträßchen, auf dem man – und später auf der Hauptstraße – den restlichen, immer aussichtsreichen Weg zum Ausgangspunkt zurücklegt. 2 Std.

... und nach der Tour

Nicht nach, sondern am besten schon vor der Tour melden Sie Ihre Kinder bei der Alpinschule Ortler Sulden an, die jeden Sommer im Juli und August Bergwochen in Sulden für Kinder von 8-12 Jahren veranstaltet. Die Kinder werden voll betreut, übernachten im Zeltlager und sollen spielerisch lernen, die Natur zu beobachten und zu erforschen – während die Eltern in Ruhe ihre „eigenen" Touren gehen. Information unter Tel. (0473) 61 30 04.

Auch wer sich vor Ort nur informieren möchte, ist willkommen: im Büro der Alpinschule im „Haus der Berge" in Sulden; hier werden auch Filme gezeigt und Lichtbildervorträge veranstaltet.

19 Hintere Schöntaufspitze ②

i: Tourismusverein, I-39029 Sulden, Tel. (0473) 613015, 613088.

Landkarte: Kompass-Karte 1:50000, Nr. 72, Ortler-Cevedale.

Führer: Holl, Alpenvereins-Führer Ortleralpen, Rother, München.

Talort: Sulden, 1906 m.

Ausgangspunkt: Seilbahnbergstation bei der Schaubachhütte, 2573 m.

Aufstieg: 2½ Std., ohne Schwierigkeit.

Abstieg: 1¼ Std.

Stützpunkt: Schaubachhütte, 2573 m.

✳: Leichter, häufig besuchter Aussichtspunkt ersten Ranges, der großartige Bilder bietet.

Tip: Früher Aufbruch empfohlen.

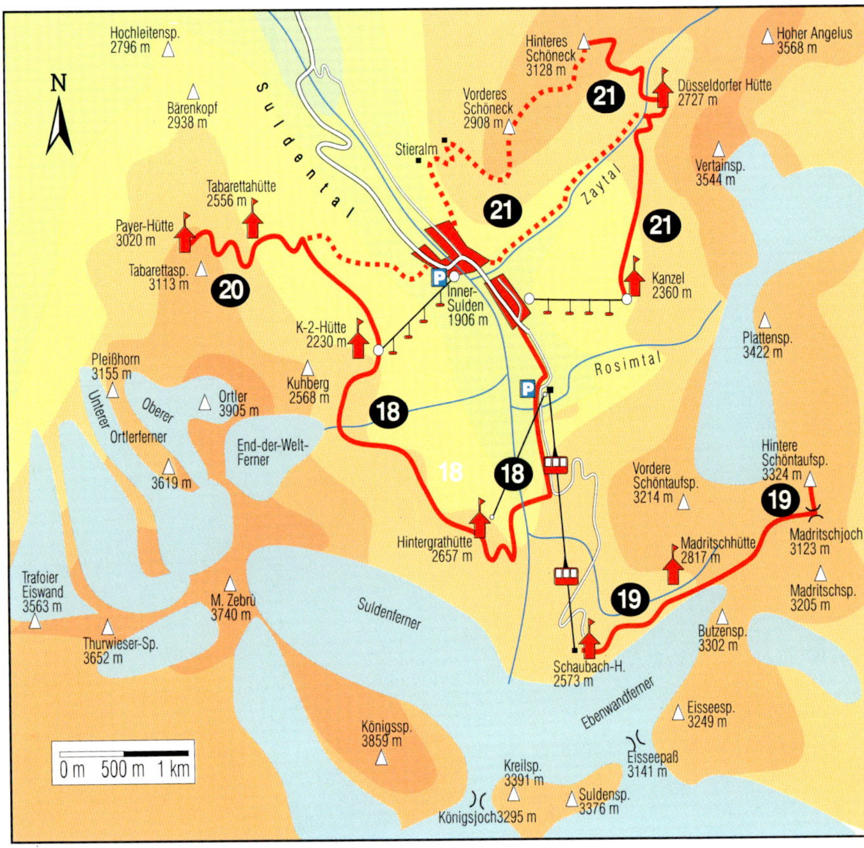

Die Königsspitze vom Madritschjoch unter der Hinteren Schöntaufspitze

19 Hintere Schöntaufspitze, 3324 m ②

Einer der meistgerühmten Aussichtsgipfel der ganzen Alpen, seit über hundert Jahren begeistert von vielen Besteigern empfohlen. Glanzpunkte sind der Blick zum Dreigestirn Königsspitze, Zebrù und Ortler und eine umfassende Rundsicht.

Auffahrt: Von Sulden zur südlich außerhalb gelegenen Talstation der Großkabinenbahn und mit ihr zur Bergstation bei der Schaubachhütte, 2573 m.

Aufstieg: Die Route zieht von der Schaubachhütte ziemlich geradlinig gegen Osten empor zum Madritschjoch, 3123 m. Am Madritschjoch angekommen, ist der Gipfel – und damit die Krönung der Unternehmung – nicht mehr weit. Nach einer weiteren halben Stunde über plattiges Geröll hat man sich die berühmte Gipfelrundschau verdient. Der Gipfelaufenthalt kann ein einzigartiges Erlebnis sein, wenn neben dem berühmten Dreigestirn noch Zufallspitzen und Cevedale, Veneziaspitzen, Ötztaler Alpen und Dolomiten auftauchen. 2½ Std.

Abstieg: Er erfolgt auf dem gleichen Weg und dauert 1¼ Std.

Tabarettaspitze und Tabarettagrat mit der Payerhütte aus dem Suldental

20 Payerhütte, 3020 m ②

Eine der in großer Höhe und prächtiger Lage errichteten Alpenvereinshütten, die trotzdem leicht zugänglich ist und so nahezu jedem ein einzigartiges Höhen- und Aussichtserlebnis schenken kann. Als Stützpunkt für die Ortlerbesteigung ist die Payerhütte häufig überbesucht, obwohl diese Unternehmung nicht risikolos ist. Für einen Tagesbesuch jedoch stellt der Hüttenweg ein großartiges Ziel und eine äußerst lohnende Tour dar.

Auffahrt: Von Sulden mit dem Sessellift zur K-2-Hütte, 2230 m.

Aufstieg: Von der K-2-Hütte, dem Endpunkt des Langensteinlifts, zieht der Weg 10 um den Ausläufer des beeindruckenden Marltgrates, den Kuhberg, in das riesige Kar unter dem Marltferner, über den die Ortler-Nordwand herunterblickt. Bald trifft man auf den von Sulden heraufkommenden Weg, den man mit etwa 1½ stündigem Mehraufwand an Zeit auch begehen kann. Dann steigt der Weg in Kehren zur Tabarettahütte empor, hinter der man dem Weg 4 folgt, der ebenfalls von Sulden heraufkommt und andere Anstiegsmöglichkeit bietet. Im Tabarettajoch, auch Bärenkopfjoch genannt, mündet der Trafoier Anstieg, wo sich zum ersten Mal die Aussicht gegen Westen öffnet. Wenige Minuten später ist die Hütte erreicht. Bei Sesselliftbenutzung rechnet man mit 3 Std., andernfalls rund 4½ Std. Schwierigkeiten gibt es nicht, wenn auch Trittsicherheit die Voraussetzung bildet.

Abstieg: Es wird am besten der bekannte Aufstiegsweg gewählt. 2 bzw. 2 ¾ Std.

Anregung: In wenigen Minuten ist die nahe Tabarettaspitze erstiegen, die noch eine bessere Rundsicht bietet. Ebenso kann der Bärenkopf direkt vom Abstieg aus „mitgenommen" werden.

21 Hinteres Schöneck, 3128 m ③

Unter den Glanzpunkten des „Zermatts von Tirol" ist das Hintere Schöneck zweifellos einer der reizvollsten und insgesamt lohnendsten. Der prachtvoll gelegene Gipfel kann im Rahmen einer unschwierigen Bergwanderung oder einer Rundtour erstiegen werden. Sicher nicht ohne Grund ist das Hintere Schöneck eines der beliebtesten hohen Ziele von Sulden, vielleicht von ganz

20 Payerhütte ②

i: Tourismusverein, I-39029 Sulden, Tel. (0473) 613015, 613088.

Landkarte: Kompass-Karte 1:50000, Nr. 72, Ortler-Cevedale.

Führer: Holl, Alpenvereins-Führer Ortleralpen, Rother, München.

Talort und Ausgangspunkt: Sulden, 1906 m.

Aufstieg: 3 Std. bzw. 4½ Std. (ohne Liftbenutzung).

Abstieg: 2 Std. bzw. 2¾ Std. (ohne Liftbenutzung).

Stützpunkte: K2-Hütte, 2230 m, Tabarettahütte, 2550 m, Payerhütte, 3020 m.

✳: Hüttenbesuch mit einzigartigen Hochgebirgsstimmungen und -motiven.

Tip: Früher Aufbruch empfohlen.

Auf dem Gipfel des Hinteren Schönecks gegen Königsspitze, Zebrù und Ortler

21 Hinteres Schöneck ③

i: Tourismusverein, I-39029 Sulden, Tel. (0473) 613015, 613088.

Landkarte: Kompass-Karte 1:50000, Nr. 72, Ortler-Cevedale.

Führer: Holl, Alpenvereins-Führer Ortleralpen, Rother, München.

Talort: Sulden, 1906 m.

Ausgangspunkt: Kanzel, 2330 m, Sessellift von Sulden.

Aufstieg: Etwa 3 Std. von der Kanzel, von Sulden ohne Sesselliftbenutzung 4 1/2 Std., unschwierig.

Abstieg: 1 1/2 Std.zur Kanzel, rund 2 Std. direkt nach Sulden.

Stützpunkte: Kanzel, 2330 m, Düsseldorfer Hütte, 2727 m.

☀: Eindrucksvolle Bilder des Dreigestirns Ortler, Zebrù und Königsspitze, weit reichende Fernsicht.

Tip: Bei Hüttenübernachtung früher Aufbruch von der Hütte empfohlen.

… und nach der Tour

In Sulden gibt es eine Sammlung „Alpine Curiosa", die der Extrembergsteiger Reinhold Messner zusammengestellt hat. Sie ist täglich von 9 -19 Uhr zu besichtigen.

Nicht weit von Sulden entfernt findet der hungrige Bergsteiger (und die müde Bergsteigerin) in Prad am Stilfser Joch eine traditionelle alte Vinschgauer Gastwirtschaft: Das „Weiße Rößl" in der Marktgasse 8. Das Lokal ist seit dem 14. Jahrhundert Gastwirtschaft, was man ihm zur Freude der Besucher auch heute noch ansieht. Die Speisekarte ist nicht groß, enthält dafür typische Südtiroler Jausengerichte: Zum Rotwein gibt es Wurst, Speck und Käse aus der Region.

Südtirol. Ein Sessellift zur Kanzel verkürzt den Aufstieg, und die Düsseldorfer Hütte bietet für den, der die Tour noch bequemer gestalten möchte, eine günstige Nächtigungsmöglichkeit.

Auffahrt: Mit dem Sessellift von Sulden zur Kanzel.

Auf der Kanzel gegen das nicht vergletscherte Hintere Schöneck

Aufstieg: Von der Kanzel, 2330 m, mit Berggasthaus tritt man den wenig anstrengenden Weg zur Düsseldorfer Hütte an, der die Markierung 12 trägt. Die knapp 400 Meter Höhenunterschied bis zur Hütte sind ungemein kurzweilig, weil sie auf einem riesigen Aussichtsbalkon und meist wenig steil verlaufen. Nach Passieren der bzw. Übernachtung in der Hütte wird der Bach überschritten, und man gewinnt in felsigem Gelände in zahlreichen Serpentinen schnell an Höhe. Zwischen Blöcken und über Geröll sind der Gipfel und eine unerwartete Rundschau mit einer Fülle von Gletscherpracht schnell erreicht. Von der Hütte sind kaum 1 1/2 Std. zurückzulegen. Insgesamt 3 Std., direkt von Sulden 4 1/2 Std., unschwierig.

Abstieg: Die einfachste und schnellste Rückkehrmöglichkeit ist der bekannte Weg des Aufstiegs, für den man freilich ein wenig Vorsicht anwenden muß. 1 1/2 Std. zur Kanzel.

Anregung: Etwas länger, aber auch viel erlebnisreicher ist der Abstieg über das Vordere Schöneck, 2908 m, und über weites, blumenreiches Alpgelände und schließlich durch Wald nach Sulden zurück. Dafür muß man etwa 2 Std. oder wenig mehr ansetzen.

Um das Martelltal

22 Zufallhütte, 2265 m, und Marteller Hütte, 2610 m ②

Vom Parkplatz bei der Enzianhütte hinauf zur Zufallhütte ist es nur ein Katzensprung: Aber schlecht beraten wäre der Wanderer, der nicht von hier aus noch wenigstens eine knappe halbe Stunde weiter wandert, bis er der Gletscherpracht rings um die Zufallspitzen gegenüber steht.

Auffahrt: Von Martell zum Parkplatz etwa im Talschluß, 2055 m, 14 km.

Aufstieg: Vom Parkplatz gleich nach rechts in den Wald und auf breitem Weg, einmal für einige Minuten ganz flach, zur Zufallhütte, 1/2 Std. Weiter durch das „Kanonenloch" auf vorübergehend schlechterem, aber gleich wieder besserem Weg in 1/4 Std. zum „Bau", einer gewaltigen, 1891 bis 1893 errichteten Staumauer zum Schutz vor ausbrechenden Eisstauseen (diese Gefahr besteht heute angesichts zurückgewichener Gletscher nicht mehr). Prächtiger Anblick der Gletscherwelt um die Zufallspitzen. Zum Langenferner auf immer gutem Weg geradeaus weiter; oder – landschaftlich schöner – zu zwei Dritteln über den „Bau" hinweg, rechts hinunter und flach taleinwärts, bis links der steile Weg zur Marteller Hütte abzweigt, die nach 1 Std. erreicht wird. Insgesamt 1 3/4 Std.

Abstieg: Auf gleicher Route 1 1/2 Std.

Anregung: Einen phantastischen und ruhigen Aussichtspunkt für die Veneziaspitzen erreicht man von der Marteller Hütte, indem man kurz nordwärts über ein Blockfeld zu einem Grashügel steigt.

Die Zufallhütte von Westen; hinten Applittschneide und Ebenes Jöchl, Vorberge der Zufrittspitze

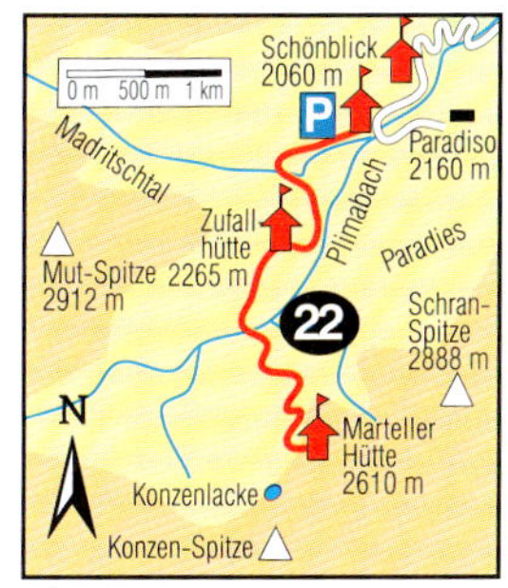

22 Zufallhütte und Marteller Hütte ②

i: Tourismusverband, I-39021 Latsch, Tel. (0473) 623109, oder Tourismusbüro, I-39020 Martell, Tel. (0473) 44598.

Landkarte: Kompass-Karte 1:50000, Nr. 72, Ortler-Cevedale.

Führer: Rochlitz, Latsch/Martell, Tappeiner, Bozen.

Talort: Martell, 1312 m.

Ausgangspunkt: Parkplatz im Talschluß, 2055 m, 14 km von Martell.

Aufstieg: 1 3/4 Std. (zur Marteller Hütte).

Abstieg: 1 1/2 Std.

Stützpunkte: Zufallhütte, 2265 m, Marteller Hütte, 2610 m.

☀: Großartige Sicht auf die Zufallspitzen; von der Marteller Hütte auch zur Königsspitze.

Tip: »Zufall« wird hier auf der zweiten Silbe betont; es kommt von »bei dem Fall«!

Auf dem Weg zur Zufallhütte. Oben der Wasserfall Kuenzentschatter und die Veneziaspitzen

23 Vom Flimtal ins Soytal ③

i: Verkehrsverband, I-39021 Latsch, Tel. (0473) 523109, oder Tourismusbüro, I-39020 Martell, Tel. (0473) 44598.

Landkarte: Kompass-Karten 1:50000, Nr. 52, Vinschgau oder Nr. 72, Ortler-Cevedale.

Führer: Rochlitz, Schlanders, Tappeiner, Bozen.

Talort: Martell, 1312 m.

Ausgangspunkt: Talstraße wenig talein von Gand, rund 1280 m.

Aufstieg: $4\frac{1}{4}$ Std. Trittsicherheit und Ausdauer wichtig.

Abstieg: 3 Std.

✳: Ungemein großartige Hochgebirgswanderung, vorbei an zwei Seen mit völlig unterschiedlichem Charakter.

Tip: Vorsicht bei unsicherem Wetter: Die Route zwischen Oberem Flimsee und Soytal ist dann schwierig zu finden! In diesem Fall besser die Tour abbrechen.

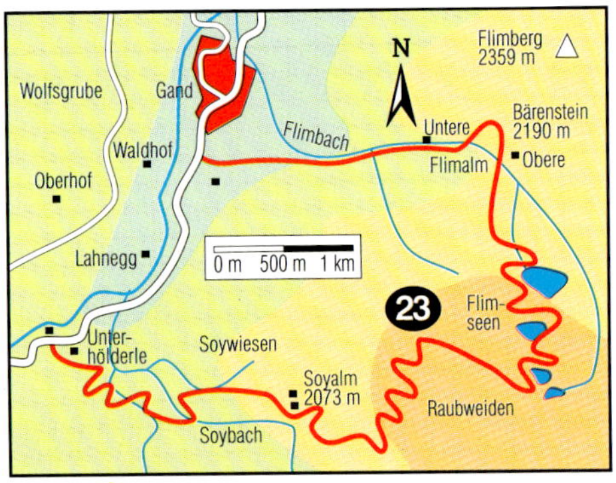

23 Rundwanderung vom Flimtal ins Soytal, höchster Punkt 2816 m ③

Das Flimtal mit seinen beiden Seen und das Soytal vermitteln einen lebendigen Eindruck von alpinen Hochtälern, wie es sie in den 60er Jahren noch überall in den Alpen gab: Still und ohne Fahrstraßenerschließung.

Auffahrt: Von Martell 1,5 km nach Gand.

Aufstieg: Von Gand wenig talein auf Weg Nr. 2a in den Wald, einen Fahrweg überqueren und bald darauf steil auf dem schmalen, aber guten „Katzensteig" aufwärts. Schließlich im flachen Wald zur unteren Flimalm, $1\frac{1}{2}$ Std. Jenseits des Baches talein, links einer Felsbarriere mit vielen Kehren hinauf zum „Bärenstein" und wieder flach zur oberen Alm, 1 Std. Weiter durch ein seichtes Tälchen und über einen Hang zum unteren Flimsee, $\frac{1}{2}$ Std. Kurz um den See rechts herum und nach etwas wildem Blockwerk (kurz) den Hang mit Kehren hinauf, bis der Weg nach links flach zum oberen See führt, $\frac{1}{2}$ Std. Links am See vorbei und durch eine Rinne aufwärts, bis man nach rechts auf eine Schuttrampe gelangt. Rechts an der wilden „Flimkanzel" vorbei zu einem meist ausgetrockneten See, bei dem man sich im rechten Winkel nach rechts wendet, und durch ein Tälchen auf einen Wiesensattel, die „Raubweiden", 2816 m, steigt, $\frac{3}{4}$ Std. Insgesamt $4\frac{1}{4}$ Std.

Abstieg: Nach links über einen Seitenkamm hinweg – hier gut auf die Markierung achten! – und langsam immer mehr nach links wendend hinunter ins Soytal; erst wenn das Tal erreicht ist, rechts talaus zur Soyalm, $1\frac{1}{4}$ Std. Hinunter zum Bach und nach der Brücke auf einem breiteren, aber steilen Weg hinunter zur Talstraße bei der Jausenstation Unterhölderle, $1\frac{1}{4}$ Std. Über die Straße in $\frac{1}{2}$ Std. oder mit dem Linienbus zurück nach Gand. Insgesamt 3 Std.

Ruine Obermontani am Eingang in das Martelltal gegen die Ötztaler Alpen

24 Göflaner Scharte, 2396 m ②

Leichter als die Besteigung der über 3300 m hohen Orgelspitze fällt – bei ähnlicher Aussicht! – die Rundwanderung über Kreuzjöchl und Göflaner Scharte.

Auffahrt: Von Schlanders über Göflan zum Parkplatz kurz vor dem Haslhof, 1550 m, 8 km.

Aufstieg: Vom Haslhof mit Markierung 1 an etlichen Ferienhäusern vorbei in den Wald zu einer ebenen Wiese, auf der sich der Weg nach links wendet. Kurz darauf rechts und dann teils flach, teils mäßig steil hinauf zum Kreuzjöchl, 1 Std. Weiter auf dem Kamm, bald oberhalb der Waldgrenze, zu einigen Lawinenverbauungen und mit einem Rechts-Links-Bogen bis auf über 2400 m Höhe. Kurz vor der höchsten Erhebung des Kammes führt der Weg in die nach links abfallenden Hänge, ist für zwei Minuten etwas ausgesetzt und erreicht kurz darauf die tief eingeschnittene Göflaner Scharte, $1\frac{1}{4}$ Std. Insgesamt $2\frac{1}{2}$ Std.

Martell-Dorf und Ennewasser aus der Gegend der Göflaner Scharte

24 Göflaner Scharte ②

i: Tourismusbüro, I-39028 Schlanders, Tel. (0473) 730155.

Landkarte: Kompass-Karte 1:50000, Nr. 52, Vinschgau.

Führer: Rochlitz, Schlanders, Tappeiner, Bozen.

Talort: Schlanders, 721 m.

Ausgangspunkt: Haslhof, 1550 m. Auffahrt über Göflan und die Nörderberger Höfestraße. Parkplatz kurz vor dem Hof an einer Straßengabelung; zu Fuß weiter auf dem aufwärts führenden, kurz darauf betonierten Weg.

Aufstieg: 2 1/2 Std., unschwierig, nur kurz etwas ausgesetzt.

Abstieg: 2 3/4 Std.

✳: Der Weg führt nahe dem höchstgelegenen Bergwerk Europas vorbei. Großartige Aussicht vor allem an klaren Herbsttagen.

Abstieg: Jenseits der Scharte kurz auf guten Kehren den Hang hinunter und dann flach

die Schutthalden unterhalb der Weißwand queren; schließlich durch den Wald in das Tal mit dem Mitterwandl-Marmorbruch. Leicht fallend bis unterhalb des Bruchs und zu einer Kehre der Werksstraße, an der rechts Weg Nr. 3 (ehemalige Schleifbahn für die Marmorblöcke) abzweigt. Ihr folgend hinunter zur Göflaner Alm (1 1/4 Std.), rechts haltend über die Wiese und dann auf eine Forststraße durch den Wald zu den Kohlplätzen (Hütte, Rastplatz; 1/2 Std.). Direkt vor der Hütte rechts auf Weg Nr. 2 und teils auf Fuß-, teils auf Fahrwegen zum Weißkaser (einmal kurz in Kehren absteigend). Man überquert dessen Wiese leicht fallend, geht jenseits noch kurz durch den Wald und erreicht längs des Waldrandes den Haslhof, 1 Std. Insgesamt 2 3/4 Std.

An den Südhängen der Ötztaler Alpen

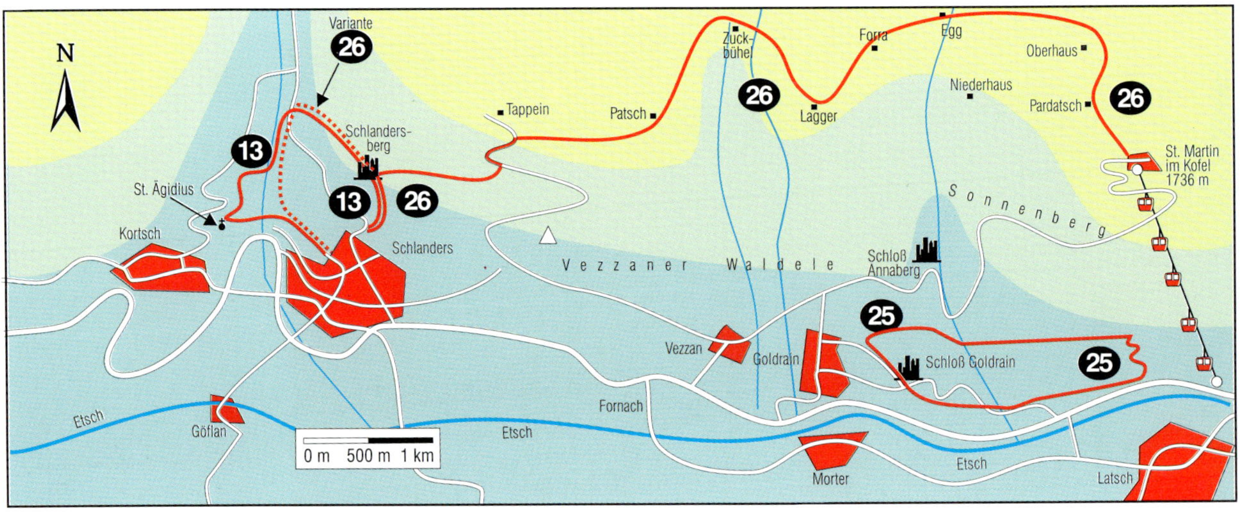

25 St. Martin – Schlanders ②

i: Tourismusbüro, I-39028 Schlanders, Tel. (0473) 730155.

Landkarte: Kompass-Karte 1:50000, Nr. 52, Vinschgau.

Führer: Rochlitz, Schlanders, Tappeiner, Bozen.

Talort: Schlanders, 721 m.

Ausgangspunkt: St. Martin, 1736 m.

Wegstrecke: etwa 4 Std. mit Zwischenaufstiegen, unschwierig.

Stützpunkte: Bei den Höfen von Egg gibt es eine kleine Jausenstation.

☼: Stets gute Sicht auf die gegenüberliegende Ortlergruppe. Auch wenn die Gipfel in Wolken gehüllt sind, herrscht am Sonnenberg oft noch leidlich gutes, trockenes Wetter.

Tip: Wegen des starken Andrangs an der Talstation der Seilbahn nach St. Martin früher Aufbruch empfohlen! Vor allem bei Nässe und nach Unwettern ist Trittsicherheit erforderlich. Zwischen Schlanders und Latsch bestehen gute Busverbindungen.

25 St. Martin, 1736 m – Schlanders, 721 m ②

Trotz einiger Fahrstraßen immer noch eine der lohnendsten und beliebtesten Wanderungen im Vinschgau: Von einem kleinen Anstieg zwischen den Höfen Egg und Forra abgesehen, handelt es sich um eine reine „Schauwanderung" bergab.

Auffahrt: Von Latsch mit der Gondelbahn nach St. Martin, 1736 m.

Wegbeschreibung: Von St. Martin nach links auf einer Fahrstraße in leichtem Auf und Ab in das Tal des Tissbaches und dann auf einem gut ausgebauten Fußweg durch zwei Gräben nach Egg. Nun steigt man in mehreren Kehren aufwärts, quert am Ende der Steigung einen Graben und steigt wieder zum Hof Forra ab; bis hierhin 1¼ Std. Eben verläßt man nun die Wiesen von Forra und kommt auf schmalem Steig zur Hangverflachung, auf der bis nach dem 1. Weltkrieg der Hof Laggar stand. Dahinter abwärts zur kühn auf einem Hangsporn liegenden Ruine von Zuckbühel, auf einem schmalen Steig zum Fallerbach und jenseits hinauf zur 1987 erbauten Forststraße. Über sie am teilweise wiedererrichteten Hof Patsch vorbei zu einer Straßengabelung; dann ¼ Std. auf der Höfestraße abwärts, bis Fußweg Nr. 7 spitzwinklig nach rechts abzweigt. Hinunter auf eine weitere Höfestraße und kurz rechts nach Schlandersberg. Links an der Burg vorbei auf einen Hangsporn und steil über Weg Nr. 7 hinunter nach Schlanders. Geht man vor der Burg nach rechts, unter einer Scheune hindurch, kann man schoner und bequemer über den Ilzwaal nach Schlanders absteigen, braucht aber am Waal Trittsicherheit. Wegstrecke 4 Std., unschwierig.

Der Haufenhof Egg. Die sichtbaren Terrassen deuten auf früheren Getreidebau hin

26 Latscher Panoramaweg und Annaberger Böden, 1025 m ②

Wer nie am Vinschgauer Sonnenberg gewandert ist, ja möglicherweise von der Vinschgauer Talstraße aus nur karge, sonnenverbrannte Hänge gesehen hat, kennt noch nicht den besonderen Reiz dieser steppenartigen Landschaft.

Gletscherschliff am Latscher Panoramaweg

26 Latscher Panoramaweg und Annaberger Böden ②

i: Verkehrsverband, I-39021 Latsch, Tel. (0473) 623109, 623322, 623388.

Landkarte: Kompass-Karte 1:50000, Nr. 52, Vinschgau.

Führer: Rochlitz, Latsch/Martell, Tappeiner, Bozen.

Talort: Latsch, 639 m.

Ausgangspunkt: Schloß Goldrain am nordöstlichen Ortsrand von Goldrain, 672 m, 2 1/2 km von Latsch.

Aufstieg: 1 3/4 Std., unschwierig, nur kurz etwas ausgesetzt.

Abstieg: 1 1/4 Std.

☀: Wunderschöne Wanderung über dem Obstparadies des Vinschgaus.

Tip: An Hochsommertagen sehr heiß; genügend Getränke mitnehmen! Keine Einkehrmöglichkeit. Schattige Rast in der Schlucht des Tissbaches an der Hängebrücke.

Aufstieg: Direkt vor Schloß Goldrain an einer Mauer links und gleich noch einmal links. Nach gut 300 Metern zweigt man rechts ab und folgt dem bald hohlwegartigen Sträßchen durch die Obstanlagen aufwärts. Hinter einer scharfen Rechtskurve wieder links (Asphaltende) und nach 150 Metern scharf rechts: Hier beginnt der Panoramaweg; vom Schloß 1/4 Std. Nun meist ziemlich eben und erst später leicht ansteigend gelangt man in die Schlucht des Tissbaches und zur gut 12 m langen Hängebrücke. Jenseits kurz steil, dann mäßig ansteigend weiter durch eine sehr urtümliche Sonnenberglandschaft. Nach einer guten Viertelstunde kommt eine Wegteilung; von hier zunächst noch ein schöner Abstecher hinauf zu den Annaberger Böden; hin und zurück 1 Std. Schöner Rastplatz bei der Einmündung in Weg Nr. 7! Insgesamt 1 3/4 Std.

Abstieg: Von der erwähnten Wegteilung auf Weg Nr. 5 hinunter nach Tiss (mehrere Wegvarianten). Schließlich an der Grenze von Sonnenberg und Obstanlagen zur Kirche von Tiss. Hinter ihr durch einen Hof und nach dem folgenden Parkplatz ganz kurz rechts hinauf (!); dann über einen schmalen, asphaltierten Fußweg zurück nach Schloß Goldrain. Insgesamt 1 1/4 Std.

... und nach der Tour

Zur Einkehr nach der Wanderung lädt in Schlanders der Gasthof Vogelsang. Hier gibt es regionale Spezialitäten, von der Wirtin selbst zubereitet, wie verschiedene Arten Knödel, Schlutzkrapfen, Apfelstrudel, dazu Vinschgauer Weine. Besonders angenehm sitzt man bei schönem Wetter im Garten.

Geöffnet 20.3.-1.11. 10-12 und 14-16.30 Uhr, Montag geschlossen, Tel. (0473) 61 52 41.

Blick vom Latscher Panoramaweg auf den Vinschgau mit Latsch und Tarsch

Die wichtigsten Orte von A – Z

Stadttor von Glurns, der kleinsten Stadt Südtirols

GLURNS

Ital. Glorenza, 908 m, 812 Einwohner (Stadtgemeinde). Glurns ist die kleinste Stadt Südtirols, sie wurde im 12. Jahrhundert erstmals erwähnt. Höchste Blüte im 14. Jahrhundert durch Salzhandel mit der Lombardei und Bergwerke in der Nähe, die von den Fuggern ausgebeutet wurden; Fuggerhaus. Im Engadinerkrieg, im Jahr 1499, wurde die Stadt niedergebrannt und litt auch später unter mehreren Bränden. Im 15. Jahrhundert fand hier der berühmte „Glurner Mäuseprozeß" statt, in dem die Feldmäuse des Diebstahls von Nahrungsmitteln angeklagt waren, aber als Geschöpfe Gottes freies Geleit erhielten.

Heute bietet Glurns ein mittelalterliches Bild mit vollständig erhaltener Stadtmauer des 16. Jahrhunderts. Außerdem enthält das reizende Städtchen eine Fülle liebenswerter und idyllischer Ausschnitte. Die Pfarrkirche außerhalb der Stadtmauer zeigt an der Außenwand ein gotisches Fresko.

Die Burg Kastelbell beherrschte früher die zwischen Etsch und Felswänden führende Reschenstraße

GRAUN

Ital. Curòn Venosta, 1500 m, 2332 Einwohner. Ort am Reschen-Stausee an der Mündung des Langtauferer Tales, im 12. Jahrhundert erstmals erwähnt. Der alte, tiefer gelegene Ort wurde 1950 dem Stausee geopfert; jetzt erinnert noch der aus dem Wasser ragende Kirchturm daran.

KASTELBELL

Ital. Castelbello, 600 m, 2316 Einwohner. Ort inmitten eines reizvollen Weinanbaugebietes unterhalb der gleichnamigen, bewohnten Burg, die im 13. Jahrhundert erbaut wurde. Nach Brand jetzt renoviert.

LAAS

Ital. Lasa, 817 m, 3552 Einwohner. Bedeutender Ort, dessen Name sich von einem verschwundenen See herleiten soll. Zollstätte zwischen dem 13. und 19. Jahrhundert. Bekannt durch den Abbau des wertvollen, rein weißen Laaser Marmors. Die ursprünglich romanische Pfarrkirche ist ein Neubau des 19. Jahrhunderts, besitzt aber noch die alte Ostwand mit romanischer Rundapsis. In der Umgebung stehen die bedeutenden Kirchen St. Sisinius und die Lourdeskirche.

Der barocke Ansitz Mühlrain in Latsch

LATSCH

Ital. Laces, 639 m, 4396 Einwohner (Marktgemeinde). Der Ort wurde im 13. Jahrhundert erstmals genannt. Er besitzt in der Spitalskirche aus dem 15. Jahrhundert eine Kostbarkeit, den geschnitzten Lederer-Altar. Im Westen des Ortes steht das Schloß Mühlrain. Das Standbild des Minnesängers Hans der Sager erinnert an einen berühmten Sohn der Gegend.

MARTELL

Ital. Martello, 800-2000 m, 860 Einwohner. Gemeinde des Martelltals aus mehreren Orten. Zufritt-Stausee.

PRAD AM STILFSER JOCH

Ital. Prato allo Stélvio, 918 m, 3076 Einwohner (Marktgemeinde). Größerer Ort an der Mündung des Suldentals in den Obervinschgau. Die etwas außerhalb gelegene Kirche St. Johann enthält Reste romanischer und gotischer Fresken.

SCHLANDERS

Ital. Silandro, 721 m, 5435 Einwohner (Marktgemeinde). Hauptort des Vinschgaus, der im 11. Jahrhundert erstmals erwähnt wurde. In der Umgebung hat man vorgeschichtliche und römische Funde gemacht. Die Pfarrkirche aus dem 16. Jahrhundert besitzt spätbarocke Fresken von J. A. Mölkh und hat einen 90 m hohen gotischen Turm. In der barockisierten Spitalkirche findet man ebenfalls Mölkh-Fresken. Über dem Ort die Burg Schlandersberg (bewohnt, kann aber besichtigt werden) und mehrere Ansitze im Ort: Deutschhaus, Freienturm, Schlanderegg, Heydorf, der Mairhof von Marienberg und der Ladurnerhof Tröger.

SCHLUDERNS

Ital. Sluderno, 921 m, 1738 Einwohner. Ort an der Mündung des Matscher Tals. In der Umgebung hat man reichhaltige Funde aus vorgeschichtlicher und der La-Tène-Zeit gemacht. Die Pfarrkirche St. Katharina mit romanischem Turm erhielt ihre jetzige Gestalt um 1500 und besitzt zwei wertvolle Seitenaltäre des 18. Jahrhunderts. Über dem Ort ragt die Churburg empor, eine der schönsten und am besten erhaltenen Burgen des Landes, die zahlreiche Sehenswürdigkeiten enthält und zu besichtigen ist.

Schluderns mit Churburg und Orgelspitze

Schlanders, der Hauptort des Vinschgaus.

SULDEN

Ital. Solda, 1906 m, gehört zur Gemeinde Stilfs mit 1345 Einwohnern. Höhenluftkurort, Bergsteiger- und Skizentrum, das „Zermatt Südtirols“ zu Füßen von Ortler und Königsspitze mit der Seilbahn Schaubachhütte und mehreren Liftanlagen. Hier wurde vom 14. bis zum 18. Jahrhundert Bergbau betrieben.

Kloster Marienberg über Burgeis im obersten Vinschgau

TAUFERS

Ital. Tubre, 1200 m, 951 Einwohner. Ort an der Schweizer Grenze im Münstertal, der wahrscheinlich von Karl dem Großen gegründet wurde. Goldbergbau im 15. Jahrhundert. Kirche und Hospiz St. Johann ließ der Kreuzritterorden der Johanniter erbauen. Die Kirche enthält wertvolle byzantinisch beeinflußte Malereien. Die Kirche St. Michael aus dem 14. Jahrhundert besitzt spätgotische Fresken.

MERAN

Burg Tirol und Dorf Tirol vor der Westkette der Sarntaler Alpen

Großzügig betrachtet ähnelt die Region dem bekannten Burggrafenamt, das ursprünglich ein Zusammenschluß der Grafschaften um Meran einschließlich Passeier Tal und Ultental war. Bei unserer – politischen – Region Meran gehört noch der östlichste Teil des Vinschgaus einschließlich des Schnalstals dazu. Vom Gaider Berg gilt gegen Westen die Provinzgrenze bis zur Lorchenspitze, dann folgt die beim Vinschgau beschriebene Linie bis zur Weißkugel, weiter die Staatsgrenze bis zur Schwarzwandspitze nordöstlich des Timmelsjochs. Von dort geht es über Botzer und Hohe Kreuzspitze stets auf dem hohen Kamm zum Jaufenpaß, im Kamm der Jaufenspitze nach Süden zur Ötschspitze im Sarntaler Hauptkamm, auf dessen westlichem Ast die Grenze nach Süden verläuft, wo sie hinter Mölten das Etschtal quert und von Prissian zum Gaider Berg zieht, über den die Provinzgrenze verläuft.

An größeren Gewässern nimmt die Etsch zuerst den Schnalser Bach auf, dann bei Meran die Passer und kurz darauf den Falschauer Bach aus dem Ultental. Obwohl der alpine, ja häufig sogar hochalpine Charakter nicht zu verkennen ist, wird doch neben dem Vinschgau eine geringere Durchschnittshöhe deutlich. Der niedrigste Punkt im

Burg Tirol bei Meran; darüber die Zielspitze

Region Meran

Übersicht der beschriebenen Touren

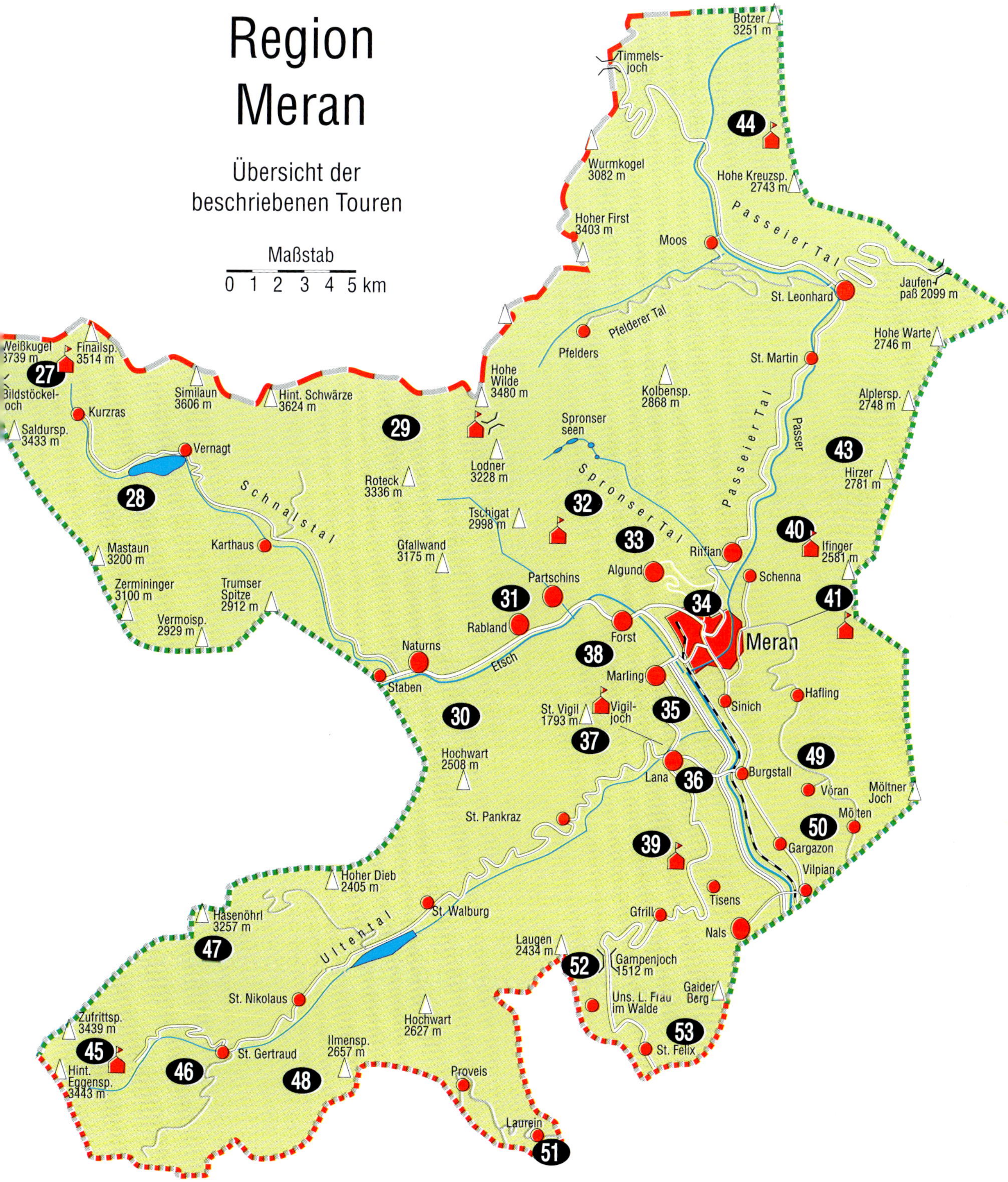

Etschtal liegt etwa um 300 m, höchster ist die Weißkugel mit beachtlichen 3739 m.

Das breite Etschtal um Meran ist mit mehreren Ortschaften dicht besiedelt, so daß die Einwohnerzahl die des Vinschgaus weit übersteigt.

Die klimatischen Vorzüge Merans und seiner Umgebung sind weltbekannt, wenn auch nicht mehr so ausgeprägt trocken wie im Vinschgau, sondern eher ausgeglichen. Allerdings beschränken sich die teils fast subtropischen Eindrücke auf die niedrigsten Lagen und die sonnseitigen Hänge. Ganz anders wirken da schon die Bergland-

Der Weiler Unterstein im Ultental mit taltypischen Häusern

schaften zwischen 1000 und 2000 m in den Seitentälern und die Berge darüber, die zwar viel mehr Sonnentage als nördlich der Alpen, aber auch strenge Winter haben.

Was im Vinschgau langsam begonnen hat, die Pracht der Obst- und Weingärten, konnte sich hier in den Lagen zwischen 300 und 1000 m zu einem wahren Paradies entwickeln. Daß auch eine solche Landschaft inmitten der Berge den Gefahren des Hochgebirges ausgesetzt war, beweist die Tatsache, daß Meran mehrere Male durch den Ausbruch des Kummersees überschwemmt und verwüstet worden war. Naturkatastrophen dieser Art bedrohten schon immer die Orte in den Bergen und können auch heute nur zum Teil ausgeschlossen werden.

Wie manche größeren Orte, hat auch Meran heute mehr italienische als deutschsprachige Einwohner. Die Erschließung für den Fremdenverkehr hat besonders im Raum um Meran zahlreiche Aufstiegshilfen und Skianlagen entstehen lassen, die in erster Linie dem Massentourismus dienen. Daneben gibt es aber immer noch einige ruhigere und „gemütlichere" Gebiete. Außerdem ist Meran seit über 150 Jahren ein mondäner Kurort, der früher viele gekrönte Häupter Europas und die „feine Gesellschaft" hierhergezogen hat.

Den besonderen Reiz aber machen die Gegensätze der Landschaft aus. Allein die Palmen und blühenden Hänge über Meran vor den weißverschneiten Bergen der Texelgruppe haben sich seit jeher als unvergeßliche Bilder in den Herzen und Köpfen aller Besucher erhalten.

→ ORIENTIERUNGSSTUFEN MERAN

① Touren 31, 34, 35, 36, 39, 40, 41 (Kleiner Ifinger), 42, 50, 51, 53

② Touren 27, 28, 29, 30, 33, 37, 38, 41 (Großer Ifinger), 44, 46, 48, 49, 52

③ Touren 32, 43, 47

④ Tour 45

① = Kurze Spaziergänge oder Wanderungen ohne jede Schwierigkeit, meist auf guten Wegen, auch für Ältere und kleinere Kinder geeignet.

② = Wanderungen eventuell von längerer Dauer, aber ohne Schwierigkeiten und besondere Ausrüstungsanforderungen, größere Kinder unter geeigneter Aufsicht können teilnehmen.

③ = Unternehmungen ohne größere Schwierigkeiten, die aber Trittsicherheit, Schwindelfreiheit und geeignete Ausrüstung voraussetzen. Eigene Erfahrung oder Führung durch Erfahrene wichtig. Größere Kinder nur mit Erfahrung und Sicherung.

④ = Bei diesen an sich unschwierigen Touren werden Gletscher überquert, was entsprechende Vorsicht und Ausrüstung nötig macht.

Schnalstal

27 Im Hinteren Eis, 3270 m ②

Großartiger, leicht ersteigbarer Panoramaberg im Alpenhauptkamm direkt über dem Hintereisferner und nahe dem Hochjochferner. Weite Fernsicht und eindrucksvolle Nahblicke.

Auffahrt: Von Karthaus/Schnalstal, 1327 m, talaufwärts nach Kurzras, 2011 m, Parkplatz am südlichen Rand der Hotelsiedlung.

Aufstieg: Hinter den Hotels bei der Wegverzweigung auf Markierung 3 gegen Norden auf steinigem Weg aufwärts in weniger steiles Gelände, wo der Weg besser wird. Der Oberbergbach wird überschritten, die Wegrichtung wendet sich gegen Nordosten. Nach etwa 2 Std. wählt man bei der Wegverzweigung den Anstieg nach rechts und kommt, wieder etwas steiler, zur Hütte „Zur Schönen Aussicht“, 2842 m. Dieser Name ist sicher berechtigt. Jetzt über nicht sehr steiles felsdurchsetztes Schrofengelände gegen Nordwesten aufwärts, schließlich flacher über Schutt mit Schneeresten zum Gipfel, zu dem unübersehbare Wegspuren mit gelegentlichen Markierungen und vielen Steinmännern führen. Insgesamt 3½ Std., leicht, aber teils nicht sehr guter Weg.

Abstieg: Auf der gleichen Route 2¼ Std.

Saldur- und Lagaunspitze vom Aufstieg zur Schönen Aussicht über dem Schnalstal

28 Kurzras – Lagauntal – Vernagt ②

(Den Verlauf dieser Route finden Sie auf der Kartenskizze Seite 60)

Diese beschauliche Almenwanderung schenkt ein ursprüngliches Schnalstal-Erlebnis mit eindrucksvollen Bildern von Gletschergipfeln, das sich erheblich vom Massentourismus um Kurzras herum unterscheidet.

Wegverlauf: Unterhalb der großen Hotels über den Bach, etwas oberhalb der Talstati-

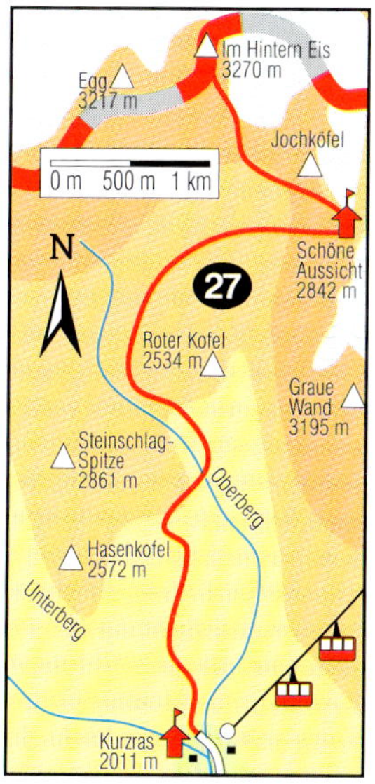

27 Im Hinteren Eis ②

i: Verkehrsverband, I-39020 Schnals, Tel. (0473) 679148.

Landkarte: Kompass-Karte 1:50000, Nr. 52, Vinschgau.

Führer: Rochlitz, Schnalstal, Tappeiner, Bozen.

Talort: Karthaus, 1327 m.

Ausgangspunkt: Kurzras, 2011 m, 14 km von Karthaus. Hotelsiedlung.

Aufstieg: 3½ Std., leicht, teils nicht sehr guter Weg.

Abstieg: 2¼ Std.

Stützpunkt: Zur Schönen Aussicht, 2842 m.

✳: Leichter, wenn auch nicht mühelos erreichbarer Hochgipfel mit großartigem Aussichtserlebnis.

Tip: Wegen der Abend- und Morgenbeleuchtung Hüttenübernachtung zu erwägen.

Die Schöne-Aussicht-Hütte über dem Hochjochferner; hinten die Finailspitze

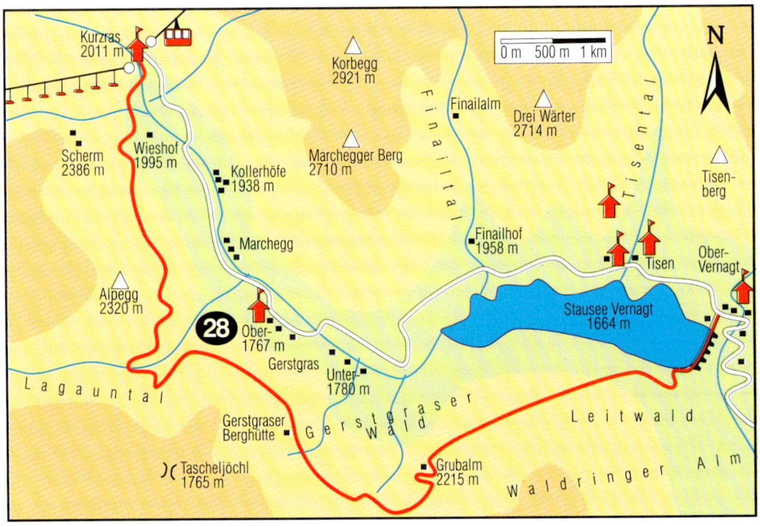

Der Vernagtstausee von der Schröfwand; an den linken Hängen führt die Tour 28 entlang

on des Lazaunliftes in den Wald und nahe dem Waldrand bis oberhalb des Wieshofs. Dann rechts auf einem schönen Waldweg Richtung Taschljöchl (Nr. 4) in das Lagauntal. Man durchquert die Talsohle und stößt vor dem jenseitigen Berghang auf Weg Nr. 14. Zunächst talaus und dann am Hang entlang zur Einmündung des von links heraufkommenden Weges Nr. 13; weiter in derselben Richtung wie bisher zur Berglalm (auch Gerstgraser Hütte, 2240 m). Nun leicht ansteigend zu den weiten Gerstgraser Böden oberhalb der Waldgrenze und nach ihrer Überquerung leicht abwärts zur bereits wieder im Wald liegenden Grubalm, 2215 m. Weiter mit Weg Nr. 13 durch den Wald anfangs flach, dann steil hinunter zum Vernagt-Stausee und über den Staudamm zu den Häusern von Vernagt (Parkplatz, Bushaltestelle). Insgesamt 3¼ Std.

28 Kurzras – Lagauntal – Vernagt ②

i: Verkehrsverband, I-39020 Schnals, Tel. (0473) 679148.

Landkarte: Kompass-Karte 1:50000, Nr. 52, Vinschgau.

Führer: Rochlitz, Schnalstal, Tappeiner, Bozen.

Talort: Vernagt, 1690 m.

Ausgangspunkt: Kurzras, 2011 m, 8 km von Vernagt; Linienbus.

Gehzeit: 3¼ Std.

Stützpunkt: Evtl. Getränke auf den Almen.

✳ Aussichtsreiche, lohnende Almenwanderung durch stille, fast unberührte Landschaft.

Die Wanderung durch das Lagauntal bietet prächtige Bilder von Wässern und Bergen

Hohe Weiße und Kleine Weiße in der Texelgruppe vom Weg zur Stettiner Hütte

Der Eishof im Pfossental gegen den Talschluß, in dessen Nähe die Stettiner Hütte steht (Foto unten)

29 Stettiner Hütte ②

i: Verkehrsverband, I-39020 Schnals, Tel. (0473) 679148.

Landkarte: Kompass-Karte 1:50000, Nr. 52, Vinschgau.

Führer: Rochlitz, Schnalstal, Tappeiner, Bozen.

Talort: Karthaus, 1327 m.

Ausgangspunkt: Gasthof Vorderkaser, 1693 m, 5 km.

Aufstieg: 4 Std., leicht.

Abstieg: 2½ Std.

Stützpunkte: Eishof, 2071 m, Stettiner Hütte, 2875 m.

☀: Schon am Eishof – am früher höchstgelegenen Bauernhof in Südtirol – bietet sich ein prächtiger Blick auf die Berge des Talschlusses, die zum Teil aus Marmor bestehen. Die Sicht wird immer grandioser bis zur Stettiner Hütte.

29 Stettiner Hütte, 2875 m ②

Diese Unternehmung in großartiger Hochgebirgslandschaft verläuft anfangs fast eben oder nur wenig ansteigend, so daß sie bis zum Beginn der stärkeren Steigung sogar für weniger ausdauernde Spaziergänger geeignet ist. In diesem Bereich ist die Orientierungsstufe 1 am Platz. Trotzdem ist es jedem ans Herz zu legen, auch den übrigen steileren Abschnitt anzugehen und die Stettiner Hütte zu erreichen. Denn dort oben warten noch eindrucksvollere Bilder auf den ausdauernden Wanderer.

Aufstieg: Völlig ohne Orientierungsschwierigkeiten vom Parkplatz beim Vorderkaser immer auf dem breiten Talweg zum Eishof und von dort weiter geradeaus in den Talhintergrund. Dann auf dem sehr gut ausgebauten Maultierweg hinauf zum Eisjöchl und jenseits kurz hinunter zur nahen Hütte. Nur am Jöchl ist der breite Saumpfad verfallen, so daß man mit einem Steig vorliebnehmen muß. Insgesamt 4 Std. leicht.

Abstieg: Auf gleichem Weg. 2½ Std.

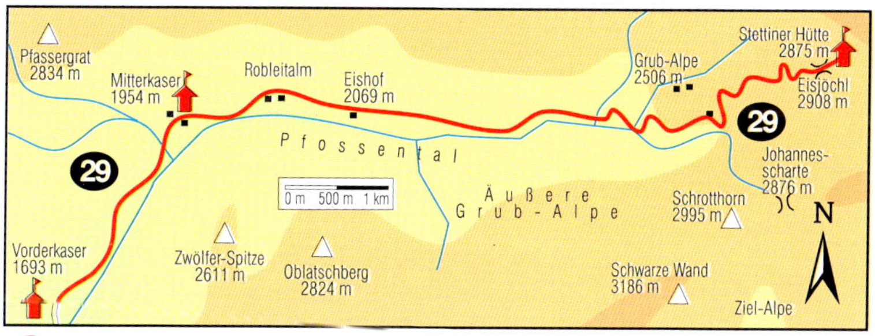

Über dem Untervinschgau

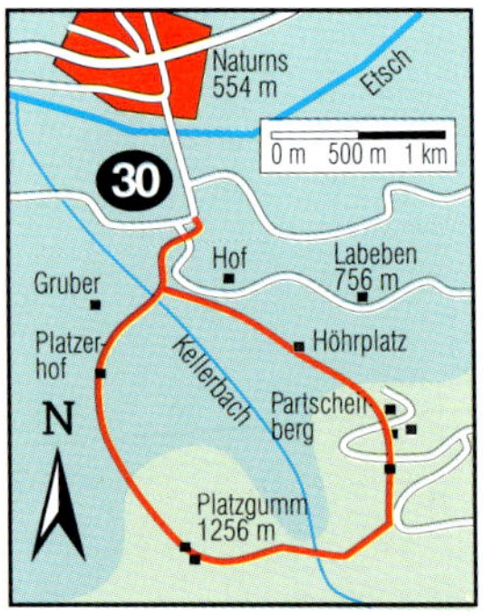

30 Platzgumm – Partscheilberg ②

i: Verkehrsvereinsbüro, I-39025 Naturns, Tel. (0473) 666077.

Landkarte: Kompass-Karte 1:50000, Nr. 53, Meran mit Kurzführer.

Führer: Koch, Südtiroler Gebietsführer, Bd 34, Untervinschgau, Athesia, Bozen.

Talort und Ausgangspunkt: Naturns, 554 m.

Aufstieg: Knapp 2 Std., auf Steigen und Straßen.

Abstieg: 2 1/4 Std.

Stützpunkt: Einkehrmöglichkeit auf mehreren Höfen und in Gasthäusern.

✳: Aussichtsreiche, lohnende Wanderung durch stille, fast unberührte Landschaft.

30 Platzgumm – Partscheilberg ②

Der von Wanderern oft zu Unrecht vernachlässigte Nörderberg birgt ebensoviel Schönheit und Naturerlebnis wie die vielbesuchten Wege am Sonnenberg. Im Sommer sind diese Anstiege zu den hochgelegenen Höfen häufig vorzuziehen, weil sie größtenteils im Wald verlaufen. Im Frühjahr findet man auf den Wiesen eine vielfältigere Blumenpracht. Außerdem belohnt die Aussicht hinüber zu den Gipfeln der Texelgruppe, ja, bis zu den Gletschern über dem Schnalstal.

Aufstieg: Von Naturns geht man in südliche Richtung, überquert die Gleise der stillgelegten Vinschgauer Bahn, und wandert dem Wald zu, bis mehrere Wegweiser zu verschiedenen Zielen weisen. Auf Markierung 5, die durch Wald und an Wiesen vorbei, leider auch streckenweise auf neuen Zufahrtsstraßen verläuft, erreicht man den Platzhof mit seinen Erdbeeranlagen. Oberhalb dieses Hofes führt der Weg ziemlich steil im Wald empor, bis man durch das Gatterl zu den sorgfältig gepflegten Wiesen des Hofes Platzgumm gelangt. Auf einem Wiesenpfad legt man den letzten Anstieg bis zur Zufahrtsstraße zurück und ist schnell beim stattlichen Hof, 1256 m. Hier wartet die Bäuerin in der holzgetäfelten Stube mit einer Stärkung auf. 2 Std.

Abstieg: Zuerst geht es nach Osten im Wald weiter in den breiten Graben des Kellerbaches. Bis auf eine geringfügige Abkürzung muß man nach Partscheilberg auf der Hofzufahrtsstraße gehen. Kurz vor den Gehöften von Partscheilberg zweigt ein leicht zu übersehender Steig (markiert) links ab und führt unmittelbar zum Platterhof, 1100 m, mit seiner einladenden Jausenterrasse. Der Rückweg nach Naturns, Markierung 30, zieht sich durch Wiesen und Wald, vorbei am Hörplatzhof, 815 m, und mündet dort im Tal, wo die Wegweiser angebracht sind, die man bei Beginn der Wanderung gesehen hat. 2 1/4 Std.

Anregungen: Wer Lust hat weiterzusteigen, kann, stets Markierung 5 folgend, in etwa 1 1/2 Std. zur Frantschalm ansteigen, 1835 m. Man kann auch vom Platterhof zur Naturnser Alm, 1922 m, aufsteigen (Markierung 30), nach Aschbach hinabwandern, 1320 m und von dort mit der Seilbahn nach Rabland/Saring hinabfahren. Außerdem gibt es vom Platterhof einen Weg (Markierung 16) über die Höfe Gaulbach, Plon, Steil, Brand und Brunner nach Aschbach. Verschiedene Gegensteigungen. Alle diese vorgeschlagenen Routen sind markiert.

Die berühmte Kirche St. Prokulus bei Naturns, die wertvolle Fresken besitzt

31 Der Sonnenberger Höhenweg ①

i: Tourismusverein, I-39020 Partschins, Tel. (0473) 967157.

Landkarte: Kompass-Karte 1:50000, Nr. 53, Meran.

Führer: Koch, Südtiroler Gebietsführer, Bd 34, Untervinschgau, Athesia, Bozen.

Talorte und Ausgangspunkte: Partschins, 642 m, Rabland, 525 m, Busverbindungen nach Meran.

Wegverlauf: Partschins-Durster 1 1/2 Std. Rabland-Gruberhof-Durster 3 Std., unschwierig.

☀: Besonders reizvoll im Frühsommer und Herbst.

... und nach der Tour

Wer sich in der Nähe von Naturns aufhält, sollte es nicht versäumen, eines der bedeutendsten kunsthistorischen Kleinode Südtirols zu besichtigen: Das auf freiem Feld stehende Kirchlein St. Prokulus. Es beherbergt die frühesten bekannten Fresken des deutschen Sprachraums. Unter den Wandmalereien aus karolingischer Zeit (ca 770-830) fällt ein Motiv besonders auf, das die Flucht des heiligen Prokulus aus Verona oder die Flucht des Paulus aus Damaskus darstellt: Der Heilige seilt sich über die Stadtmauer ab.

Stilvoll übernachten sollte, wer auf Luxus verzichten kann, in der Burg Hochnaturns über dem Ort. Umgeben von Weinbergen schläft man in einfachen, schlichten, uralten Räumen.

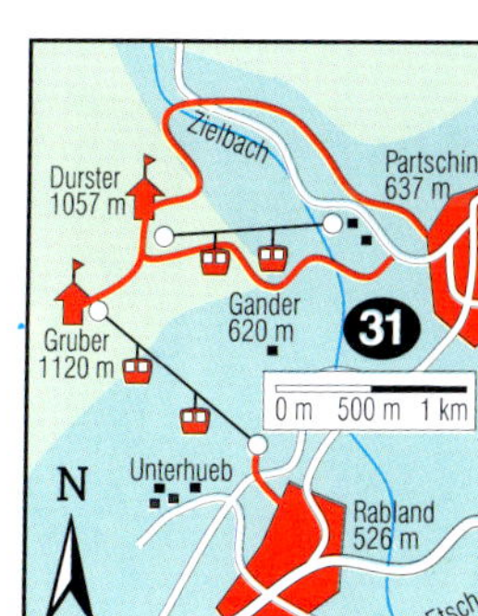

31 Der Sonnenberger Höhenweg ①

Der Sonnenberger Höhenweg ist besonders zum Erwandern im Frühsommer und Herbst geeignet. Er vermittelt weite Aussicht ins Meraner Talbecken und auf die umgebenden Berge. Außerdem gewinnt man einen guten Einblick in die charakteristische Vegetation des Sonnenberges. Als Ausgangspunkt kann man entweder Partschins oder Rabland wählen. Die Wege bieten einigermaßen geübten Wanderern keine Schwierigkeiten.

Wegverlauf: Von Partschins, 637 m, (Busverbindung von Meran) ausgehend, wendet man sich dem nach Westen abgehenden Weg, Markierung 39, zu, der im Sonnenhang stets leicht ansteigend mit ein paar Kehren im lichten Birkenwald emporführt. Nach etwa 1 Std. gelangt man zur bezeichneten Abzweigung (Wegweiser: Sonnenberger Höhenweg, Markierung 26). Ab hier nun gegen Osten, stets ansteigend, auf gut angelegtem Steig zum Dursterhof/Jausenstation, 1057 m, 1 1/2 Std. Hinter dem Hof senkt sich der Weg im Rammwald verlaufend allmählich ins Zieltal hinab und mündet in der Nähe des Anwesens Birkenwald in die Talstraße des Zieltales. Stets weiter absteigend erreicht man auf ihr wieder Partschins. Um wenigstens einem Teil dieser Straße zu entgehen, beachte man einen bald nach Birkenwald links abgehenden Wegweiser nach Partschins; er leitet auf einen schattigen, etwas versteckten Pfad, der tiefer unten, in der Nähe des Gasthauses Salten, wieder in die Straße mündet. 1 1/2 Std.

Will man von Rabland aus zum Sonnenberger Höhenweg, so bieten sich zwei Möglichkeiten: Entweder man steigt in nördlicher Richtung am Happichlhof vorbei auf dem bezeichneten, etwas steilen Steig zum Gruberhof, 1120 m, empor, oder man fährt mit der kleinen Kabinenseilbahn des Hofes hinauf. Talstation etwa 10 Min. nördlich der Bushaltestelle in Rabland. Beim Gruberhof hübsche und gutgeführte Jausenstation. Vom Hof nun nach Osten, kurz abwärts durch den Graben des Schindelbaches und wieder bergan bis zur Abzweigung des Höhenweges. Weiter zum Durster und nach Partschins wie oben und von dort nach Rabland auf dem Talweg Nr. 28. Auch der Durster verfügt über eine kleine Kabinenseilbahn, die im unteren Zieltal ihre Talstation hat.

Um Meran

32 Spronser Seen ③

i: Tourismusverein, I-39022 Algund, Tel. (0473) 448600.

Landkarte: Kompass-Karte 1:35000, Nr. 43, Naturpark Texelgruppe/Meraner Höhenweg.

Führer: Koch/Lassnig, Südtirol für Bergwanderer, Bd. 2, Tappeiner, Bozen.

Talort: Vellau, 996 m, Sessellift von Algund oder Linienbus von Meran.

Ausgangspunkt: Leiteralm, 1522 m, Korblift von Vellau.

Endpunkt: Tiroler Kreuz, 806 m, Bus nach Dorf Tirol und weiter nach Meran (umsteigen).

Aufstieg: $2^3/_4$ Std., nicht schwierig, gut gesichert (Leiteralm-Hoher Gang), aber Kondition und Schwindelfreiheit erforderlich.

Abstieg: $4^1/_2$ Std.

Stützpunkte: Gasthäuser in Vellau, Leiteralm, Hochganghaus, Longfallhof im Spronser Tal, Tiroler Kreuz.

✳: Eindrucksvolle Hochgebirgs-, Seen- und Talwanderung in der Texelgruppe.

Tip: Nicht vor Mitte Juli! Erkundigung über Schneelage einholen! Gute Bergausrüstung und Wetterschutz sind Bedingung.

... und nach der Tour

Wer die vielen Sehenswürdigkeiten Merans nach anstrengenden Bergtouren nicht auch noch per pedes bewältigen möchte, tut gut daran, sich zur Abwechslung ein Fahrrad zu leihen: In Meran am Parkplatz Alpina (von April bis November), am Bahnhofplatz (von April bis November) und bei Sport Max, Cavourstr. 18.

32 Spronser Seen ③

Lange, aber großartige und eindrucksvolle Höhenwanderung über eine hohe Scharte zur größten Hochgebirgs-Seenplatte Südtirols und mit Talausweg zum Tiroler Kreuz bei Dorf Tirol. Mit einer Übernachtung auf dem schön gelegenen Hochganghaus läßt sich die Tour erheblich weniger anstrengend gestalten.

Auffahrt: Mit dem Korblift von Vellau, 996 m, zur Leiteralm, 1522 m. Nach Vellau entweder mit Sessellift von Algund oder Bus.

Aufstieg: Auf dem „Meraner Höhenweg", Markierung 24, steigt man im Wald in etwa $1^1/_4$ Std. zum Hochganghaus, 1839 m. Hier verläßt man den Höhenweg und folgt der Markierung 7 über Weidehänge empor, später steiler, steiniger und felsiger, aber gut gesichert bis zum Hohen Gang, 2441 m, etwa $1\,^1/_2$ Std. Insgesamt $2\,^3/_4$ Std.

Abstieg: Jenseits senkt sich der Steig durch Blöcke führend, oberhalb des Langsees, bis er in den Steig Markierung 22 (Milchseen/Spronsertal) mündet. Man steigt, oberhalb des runden Grünsees, 2338 m, weiter ab. Bald nach diesem See wird bei einer Wegteilung der rechte Steig gewählt, der weiter ins Spronser Tal hinabführt, vorbei am flachen Mückensee. In ziemlich steinigen Kehren senkt sich der Weg zur Oberkaseralm, 2131 m, in deren Nähe der Kasersee, 2117 m, liegt. Wenig höher, in Richtung Taufenscharte, 2191 m, befindet sich der Pfitscher See, 2126 m. Der Weg führt über die nächste Talstufe hinab zur Bockerhütte, 1717 m, und Alm. Mitte Juli blüht im oberen Spronser Tal ein Meer von Alpenrosen. Es gilt nun, die folgende, höhere Talstufe hinabzusteigen, teils im Wald bis in die Nähe des Longfallhofs, 1075 m, der jenseits des wasserfallreichen Finelebaches liegt; die Einkehr bedeutet also einen kleinen Abstecher. Auf dem Hauptweg wandert man auf einer nicht steilen Forststraße bis zum Tiroler Kreuz, 806 m. Ab hier Busverbindung nach Dorf Tirol, bzw. weiter nach Meran. $4\,^1/_2$ Std.

33 Mutspitze, 2295 m ②

Unschwierig zu ersteigender, aber lohnender Gipfel mit atemberaubendem Tiefblick auf Meran und eindrucksvolle Fernsicht zu den Ortlerbergen und den Dolomiten.

Auffahrt: Mit dem Korblift von Vellau, 996 m, zur Leiteralm, 1522 m.

Aufstieg: Der gut markierte Steig mit Markierung 25 zieht – immer mit prächtigen Rückblicken auf den Talkessel von Meran und das Etschtal bis Bozen – gegen Norden aufwärts und verzweigt sich bald. Auf dem rechten Weg gewinnt man rasch an Höhe, während die Felswände näher rücken und der Steig in ein felsiges Hochtal mündet, das bald zur gut gangbaren Felsrinne wird. Dann ist das Taufen- oder Karjoch erreicht, wo man zum ersten Mal nach Norden blicken kann. Teils auf, teils nördlich neben dem begrasten felsigen Grat wendet sich nun der Steig nach Osten und erreicht, kurz vor dem Gipfel, eine tief eingeschnittene Scharte, in der sich ein überraschender Tiefblick auf Meran öffnet. Kurz darauf, $2\frac{1}{4}$ Std. ab Leiteralm, steht man auf dem Gipfel, den mehrere bis über drei Meter hohe Steinmänner krönen.

Abstieg: Der kürzeste Rückweg zur Leiteralm ist der Aufstiegsweg. $1\frac{1}{4}$ Std.

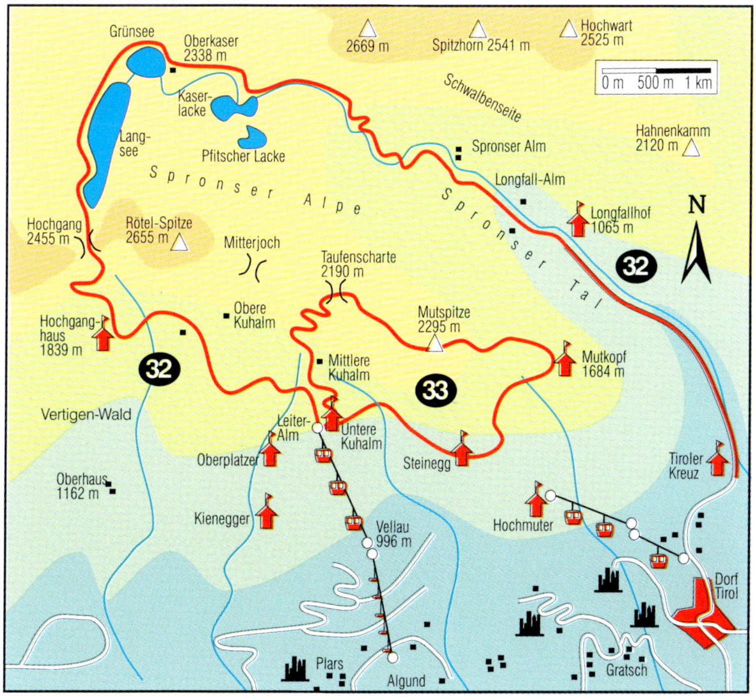

Anregung: Wer Neues kennenlernen will, wählt den Ostabstieg auf Markierung 23, später 22 (Bockersteig). Bei Steinegg mündet er in den Hans-Frieden-Felsenweg, der teils leicht bergauf zur Leiteralm führt. Der Mehraufwand an Zeit gegenüber dem kürzesten Abstieg beträgt insgesamt gesehen nicht mehr als etwa $\frac{1}{2}$ Std.

33 Mutspitze ②

i: Verkehrsamt, I-39022 Algund, Tel. (0473) 448600.

Landkarte: Kompass-Karte 1:50000, Nr. 53, Meran.

Führer: Koch/Lassnig, Südtirol für Bergwanderer, Bd. 2, Tappeiner, Bozen.

Talort: Vellau, 996 m, Linienbus von Meran.

Ausgangspunkt: Leiteralm, 1522 m, Korblift von Vellau.

Aufstieg: $2\frac{1}{4}$ Std., nicht schwierig, aber Trittsicherheit wichtig.

Abstieg: $1\frac{1}{4}$ Std., über den Ostkamm $1\frac{3}{4}$ Std.

Stützpunkte: Gasthäuser in Vellau, Leiteralm, Steinegg.

✳: Grandioser Aussichtsberg hoch über dem Meraner Talkessel.

Tip: Der Nachmittag bietet bessere Beleuchtung.

Auf dem Gipfel der Mutspitze stehen mehrere meterhohe Steinmänner; hinten Sarntaler Alpen und Dolomiten

Wandern auf dem Tappeinerweg über den Dächern von Meran

34 Tappeinerweg ①

i: Kurverwaltung, I-39012 Meran, Tel. (0473) 235223.

Landkarte: Kompass-Karte 1:50000, Nr. 53, Meran.

Führer: Klier, Meran, Rother, München.

Talort und Ausgangspunkt: Meran, 325 m.

Wegstrecke: 1 Std., ca. 4 km, leicht.

Rückweg: 1 Std.

✳: Großartiges Landschafts- und Pflanzenerlebnis zwischen Palmen und Dreitausendern. Leichter Spaziergang.

Tip: Ganzjährig zu begehen.

35 Marlinger Waalweg ①

i: Tourismusbüro, I-39011 Lana, Tel. (0473) 561770.

Landkarte: Kompass-Karte 1:50000, Nr. 53, Meran.

Führer: Klier, Meran, Rother, München.

Talort und Ausgangspunkt: Lana, 289 m.

Wegzeit: $2^1/_2$ Std., ca. 13 km.

✳: Sehr lohnende Wanderung mit nur wenig Mühe, schöne Sicht auf Etschtal und Meran.

34 Tappeinerweg ①

Prachtvoller Höhenspaziergang und einmaliger botanischer Garten über der Stadt Meran. Besonders im Frühling erlebt man dort ohne irgendwelche Anstrengung den eindrucksvollen Gegensatz zwischen Schneebergen und üppiger südländischer Flora.

Wegstrecke: Man steigt bei der Stadtpfarrkirche über steile Stufen zum Tappeinerweg. Er verläuft etwa 100 m über der Stadt an den Hängen des Segenbühels und des Küchelberges. In allgemein nordwestlicher Richtung verläuft der Weg, bequem angelegt, ohne größere Höhenunterschiede. Mehrere Cafés und Imbißstationen. Das Dr.-Tappeiner-Denkmal erinnert an den Gründer dieses Weges. Endpunkt ist Gratsch, das nach 1 Std. erreicht ist.

Rückweg: Am schönsten auf dem gleichen Weg, 1 Std.

35 Marlinger Waalweg ①

Dieser mit insgesamt 13 Kilometern längste aller Waalwege verläuft zwischen Lana und Forst/Töll, wo sein Wasser der Etsch entnommen wird, und bietet eine genußreiche Wanderung durch Obst- und Weingärten.

Wegstrecke: Von Lana, in der Nähe der Vigiljoch-Seilbahn-Talstation, geht man die Raffeingasse hinauf, wo man den Waalweg betritt. Er zieht neben dem Waal eben dahin, an mehreren Einkehrmöglichkeiten vorbei. Einmal durchzieht der Waal einen kurzen Bergrücken. Dann taucht er in lichten Laubwald ein, wo der Weg von Marling mündet. Er endet in Forst, wo man nach insgesamt $2\ ^1/_2$ Std. ankommt.

Meran vom Tappeinerweg; hinten jenseits des Etschtals die Eggentaler Berge und rechts von ihm der Gantkofel

Der Brandis-Waalweg führt teils idyllisch unter den Rebenpergeln dahin

36 Brandis-Waalweg ①

i: Tourismusbüro, I-39011 Lana, Tel. (0473) 561770.

Landkarte: Kompass-Karte 1:50000, Nr. 53, Meran.

Führer: Mahlknecht, Südtiroler Gebietsführer, Nr. 28, Athesia, Bozen.

Talort und Ausgangspunkt: Lana, 289 m.

Wegzeit: 3/4 Std., guter Weg.

☀: Lohnende Kurzwanderung mit nur wenig Mühe.

37 Vigiljoch ②

i: Tourismusbüro, I-39011 Lana, Tel. (0473) 561770.

Landkarte: Kompass-Karte 1:50000, Nr. 53, Meran.

Führer: Mahlknecht, Südtiroler Gebietsführer, Nr. 28, Athesia, Bozen.

Talort und Ausgangspunkt: Lana, 289 m.

Wegzeit: 2 Std., guter Weg.

Stützpunkte: Mehrere Gasthäuser am Weg.

☀: Lohnende Kurzwanderung mit herrlicher Aussicht und nur wenig Mühe.

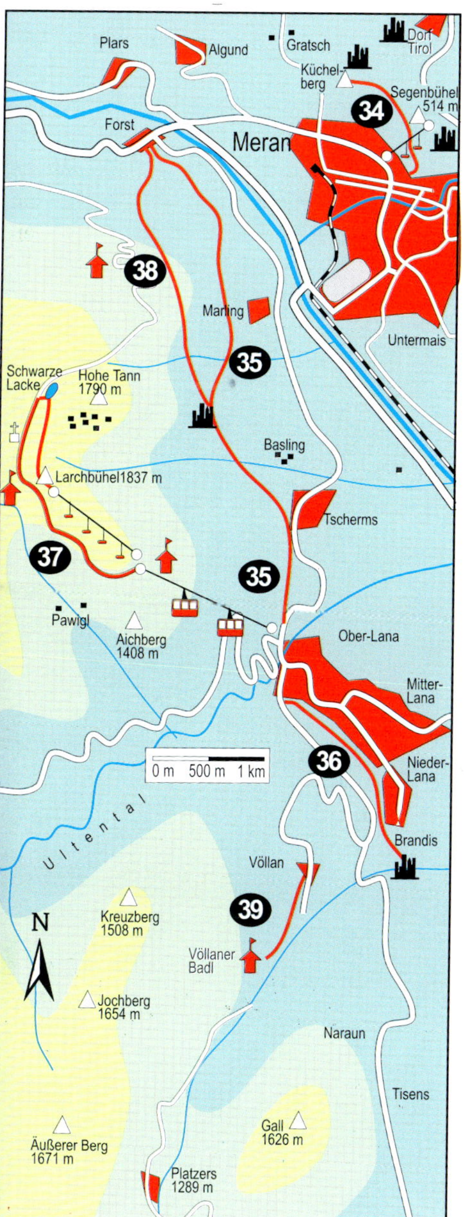

36 Brandis-Waalweg ①

Der ehemals längere, vom Grafen Brandis errichtete Waal verläuft heute teils unterirdisch. An ihm entlang zieht sich der Brandis-Waalweg, nach dessen Begehung der herrliche Schnatterpeck-Altar in Niederlana bewundert werden kann.

Wegstrecke: Der Waalweg beginnt an der Gampenstraße, wo er sich nach dem Ortsausgang nach links wendet. Durch Obsthaine und Rebgärten zieht er in lichtem Wald über einen Bach. Reizvoller Blick auf Lana. Nach 3/4 Std. ist an einer Jausenstation das Ende des Waalweges erreicht.

Anregung: Der kurze Abstieg nach Niederlana führt zur Kirche, die den berühmten Schnatterpeck-Altar birgt. Nahe der Kirche befindet sich das Obstbau-Museum.

37 Vigiljoch, 1820 m ②

Eine Höhenwanderung bergab mit prächtigen Ausblicken auf Dolomiten, Ötztaler Alpen, Ortlerberge und Tiefblicken auf Meran und Etschtal.

Auffahrt: Von Lana mit der Seilbahn zur Bergstation Vigiljoch, 1500 m. Ein Sessellift führt weiter zum Larchbühel, 1837 m.

Wegstrecke: Man geht in nördlicher Richtung bergab zur Schwarzen Lacke, einem kleinen Bergsee mit zwei Gasthäusern, 1/2 Std. Nach Umrundung des Sees zum Teil auf gleichem Weg, dann auf einem Sträßchen zum St.-

... und nach der Tour

Daß der Begriff „Törggelen“ nicht vom schwankenden Gang nach zu heftigem Weingenuß, sondern vom „Torkel“ oder „Torggel“, einer Bezeichnung für die große, früher hölzerne Weinpresse stammt, ist nicht jedem bekannt. Doch alle wissen, was man darunter versteht: Hauptsächlich im Monat Oktober besuchte man früher die Nachbarhöfe, um den neuen, den jungen Wein zu verkosten; dazu reichten die Gastgeber selbstgemachte Spezialitäten vom Schinken bis zum Schüttelbrot.

Viele dieser Höfe werden im Herbst auch gerne von Touristen auf-, manchmal heimgesucht. Von den Törggelehöfen in der Gegend um Lana empfiehlt sich für Individualreisende beispielsweise der Hof Greitwies in Pawigl 3 (Tel.0473-56 33 76) von Irmgard Umilietti, deren Lokal nur 30 Personen Platz bietet und mit Bussen nicht erreichbar, deshalb selten überfüllt ist.

Das St.-Vigil-Kirchlein in der Nähe des Larchbühels und 1500 Höhenmeter über Meran

38 Marlinger Höhenweg ②

i: Verkehrsverband, I-39020, Marling, Tel. (0473) 447147.

Landkarte: Kompass-Karte 1:50000, Nr. 53, Meran.

Führer: Rund um Meran, Rother Wanderführer, München.

Talort: Marling bei Meran, 363 m.

Ausgangspunkt: Forst an der Etschtalstraße, Haltestelle vor Brauerei Forst, 350 m.

Wegstrecke: 2 Std., etwa 6 km, teils etwas steil.

✳: Herrlich einsame Wanderung auf und ab mit schönen Talblicken, etwas steil.

Tip: Auch in umgekehrter Richtung zu begehen.

39 Völlan-Völlaner Badl ①

i: Tourismusverein Lana/Völlan, I-39011 Lana, Tel. (0473) 561770.

Landkarte: Kompass-Karte 1:50000, Nr. 53, Meran.

Talort und Ausgangspunkt: Lana, 289 m.

Aufstieg: $1^1/_4$ Std., gute Wege.

Abstieg: $^3/_4$ Std.

Stützpunkt: Gasthaus Völlaner Badl.

✳: Prächtige Landschaftsbilder, aussichtsreiche Wiesen- und Waldwanderung.

Vigil-Kirchlein (500jährige Fresken), $^1/_2$ Std. Herrlicher Aussichtsplatz mit zwei Gasthäusern. Unter mehreren Möglichkeiten sei der Weg mit Markierung 34 auf dem Sträßchen zur Seilbahn-Bergstation empfohlen. Insgesamt 2 Std., leicht.

38 Marlinger Höhenweg ②

(Den Verlauf dieser Route finden Sie auf der Kartenskizze Seite 67)

Wegen anfänglicher Steilanstiege weniger begangener Weg. Trotzdem eine echte Genußtour mit Tiefblicken auf den Meraner Talkessel. Für gute Wanderer auch als Rückweg für den Marlinger Waalweg, $2^1/_2$ – 3 Std.

Wegstrecke: Von Forst, nahe der Brauerei, zum Sträßchen, das die Gleise und den Waalweg überquert und steil an Josefsberg vorüber zu einer Tafel „Marlinger Höhenweg" führt. Anfangs abenteuerlich durch Wald empor, dann weniger steil zum Gasthaus Senn am Egg. Auf breitem Forstweg durch Büsche und Wald immer noch ansteigend zum Außerholzmair und weiter zum Innerholzmair, einem einsam gelegenen Hof. An steilem Berghang zur Teerstraße, die am Robelehof erreicht wird. Zur Kehre hinab mit mehreren Wegweisern, dann wird der Marlinger Waalweg überquert; man steigt hinab nach Marling oder Tscherms. 2 Std.

39 Völlan-Völlaner Badl ①

(Den Verlauf dieser Route finden Sie auf der Kartenskizze Seite 67)

Völlan, mehr als 300 m über Lana, besitzt nicht nur eine bevorzugte Lage, sondern auch Sehenswürdigkeiten wie die Mayenburg und die gotischen Fresken in der Pfarrkirche, vor allem aber reizvolle und mit wenig Mühe verbundene Wege.

Auffahrt: Von Lana nach Völlan, 4 km.

Aufstieg: Von der Völlaner Kirche etwa 300 m den Windungen der Straße nach zu einem mächtigen Baum mit Wegweisern. Auf Sträßchen links bergauf durch Wiesengelände und Wald zum Gruberhof. Man wandert auf Markierung 2/2A zum Völlaner Badl, einem alten Heilbad, Gasthaus, 950 m, $1^1/_4$ Std.

Abstieg: Auf dem Weg mit der Markierung 10 zurück nach Völlan, $^3/_4$ Std.

Der Meraner Talkessel; darüber Hirzer (links) und der markante Ifinger

Die beiden Ifingergipfel mit dem Anstiegsweg über den breiten Kamm von der Kuhleiten

40 Ifingerhütte ①

i: Tourismusbüro, I-39017 Schenna, Tel. (0473) 945669.

Landkarte: Kompass-Karte 1:50000, Nr. 53, Meran.

Führer: Kammerer, Südtirol für Bergwanderer, Bd. 4, Tappeiner, Bozen.

Talort: Meran, 325 m.

Ausgangspunkt: Gasthof Taser, 1445 m.

Aufstieg: 1 1/4 Std., guter Weg.

Abstieg: 3/4 Std., guter Weg.

Stützpunkte: Gasthof Taser, 1445 m, Ifingerhütte, 1815 m.

☼: Kurze und kaum anstrengende Wanderung mit schönen Talblicken.

40 Ifingerhütte, 1815 m ①

(Den Verlauf dieser Route finden Sie auf der Kartenskizze Seite 70)

Diese kleine Schutzhütte und Jausenstation oberhalb von Schennaberg, am Fuße des Ifingers, ist, von der Taser-Seilbahn ausgehend, ein sehr lohnendes und leichtes Wanderziel.

Aufstieg: Ab Seilbahnstation, Gasthof Taser, 1445 m, führt der Weg Markierung 18A südwestwärts ansteigend durch die Wiese, im Wald zum Sonnenhang, dort an einem Zaun entlang zur Hütten-Materialbahn, 1625 m. Der etwas steinige Fußweg zieht sich nun im Bereich eines Bachgrabens ansteigend zu einer Lichtung und im Hochwald zwischen großen Granitblöcken zur Hütte, 1815 m, 1 1/4 Std.

Abstieg: 3/4 Std. auf dem gleichen Weg.

41 Großer und Kleiner Ifinger, 2581 und 2552 m ② und ①

(Den Verlauf dieser Route finden Sie auf der Kartenskizze Seite 70)

Der steilwandige Felsstock ist ein Wahrzeichen von Meran und einer der besten Aussichtspunkte des Landes. Ungemein lohnende Unternehmung mit unvergeßlichen Tiefblicken auf das über 2000 m tieferliegende Meran und sehr weite Fernsicht.

Auffahrt: Von Meran zur Talstation der Ifingerseilbahn bei Vernaun, etwa 700 m. Weiter mit der Seilbahn zur Bergstation, 2000 m.

Aufstieg: Von der Bergstation auf bequemem Weg gegen Nordosten unter dem Naifjoch vorbei zum Gasthaus Kuhleiten mit Liftstation, 2334 m. Von dort über den breiten Graskamm gegen Westen zum felsigen

Auf dem Gipfel des Großen Ifingers. Tief unten im Dunst liegt Meran, hinten die Texelgruppe

41 Großer und Kleiner Ifinger ② und ①

i: Kurverwaltung, I-39012 Meran, Tel. (0473) 235223.

Landkarte: Kompass-Karte 1:50000, Nr. 53, Meran.

Führer: Kammerer, Südtirol für Bergwanderer, Bd. 4, Tappeiner, Bozen.

Talort: Meran, 325 m.

Ausgangspunkt: Bergstation der Ifingerseilbahn, 2000 m. Auffahrt von Talstation Vernaun, 2 km von Meran.

Aufstieg: 2½ bzw. 2¼ Std., leichte Kletterei bzw. gemütlicher, unschwieriger Weg.

Abstieg: 2 Std.

Stützpunkte: Bergstation, 2000 m, Kuhleiten, 2324 m.

☼: Eindrucksvoller, leicht erreichbarer Panoramaplatz hoch über Meran.

Der Felsaufbau des Ifingers vom Weg Seilbahn-Kuhleiten gesehen

42 Kreuzjoch ①

i: Tourismusbüro, I-39010 Hafling, Tel. (0473) 279457.

Landkarte: Kompass-Karte 1:50000, Nr. 53, Meran.

Führer: Kammerer, Südtirol für Bergwanderer, Bd. 4, Tappeiner, Bozen.

Talort: Meran, 325 m.

Ausgangspunkt: Hafling/Falzeben, 1625 m.

Aufstieg: 2 1/4 Std., gemütlicher, unschwieriger Weg.

Abstieg: 1 3/4 Std.

Stützpunkte: Moschwaldalm, Maiser Alm, Jausenstationen.

✳: Geruhsame Wanderung über Almwiesen zu einem Gipfel mit schönen Rundblicken.

Gipfelaufbau und auf gutem Steig zum Gipfel des Kleinen Ifingers. 2 1/4 Std., leicht. Den Gipfel des Großen Ifingers erreicht man, indem man kurz vor dem Kleinen Ifinger rechts abzweigt und hinter einer kleinen Scharte mit folgendem kurzen Zwischenabstieg auf einem teilweise mit Drahtseilen gesicherten Steig steile Felsplatten überwindet und zuletzt zwischen Felsen zum höchsten Punkt steigt. Dauer in etwa 2 1/2 Std., ganz leichte Kletterei.
Abstieg: Auf gleicher Route in etwa 2 Std.

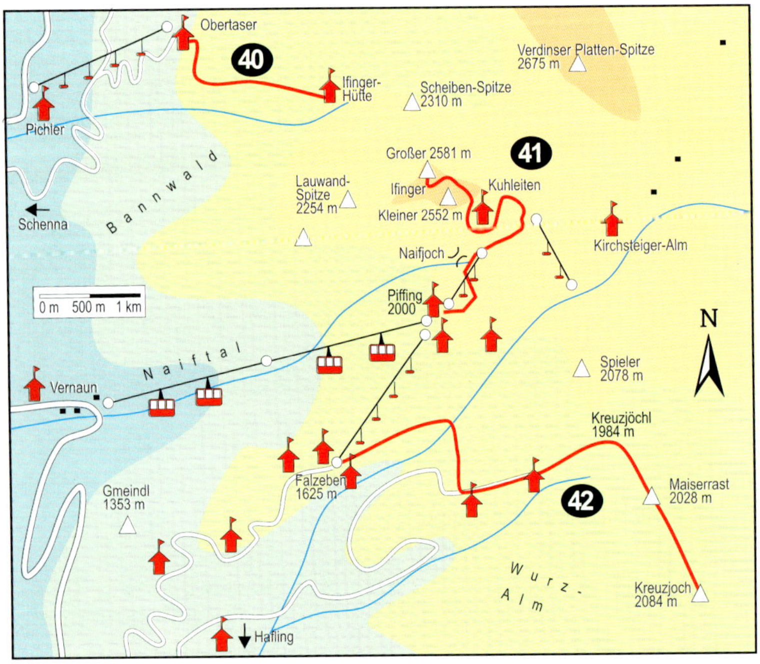

42 Kreuzjoch, 2086 m ①

Das Kreuzjoch ist ein bequem erreichbarer, breiter Bergrücken in friedlicher Almlandschaft inmitten von Weideflächen und Alpenrosen und weiter, freier Sicht hoch über dem Etschtal.

Auffahrt: Von Meran nach Hafling-Falzeben, etwa 9 km.

Aufstieg: Vom Parkplatz Hafling-Falzeben, 1625 m, beim Gatter etwas unterhalb der Liftstation (hier Hinweise), folgt man der Markierung 51 auf einer Forststraße nordostwärts zur Brücke über den Sinichbach. Nach einer Kehre geht der Weg im Wald gegenüber ansteigend zur Moschwaldalm, 1750 m. Eine Straße führt weiter zur Maiser Alm, 1783 m. Man folgt dann der Markierung 15 nach Osten im Hochwald zum Kreuzjöchl, 1984 m, 1 1/2 Std. Nun wandert man mit Markierung 4 auf Weidesteigen leicht an- und absteigend nach Süden über die Maiser Rast, 2027 m, zur Kreuzjoch-Höhe empor, 2086 m, 3/4 Std. Insgesamt 2 1/4 Std.

Abstieg: Erfolgt auf dem gleichen Weg in 1 3/4 Std.

Über dem Passeier Tal

43 Hirzer, 2781 m ③

Vom Meraner Raum aus ist der Hirzer als höchster Gipfel der Sarntaler Alpen ein nicht schwer erreichbarer, beliebter, lohnender und viel besuchter Aussichtsberg. Seine Besteigung wird durch die Hirzer-Seilbahn am Westabhang ganz erheblich verkürzt.

Auffahrt: Mit der Hirzer-Seilbahn ab Saltaus im Passeiertal.

Aufstieg: Ab Hirzer-Seilbahn-Bergstation, 1980 m, gelangt man auf dem breiten Fußweg, Markierung 40, am Schatthang entlang, dann links durch eine Mulde zum Berggasthof Tallneralm. Man folgt nun dem ostwärts an der Almhütte vorbei ansteigenden Steig, Markierung 4. Nach längerer Strecke zwischen Alpenrosen führt die Spur an einer Rinne entlang zum Karkessel zwischen Hirzer und Hönigspitze. In Kehren im Geröllfeld, dann rechts am steilen Hang über leichte Felsstufen, gelangt man zum flachen Sattel im Kamm zwischen Hirzer und Hönigspitze, 2678 m. Der Steig führt in der Ostflanke des Südgrates entlang nach Norden zum schrofigen Südosthang und dort in Kehren zum Gipfel, 2 3/4 Std.

Abstieg: Auf der gleichen Route in 1 1/2 Std.

Der massige Hirzer von Süden, von der Hönigspitze

44 Schneeberghütte, 2355 m ②

(Den Verlauf dieser Route finden Sie auf der Kartenskizze Seite 72)

Eine interessante Wanderung zum aufgelassenen, seinerzeit höchsten Bergwerk Europas. Eines der ehemaligen Werksgebäude wurde vom italienischen Alpenverein CAI (Club Alpino Italiano), Sektion Meran, zu einer Schutzhütte ausgebaut, dem Rifugio Monteneve/Schneeberghütte.

43 Hirzer ③

i: Tourismusbüro, I-39017 Schenna, Tel. (0473) 945669.

Landkarte: Kompass-Karte 1:50000, Nr. 53, Meran.

Führer: Kammerer, Südtirol für Bergwanderer, Bd. 4, Tappeiner, Bozen.

Talort: Saltaus 490 m, Seilbahn-Talstation, Parkplatz.

Ausgangspunkt: Hirzer-Seilbahn-Bergstation Klammeben, 1980 m.

Aufstieg: 2 1/4 Std., erfordert Trittsicherheit.

Abstieg: 1 1/2 Std.

Stützpunkte: Berggasthof Tallneralm, 1983 m, Gasthof Klammeben (Bergstation), Tallner Almhütte-Jausenstation.

✳: Großartiges Panorama weiter Teile der Ostalpen.

Tip: Frühzeitige Auffahrt empfohlen.

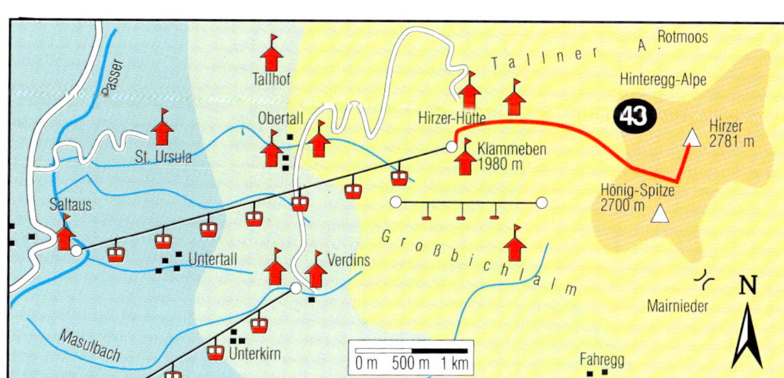

Die Tallneralm am Anstiegsweg zum Hirzer mit dem Gipfel dahinter

Auffahrt: Auf der Timmelsjochstraße bis kurz unterhalb des Gasthauses Saltnuss, etwa 1500 m.

Aufstieg: Auf breitem, bequemem Weg, Markierung 31, hinauf über Almgelände. Ohne große Anstrengung gelangt man über die Waldgrenze und zu den ersten zerfallenden Bauten des ehemaligen Bergwerks, was einen

Der Zoggler-Stausee bei St. Walburg im Ultental

44 Schneeberghütte ②

i: Tourismusverein Hinterpasseier, I-39013 Moos, Tel. (0473) 643558.

Landkarte: Kompass-Karte 1:35000, Nr. 44, Passeiertal.

Führer: Koch, Südtirol für Bergwanderer, Bd. 3, Tappeiner, Bozen.

Talort: Moos in Passeier, 1007 m.

Ausgangspunkt: Gasthaus Saltnuss, etwa 1500 m, mit beschränkten Parkmöglichkeiten.

Aufstieg: 2 1/4 Std., unschwierig.

Abstieg: Entweder auf gleichem Weg 1 1/2 Std. oder wie beschrieben 2 1/2 Std.

Stützpunkt: Schneeberghütte, 2355 m.

✳: Wanderung in ein interessantes ehemaliges Bergbaugebiet.

... und nach der Tour

Der Hauptort des Passeiertals ist St. Leonhard, dessen berühmtester Sohn Andreas Hofer 1767 im dortigen Sandhof geboren wurde. 1810 wurde er als Anführer der Tiroler Aufständischen gegen Napoleon hingerichtet und wird seither als Nationalheld verehrt. Sein Geburtshaus heißt heute Gasthof Sandwirt und beherbergt ein kleines Andreas-Hofer-Museum mit Erinnerungen, außerdem eine Gedächtniskapelle mit Fresken.

Geöffnet von Ostern bis Allerheiligen Mo-Sa 8-12 und 14-18 Uhr, So geschlossen.

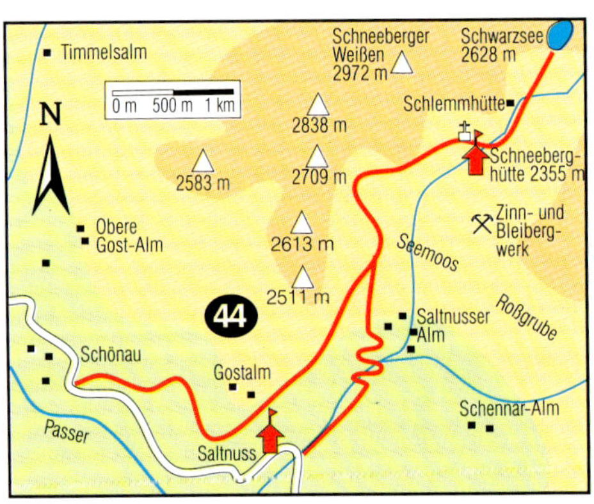

traurigen Eindruck hinterläßt. Von hier führte einmal ein Schrägaufzug zu den auf der nächsten Talstufe gelegenen Werksanlagen. Über Kehren steigt man zu ihnen empor und erreicht in der Mondlandschaft des alten Werkes die Schneeberghütte, 2 1/4 Std. Die nahe der Hütte stehende Gedenkpyramide wurde im Sommer 1988 neu errichtet und die ausgebrannte Kapelle zum hl. Martin vor einiger Zeit instandgesetzt.

Abstieg: Von der Hütte geht man zunächst auf dem Aufstiegsweg zurück bis zur deutlich gekennzeichneten Wegteilung 29/31. Nach Überquerung des Schneebergbaches geht man nun mit Markierung 29 weiter am orographisch rechten Hang auf einem fast eben verlaufenden Weg mit prächtiger Alpenflora (streng geschützt!) hoch über dem Tal dahin. Der Weg senkt sich nach und nach durch von Lärchen bestandene Weideflächen. Bevor man die Talstraße erreicht, kommt man noch an der Oberen Gostalm vorbei. Ab dort geht es rasch zur Fahrstraße hinab. Ab Hütte 2 Std.

Der Abstiegsweg mündet etwas unterhalb des Gasthauses Schönau in die Timmelsjochstraße. Um zum Parkplatz beim Gasthaus Saltnuss zurückzukehren, muß man etwa 1/2 Std. auf der Timmelsjochstraße talab (einige Tunnels) gehen. Insgesamt 2 1/2 Std.

Anregung: Wer Lust hat, kann von der Schneeberghütte aus mit einer weiteren Stunde Anstieg (Markierung 28) den in hochalpiner Umgebung liegenden Schwarzsee, 2623 m, besuchen.

Über dem Ultental

45 Hintere Eggenspitze, 3443 m ④

(Den Verlauf dieser Route finden Sie auf der Kartenskizze Seite 74)

Von Form, Aussicht und Höhe ein außergewöhnlicher Berg, der höchste weit und breit ist die Hintere Eggenspitze über dem Ultental. Für Erfahrene oder mit Führer eine unschwierige Tour mit Gletscherüberschreitung, was entsprechende Vorsicht erfordert.

Auffahrt: Von St. Gertraud in Ulten, 1519 m, 42 km von Meran, auf gut ausgebauter Straße zum Weißbrunnstausee, 1870 m. Parkmöglichkeiten und zwei Hütten.

Aufstieg: Der erste Teil führt auf markiertem Steig durch freundliche Landschaft westwärts empor zur Höchster Hütte, 2561 m, über dem Grünsee, die nach knappen 2 Std. erreicht ist. Von ihr überblickt man den gewaltigen Talschluß mit Gletschern und Hochgipfeln mit der Hinteren Eggenspitze. In Anbetracht des Gesamt-Höhenunterschiedes von 1600 m ist eine Nächtigung in dieser Hütte zu empfehlen. Von ihr zieht ein ebener Plattenweg über dem See weiter, bis rechts, hoch oben, der Felskoloß der Zufrittspitze auftaucht und die Wege sich verzweigen, worauf auf den riesigen Felsblöcken unübersehbar hingewiesen ist. Der linke Weg zieht zwischen Felsblöcken in ein wasserdurchronnenes felsiges Hochtal. Dort hält die Markierung auf einen Felsgrat zu, über den sie zum Weißbrunnferner klettert, der in 3100 m Höhe erreicht wird. Von hier erhebt sich das Gipfelziel als weißes Horn mit dunklem Nordgrat aus dem Gletscher. Obwohl der Weißbrunnferner als spaltenarmer Gletscher bekannt ist, darf die Vorsicht nicht vergessen werden. Anseilen gehört dazu! Nun steuert man in weit gegen Westen ausholendem Bogen die Scharte

Das Gipfelkreuz auf der Hinteren Eggenspitze; hinten die etwas niedrigere Eggenspitze

45 Hintere Eggenspitze ④

i: Tourismusverein Ulten, I-39016 St. Walburg, Tel. (0473) 795387.

Landkarte: Kompass-Karte 1:50000, Nr. 72, Ortler-Cevedale.

Führer: Holl, Alpenvereins-Führer Ortleralpen, Rother, München.

Talort: St. Gertraud in Ulten, 1518 m, von Meran 42 km.

Ausgangspunkt: Weißbrunnsee, 1870 m, zwei Gasthäuser, von St. Gertraud 5 km.

Aufstieg: 5 Std., unschwierig, aber Gletscherüberschreitung.

Abstieg: 2¾ Std.

Stützpunkte: Gasthäuser am Weißbrunnsee, 1879 m, Höchster Hütte, 2561 m.

✳: Sehr weite Fernsicht zu Ötztaler Alpen, Dolomiten, Brenta, Ortler und atemberaubende Tiefblicke auf mehrere Gletscher.

Tip: Übernachtung in der Höchster Hütte, 2561 m.

Der Gipfelaufbau der Hinteren Eggenspitze von Norden vom Weißbrunnferner

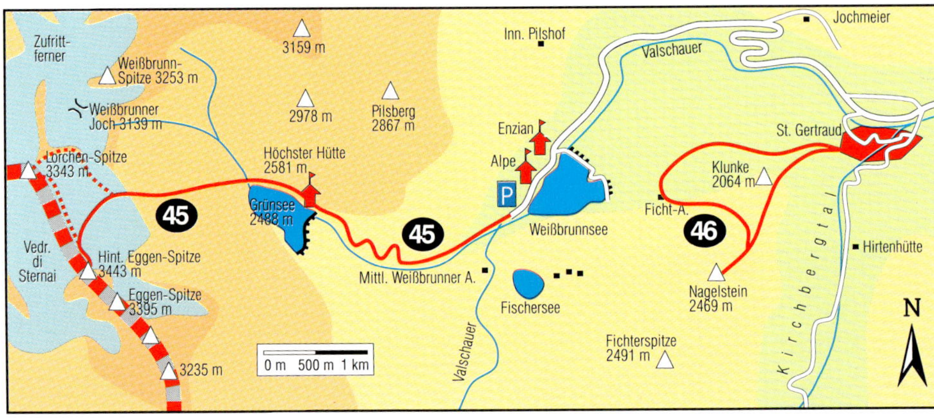

rechts, also nördlich, unter der Hinteren Eggenspitze an. Dabei verändert der Gipfel sein Gesicht und wird zum schlanken Horn, das mit steilen Felsflanken gegen Westen abbricht, während im Osten der Weißbrunnferner fast bis zum Gipfel reicht. Wenn der Schnee auf dem Grat noch hart ist, geht ohne Steigeisen nichts. Mit ihnen dagegen wird man sicher zum Gipfel hinaufstapfen und glücklich sein über das Aussichtserlebnis. Im Morgenlicht stehen die Dolomiten wie eine Masse hingeworfener dunkler Klötze da, während das Ortler-Dreigestirn im hellen Licht aufleuchtet. Der Gipfelanstieg dauert von der Höchster Hütte 3 Std., vom Weißbrunnsee 5 Std., wobei keinerlei Schwierigkeiten zu bewältigen sind. Dagegen gehören Pickel, Seil, Steigeisen und Erfahrung zu den Voraussetzungen.

Abstieg: Für den Rückweg auf gleicher Route rechnet man mit 2 3/4 Std.

Anregung: Zu empfehlen ist ein kleiner Abstecher, der etwa eine zusätzliche 3/4 Stunde beansprucht: Von der Scharte unter der Hinteren Eggenspitze steigt man zur benachbarten Lorchenspitze empor und von ihr im gegen Norden ausholenden Bogen zum gut sichtbaren, oberen Ende des erwähnten Felssporns am Normalweg zurück.

46 Nagelstein, 2469 m ②

Vom letzten Dorf in Ulten, St. Gertraud, 1518 m, ist der am ehesten zu erreichende Gipfel der Nagelstein, 2469 m. Obwohl der Weg teilweise etwas steil ist, enthält die Er-

46 Nagelstein ②

i: Tourismusverein Ulten, I-39016 St. Walburg, Tel. (0473) 795387.

Landkarte: Kompass-Karte 1:40000, Nr. 52, Ultental, mit Kurzführer.

Führer: Koch, Ultental, Tappeiner, Bozen.

Talort und Ausgangspunkt: St. Gertraud in Ulten, 1518 m, letztes Dorf im Tal.

Aufstieg: 3 Std. bis zum Gipfel, zum Kreuz 1/2 Std. weniger.

Abstieg: Auf gleichem Weg oder auf beschriebener Route je 2 Std.

Stützpunkt: Bei Abstieg auf beschriebenem Weg Fichtalm, 2034 m.

✳: Leichte Bergtour mit großartigem Blick zu den Gletschern der Hinteren Eggenspitze und stimmungsvollen Talblicken ins Ultental.

... und nach der Tour

Wer nach der Tour 45 das Restaurant „Enzian" am Weißbrunnsee geöffnet findet, sollte sich ein köstliches Mahl dort nicht entgehen lassen: Regionale Zutaten werden dort zu hervorragenden Südtiroler Spezialitäten verarbeitet.

Neben der Kochkultur kommt im Ultental jedoch auch die Kunst nicht zu kurz: Das Ultener Talmuseum in St. Nikolaus (Tel. 0473-79 01 29) zeigt Südtiroler Volkskunst, Gebrauchs- und Einrichtungsgegenstände, historische Geräte etc.

Geöffnet von Mai-September Di/Fr/So 11-12 und 15-17 Uhr, März-Juni und Oktober nur So; Gruppen sind nach telefonischer Anmeldung jederzeit willkommen.

Der Grünsee gegen die Hintere Eggenspitze und den Weißbrunnferner

Blick von der Lorchenspitze gegen Königsspitze, Zebrù und Ortler

steigung für einigermaßen Geübte keine Schwierigkeiten. Sehr mannigfaltig ist die Flora und beeindruckend die weite Aussicht.

Aufstieg: In St. Gertraud beginnt die rot-weiße Markierung, die zum Nordosthang des Berges und empor in den Wald leitet. Nachdem man den ziemlich steilen, mit teilweise hohem Gras bestandenen Hang, der etwas Vorsicht erfordert, erklommen hat, gelangt man auf den Bergkamm, umgeht stets ansteigend einige Felsen und erreicht das Kreuz, das man von St. Gertraud aus sieht, das aber nicht am höchsten Punkt steht, 2½ Std. Zu ihm muß man am Gratrücken noch etwa ½ Std. ansteigen. Insgesamt 3 Std.

Abstieg: Will man nicht denselben Weg benützen, so bietet sich die Möglichkeit, zur Fichtalm abzusteigen. Zunächst auf dem Aufstiegsweg etwa ½ Std. hinab bis zur deutlich gekennzeichneten Abzweigung zur Alm. Weiter durch Wald, dann über Weideflächen in einer weiteren ½ Std. zur vor einigen Jahren neu erbauten Almhütte, 2034 m, wo man einkehren kann. Der restliche Abstieg muß auf der ziemlich steilen und schottrigen Zufahrtsstraße zurückgelegt werden, bis man schließlich bei einer Abzweigung den alten Almenweg bis nach St. Gertraud hinabwandern kann, 1 Std. Insgesamt 2 Std.

47 Hasenöhrl, 3257 m ③

Prächtiger Aussichtsberg mit Gletscher, höchster Gipfel zwischen Vinschgau und Ultental mit kürzestem Anstieg aus dem Ultental – eine Tour, die Trittsicherheit und Ausdauer erfordert!

Auffahrt: Von St. Walburg, 1200 m, zur Kuppelwieser Alm, 1906 m, etwa 9 km.

Aufstieg: Von der Kuppelwieser Alm, 1906 m, folgt man zuerst dem Fahrsträßchen bis zur Schranke, dann entweder den langgezogenen Kurven des Sträßchens oder gleich dem deutlich markierten Steig. Bevor das Sträßchen sich zum sichtbaren Arzkarsee wendet, folgt man der Markierung, rot-weiß-rot mit einem großen H (Hasenöhrl). Steil ansteigend gewinnt man rasch an Höhe, steigt unter den Arzkarwänden entlang zum Latscher Joch, 2507 m, wo die Wege H und 2 zusammentreffen. Weiter steil aufwärts. Zuerst gelangt man zu einem scharfen Einschnitt im Fortsetzungsgrat der Arzkarwände. Hier kommt ein Steig aus dem Kessel über dem Arzkarsee. Er ist unmarkiert und dem Verfall preisgegeben. Man bleibt auf dem mit H markierten Steig, wo bald der Gipfel des Hasenöhrls sichtbar und die Blaue Schneid, 2915 m, erreicht wird. Nun in leichter Kletterei über den Grat und zuletzt wieder über Firn zum Gipfelkreuz. Mit 4½ Std. ist zu rechnen.

Abstieg: Auf gleicher Route 3 Std.

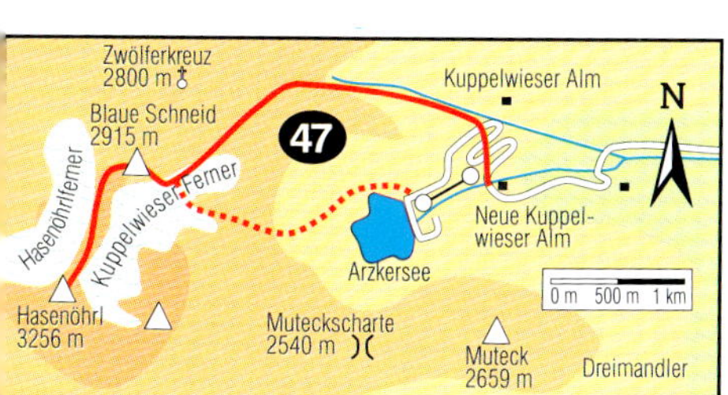

47 Hasenöhrl ③

i: Tourismusverein Ulten, I-39016 St. Walburg, Tel. (0473) 795387.

Landkarte: Kompass-Karte 1:50000, Nr. 52, Vinschgau.

Führer: Holl, Alpenvereins-Führer Ortleralpen, Rother, München.

Talort: St. Walburg in Ulten, 1200 m.

Ausgangspunkt: Kuppelwieser Alm, 1906 m, unter dem Arzkarstausee, von St. Walburg 9 km.

Aufstieg: 4½ Std.

Abstieg: 3 Std.

Stützpunkt: Kuppelwieser Alm, 1906 m.

☀: Berühmter Gletschergipfel zwischen Vinschgau und Ultental mit sehr weiter Fernsicht. Nur für geübte Bergwanderer.

48 Schrummsee, 2128 m ②

(Den Verlauf dieser Route finden Sie auf der Kartenskizze Seite 76)

Auf dem Weg zu diesem See wird man vielleicht keine Menschenseele treffen, aber eine weltfern erscheinende See- und Almen-

Das Hasenöhrl etwa von Osten aus dem Tal des Schmiedhofer Bachs

landschaft kennenlernen! Bis auf die letzte Strecke von der Klapfbergalm zum See ist der Anstieg nicht beschwerlich. Oben gibt dann der See dem Wiesengrund sein besonderes Gepräge.

Aufstieg: Von St. Nikolaus, 1256 m, wandert man etwa 2 km auf der Straße talauf, bis ein breiter Weg, Markierung 16, gegen Süden abzweigt. Auf ihm gelangt man zu einer Forststraße, die man ins Klapfbergtal hinein, stets in mäßiger Steigung, bis zur Klapfbergalm, 1964 m, verfolgt, 2 Std. Ab Klapfbergalm links abzweigen zu einem rot-weiß-rot markierten Steig, der eben auf einer verdeckten Rohrleitung verläuft. Nach kurzer Strecke muß man ihn verlassen, um auf einen rechts abgehenden, unmarkierten Steig abzuzweigen. Dieser führt etwas steinig und steil hinauf zum See, 2128 m, 1 Std., einem wunderbaren Rastplatz. Insgesamt 3 Std.

Abstieg: Auf den gleichen Wegen in 2 Std.

Anregung: Wer gern länger wandern möchte, kann über das Schrummjoch, 2407 m, die Provinzgrenze (spärlich markiert), hinab zum dunkelblauen Lago Poinella, etwa 300 Höhenmeter, unterhalb des Joches, gehen. Ungefähr 100 m tiefer liegt die Masa Murata Almhütte (schon in der Provinz Trient).

48 Schrummsee ②

i: Tourismusbüro, I-39016 St. Walburg, Tel. (0473) 795387.

Landkarte: Kompass-Karte 1:40000, Nr. 52, Ultental.

Führer: Koch, Ultental, Tappeiner, Bozen.

Talort und Ausgangspunkt: St. Nikolaus in Ulten, 1256 m, Busverbindung mit Meran.

Aufstieg: 3 Std., unschwierig, nur stellenweise etwas mühsam.

Abstieg: 2 Std.

✳: Lohnende, ruhige Wanderung in die südlichen Ultentaler Berge mit zahlreichen schönen Bergbildern.

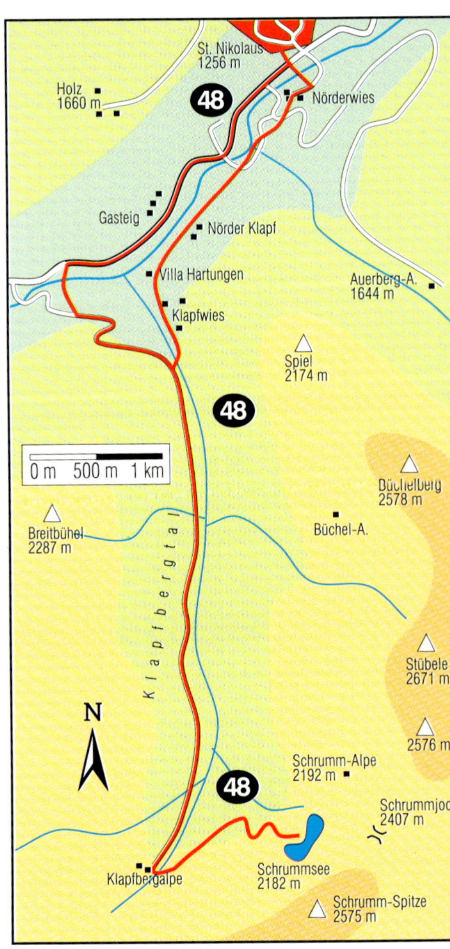

Über dem Etschtal

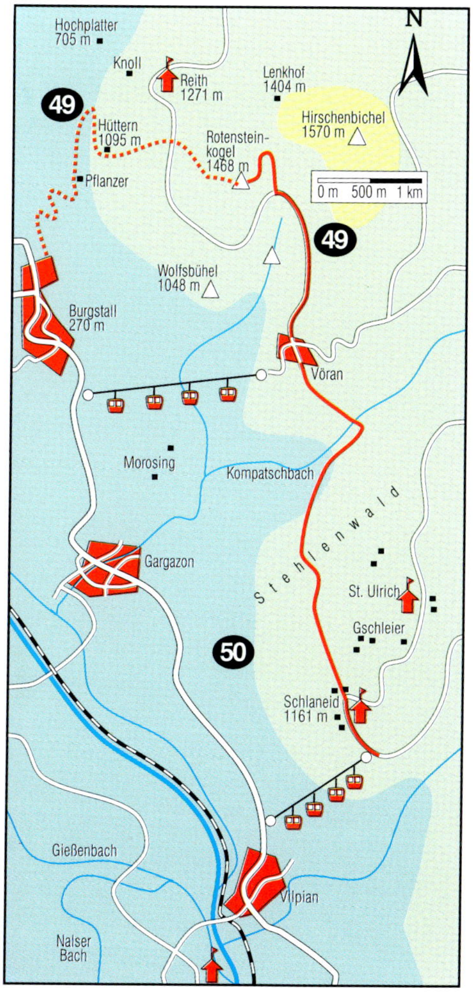

49 Rotensteinkogel, 1465 m ②

Genußreiche, leichte Wanderung auf den Rotensteinkogel, eine auffallende Erhebung des Tschögglberges. Sie führt durch Wiesen- und Waldlandschaft und gewährt eindrucksvolle Rundblicke zu den hohen Bergen.

Auffahrt: Von Burgstall mit Kleinkabinenbahn nach Vöran.

Aufstieg: Von der Bergstation zur Kirche und auf der Straße nach Hafling der Markierung 12 folgen zur großen Straßenkurve, 1/2 Std. Nach dem Thalerhof zweigt ein Weg zum Oberhauser und weiter zum Weber und Lenkhof ab. Anfangs leicht fallend verläuft der Weg zum Beginn des links aufwärts führenden Rotensteinsteiges, auf dem der Gipfel schnell erreicht ist, 1465 m, insgesamt 1 1/2 Std., unschwierig.

Abstieg: Auf gleichem Weg, 3/4 Std.

Anregung: Auf Weg 11/12 zu den Gasthäusern Alpenrose und Reith an der Straße Vöran-Hafling. Weiter zum Knollhof und nach Hüttern. Nun in Windungen durch den Waldgürtel – bei Nässe Vorsicht! – zum Hochplatter und Unterplatter, weiter zum Hacher-Buschen. Beim Kofler stößt man auf das Sträßchen, das an der Kirche vorbei nach Burgstall hinunterzieht; links zur Talstation. 3 1/2 Std.

50 Etschblick ①

Gemütliche Höhenwanderung 1000 m über dem Etschtal mit überraschenden Tiefblicken und weiter Rundumsicht. Gute Wege, keine Schwierigkeit.

Auffahrt: Von Burgstall mit der Gondelbahn nach Vöran.

Hinweg: Von der Bergstation zur Kirche von Vöran, wo der Weg mit der Markierung 13 beginnt. Er zieht zwischen den Häusern und Höfen auf einem Sträßchen in südöstlicher Richtung zum Unterweger, weiter an eindrucksvollen Porphyrfelsen vorüber zum tiefsten Punkt des Weges. Hinter der Brücke wendet sich der Weg nach Süden, steigt wieder an und nimmt jetzt den Weg V, der durch Wald und Wiesen nach Schlaneid führt. Jetzt steil hinab zum Gasthaus Etschblick, 1000 m, an der Seilbahnbergstation von Vilpian. 1 3/4 Std.

Rückweg: Auf gleichem Weg, 1 3/4 Std. Oder mit der Seilbahn nach Vilpian und mit Bus zurück nach Burgstall.

Der Ort Mölten in idyllischer Lage auf dem Tschögglberg

49 Rotensteinkogel ②

i: Tourismusverein, I-39010 Vöran, Tel. (0473) 278200.

Landkarte: Kompass-Karte 1:50000, Nr. 53, Meran.

Führer: Menara, Südtiroler Rundwanderungen, Athesia, Bozen.

Talort: Burgstall, 300 m.

Ausgangspunkt: Vöran, 1200 m.

Aufstieg: 1 1/2 Std., unschwierig.

Abstieg: 3/4 Std., nach Burgstall 3 1/2 Std.

Stützpunkt: Gasthäuser am Weg.

☀: Idyllische Umgebung, prachtvolle Fernsicht und Tiefblicke, leichte Wege.

50 Etschblick ①

i: Tourismusverein, I-39010 Vöran, Tel. (0473) 278200.

Landkarte: Kompass-Karte 1:50000, Nr. 53, Meran.

Talort: Burgstall, 300 m.

Ausgangspunkt: Vöran, 1200 m.

Hinweg: 1 3/4 Std., unschwierig, gute Wege.

Rückweg: 1 3/4 Std.

Stützpunkte: Mehrere Gasthäuser am Weg.

☀: Prachtvolle, leichte Höhenwanderung hoch über dem Etschtal mit schönen Ausblicken.

Nonsberg

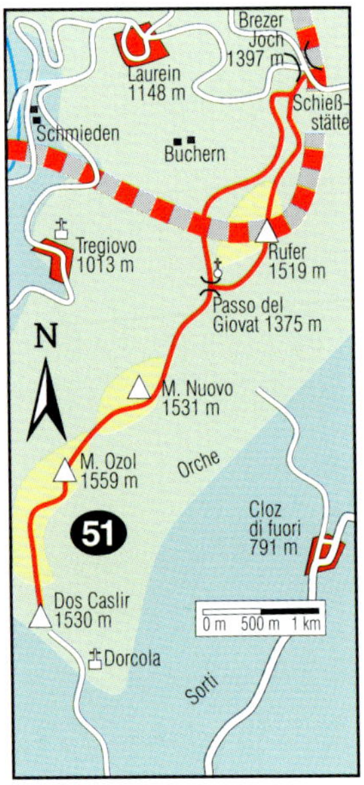

51 Dos Caslir ①

i: Gemeinde Laurein, I-39040 Laurein, Tel. (0463) 530088.

Landkarte: Kompass-Karte 1:50000, Nr. 53, Meran.

Führer: Koch, Südtirol für Bergwanderer, Bd. 3, Tappeiner, Bozen.

Talort: Laurein, 1146 m, am Deutsch-Nonsberg. Von Fondo über Castelfondo etwa 11 km. Von Meran über den Gampenpaß nach Fondo, etwa 30 km; von Bozen über St. Michael in Eppan und den Mendelpaß nach Fondo etwa 33 km.

Ausgangspunkt: Brezner Joch (Passo di Brez), 1398 m, Straßenpaß zwischen Laurein und Castelfondo. Von Laurein $1\frac{1}{2}$ km, von Fondo etwa 6 km.

Aufstieg: $2\frac{1}{2}$ Std., leicht und lohnend.

Abstieg: $1\frac{1}{2}$ Std.

51 Dos Caslir, 1530 m ①

Eine unbeschwerliche Wanderung, weit weg vom Trubel, führt in eine unvermutet reizvolle Gegend zur Kuppe des Dos Caslir mit Resten einer prähistorischen Siedlung. Einzigartiger Überblick über das ganze Nonstal und die Brenta.

Auffahrt: Von Laurein zum Brezner Joch (Passo di Brez), 1398 m, mit Parkmöglichkeit.

Aufstieg: Auf einem Waldweg zum Joch von Cloz, 1382 m („Giovat“ heißt es bei den Einheimischen); weiter kurz am Westhang des Ozol, später am Osthang zu einem kleinen Sattel, dann leicht aufwärts zu einer kleinen Kuppe. Von ihr südwärts hinab zu einem breiten Sattel, wo ein Haus steht (hier Ende eines Traktorwegs von Revò). Vom Haus weg weiter nach Süden bis zur herrlich frei liegenden Kuppe des Dos Caslir, 1530 m, $2\frac{1}{2}$ Std. Wenig unterhalb des Gipfels findet man Siedlungsreste aus der Vorzeit.

Abstieg: Erst zurück zur ersten Kuppe und weiter, bis man zu einem vom Hauptweg links abzweigenden Steig gelangt; diesen verfolgt man in sanfter Steigung bis zum Gipfel des Ozol, 1559 m. Vom Gipfel zurück zum Hauptweg und hinab zum Giovat. Kurz weiter nach Norden, dann links auf Waldsteigen oder weglos durch lichten Lärchenwald und über prächtige Wiesen zum Gipfel des Rufer, 1520 m. Von ihm weglos hinab zurück zum Hauptweg und weiter zum Brezner Joch. $1\frac{1}{2}$ Std.

52 Große Laugenspitze, 2433 m ②

Höchster Punkt einer kleinen freistehenden Berggruppe zwischen Ultental, Etschtal und Nonsberg. Deshalb besonders weitreichende Fernsicht. Unschwierig und sehr lohnend, besonders als Rundtour, wie nachfolgend beschrieben.

Aufstieg: Vom Gampenpaß nur kurz gegen Süden, dann auf Markierung 10 gegen Südwesten und Westen durch Wald und später über freies Weidegelände zur Laugenalm. Von ihr aus etwa gegen Norden in ein

Tiefblick von der Großen Laugenspitze auf Laugensee und Kleine Laugenspitze

Gelände der Gfriller Laugenalm nordöstlich unter der Laugenspitze

großes Kar und über den markierten Südostgrat zum Gipfel. Vom Gampenpaß braucht man etwa 2 1/2 Std.

Abstieg: Entweder auf dem gleichen Weg, wofür 1 1/2 Std. anzusetzen sind, oder über den markierten Nordgrat in die Mulde des Laugensees, von dem aus die Markierung 133 zum Gampenpaß zurückführt. Dieser Weg geht durch Wald und ist ziemlich steil, 1 1/4 Std.

Anregung: Eine kleine Verlängerung der Rundtour bringt folgender Weg: Vom Gipfel Abstieg zum Laugensee und von ihm aus über die Kleine Laugenspitze, 2297 m, und weiter gegen Norden zur Gfriller Laugenalm. Von ihr nach Osten und zuletzt Süden abwärts, wo man auf die Gampenstraße trifft und auf ihr ein Stück (etwa 1 1/2 km) zum Gampenpaß hinaufsteigen muß. Dazu werden rund 2 1/2 Std. benötigt.

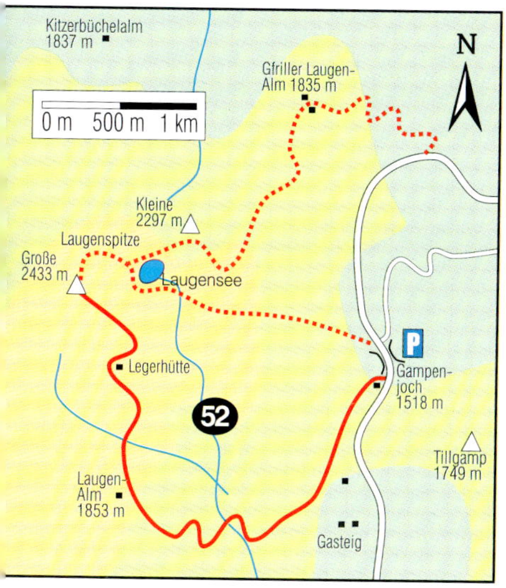

52 Große Laugenspitze ②

i: Tourismusbüro, I-39010 Unsere Liebe Frau im Walde, Tel. (0463) 550088.

Landkarte: Kompass-Karte 1:50000, Nr. 53, Meran.

Führer: Koch, Südtirol für Bergwanderer, Bd. 3, Tappeiner, Bozen.

Talort: Unsere Liebe Frau im Walde, 1361 m.

Ausgangspunkt: Gampenpaß, 1518 m, von Unsere Liebe Frau im Walde 2 1/2 km.

Aufstieg: 2 1/2 Std., unschwierig.

Abstieg: Auf dem kürzesten Weg 1 1/2 Std., über Kleine Laugenspitze und Gfriller Laugenalm 2 3/4 Std.

✳: Wegen seiner freistehenden Lage ein einzigartiger Panoramaberg mit weiter Fernsicht und reizvollen Talblicken.

... und nach der Tour

Wer den Grund für den eigenartigen Namen des kleinen Ortes Unsere Liebe Frau im Walde erfahren möchte, der besuche die kleine Pfarrkirche des Ortes, die – mit Ausnahme des romanischen Turms – aus dem 15. Jahrhundert stammt: Im spätbarocken Hochaltar befindet sich das alte, einst hochverehrte Marienbild aus Gußstein von 1450.

Typische Dachbedeckung in der Deutschgegend in Proveis

Die Wandfluchten des Gantkofels von Nordost aus den Weingärten des Etschtals

53 Gantkofel ①

i: Tourismusbüro, I-39010 Unsere Liebe Frau im Walde, Tel. (0463) 550088.

Landkarte: Kompass-Karte 1:50000, Nr. 53, Meran.

Führer: Koch, Südtirol für Bergwanderer, Bd. 3, Tappeiner, Bozen.

Talort: St. Felix am Deutsch-Nonsberg, 1225 m, gehört zur Gemeinde Unsere Liebe Frau im Walde. St. Felix ist von Meran über den Gampenpaß etwa 25 km, von Bozen über den Mendelpaß etwa 39 km entfernt.

Ausgangspunkt: St. Felix bzw. Ende der befahrbaren Straße zwischen St. Felix und Tretsee. Parkmöglichkeiten beschränkt.

Aufstieg: $3^3/_4$ Std., leicht.

Abstieg: $2^1/_2$ Std. oder anderer Vorschlag siehe „Tip".

Stützpunkt: St.-Felix-Alm – Waldruhe am Tretsee.

☀: Vom Gipfel stimmungsvoller Tiefblick ins Bozner Talbecken und Schau zum Rosengarten.

Tip: Der bequemste Abstieg ist jener nach Süden zum Mendelpaß, 1363 m. Er führt durch lichten Wald und durch blumenreiche Wiesentälchen. Vom Mendelpaß Standseilbahn nach Kaltern. Zu meiden sind Sonn- und Feiertage, weil der Tretsee ein beliebtes Nahziel mit Einkehrmöglichkeiten ist. Bricht man aber sehr früh auf, so ist man auch allein unterwegs.

53 Gantkofel, 1868 m ①

Eine leichte Gipfelbesteigung mit herrlichen Tal- und Dolomitenblicken, auch für heiße Tage geeignet. Anstieg meist durch Wald und nicht anstrengend. Sehr blumenreich im Frühjahr und Frühsommer, aussichtsreich im Herbst.

Aufstieg: Man wandert von St. Felix auf der Forststraße (die Fahrt bis zum Verbotsschild ist nur kurz und deshalb kaum zu empfehlen) und erreicht in etwa $1^1/_4$ St. den von Wald umgebenen Tretsee, 1604 m, mit einer kleinen Insel. Mit Markierung 512 geht es im Wald weiter, stets leicht ansteigend bis unterhalb der Gaider Scharte, 1659 m, $1^1/_2$ Std. Der Steig wendet sich jetzt nach Süden, verläuft unterhalb des Bergkammes bis zum freien Gipfel des Gantkofels, 1866 m, 1 Std. Insgesamt $3^3/_4$ Std.

Abstieg: Auf gleichem Weg wie Aufstieg, $2^1/_2$ Std. Wer sein Fahrzeug in St. Felix gelassen hat, kann ab Tretsee den weiter mit 512 bezeichneten Waldweg benützen. Der Steig mündet in die Gampenstraße, auf der man etwa $^1/_2$ km bis St. Felix gehen muß.

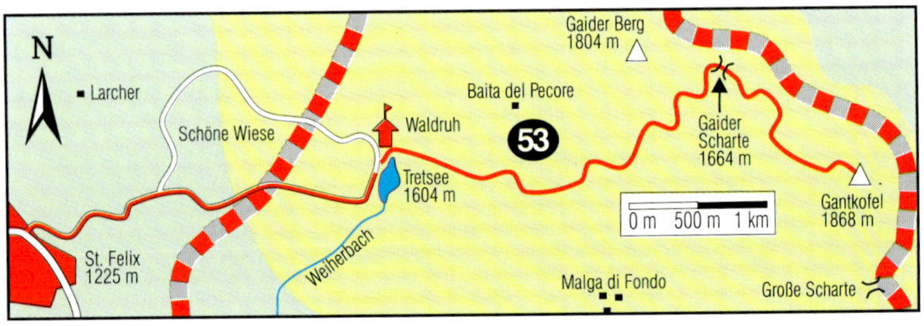

Die wichtigsten Orte von A – Z

ALGUND

Ital. Lagundo, 355 m, 3924 Einwohner. Ort am Eingang zum Vinschgau, im 10. Jahrhundert erstmals erwähnt. In der Umgebung fand man zahlreiche vorgeschichtliche Siedlungsreste (im Meraner Stadtmuseum zu sehen). Die alte Pfarrkirche St. Hyppolit und Erhard erhielt im 15. Jahrhundert einen gotischen Chor.

HAFLING

Ital. Avelengo, 1290 m, 630 Einwohner. Ort südöstlich über Meran, bekannt durch die Haflinger Pferdezucht. Die St.-Johannes-Kirche aus dem 13. Jahrhundert wurde im 17. Jahrhundert umgebaut.

LANA

Ital. Lana, 289 m, 8822 Einwohner. Ausgedehnter Ort bei der Mündung des Ultentals, aus drei Orten entstanden, Zentrum des Südtiroler Obstbaues. In der Umgebung hat man Funde aus der La-Tène-Zeit gemacht. Die spätgotische Pfarrkirche Maria Himmelfahrt birgt den berühmten Schnatterpeck-Schnitzaltar, der von Hans Schnatterpeck 1503 bis 1509 geschaffen wurde. Die St.-Margaret-Kirche aus dem 13. Jahrhundert enthält romanische Fresken. Sehenswert sind der Ansitz Goldegg und die Burgen Braunsberg und Brandis in der Nähe.

MARLING

Ital. Marlengo, 363 m, 2114 Einwohner. Ort südöstlich von Meran mit neugotischer Pfarrkirche aus dem 19. Jahrhundert; Turm und Seitenkapelle stammen aus dem 13. Jahrhundert. Im 14. Jahrhundert entstand auf älteren Mauern die St.-Felix-Kapelle, in der ein Heilbrunnen entspringt. Der schöne Ansitz Schickenburg und weitere ansitzartige Gebäude aus dem 13. bis 14. Jahrhundert lohnen einen Besuch.

MERAN

Ital. Merano, 324 m, 33833 Einwohner (Stadtgemeinde). Weltbekannter Kurort und Hauptstadt des Burggrafenamts nahe der Passermündung in die Etsch. Seit dem 9. Jahrhundert war Meran Sitz bajuwarischer Grafen, dann Hauptstadt Tirols. Als Innsbruck die neue Hauptstadt wurde, verblaßte der Glanz Merans und erstrahlte erst wieder seit dem 19. Jahrhundert, als die Stadt zu einem bedeutenden europäischen Kurzentrum wurde. Meran besitzt vielerlei Sehenswürdigkeiten – die malerische Laubengasse, den einzigartigen Tappeiner Weg und zahlreiche Kunstschätze in der Pfarrkirche St. Nikolaus aus dem 14. Jahrhundert mit zierlichem Turm, spätgotischem Westportal darunter, Gemälde von Martin Knoller, ein Wandbild von Meister Wenzeslaus und anderes mehr. Die von Stefan von Burghausen neu aufgebaute Spitalkirche hat ein zweiteiliges Westportal und einen neugotischen Flügelaltar mit alten Skulpturen von Jörg Lederer. Auch die Zenoburg und die Landesfürstliche Burg sind einen Besuch wert.

Abendlicher Blick von Hafling auf Meran und die Texelgruppe

MOLTEN

Ital. Meltina, 1140 m, 1259 Einwohner. Ort am Salten, dessen Name von einem Langobardenkastell hergeleitet wird, das von den Franken um 590 zerstört wurde. Die sehenswerte St.-Anna-Kapelle steht am Friedhof.

St. Leonhard in Passeier mit Nörderspitze etwa von Westen

NATURNS

Ital. Naturno, 554 m, 4282 Einwohner. Bedeutendster Ort des Untervinschgaus, in dessen Nähe zahlreiche vorgeschichtliche Siedlungsreste gefunden wurden, im 12. Jahrhundert erstmals genannt. Die Pfarrkirche St. Zeno aus dem 15. Jahrhundert steht vermutlich auf karolingischen Fundamenten. In der Nähe befindet sich die berühmte Kirche St. Prokulus mit den ältesten Fresken des deutschen Sprachraums.

PARTSCHINS

Ital. Parcines, 626 m, 2995 Einwohner. An den Südhängen der Texelgruppe gelegener Ort mit zahlreichen vorgeschichtlichen und römischen Siedlungsresten in der Umgebung. Die Pfarrkirche von 1500 besitzt Barockaltäre, und auf dem Friedhof ist das Grab Peter Mitterhofers, des Erfinders der Schreibmaschine.

SCHENNA

Ital. Scena, 640 m, 2365 Einwohner. Nordöstlich über Meran gelegener Ort mit romanischer, im 15. Jahrhundert veränderter Maria-Himmelfahrt-Kirche. Die St.-Martins- und die St.-Georgen-Kirche aus der Zeit um 1200 besitzen gotische Fresken und Flügelaltäre. Das 1350 erbaute Schloß Schenna erhebt sich über dem Ort. Sehenswert ist das Mausoleum für Erzherzog Johann und Gemahlin.

SCHNALS

Ital. Senales, Gemeindesitz Karthaus, 1327 m, 1413 Einwohner. Gemeinde des Schnalstals, einem nördlichen Seitental der Etsch. Der Finailhof, 1953 m, ist der höchste ganzjährig bewohnte Hof von Schnals. Ein Besuch lohnt der Stausee Vernagt. Das Zentrum des Tourismus ist Kurzras.

TIROL

Ital. Tirolo, 592 m, 2281 Einwohner. Schön gelegenes Dorf über Meran, dessen Name vorrömischer Herkunft ist und dem ganzen Land den Namen gegeben hat. Die St.-Johannes-Kirche besitzt einen romanischen Turm und Fresken von Troger und Wasmann. In der Nähe liegen die berühmte Burg Tirol und mehrere andere Burgen.

ULTEN

Ital. Val d' Ultimo, 300-1500 m, 2830 Einwohner. 30 km langes südliches Seitental des Etschtals, das bei Lana mündet. Es enthält Stauseen und Kraftwerke. Mehrere Orte im Ultental besitzen sehenswerte Kirchen. Das volks- und naturkundliche Ultner Talmuseum befindet sich in St. Nikolaus.

Naturns im Untervinschgau gegen die Berge südwestlich des Vigiljochs

BOZEN

Das Kirchlein St. Konstantin gegen Santnerspitze, Euringerspitze und dem Nordteil des Schlernstocks

In der Region um die Landeshauptstadt Südtirols finden Sie die Gegenden zusammengefaßt, die von Bozen aus schnell beziehungsweise am besten zu erreichen sind. Das kann deshalb auch entferntere Gegenden einschließen, wie das obere Sarntal oder die Umgebung des Rosengartens. So ist ein großes Kapitel mit vielen Ausflugsmöglichkeiten entstanden.

Die Abgrenzung gegen die benachbarte Region Meran ist schon genannt worden: vom Gaider Berg bis weit nach Norden zur Ötschspitze. Dann folgt die Trennlinie gegen die Region Sterzing stets auf dem Kamm über das Weißhorn zum Tagewaldhorn und gegen die Region Brixen weiter dem Sarntaler Hauptkamm folgend nach Süden bis zum Rittner Horn. Von ihm zieht sie über Maria Saal nach Atzwang im Eisacktal und hinauf nach Völs, über den Schlern zur Roterdspitze und mit der Provinzgrenze nach Süden zum Lavazéjoch. Hier beginnt die Grenze gegen das Unterland, die über Weißenstein, Branzoll und Kaltern zum Mendelpaß zieht. Zwischen Mendelpaß und Gaider Berg ist die Provinzgrenze maßgebend. Auch diese Grenzziehung zeigt, daß manche Touren im Bereich des Rosengartens die Provinz Trient (ital. Trento) betreten.

Die Gliederung der Region ist durch Etsch, Talfer und Eisack deutlich vorgezeichnet. Weitere wichtige Flüsse mit tiefen Taleinschnitten sind Tierser und Eggentaler Bach, die in den Eisack münden.

Bis auf den Talkessel von Bozen und kleine andere Talbereiche kann die Gegend alpin genannt werden, Teile sogar hochalpin. Der niedrigste Punkt liegt mit etwa 250 Metern

Bozen, die Hauptstadt Südtirols, von Westen; im Hintergrund der Rosengarten

Burgruine Hocheppan über dem Mittleren Etschtal

Höhe bei Branzoll, der höchste erreicht 2981 Meter mit dem Gipfel der Rosengartenspitze; der Kesselkogel mit über 3000 Metern steht nur wenig hinter der Provinzgrenze auf Trientiner Gebiet.

Die Region wird in den Augen vieler Besucher fast ausschließlich von der Hauptstadt Bozen geprägt, die tatsächlich auch eine ganze Menge Superlative bereithält. Doch zusätzlich ist auch ihre Umgebung interessant und voll von Eigenheiten. Zu ihr gehört einer der reizvollsten Abschnitte der Dolomiten, der Rosengarten, und das ganze Sarntal. Während der Talkessel von Bozen und das Gebiet südlich davon eine weite, flache Ebene bilden, ist das Eisacktal eng und von steilen Hängen umgeben. Aber über diesen Hängen wird die Landschaft wieder flacher, es handelt sich fast um geneigte Hochplateaus; man denke nur an den Ritten oder die Gegend unter Rosengarten und Schlern.

Das Sarntal beginnt eng und weitet sich nach etwa 10 Kilometern zu einem breiteren grünen Tal, dessen vielfach bewaldete Seiten größtenteils nicht mehr sehr steil ansteigen – ein völlig anderer, beinahe herber und nördlicher Eindruck.

Bei den Menschen gibt es sicher größere Unterschiede. Während im Sarntal fast ausschließlich Bajuwaren wohnen, ist der ladinische Anteil vor allem östlich des Eisacktals hoch; allein schon viele Namen, auch Welschnofen, weisen darauf hin. Die übrigen ländlichen Gebiete werden von Nachkommen von Bajuwaren und vor allem Ladinern bewohnt, die schon vor langer Zeit die deutsche Sprache angenommen haben. Die heutigen Einwohner der Stadt Bozen unterscheiden sich stark von denjenigen vor 1919; heute sind Deutschsprechende in Bozen eine Minderheit. Trotzdem bietet die Altstadt noch den Eindruck einer historischen deutschen Stadt, der sich in den neuen Vororten völlig verliert.

Die Umgebung ist – abgesehen von verschiedenen Industrieanlagen – ein Paradies aus Obst- und Weingärten, auf die der Rosengarten und der Gantkofel herunterschauen wie vor langer Zeit. Wenn man das Ballungsgebiet um Bozen und seine Industriezone ausspart, finden sich in dieser Region überraschenderweise fast überall günstige und landschaftlich reizvolle Möglichkeiten, einen Wander- und Kultururlaub in Hochgebirgsumgebung zu verbringen. An erster Stelle ist hier mit ihren beeindruckenden und berühmten Formen die Rosengartengruppe zu nennen. Zu ihren Füßen sind über dem Karersee und unter dem Karerpaß viele Unterkünfte aller Kategorien, aber auch Pisteneinrichtungen und Aufstiegshilfen konzentriert. Trotzdem genießt man auf den zahlreichen gut markierten Wanderrouten neben einer überwältigenden Landschaft auch noch viel Ruhe. Das klassische Wandergebiet des Rosengartens beschränkt sich nicht auf Südtirol allein, sondern greift, wie auch einige beschriebene Touren, ein wenig in die Provinz Trient hinein – so etwa das Vajolettal. Zu diesem sehr gut mit Wegen und Hütten erschlossenen Gebiet gehören auch die Vorberge und Westabhänge des Schlerns. Zwar in der Eigenart der Landschaft andersartig, aber an Wandermöglichkeiten ebenso reichhaltig, allerdings viel ruhiger, sind die Berge um das Sarntal, die sich durch viele herausragende Aussichtspunkte mit Blick zu den Dolomiten auszeichnen.

→ ORIENTIERUNGSSTUFEN BOZEN

① Touren 54, 58, 60, 61, 62, 67, 70, 71, 72

② Touren 55, 56, 59, 64, 65

③ Touren 57, 63, 66, 68, 69

Region Bozen

Übersicht der beschriebenen Touren

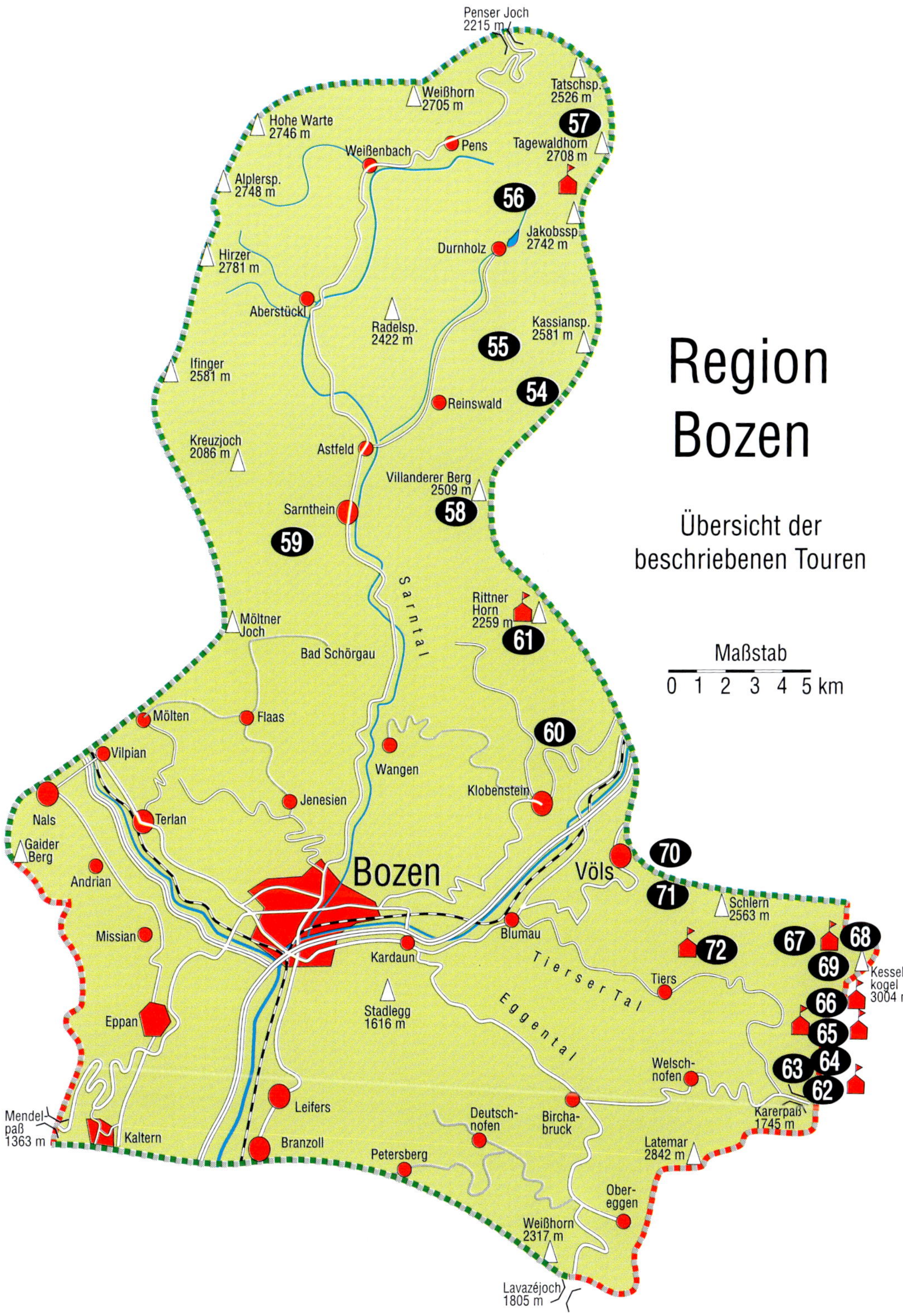

① = Kurze Spaziergänge oder Wanderungen ohne jede Schwierigkeit, meist auf guten Wegen, auch für Ältere und kleinere Kinder geeignet.

② = Wanderungen eventuell von längerer Dauer, aber ohne Schwierigkeiten und besondere Ausrüstungsanforderungen, größere Kinder unter geeigneter Aufsicht können teilnehmen.

③ = Unternehmungen ohne größere Schwierigkeiten, die aber Trittsicherheit, Schwindelfreiheit und geeignete Ausrüstung voraussetzen. Eigene Erfahrung oder Führung durch Erfahrene wichtig. Größere Kinder nur mit Erfahrung und Sicherung.

Um das Sarntal

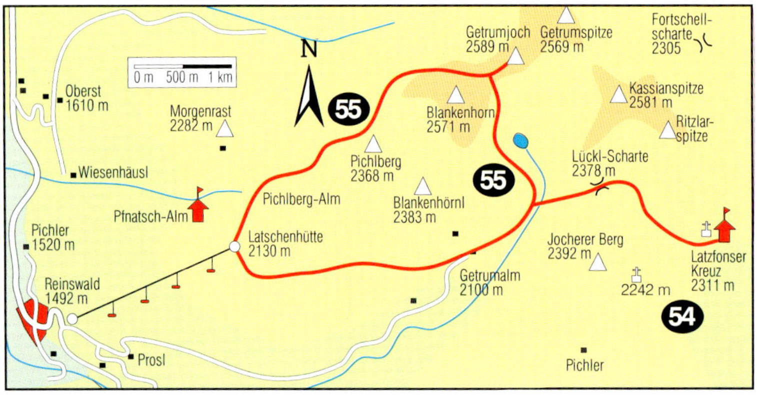

54 Schutzhaus Latzfonser Kreuz ①

i: Tourismusbüro, I-39058 Sarnthein, Tel. (0471) 623091.

Landkarte: Kompass-Karte 1:50000, Nr. 56, Brixen.

Führer: Kammerer, Südtirol für Bergwanderer, Bd. 4, Tappeiner, Bozen.

Talort: Reinswald, 1492 m, 12 km von Sarnthein.

Ausgangspunkt: Sessellift-Bergstation, 2130 m.

Aufstieg: 2 Std. wenig anstrengende Wanderung.

Abstieg: 1 3/4 Std.

Stützpunkt: Schutzhaus Latzfonser Kreuz, 2311 m.

☀: Aussichtsreiche Höhenwanderung mit geringen Höhenunterschieden.

54 Schutzhaus Latzfonser Kreuz, 2311 m ①

Dieses beliebte Wanderziel befindet sich in Panoramalage oberhalb von Latzfons, am Südabhang des Kassianspitz-Massivs. Der Anstieg am Sonnenhang bietet ständig schöne Ausblicke zu den Dolomiten und ist nicht sehr anstrengend.

Auffahrt: Ab Reinswald mit dem Sessellift zur Bergstation, 2130 m.

Aufstieg: Von der Bergstation führt der Fußweg Markierung 11 leicht an- und absteigend am Südabhang durch Latschen nach Osten zur Getrumalm, 2100 m. Man folgt nun dem von Reinswald heraufführenden Weg Markierung 7 nordostwärts zum Talschluß. Nach dem Bachgraben steigt man ostwärts an und gelangt über einen Hangbuckel zur Lücklscharte, 2378 m. Am mäßig geneigten Ostabhang etwas absteigend, führt der Weg zum nahen Schutzhaus, 2311 m, 2 Std.

Abstieg: Auf gleicher Route 1 3/4 Std.

55 Getrumjoch, 2589 m ②

Dank dem Sessellift von Reinswald zum Almbereich bietet sich das Getrumjoch, ein ausgeprägter Gipfel, in diesem stillen, ungestörten Bergbereich der Sarntaler Alpen zu einer leichten, lohnenden Überschreitung an.

Auffahrt: Von Reinswald mit dem Sessellift zur Bergstation, 2130 m.

Aufstieg: Ab Sessellift-Bergstation führt der Fußweg Markierung 11 am Südabhang nach Osten zur Getrumalm, 2100 m. Man folgt dort dem Weg Markierung 7 nordostwärts zum Talschluß. Beim Bach links abzweigend, 2240 m, führt eine rote Markierung weglos über Almweiden ansteigend nach Nordwesten zum Getrumsee, 2368 m. Nun links, gegen Süden aufwärts, gelangt man nach einem

Latzfonserkreuz-Kapelle und Gasthaus in den Sarntaler Alpen

Blick vom Gipfel des Getrumjochs zu den Schalderer Bergen; hinten der Zillertaler Hauptkamm

Sattel zum Felskamm und steigt anfangs über markierte Schrofen, dann den Steilaufschwung rechts auf einem Steig in Kehren umgehend zur Anhöhe. Die schwache Markierung führt rechts im Grasgelände zum Kamm, dort nach Westen zu einer Kuppe, 2575 m, Hinweistafeln. Auf der Markierung geht es nordwärts zum Grat und dort links am Schutthang zum Getrumjoch, 2589 m (Gipfelkreuz), 2 1/2 Std.

Abstieg: Man folgt dem Weg zurück zu den Hinweistafeln. Die rot markierte Steigspur führt dort westwärts über den Kamm, dann abwärts, im flachen Gelände nördlich des Pichlberges entlang. Nach einer Einsattelung führt der Steig am schotterigen Nordwesthang hinab zu einem Grassattel, Mauer mit Durchgang. Über die Weide nach Westen absteigend, erreicht man einen Fahrweg, 2380 m, Blockfeld und Stange mit Hinweis. Der Weg führt zur nahen Liftanlage. Man folgt dort der Piste, quert links durch die Mulde und folgt der ebenen Straße am Hang durch die Latschen nach Südwesten um den Bergrücken herum zur Bergstation. 1 1/2 Std.

55 Getrumjoch ②

i: Tourismusbüro, I-39058 Sarnthein, Tel. (0471) 623091.

Landkarte: Kompass-Karte 1:50000, Nr. 56, Brixen.

Führer: Kammerer, Südtirol für Bergwanderer, Bd. 4, Tappeiner, Bozen.

Talort: Reinswald, 1492 m, 12 km von Sarnthein.

Ausgangspunkt: Sessellift-Bergstation, 2130 m.

Aufstieg: 2 1/2 Std., markiert.

Abstieg: 1 1/2 Std.

Stützpunkte: Jausenstation Latschenhütte, Berggasthof Pfnatschalm.

☀: Leichte, sehr lohnende Bergüberschreitung.

Tip: Bei Nebel im teils weglosen Gelände schwierige Orientierung!

56 Flaggerschartenhütte, 2481 m ②

Den Verlauf dieser Route finden Sie auf der Kartenskizze Seite 88)

Diese kleine Schutzhütte, als Marburg-Siegener Hütte bekannt, liegt im Naturpark Sarntaler Alpen, nahe an der Flaggerscharte, im rauhen Hochkar am Flaggersee. Sie ist von Durnholz ausgehend auf dem kürzesten, landschaftlich sehr schönen Weg erreichbar.

Aufstieg: Vom Durnholzer Parkplatz unterhalb des Dorfes, 1510 m, folgt man der Straße zum Nordende des Sees (Gasthof Fischerwirt) und weiter zu einer Abzweigung. Die asphaltierte Forststraße mit Hinweistafeln führt links in das Seebachtal. In der Kehre, (Hinweistafeln, Fahrverbot) folgt man dem Fahrweg Markierung 16 zur Seebalm, 1802 m. Der Steig führt nun am Sonnenhang über Weideböden taleinwärts zum Talschluß. Dort ostwärts, über bewachsene Moränenhänge in Kehren zur

Die Kette der westlichen Sarntaler Alpen mit dem Hirzer von Südwesten

Durnholzer See und Kirche von Durnholz von Nordosten

56 Flaggerschartenhütte ②

i: Tourismusbüro, I-39058 Sarnthein, Tel. (0471) 623091.

Landkarte: Kompass-Karte 1:50000, Nr. 56, Brixen.

Führer: Kammerer, Südtirol für Bergwanderer, Bd. 4, Tappeiner, Bozen.

Talort und Ausgangspunkt: Durnholz, 1568 m, 14 km ab Sarnthein.

Aufstieg: 3 Std., unschwierig.

Abstieg: 2 Std.

Stützpunkt: Flaggerschartenhütte, 2481 m.

✳: Ein schöner, nicht überlaufener Hüttenanstieg.

Tip: Für Gipfelanstiege wird eine Übernachtung empfohlen.

57 Tagewaldhorn ③

i: Tourismusbüro, I-39058 Sarnthein, Tel. (0471) 623091.

Landkarte: Kompass-Karte 1:50000, Nr. 56, Brixen.

Führer: Kammerer, Südtirol für Bergwanderer, Bd. 4, Tappeiner, Bozen.

Ausgangspunkt: Flaggerschartenhütte, 2481 m, 3 Std. ab Durnholz.

Aufstieg: 1 1/4 Std., unschwierig.

Abstieg: 3/4 Std.

Stützpunkt: Flaggerschartenhütte, 2481 m.

✳: Einer der schönsten Gipfel in den Sarntaler Alpen mit umfassender Rundsicht.

Tip: Ein besonderes Erlebnis ist der morgendliche Gipfelanstieg nach Hüttenübernachtung.

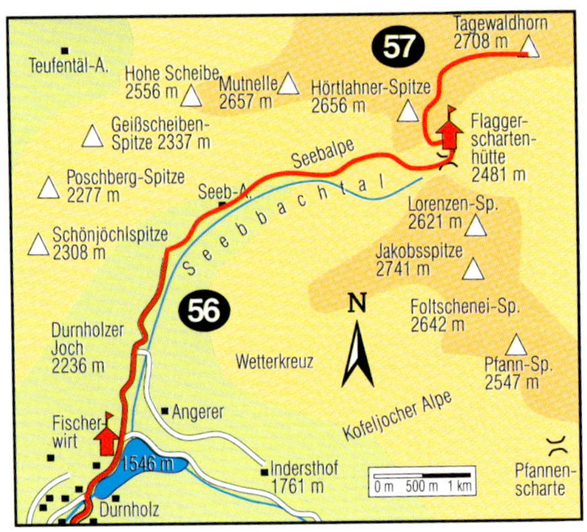

Flaggerscharte (2436 m). Östlich der Scharte links, nordwärts ansteigend, gelangt man zur nahen Hütte, 2481 m, 3 Std.

Abstieg: Auf gleicher Route, 2 Std.

57 Tagewaldhorn, 2708 m ③

Der schroffe Felsberg mit drei markanten Graten ist der zweithöchste Gipfel der Flaggergruppe im nordöstlichen Bereich des neuen Naturparks Sarntaler Alpen. Er ist in kurzem, nicht schwierigem Anstieg von der Flaggerschartenhütte erreichbar.

Aufstieg: Von der Hütte, 2481 m, ansteigen nach Norden zu einem Felsbuckel und nordseitig über ein mit Drahtseil gesichertes Band hinab zum Kar des Tagewaldhorns. Der Steig Markierung 15A führt quer durch das Kar zum felsdurchsetzten Gipfelhang. Links in Kehren ansteigend, über steilen Schutt und brüchige Schrofen zum Ostgrat und über die Gratfelsen zum Tagewaldhorn, 2708 m, 1 1/4 Std.

Abstieg: Auf gleicher Route 3/4 Std.

58 Hohe Reisch, 2003 m ①

Der flache, waldfreie Bergrücken mit den vielen in Gruppen und einzeln verstreut stehenden Steinmännern ist ein bekannter, vielbesuchter Aussichtspunkt im Kamm des Tschögglberges. Von den Einheimischen wird dieser Berg treffend mit „Stoanerne Mandln" bezeichnet. Die aus Porphyrplatten aufgeschichteten Steinmänner sollen nach der Sage zum Teil aus vorgeschichtlicher Zeit stammen.

Auffahrt: Von Sarnthein auf Sträßchen 4 1/2 km zu den Putzerhöfen.

Aufstieg: Von den Putzerhöfen, 1460 m, oberhalb von Sarnthein, folgt man dem Fahrweg (Gatter) hinauf zum Wald. Der Weg mit Markierung 5 führt dort südwestwärts ansteigend zum Putzerkreuz-Wallfahrtskirchlein, 1630 m. Man folgt dann der Forststraße rechts, Markierung P; sie führt in den Lärchenwiesen nordwärts ansteigend zu einer Alm. Die Markierung führt dann auf einer Steigspur in einiger Entfernung von einem Zaun im Hochwald- und Weidegelände zum Sattel am oberen Ende der Alm. Ein guter Steig führt dort durch Alpenrosen rechts eines Hügels nach Westen (Gatter),

Flaggerschartenhütte gegen Jakobsspitze

Auf dem Gipfelplateau der Hohen Reisch, die auch „Stoanerne Mandln" genannt wird

wendet sich dann nach rechts, Richtung Norden, führt leicht abwärts in eine Senke und weiter im Hochwald über den steinigen Südosthang zur ersten Gruppe von Steinmännchen (Unterstand) und zur Anhöhe der Hohen Reisch, 2003 m. 2 Std.
Abstieg: Auf gleicher Route 1¼ Std.

59 Sarner Scharte, 2468 m ②

Der Hausberg von Sarnthein dominiert mit seinen Porphyrwänden den schönen Talkessel. Die Mühen des Anstieges werden schließlich durch eine umfassende Aussicht belohnt.

Auffahrt: Von Sarnthein zum Thalerhof oder bis zum Riedler, 1503 m, 5½ km.
Aufstieg: Man folgt dem schotterigen Weg, Markierung 3, Hinweistafeln. Zwischen Zäunen ostwärts, dann im Hochwald ansteigend bis zum Larchrast-Bildstock an der Waldgrenze, 1781 m. Der Steig führt rechts durch Latschenfelder zum großen Blockhang unter den Porphyrwänden. In steilen Kehren mühsam ansteigend, gelangt man zur Scharte, 2380 m, (rechts am Nordosthang das Biwakhäuschen). Von der Einschartung nordwärts über den felsigen Steilhang auf ausgetretenen Spuren mit Markierung T ansteigend, erreicht man die große Gipfelfläche der Sarner Scharte, 2468 m. 3¼ Std.
Abstieg: Auf gleicher Route 2 Std.

58 Hohe Reisch ①

i: Tourismusbüro, I-39058 Sarnthein, Tel. (0471) 623091.
Landkarte: Kompass-Karte 1:50000, Nr. 56, Brixen.
Führer: Kammerer, Südtirol für Bergwanderer, Bd. 4, Tappeiner, Bozen.
Talort: Sarnthein, 961 m, Hauptort des Tales, 19 km von Bozen.
Ausgangspunkt: Putzerhöfe, 1460 m, 4½ km ab Sarnthein.
Aufstieg: 2 Std., ohne jede Schwierigkeit.
Abstieg: 1¼ Std.
✳: Gemütliche, kurze und sehr lohnende Bergwanderung.

59 Sarner Scharte ②

i: Tourismusbüro, I-39058 Sarnthein, Tel. (0471) 623091.
Landkarte: Kompass-Karte 1:50000, Nr. 56, Brixen.
Führer: Kammerer, Südtirol für Bergwanderer, Bd. 4, Tappeiner, Bozen.
Talort: Sarnthein, 961 m, Hauptort des Tales, 19 km von Bozen.
Ausgangspunkt: Riedler, 1503 m, 5½ km ab Sarnthein.
Aufstieg: 3¼ Std., erfordert Kondition.
Abstieg: 2 Std.
Stützpunkt: Jausenstation Thalerhof.
✳: Teils steile und anstrengende, aber eindrucksvolle und lohnende Bergwanderung.
Tip: Im Hochsommer frühzeitig aufbrechen.

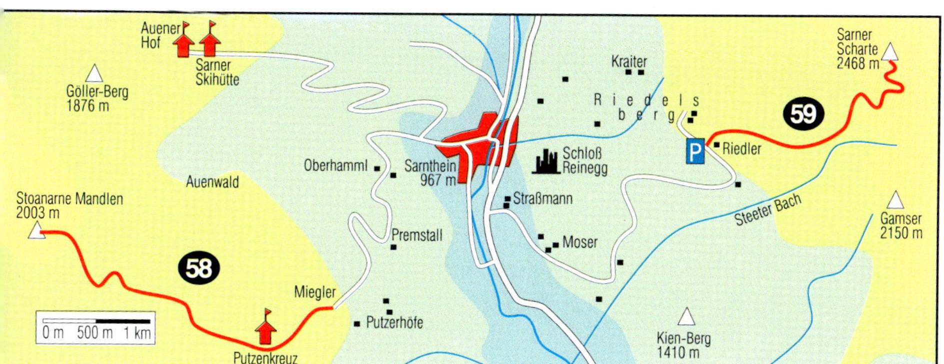

Ritten

Der Bergstock der Sarner Scharte von Osten

60 Rittner Horn ①

i: Verkehrsamt, I-39054 Klobenstein, Tel. (0471) 356100.

Landkarte: Kompass-Karte 1:50000, Nr. 54, Bozen.

Führer: Kammerer, Südtirol für Bergwanderer, Bd. 4, Tappeiner, Bozen.

Talort: Klobenstein, 1154 m, von Bozen 15 km.

Ausgangspunkt: Pemmern, 1530 m. Talstation der Sesselbahn, von Klobenstein 5 km.

Aufstieg: 1 Std., ganz leicht.

Abstieg: 1/2 Std. (mit Liftbenutzung), sonst 1 Std. bis zur Talstation.

Stützpunkte: Unterhornhaus, 2044 m, Rittner-Horn-Haus, 2261 m.

✳: Einer der großartigsten Aussichtsberge des Landes.

Tip: Eine Übernachtung im Rittner-Horn-Haus vermittelt das eindrucksvolle Abend- und Morgenerlebnis auf dem Gipfel.

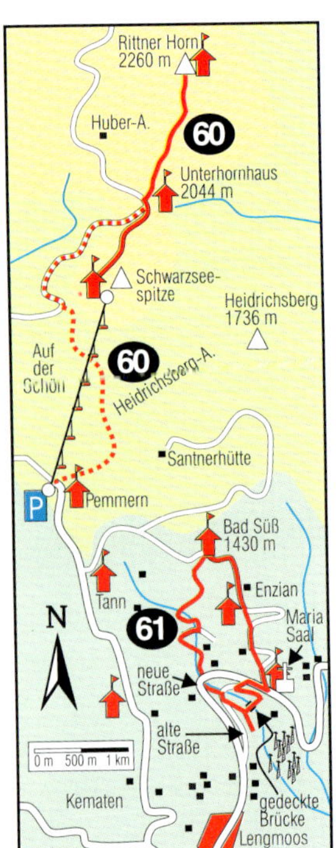

60 Rittner Horn, 2261 m ①

Höchste, teils felsige Erhebung der südlichsten Ostkette der Sarntaler Alpen zwischen Sarntal und Eisacktal mit weitreichendem Rundblick und beeindruckender Sicht zu den Dolomiten. Ganz leicht zu ersteigen, mit Gipfelhütte.

Auffahrt: Von Pemmern, 5 km von Klobenstein, mit Sessellift zur Bergstation, 2070 m.

Aufstieg: Von der Bergstation Schwarzseespitze, 2070 m, ist das Rittner-Horn-Haus bereits zu sehen. Zuerst leicht abwärts zum Unterhornsattel, 2022 m, dann gegen Norden empor zum Unterhornhaus, 2044 m, und weiter auf Weideflächen zum sichtbaren Rittner-Horn-Haus auf dem Gipfel. 1 Std., ganz leicht.

Abstieg: Entweder auf dem Anstiegsweg, 1/2 Std., oder wie in der Anregung beschrieben.

Anregung: Viel reizvoller ist es, bis zur Talstation der Sesselbahn zu Fuß zurückzuwandern. Zum Unterhornsattel und auf der gegen Südwesten leicht abwärts führenden Straße weiter, bis in einer Linksbiegung rechts die Markierung 1 abzweigt. Auf ihr aussichtsreich über Weideflächen und zwischen Latschenfeldern abwärts zur Talstation. Etwa 1 Std.

61 Von Maria Saal nach Bad Süß ①

Wunderschöne Rundwanderung ohne jede Schwierigkeit, aber mit herrlichen Einblicken in das Reich der Erdpyramiden und prächtiger Sicht zu Schlern und Rosengarten.

Auffahrt: Von Klobenstein nach Maria Saal, 1185 m, 4 km.

Aufstieg: Auf der Straße in Richtung Bad Süß, Markierung 8, wobei zwei Kehren auf einem Fußweg abgekürzt werden. Hinter dem „Gasthaus Enzian" endet die Teerstraße, der Weg 8 folgt der Straße nach Norden, biegt dann mit ihr gegen Westen und erreicht Bad Süß (Eisensäuerling), 1430 m, nach 3/4 Std. Gasthof.

Abstieg: Beim Haus westlich des Gasthofs ist der Umkehrpunkt des Wegs 3A. Man nimmt den Weg 3A, der (Wegweiser Lengmoos-Erdpyramiden) vor dem Haus, an der Kapelle vorbei über Wiesen und durch Wald nach Süden abwärts zieht. Bei einigen Häusern trifft er auf eine Teerstraße, der man mit Weg 3A nach rechts (!) an ihr Ende folgt. Weiter über eine Wiese auf kleinem Pfad, der unter der neuen Straße Klobenstein-Maria Saal durchführt und bei einer Schreinerei auf die alte Straße trifft. Man folgt ihr kurz nach rechts, um dann am Ende der Markierung 3A bei einer gedeckten Brücke den Weg 24 neu zu erreichen, von dem aus Prachtblicke zu den Erdpyramiden zu erleben sind. Um die schönste Sicht zu genießen, wandert man auf diesem Weg 24 noch etwa 200 m nach rechts in Richtung Lengmoos. Maria Saal erreicht man in entgegengesetzter Richtung über die gedeckte Brücke auf Weg 24. Die letzten 200 m verlaufen auf der Teerstraße. 1 1/4 Std., ohne Schwierigkeiten.

Blick von der Tour 61 auf Santner- und Euringerspitze, rechts das Schlernplateau

Ein Teil der Rittner Erdpyramiden gegen Langkofelgruppe und Schlernmassiv

61 Von Maria Saal nach Bad Süß ①

i: Verkehrsamt, I-39054 Klobenstein, Tel. (0471) 356100.

Landkarte: Kompass-Karte 1:50000, Nr. 54, Bozen.

Talort: Klobenstein, 1154 m, von Bozen 15 km.

Ausgangspunkt: Maria Saal, 1185 m, 4 km von Klobenstein.

Aufstieg: 3/4 Std., ganz leicht.

Abstieg: 1 1/4 Std.

Stützpunkte: Gasthöfe auf dem Weg.

✳ Geruhsame und idyllische Kurzwanderung mit herrlichen Dolomitenblicken in nächster Nachbarschaft der Erdpyramiden.

Tip: Markierungen gut beachten!

Im Rosengarten

Die Rotwandhütte, früher Ostertaghütte, gegen die Tscheinerspitze

62 Rotwandhütte ①

i: Tourismusbüro, I-39056 Welschnofen, Tel. (0471) 613125.

Landkarte: Kompass-Karte 1:50000, Nr. 54, Bozen.

Führer: Kammerer, Südtirol für Bergwanderer, Bd. 5, Tappeiner, Bozen.

Talort: Welschnofen, bzw. Hoteldorf Karersee, 1620 m.

Ausgangspunkt: Karerpaß, 1745 m, 9 km von Welschnofen.

Aufstieg: 1½ Std., Fußweg.

Abstieg: 1 Std.

Stützpunkt: Rotwandhütte, 2283 m.

63 Rotwand ③

i: Tourismusbüro, I-39056 Welschnofen, Tel. (0471) 613125.

Landkarte: Kompass-Karte 1:50000, Nr. 54, Bozen.

Führer: Kammerer, Südtirol für Bergwanderer, Bd. 5, Tappeiner, Bozen.

Talort: Welschnofen, bzw. Hoteldorf Karersee, 1620 m.

Ausgangspunkt: Gasthof Alpenrose bei der Hotelsiedlung Karersee, 1620 m, 9 km von Welschnofen.

Aufstieg: 2¼ Std., unschwierig, aber Trittsicherheit und Schwindelfreiheit wichtig.

Abstieg: Auf dem Anstiegsweg 1½ Std.

Stützpunkt: Paolinahütte, 2127 m.

✳: Eindrucksvolles Bergerlebnis mit weiter Rundsicht.

Tip: Der Aufstieg am Morgen verläuft meist im Schatten.

62 Rotwandhütte (Ostertaghütte), 2283 m ①

Eine Dolomitenwanderung, wie sie sich viele wünschen: über blumenreiche Wiesen unter wilden Dolomitenzinnen und mit nahezu unbegrenzter Fernsicht und traumhaften Talblicken. Endpunkt ist eine schön gelegene Hütte, die mit vergleichsweise wenig Anstrengung zu erreichen ist. In ihrer Umgebung bieten sich mehrere kurze genußreiche Spaziergänge, die keine Gefahren enthalten und nur geringe Mühe erfordern. Prächtige und leichte Höhenwanderung mit eindrucksvollem Panorama.

Auffahrt: Von Welschnofen, 1182 m, bzw. von der Hotelsiedlung Karersee, 1620 m, zum Karerpaß, 1745 m; von Welschnofen 9 km.

Aufstieg: Auf bequemem und nicht zu steilem Steig mit der Markierung 548 steigt man im allgemeinen gegen Nordosten über freie Weideflächen empor, wobei sich die Sicht rasch weitet. Bald trifft man auf den von Westen kommenden Höhenweg von der Paolinahütte. Höher oben wendet sich der überwiegend gute Weg gegen Norden und kommt zur Hütte, die bereits in der Provinz Trient liegt. 1½ Std.

Abstieg: Die Rückkehr erfolgt auf dem gleichen Weg. 1 Std.

Anregung: Wer sich etwa ½ Std. Fußweg ersparen möchte, kann auch von der Paolinahütte, 2125 m, (Liftzufahrt von der Hotelsiedlung Karersee) zur Rotwandhütte wandern.

63 Rotwand, 2886 m ③

Die Rotwand-Westabstürze sind das Schau stück der Landschaft über dem Karerpaß. Es sind gewaltige senkrechte gelbrote Wand fluchten, von Kletterern mit größtem Respekt betrachtet. Trotzdem kann jeder der über gute Kondition verfügt, den Gipfe nahezu ohne Schwierigkeit ersteigen un dabei ein prachtvolles Panorama erleben Früher war der Anstieg vom Vajolonpa etwas heikel, heute sorgen Sicherungen fü einen gefahrenfreien Aufstieg. Eindrucks voller und berühmter Gipfel mit relativ un schwierigem Anstieg.

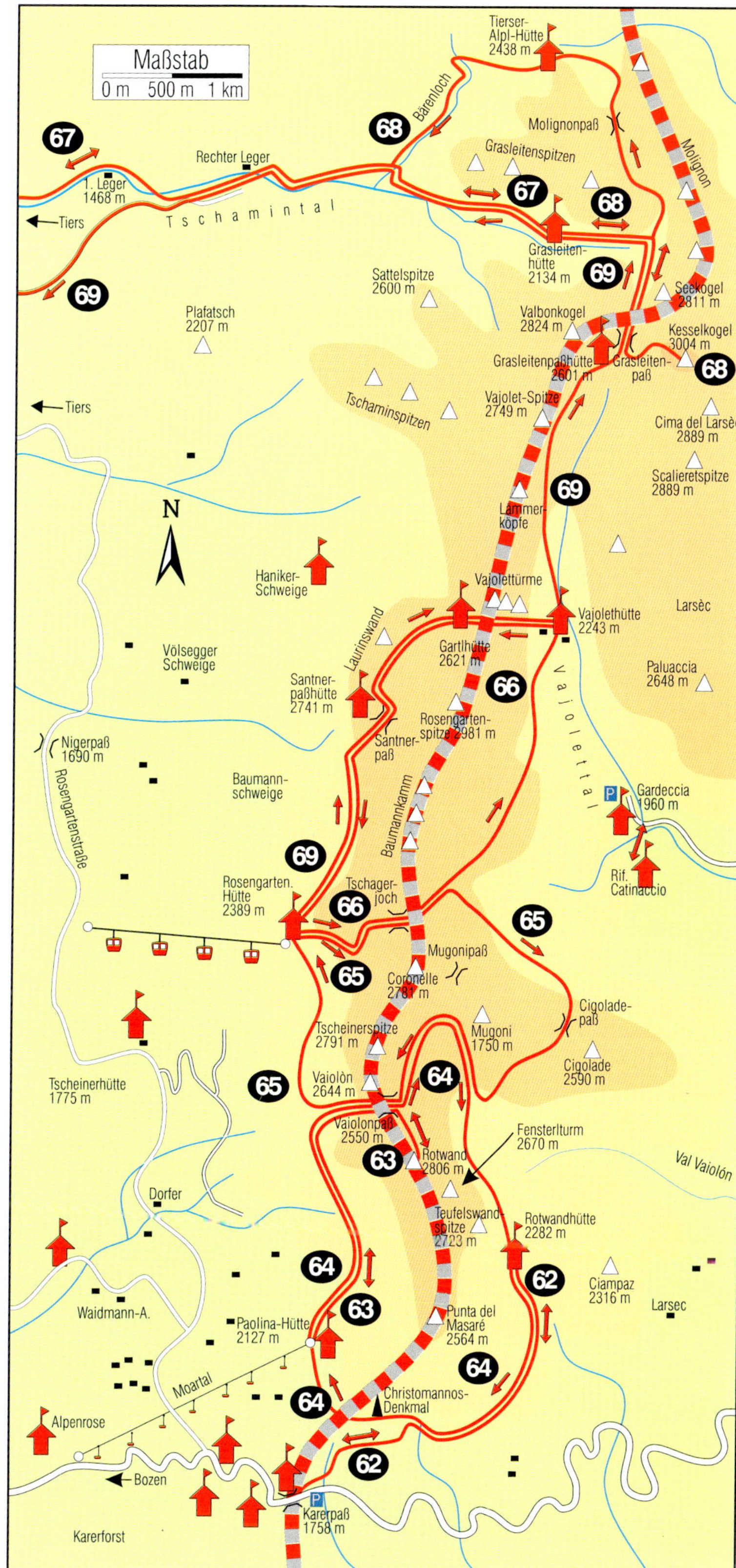

Auffahrt: Von Welschnofen Autofahrt zum Gasthaus Alpenrose bei der Hotelsiedlung Karersee. Von dort mit Sessellift zur Paolinahütte, 2127 m.
Aufstieg: Von der Paolinahütte wandert man unter den Rosengartenwänden auf dem Hirzlweg gegen Norden und folgt nach ungefähr 1/2 Std. der Abzweigung, die steil gegen Osten empor zum Vajolonpaß, 2550 m, führt. Von dort geht es auf dem gesicherten Steig gegen Süden zum Gipfel. 2 1/4 Std.
Abstieg: Auf dem gleichen Weg 1 1/2 Std.
Anregung: Abstieg über die Rotwandhütte zur Paolinahütte, der etwa 1 3/4 Std. in Anspruch nimmt (bei Tour 64 beschrieben).

64 Rund um Rotwand und Teufelswand ②

Diese Tour umrundet den südlichen Teil der Rosengartengruppe und schenkt Einblicke in die Wildheit der zerrissenen Felsfiguren und der abweisenden Wände. Schwierigkeiten gibt es keine, so daß sich jeder Gehtüchtige dieses große Erlebnis zutrauen kann. Vom Vajolonpaß ist die Besteigung der Rotwand (Tour 63) ein kurzer Abstecher.
Auffahrt: Von Welschnofen zum Gasthof Alpenrose bei der Hotelsiedlung Karersee. Von dort mit Sessellift zur Paolinahütte, 2127 m.
Aufstieg: Von der Paolinahütte wandert man auf einem überwiegend ebenen Steig gegen Osten und passiert das Christomannos-Denkmal für den Initiator der Großen Dolomitenstraße, einen bronzenen Adler auf einem Felsblock. Nach etwa 1/2 Std. mündet von Süden der Weg vom Karerpaß; es geht wieder bergauf. Herrlich freie Sicht zu mehreren Dolomitengruppen begleitet den Weg zur Rotwandhütte, früher Ostertaghütte, die nach 1 Std. vor einem liegt. Auf dem Weg 541 wendet man sich nun gegen Norden zu einer grünen Mulde unter der Rotwand. Hier verzweigen sich die Wege. Der linke Weg geht

Die türmereiche, zerklüftete Tscheinerspitze von ihrer Südseite, vom Weg Rotwandhütte – Vajolonpaß, der in der Tour 64 beschrieben ist

64 Rund um Rotwand und Teufelswand ②

i: Tourismusbüro, I-39056 Welschnofen, Tel. (0471) 613125.

Landkarte: Kompass-Karte 1:50000, Nr. 54, Bozen.

Führer: Kammerer, Südtirol für Bergwanderer, Bd. 5, Tappeiner, Bozen.

Talort: Welschnofen, bzw. Hoteldorf Karersee, 1620 m.

Ausgangspunkt: Gasthof Alpenrose bei der Hotelsiedlung Karersee, 1620 m, 9 km von Welschnofen.

Aufstieg: 2 Std.,unschwierig.

Abstieg: 1 1/4 Std.

Stützpunkte: Rotwandhütte, 2282 m, Paolinahütte, 2127 m.

✳: Sehr lohnende und nicht schwierige Tour.

65 Um Coronelle und Mugonispitzen ②

i: Tourismusbüro, I-39056 Welschnofen, Tel. (0471) 613125.

Landkarte: Kompass-Karte 1:50000, Nr. 54, Bozen.

Führer: Kammerer, Südtirol für Bergwanderer, Bd. 5, Tappeiner, Bozen.

Talort: Welschnofen, bzw. Hoteldorf Karersee, 1620 m.

Ausgangspunkt: Rosengartenhütte (Kölner Haus), 2389 m, Sessellift von der Rosengartenstraße, 13 km von Welschnofen.

Rundweg: 4 1/2 Std.,teils steil, Trittsicherheit erforderlich.

Stützpunkt: Rosengartenhütte (Kölner Haus), 2389 m.

✳: Herrliche Dolomitenbilder, wenig anstrengende Wanderung.

Tip: In umgekehrter Richtung auch gut begehbar.

noch ein Stück gegen Norden und beschreibt dann ansteigend einen weiten Halbkreis, nachdem er wieder etwa gegen Süden auf die Rotwand zuläuft, während im Westen das türmereiche Gebilde der Tscheinerspitze aufragt. Weniger steil ist das letzte Stück zum Vajolonpaß, 2550 m. Insgesamt 2 Std.

Abstieg: Von hier kann die Rotwand erstiegen werden (Tour 63); der Abstieg führt jetzt steil gegen Westen hinunter zum Hirzlweg, auf dem man zur Paolinahütte zurückkehrt. 1 1/4 Std.

65 Um Tschagerspitze und Mugonispitzen ②

(Den Verlauf dieser Route finden Sie auf der Kartenskizze Seite 93)

Wunderschöne Rundwanderung mit einer Fülle großartiger Dolomitenbilder ohne wesentliche Höhenunterschiede. Trittsicherheit ist nötig.

Auffahrt: Von Welschnofen über die Rosengartenstraße zur Frommeralm und mit Korblift zur Rosengartenhütte.

Rundweg: Von der Rosengartenhütte (Kölner Haus), 2389 m, führt der steile Anstieg durch eine Geröllrinne zum Tschagerjoch, 2630 m, wo sich plötzlich ein weiter Blick in das Vajolettal und zur Marmolata öffnet. Nun ein Stück talwärts, bis ein Weg nach Südosten zum Cigoladepaß, Markierung 541, abzweigt. Auf ihm, hoch über dem Vajolettal, über Schotterhänge und zuletzt in Kehren zum Cigoladepaß, 2550 m. Jetzt unter den teils überhängenden Wänden der Mugonispitzen gegen Südwesten abwärts zu einer Verzweigung auf ebener Fläche, von der aus man den rechten Weg, Markierung 551, wählt. Auf ihm geht es bald wieder bergauf, durch eine Engstelle in den Vajolonkessel und in weitem Bogen erst gegen Süden, dann gegen Westen zum Vajolonpaß, 2550 m. Nun durch eine Rinne steil hinunter zu den Füßen der Rosengartenwände und unter ihnen gegen Norden zum Ausgangspunkt zurück. Insgesamt 4 1/2 Std.

66 Rund um die Rosengartenspitze ③

(Den Verlauf dieser Route finden Sie auf der Kartenskizze Seite 93)

Diese prachtvolle Rundtour faßt die großartigsten Bilder des Rosengartens zusammen, setzt aber Kondition und die Beherrschung leichter Kletterstellen voraus. Die Tour ist in beide Richtungen gut zu begehen.

Auffahrt: Von Welschnofen über die Rosengartenstraße zur Frommeralm und mit Korblift zur Rosengartenhütte.

Rundweg: Von der Rosengartenhütte in steilem Anstieg zum Tschagerjoch, hier herrliche Marmolatablicke, und dann eher gemächlich abwärts, aber nicht direkt ins Vajolettal, sondern auf der Markierung 541 bleiben, die geradewegs zur Vajolethütte, 2243 m, führt, zuletzt wieder Anstieg. Kurz

Die Häusergruppe der Vajolet- und Preußhütte vom Weg Tschagerjoch-Vajolethütte

Die Rosengartenspitze von Süden aus der Gegend des Tschagerjochs

66 Rund um die Rosengartenspitze ③

i: Tourismusbüro, I-39056 Welschnofen, Tel. (0471) 613125.

Landkarte: Kompass-Karte 1:50000, Nr. 54, Bozen.

Führer: Kammerer, Südtirol für Bergwanderer, Bd. 5, Tappeiner, Bozen.

Talort: Welschnofen, bzw. Hoteldorf Karersee, 1620 m.

Ausgangspunkt: Rosengartenhütte (Kölner Haus), 2389 m, Sessellift von der Rosengartenstraße, 13 km von Welschnofen.

Rundweg: 4½ – 5 Std., teils steil, Trittsicherheit und Bergerfahrung erforderlich.

Stützpunkte: Rosengartenhütte, 2389 m, Vajolethütte, 2243 m, Gartlhütte, 2621 m, Santnerpaßhütte, 2741 m.

✳: Hier erlebt man eine Reihe der berühmtesten Dolomitenbilder, etwas anstrengend.

Tip: Auch in umgekehrter Richtung sehr zu empfehlen.

vorher sind die Vajolettürme aufgetaucht; es bieten sich eindrucksvolle Bilder. Jetzt folgt der steilste Teil, der Anstieg ins Gartl, das mächtige Hochtal zwischen Rosengartenspitze, Vajolettürmen und Laurinswand. Vorbei an der Gartlhütte gelangt man zum Santnerpaß mit gleichnamiger Hütte, 2741 m. Von ihr aus führt ein mit Drahtseilen gesicherter Klettersteig durch eine Felsrinne an den Fuß der Rosengartenwände, von wo der Steig zur Rosengartenhütte zurückleitet. Insgesamt 4½ – 5 Std.

67 Grasleitenhütte, 2134 m ①

(Den Verlauf dieser Route finden Sie auf der Kartenskizze Seite 93)

Landschaftlich eindrucksvolle Wanderung durch das wunderschöne Tschamintal zu einer der berühmtesten Dolomitenhütten. Eine der lohnendsten leichten Wanderungen der Dolomiten.

Auffahrt: Von Tiers zur Tschaminschweige, 1175 m, 3½ km.

Aufstieg: Von hier auf dem Weg Nr. 3 im Tal weiter, bis das Sträßchen erreicht wird. Bald überschreitet der markierte Weg den Bach, passiert den 1. Leger und kommt zum Rechten Leger in einer prachtvollen Almlandschaft. Der Weg steigt an und wendet sich nur wenig in das enge Bärenloch hinein, wo er rechts, deutlich markiert, zur Grasleitenhütte abzweigt. Etwas steiler erreicht

Der Winklerturm, einer der Vajolettürme aus dem oberen Vajolettal

... und nach der Tour

Auch Welschnofen besitzt ein kleines Museum: Das Dorfmuseum Welschnofen befindet sich im „Haus der Dorfgemeinschaft" und zeigt eine volkskundliche Sammlung.

Geöffnet Mo-Mi 19-22 Uhr, So 10-13 Uhr.

Und wer seinen vom Bergsteigen strapazierten Füßen einmal Erholung gönnen möchte, der kann sich im Karersee Golf Club Carezza (Tel. 0471-612200) auf einem der zwei Südtiroler Golfplätze (9-Loch, par 35) in herrlicher Umgebung versuchen. Auch ein Golflehrer steht bei Bedarf zur Verfügung.

Die Gartlhütte (Rifugio Re Alberto I.) gegen die Zacken der Laurinswand

67 Grasleitenhütte ①

i: Tourismusbüro, I-39050 Tiers, Tel. (0471) 642127.

Landkarte: Kompass-Karte 1:50000, Nr. 54, Bozen.

Führer: Kammerer, Südtirol für Bergwanderer, Bd. 5, Tappeiner, Bozen.

Talort: Tiers, 1028 m, 13 km von Blumau im Eisacktal.

Ausgangspunkt: Tschaminschweige, 1175 m, Endpunkt der Straße, 3½ km von Tiers.

Aufstieg: 3 Std., unschwierig.

Abstieg: 2 Std.

Stützpunkt: Grasleitenhütte, 2134 m.

✳: Großartige und unschwierige Unternehmung in eindrucksvoller Landschaft.

68 Kesselkogel ③

i: Tourismusbüro, I-39050 Tiers, Tel. (0471) 642127.

Landkarte: Kompass-Karte 1:50000, Nr. 54, Bozen.

Führer: Kammerer, Südtirol für Bergwanderer, Bd. 5, Tappeiner, Bozen.

Talort: Tiers, 1028 m, 13 km von Blumau im Eisacktal.

Ausgangspunkt: Grasleitenhütte, 2134 m, von Tiers 3½ km + 3 Std. Fußweg.

Aufstieg: 3 Std., Klettersteig, Trittsicherheit und Schwindelfreiheit erforderlich.

Abstieg: 1¼ Std.

Stützpunkt: Grasleitenhütte, 2134 m, Grasleitenpaßhütte, 2601 m.

✳: Äußerst lohnende Gipfeltour für Trittsichere, grandioser Aussichtspunkt.

man unter mächtigen Wänden über Latschenhänge die Hütte. 3 Std.

Abstieg: Auf dem gleichen Weg, 2 Std.

68 Kesselkogel, 3004 m ③

(Den Verlauf dieser Route finden Sie auf der Kartenskizze Seite 93)

Höchster und vielbesuchter Gipfel der Rosengartengruppe und ihr einziger Dreitausender. Der Kesselkogel bietet interessante Tiefblicke zum Antermojasee und ins Vajolettal, gute Einblicke in die Felswildnis der Umgebung und weitreichende Fernsicht. Auf einem mit Drahtseilen gesicherten, mit Leitern ausgestatteten und gut markierten Klettersteig ist er verhältnismäßig einfach zu ersteigen, wobei Trittsicherheit und Schwindelfreiheit Voraussetzung sind.

Auffahrt und Aufstieg: Von Tiers zur Tschaminschweige, 1175 m, 3½ km, dann 3 Std. Aufstieg zur Grasleitenhütte.

Aufstieg: Von der Grasleitenhütte, 2134 m, auf vielbegangenem Steig in 1½ Std. zum Grasleitenpaß mit Hütte, 2601 m. Man folgt nun den deutlichen Markierungen zum nahen Einstieg, von dem es über geneigte Bänder zu einer kleinen Scharte geht. Dann kurzer Abstieg auf der Leiter und Querung zur Westseite. Über Hänge und Felsstufen erreicht man schließlich von Norden her den Gipfel. Gut gesichert – Schwierigkeitsgrad I, 1½ Std. Insgesamt 3 Std.

Abstieg: Auf gleichem Weg: 2 Std. zur Grasleitenhütte, weitere 2 Std. zur Tschaminschweige.

69 Rosengartenrunde Nord ③

(Den Verlauf dieser Route finden Sie auf der Kartenskizze Seite 93)

Die Rundtour, die den größten Teil der Rosengartenschönheiten zusammenfaßt, beginnt man am besten bei der hochgelegenen Rosengartenhütte und beendet sie mit dem Tschamintal. Sie erfordert Trittsicherheit allein für den Anstieg zum Santnerpaß.

Auffahrt: Von Welschnofen über die Rosengartenstraße zur Frommer Alm, 1710 m, dann mit Korblift zur Rosengartenhütte.

Rundweg: Von der Rosengartenhütte, 2389 m, meist ziemlich eben zu Füßen der Rosengartenwände auf Markierung 542 gegen Norden und schließlich durch eine steile Rinne mit Sicherungen zum Santnerpaß, 2760 m, mit Hütte. Dann durch ein weites Kar abwärts an der Gartlhütte vorbei und steil in zahlreichen Kehren abwärts zur Vajolethütte, 2243 m, 2¼ Std. Nun auf gutem Weg aufwärts zum Grasleitenpaß, 2601 m, und abwärts zur Grasleitenhütte, 2134 m, 2 Std. Von ihr durch das Tschamintal abwärts, wo der Weg auf ein Sträßchen trifft. Dieses Sträßchen wird nicht verlassen, sondern bis zu seiner Mündung in die Straße (Rungun) im Purgametschtal begangen, 2 Std. Der Rückweg auf der Straße zur Talstation des Lifts beträgt etwa 8 km, den man per Bus oder Anhalter zurücklegt (Bergsteiger werden auf der vielbefahrenen Straße fast immer gern mitgenommen). Auch der Fußweg hat seine Reize.

Pferde beim Unteren Leger im Tschamintal gegen die Sattelspitze

69 Rosengartenrunde Nord ③

i: Tourismusbüro, I-39056 Welschnofen, Tel. (0471) 612016, Tourismusbüro, I-39050 Tiers, Tel. (0471) 613126.

Landkarte: Kompass-Karte 1:50000, Nr. 54, Bozen.

Führer: Kammerer, Südtirol für Bergwanderer, Bd. 5, Tappeiner, Bozen.

Talort: Welschnofen, bzw. Hoteldorf Karersee, 1620 m.

Ausgangspunkt: Rosengartenhütte (Kölner Haus), 2389 m, Sessellift von der Rosengartenstraße, 13 km von Welschnofen.

Rundweg: 6¼ Std. Rückkehr zum Ausgangspunkt auf Straße nicht gerechnet, Santnerpaß erfordert Trittsicherheit.

Stützpunkte: Santnerpaßhütte, 2741 m, Gartlhütte, 2621 m, Vajolethütte, 2243 m, Grasleitenpaßhütte, 2601 m, Grasleitenhütte, 2234 m.

☀: Wunderschöne Tour, die reich an gewaltigen Eindrücken ist, aber etwas Ausdauer erfordert.

Tip: Die umgekehrte Richtung ist weniger günstig.

... und nach der Tour

Von Welschnofen aus sollte man unbedingt dem Karersee einen Besuch abstatten. Früh am Morgen oder spätabends spiegeln sich bei schönem Wetter die bizarren Felsen des Latemar im bis zu 7 m tiefen See.

Wer sich am Beginn der Hotelsiedlung Karersee über das riesige Gebäude im Zuckerbäckerstil wundert: Er steht vor dem „Granhotel Karersee" von 1896, in dem schon die berühmte „Sissi" von Österreich und Winston Churchill Urlaub gemacht haben.

Blick vom Kesselkogel-Gipfel gegen die Rosengartenspitze

Zu Füßen des Schlerns

Tiers im oberen Tierser Tal gegen Vajolettürme und Rosengartenspitze

70 Tschafon – Völseggspitze ①

i: Tourismusbüro, I-39050 Tiers, Tel. (0471) 642127.

Landkarte: Kompass-Karte 1:50000, Nr. 54, Bozen.

Führer: Kammerer, Südtirol für Bergwanderer, Bd. 5, Tappeiner, Bozen.

Talort: Tiers, 1028 m, 13 km von Blumau im Eisacktal.

Ausgangspunkt: Weißlahnbad/Garni Valbon, 1200 m, kleiner Parkplatz.

Aufstieg: 2¼ Std., unschwierig.

Abstieg: 1½ Std.

Stützpunkt: Tschafonhütte, 1738 m.

☀: Leicht erreichbarer großartiger Panoramaplatz.

71 Hoferalpl ①

i: Tourismusbüro, I-39050 Völs, Tel. (0471) 725047.

Landkarte: Kompass-Karte 1:50000, Nr. 54, Bozen.

Führer: Kammerer, Südtirol für Bergwanderer, Bd. 5, Tappeiner, Bozen.

Talort: Völs am Schlern, 880 m, 7 km von Blumau im Eisacktal.

Ausgangspunkt: Beim Fahrverbot am Völser Bachgraben, 980 m.

Aufstieg: 1¼ Std., ganz leicht.

Abstieg: ¾ Std.

Stützpunkt: Hoferalpl, 1340 m.

☀: Sehr lohnende Kurzwanderung in reizvoller Landschaft.

70 Tschafon – Völseggspitze, 1834 m ①

Durch die Tschafonhütte erschlossener, leicht erreichbarer, viel besuchter Gipfel. Nahblicke auf die Schlernabstürze und auf die Felswildnis der Rosengartengruppe.

Auffahrt: Von Tiers/St. Cyprian zum Garni Valbon, 1200 m.

Aufstieg: Man folgt der breiten, nach Westen mäßig ansteigenden Forststraße, Markierung 4A, die zur von Lärchen umsäumten, ebenen Bergwiese Wunleger, 1402 m, führt. Hier ein schöner Blick zum Rosengarten. Man folgt weiter dem Fahrweg, zweigt dann beim Kruzifix auf den Steig mit der Markierung 4 ab und erreicht gemütlich ansteigend die Tschafonhütte, 1738 m, 1¾ Std. Von der Hütte wandert man auf dem Fußweg im Wald nach Nordwesten und steigt zuletzt steil – rechts zwischen Latschen zur nördlichen, links zur südlichen Völseggspitze, 1834 m, ½ Std., insgesamt 2¼ Std.

Abstieg: Auf gleicher Route, 1½ Std.

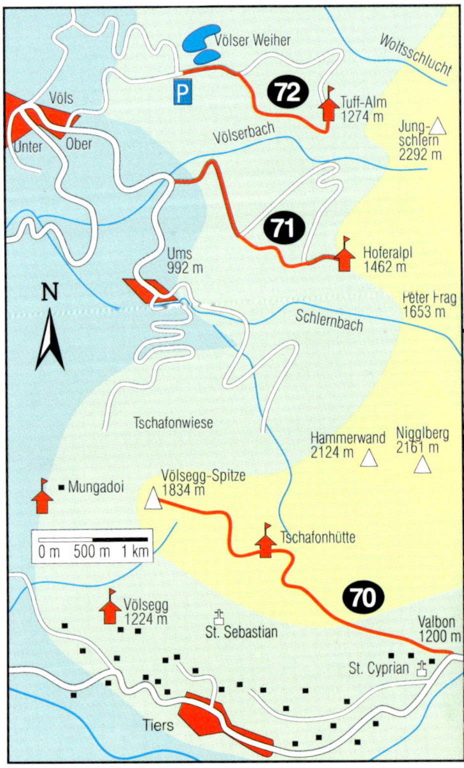

71 Hoferalpl, 1340 m ①

Berggasthof/Jausenstation in einsamer Lage auf einer Almwiese im Waldbereich oberhalb von Ums, am Westfuß der Schlernwände: ein schöner Aussichtspunkt und ein lohnendes Ziel im Naturpark Schlern.

Auffahrt: Von Völs nach Ums bis zum Völser Bach und links kurz auf dem Wirtschaftsweg bis zum Fahrverbot, 980 m.

Aufstieg: Man folgt anfangs dem Forstweg (Zufahrt zum Hoferalpl) zur Abzweigung des Steiges in der ersten Linkskehre, 1080 m. Die Markierung 3 führt von Ums herauf und ansteigend zum Hoferalpl, 1340 m, 1 1/4 Std.

Abstieg: Auf gleicher Route 3/4 Std.

72 Tuffalm, 1274 m ①

Die Tuffalm-Jausenstation im Naturpark Schlern, über dem Völser Weiher, auf einer Wiesenterrasse am Fuße des Jungschlerns, wird wegen ihrer landschaftlich sehr schönen und aussichtsreichen Lage viel besucht. Ganz kurze und nur wenig anstrengende Wanderung mit geringem Höhenunterschied.

Auffahrt: Von Völs zum Parkplatz Völser Weiher, 1054 m (Gebühr), 3 km.

Aufstieg: Anfangs folgt man der ostwärts ansteigenden Forststraße zum oberen See und zur Abzweigung des alten Almweges, Markierung 1, rechts. Der Pflasterweg führt etwas steil bis zur Tuffalm, 1274 m, 3/4 Std.

Abstieg: Auf dem gleichen Weg, 1/2 Std.

72 Tuffalm ①

i: Tourismusbüro, I-39050 Völs, Tel. (0471) 725047.

Landkarte: Kompass-Karte 1:50000, Nr. 54, Bozen.

Führer: Kammerer, Südtirol für Bergwanderer, Bd. 5, Tappeiner, Bozen.

Talort: Völs am Schlern, 880 m, 7 km von Blumau im Eisacktal..

Ausgangspunkt: Parkplatz Völser Weiher, 1054 m.

Aufstieg: 3/4 Std., ganz leicht.

Abstieg: 1/2 Std.

Stützpunkt: Tuffalm, Jausenstation.

✱: Ganz leichte Kurzwanderung mit wunderschönen Aussichtspunkten.

... und nach der Tour

In Völs am Schlern steht das bekannte Schloß Prösels, das kunstgeschichtlich wichtigste Denkmal der Gegend. Vom Originalbau aus dem 12./13. Jahrhundert hat sich nur noch der Pulverturm erhalten, der Rest der heutigen Anlage stammt aus dem 16. Jahrhundert. Vor etwa einem Jahrzehnt wurde die Anlage der dringend notwendigen Sanierung unterzogen und erstrahlt heute wieder in ihrem ursprünglichen Glanz als eine der schönsten Renaissanceburgen der Region. Besonders sehenswert: Hof, Laubengang, Kapelle, Rittersaal mit Fresken.

Schloß Prösels ist mit dem Auto erreichbar und von Anfang April bis Ende Oktober geöffnet.

Die ausgedehnte Ortschaft Völs gegen das Schlernmassiv

Die wichtigsten Orte von A – Z

Blick aus den Weingärten auf den Talkessel von Bozen; darüber Schlern und Teile des Rosengartens

BOZEN

Ital. Bolzano, 266 m, 97924 Einwohner (Stadtgemeinde). Hauptstadt Südtirols und der Provinz Bozen. Heute lebt hier überwiegend italienischsprachige Bevölkerung. Die Stadt verfügt über zahlreiche Schulen, Ämter und Museen, ist Handels- und Messeplatz und hat ausgedehnte Industrieanlagen. In der Umgebung herrschen Wein- und Obstbau vor. Die landschaftlich schöne Lage ist vor allem durch die nahen Berge des Rosengartens bedingt. Ein gut erhaltener Stadtkern mit vielen reizvollen historischen Straßenzügen und Plätzen lädt zum Bummel ein; berühmt sind die Lauben und der Obstmarkt. Zahlreiche Wallburgen in der Umgebung deuten auf vorgeschichtliche Besiedlung hin. 14 n. Chr. nahmen die Römer das Land in Besitz, nach dem Ende der römischen Herrschaft kamen Goten, Langobarden, Franken und Bajuwaren. Um 680 wurde das Bajuwarenkastell Bauzanum erstmals genannt. Die Stadt erlebte eine große Zahl von Katastrophen wie mehrere Brände, Hochwasser, Verwüstungen, Pest, Plünderungen, Bombenangriffe, ja sogar Heuschreckeneinfälle. Seit 1919 sank der Anteil an deutschsprachigen Einwohnern von 80 Prozent auf etwa 20 Prozent, die Stadt wurde zur Industriestadt und erhielt ein großes italienisches Siegesdenkmal. Bozen ist überreich an wertvollen Kunstschätzen, von denen hier nur ein Teil genannt werden kann: Das Wahrzeichen der Stadt, die alte Pfarrkirche Unsere Liebe Frau im Moos, schon im 11. Jahrhundert erwähnt; sie enthält eine Sandsteinkanzel, zahlreiche Fresken und einen zierlichen gotischen Turm, erbaut im 16. Jahrhundert von Lutz von Schussenried.

Seis am Schlern gegen Santnerspitze und Euringerspitze

DEUTSCHNOFEN

Ital. Nova ponente, 1357 m, 3292 Einwohner (Gemeinde). Schön gelegener Ort in den Eggentaler Bergen, auch Regglberg genannt, südöstlich von Bozen. Der Ort ist vermutlich durch Ansiedlung schwäbischer Bergknappen entstanden. Die Kirche zu den Heiligen Ulrich und Wolfgang besitzt noch einen romanischen Turm, wurde aber im 15. Jahrhundert neu erbaut; Altarteile stammen vom Meister Hans von Judenburg, das Rosenkranzbild von Franz Unterberger. In der Nähe liegt die berühmte Wallfahrtsstätte Maria Weißenstein.

EPPAN

Ital. Appiano, 471 m (St. Michael), 11152 Einwohner. Gemeinde aus mehreren Orten und Landschaft im Überetsch an der Südtiroler Weinstraße inmitten eines berühmten Wein- und Obstbaugebietes. In dieser Gegend wurden die ältesten Siedlungsreste Südtirols gefunden. Zwei besonders sehenswerte Kirchen und Ansitze befinden sich in St. Michael. Im Ortsteil St. Pauls der „Dom auf dem Lande“ mit 86 m hohem Zwiebel-

Sarnthein, der Hauptort des Sarntals, umgeben von sanfteren Bergen

turm, schöner gotischer Fassade und Kreuzrippengewölbe. Interessante Ansitze.

LEIFERS

Ital. Laives, 258 m, 14041 Einwohner (Stadtgemeinde). Größerer Ort mit Industrieansiedlung südlich von Bozen. Die Kirche St. Antonius und Nikolaus, eine romanische Gründung, wurde im 19. Jahrhundert neuromanisch umgebaut.

RITTEN

Ital. Renon, 1158 m (Klobenstein), 6341 Einwohner. Gemeinde auf dem gleichnamigen südlichen Ausläufer der Sarntaler Alpen. In ihrem Bereich gibt es 48 nachgewiesene Urzeitsiedlungen. Früher verlief hier die Brennerstraße, um die damals unzugängliche Eisackschlucht zu umgehen. Eine Sehenswürdigkeit stellen die Erdpyramiden dar.

SARNTHEIN

Ital. Sarentino, 961 m, 2900 Einwohner. Der beliebte Ferienort ist Sitz der Großgemeinde Sarntal, die das gesamte Tal der Talfer umfaßt. Hier finden sich noch zahlreiche alte malerische Häuser und Gastwirtschaften. Aus dem 15. Jahrhundert stammende hervorragende Fresken kann man in der Kirche St. Cyprian sehen, über dem Dorf erhebt sich die 200 Jahre ältere Burg Reinegg.

TIERS

Ital. Tires, 1020 m, 800 Einwohner. Dieses bereits in der Eisenzeit besiedelte, idyllisch am Hang über dem Breibach gelegene Bergdorf am Fuß des Rosengartens wird heute rund ums Jahr von Wander- und Skibegeisterten besucht.

VÖLS AM SCHLERN

Ital. Fié allo Scíliar, 880 m, 1500 Einwohner. Die altbekannte Sommerfrische Völs zu Füßen der eindrucksvollen Westabstürze des Schlernmassivs hat vor allem durch ihre – noch heute angewandten – Heubäder Berühmtheit erlangt. Das Dorf wird überragt von dem mächtigen barocken Zwiebelturm der spätgotischen Pfarrkirche.

In Bozen Blick zur Stadtpfarrkirche Unsere Liebe Frau

UNTERLAND

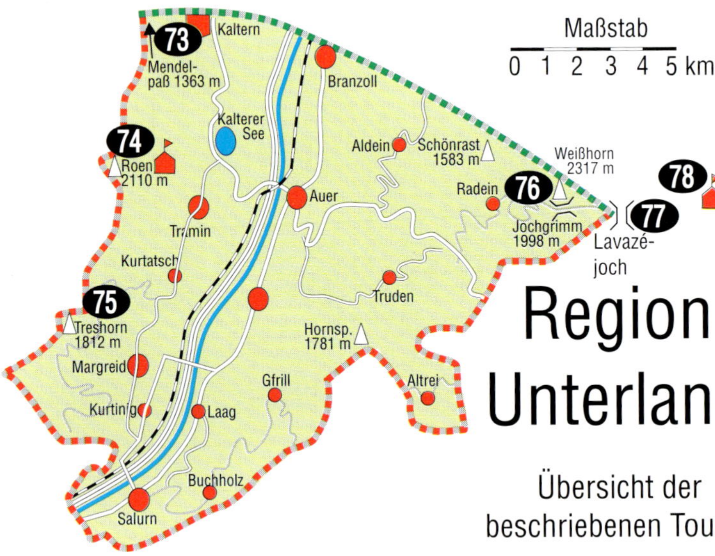

Region Unterland

Übersicht der beschriebenen Touren

Dieser südlichste Teil des Landes, auch als Bozner Unterland bekannt, ist die kleinste Region, die genau genommen nur den südlichen Teil des Unterlands umfaßt, während der nördliche zu Bozen gerechnet wird.

Die Abgrenzung ist eindeutig und ziemlich leicht zu beschreiben, denn vom Mendelpaß nach Süden zur Salurner Klause und dann wieder gegen Norden bis kurz nördlich des Lavazéjochs gilt die Provinzgrenze gegen die Provinz Trient. Für zwei der drei Touren um das Lavazéjoch offenbart das – für ganz Genaue – ein wenig Inkonsequenz: Das Lavazéjoch, der Zanggen und das Rifugio Torre di Pisa liegen bereits in der Provinz Trient, der Ausgangspunkt für das Rifugio Torre di Pisa jedoch in der Provinz und Region Bozen. Die Grenze zur nördlich anschließenden Region Bozen bildet eine ziemlich gerade Linie: Lavazéjoch-Weißenstein-Branzoll-Kaltern-Mendelpaß.

Wie an vielen Häusern Südtirols läßt auch der Blumenschmuck des Ansitzes Fennhals freundliche und farbenfrohe Bilder entstehen

Das relativ kleine Gebiet ist ein Talstück des Etschtals mit den ansteigenden Hängen meist bis zu einem Höhenkamm, im Nordosten zwar nicht mehr bis zu den Gipfeln, aber fast in ihrer Höhe. Die Etsch nimmt hier keinen bedeutenden talbildenden Bach auf. Das Klima dieser Region hat schon viel Mediterranes: lange Sonnenscheindauer mit entsprechenden Temperaturen und wenig Regentagen. Das hört nicht nur der Urlauber aus dem Norden gern, das hat auch eine Landschaft entstehen lassen, in der die herrlichsten Obst- und Weinsorten und viele Feldfrüchte gedeihen. Das ist in Teilen des Unterlandes nicht immer so gewesen, denn lange Zeit breiteten sich dort Sümpfe und Überschwemmungsgebiete aus. Erst seit der Etschregulierung durch Kaiserin Maria Theresia, die 1777 abgeschlossen wurde, konnte hier eine wahrhaft gesegnete Kulturlandschaft entstehen, die viele Menschen aus Nord und Süd anzog.

Im Unterschied zu allen anderen Regionen Südtirols liegt hier der größte Teil des Gebiets in Höhen unter 500 Meter. Trotzdem gibt es an seinem „Rand" auch noch genug Berge, die teils über 2000 Meter ansteigen. Das Etschtal ist hier auf beiden Seiten von hoch hinauf begrunten und bewaldeten Höhen eingefaßt, deren oberer Teil meist weißen Kalkfels zeigt.

In der Zeit nach der Etschregulierung ließen sich hier viele sogenannte Welschtiroler nieder. Seit 1919 kamen sehr viele weitere Italiener dazu, so daß die meisten größeren Orte des Unterlandes schon überwiegend italienischsprachig sind.

Hier ist das Etschtal ein Durchzugstal mit starker Belastung; die Brennerbahn, die Brenner-Autobahn und eine vielbefahrene Hauptstraße prägen einen breiten Talteil, der auch ein wenig Industrie besitzt. Außer-

Luftaufnahme von Tramin

halb dieser Zone weist das Unterland eine ganze Reihe von Höhepunkten erfreulicher Art auf. Man denke nur an die Südtiroler Weinstraße, an den Kalterer See (den Wein ebenso wie den gleichnamigen See), die Montiggler Seen, den Überetscher Stil, die Eigentümlichkeit der Eislöcher bei Eppan oder die mystische Landschaft von Castelfeder – kurz gesagt: der Süden, wie Nordlichter ihn lieben, aber für den Wanderer doch garniert mit beachtlichen Felsmauern. Außer im Gebiet um Kaltern und Tramin und um das Lavazéjoch spielt der Fremdenverkehr keine große Rolle, so daß man in weiten Teilen der Region Ruhe statt Trubel erwarten darf. Und auch in den drei genannten Hauptorten des Tourismus beschränkt sich die Betriebsamkeit auf die nächste Umgebung und wenige berühmte Glanzpunkte.

Daß es in dieser fast paradiesischen Landschaft unzählige Wandermöglichkeiten in flachem oder wenig bergigem Gelände gibt, wird niemanden erstaunen. Aber auch hoch darüber, in der Zone der Gipfel, findet man viele Wanderwege für Genießer. Einer der hier beschriebenen Höhepunkte ist die höchste Erhebung des Mendelgebirges, wie der Höhenzug westlich des Unterlandes genannt wird. Auf der anderen Seite, östlich des Unterlandes, liegen die Fleimstaler Alpen, in denen auch Wandertouren beschrieben sind. Der südliche Teil des Unterlandes verfügt nur über wenige Hütten, im nördlichen gibt es genug, wie in ganz Südtirol.

→ ORIENTIERUNGSSTUFEN UNTERLAND

① Touren 73, 76

② Touren 74, 75, 77, 78

① = Kurze Spaziergänge oder Wanderungen ohne jede Schwierigkeit, meist auf guten Wegen, auch für Ältere und kleinere Kinder geeignet.

② = Wanderungen eventuell von längerer Dauer, aber ohne Schwierigkeiten und besondere Ausrüstungsanforderungen, größere Kinder unter geeigneter Aufsicht können teilnehmen.

Mendelkamm

Beregnungsanlagen

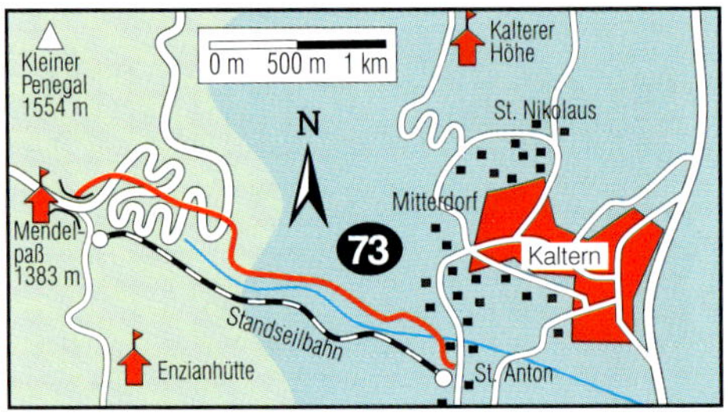

73 Der Alte Mendelweg ①

Kaltern ist nicht nur wegen seines weltberühmten Weines ein bekannter Ort, sondern hat auch eine sehr abwechslungsreiche Wanderumgebung. Einer der schönsten Wege ist der Alte Mendelweg. Er ist nicht anstrengend und außer im Frühling und Herbst auch im Sommer angenehm, weil er größtenteils durch Buchenwald verläuft.

Aufstieg: Von der Talstation der Standseilbahn in St.Anton/Kaltern, 523 m, ausgehend, beginnt bei der Feuerwehrhalle die Markierung M. In schönem Buchenwald, im Frühling voller Blumen, steigt man empor und erreicht nach 1¼ Std. den hübsch angelegten Rastplatz Frauenbrünnl. Bei der Fortsetzung des Steiges findet man an aussichtsreichen Plätzen immer wieder Bänke. Erst im oberen Bereich des Weges muß man die Mendelstraße mehrmals queren, aber immer nur ganz kurze Strecken auf ihr gehen. Bald ist man dann am Mendelpaß, 1363 m, mit seinen Hotels und Verkaufsständen angelangt, 1¼ Std. Insgesamt 2½ Std.

73 Der Alte Mendelweg ①

i: Tourismusverein, I-39052 Kaltern, Tel. (0471) 963169.

Landkarte: Kompass-Karte 1:50000, Nr. 54, Bozen.

Führer: Koch, Südtirol für Bergwanderer, Bd. 3, Tappeiner, Bozen.

Talort und Ausgangspunkt: St.Anton/Kaltern, 533 m, Talstation der Standseilbahn auf die Mendel.

Aufstieg: 2½ Std., ganz leicht.

Abstieg: Telephonsteig 2 Std.

☼: Landschaftlich reizvolle und leichte Mittelgebirgswanderung.

Tip: Fast ganzjährig begehbar.

Roëngipfel und Tiefblick ins dunsterfüllte Unterland und Fernschau in die Fleimstaler Alpen

Prachtvoll ist jede Wanderung durch die herbstlichen Weingärten des Landes

74 Roën ②

i: Tourismusverein, I-39052 Kaltern, Tel. (0471) 963169.

Landkarte: Kompass-Karte 1:50000, Nr. 54, Bozen.

Führer: Kompass-Wanderbuch Südtiroler Weinstraße-Unterland.

Talort: Kaltern, 426 m.

Ausgangspunkt: Mendelpaß, 1363 m. Straße, 14 km oder Standseilbahn von Kaltern.

Aufstieg: 2 $^3/_4$ Std., unschwierig. Von der Überetscher Hütte mühsam und etwas länger.

Abstieg: 2 $^1/_2$ Std. zum Mendelpaß.

Stützpunkte: Malga Romeno, 1775 m, Überetscher Hütte, 1775 m.

☼: Genußreiche und eindrucksvolle Wanderung.

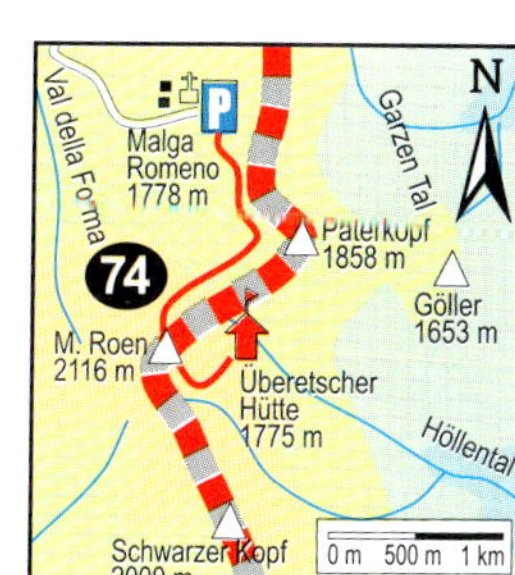

Abstieg: Als Variante für den Abstieg sei der Weg mit Markierung 521, der sogenannte Telephonsteig, vorgeschlagen. Er führt in 1 $^3/_4$ Std. hinab nach St. Nikolaus/Kaltern, 630 m. Von dort $^1/_4$ Std. zurück nach St. Anton/Kaltern. Insgesamt 2 $^1/_2$ Std.

Anregung: Wer vom Paß aus noch Lust hat, weiter zu wandern, kann in 1 $^1/_4$ Std. zum Aussichtsberg Penegal mit seinem Turm gehen, oder in entgegengesetzter Richtung zum Roën, 2116 m (siehe Tour 74).

74 Roën, 2116 m ②

Als höchster Gipfel der langen Reihe heller Felszinnen über der Südtiroler Weinstraße südlich des Mendelpasses ist der Roën ein Berg der Superlative, denn seine Rundsicht ist umfassend und hinterläßt nachhaltige Eindrücke.

Auffahrt: Von Kaltern zum Mendelpaß, 14 km, auch Standseilbahn.

Anstieg vom Mendelpaß: Hinter der Bergbahn Kaltern-Mendel wandert man auf Weg Nr. 521 südwärts, durch idyllische Wiesen- und Waldlandschaft, erst eben, bald ansteigend an der Halbweg-Hütte vorbei zur 1775 m hoch gelegenen Roënalm/Malga Romeno. Von hier steigt man direkt zum Gipfel, 2 $^3/_4$ Std. Von der Überetscher Hütte, 1775 m, führt ein gesicherter Steig in $^3/_4$ Std. ebenfalls zum Roen-Gipfel.

Abstieg: Entweder auf gleichem Weg zurück zum Mendelpaß in 2 $^1/_2$ Std. oder zur Malga Romeno in $^1/_2$ Std. Oder über die Überetscher Hütte, was etwa $^1/_2$ Std. Zeitmehraufwand erfordert.

Fennbergsee mit Fennberg; im Hintergrund die Wetterspitze

75 Treshorn/Corno di Tres ②

i: Tourismusbüro, I-39040 Margreid, Tel. (0471) 817292, I-39040 Kurtatsch, Tel. (0471) 880100.

Landkarte: Kompass-Karte 1:50000, Nr. 74, Tramin-Cavalese.

Führer: Koch, Südtirol für Bergwanderer, Bd. 3, Tappeiner, Bozen.

Talorte: Margreid, 226 m, Kurtatsch, 330 m.

Ausgangspunkt: Straße nach Oberfennberg.

Aufstiegszeit: 2 Std.

Abstieg: 1 1/2 Std.

✳: Besonders lohnender Gipfel über dem Unterland mit prächtiger Rundschau.

Tip: Neueste Karten benutzen! In älteren fehlen neue Nummern der Wege.

... und nach der Tour

Im „Weinland" Südtiroler Unterland steht natürlich das Südtiroler Weinmuseum. Im Zentrum von Kaltern zeigt es eine umfangreiche Sammlung von Zeugnissen der Weingeschichte und der Weinherstellung: alte Weinpressen, die sogenannten Torkeln oder Torggeln, Trinkgefäße, Weinfässer, Keltergeräte und vieles andere, was mit Wein irgendwie zu tun hat.

Geöffnet von Ostern bis Ende Oktober Di-Sa 9.30-12 und 14-18 Uhr. So und Feiertag 10-12, Di geschlossen.

75 Treshorn/Corno di Tres, 1812 m ②

Prächtiger Logenplatz, 1500 m über den Weingärten um Margreid und Kurtatsch an der Südtiroler Weinstraße, aber auch über der Idylle Fennberg und ihrem See. Die Schau in die Tiefe ist ebenso überwältigend wie der Blick zu den Bergen der Brenta.

Auffahrt: Von Margreid oder Kurtatsch bis kurz vor Oberfennberg, etwa 10 km.

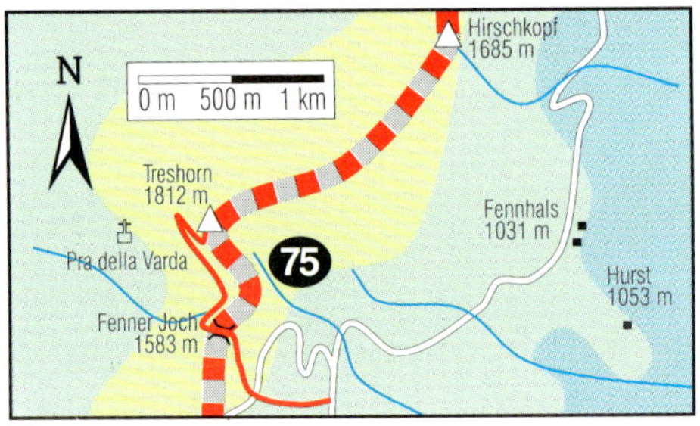

Aufstieg: Mit der Markierung 3 zieht der Steig von der Straße Margreid-Fennberg noch vor Oberfennberg steil bergauf in den Wald zum Fennerjoch. Er kreuzt mehrmals ein Forststräßchen, führt flacher zu einer Lichtung mit einzelnen hohen Fichten, wo er rechts ab zu einem Hochstand ansteigt. An ihm vorüber zu Wegweisern, die in verschiedene Richtungen zeigen. Nun auf Markierung 503 weiter, bis die Markierung 503B steiler nach rechts zum Gipfel des Treshorns emporführt. Man betritt den Gipfel mit seiner weißen Marmor-Madonna etwa 2 Std nach dem Aufbruch von der Straße.

Abstieg: Der Rückweg verläuft ganz auf der Anstiegsroute, die den Waldweg benutzt. Oder man wählt bei einer Lichtung (etwa 3/4 Std. unterhalb des Gipfels) das neue Forststräßchen mit zahlreichen Windungen, die etwas bequemer zur Straße zurückführen.

Um das Lavazéjoch

76 Weißhorn, 2317 m ①

Der Dolomitgipfel des Regglberger Weißhorns ragt über dem großen Waldgebiet zwischen Radein, Deutschnofen und dem Eggental auf. Der kurze Anstieg ab Jochgrimm ist auch weniger Geübten zumutbar. Ein sehr weiter Ausblick belohnt die kurze Mühe des Anstiegs.

Auffahrt: Von Deutschnofen fährt man über Rauth und Lavazéjoch zum Paß Jochgrimm, etwa 13 km.

Aufstieg: Von der Straße auf dem Jochgrimm, 1989 m, rechts abzweigend, folgt man dem eingezäunten Fußweg, einer breit ausgetretenen Spur mit Holzstufen, die am Weidehang nordwestwärts ansteigend zum Latschenfeld unter dem Gipfel führt, Rastbank. An der Verzweigung folgt man dem markierten Hohlweg und gelangt in steilen Kehren am südwestseitigen Latschenhang in etwas mühsamem Anstieg zu einem Geröllfeld und auf steinigem Steig zum Weißhorn, 2317 m, 1 Std.

Abstieg: Auf gleichem Weg 3/4 Std.

Das Kloster Maria Weißenstein in den Eggentaler Bergen

76 Weißhorn ①

i: Tourismusbüro, I-39050 Deutschnofen, Tel. (0471) 616567.

Landkarte: Kompass-Karte 1:50000, Nr. 54, Bozen.

Führer: Kammerer, Südtirol für Bergwanderer, Bd. 5, Tappeiner, Bozen.

Talort: Deutschnofen, 1388 m.

Ausgangspunkt: Jochgrimm, 1989 m, über Lavazéjoch 13 km von Deutschnofen.

Aufstieg: 1 Std., unschwierig.

Abstieg: 3/4 Std.

Stützpunkt: Berggasthof Jochgrimm, 1989 m.

✳: Leicht erreichbarer, erstklassiger Aussichtsberg.

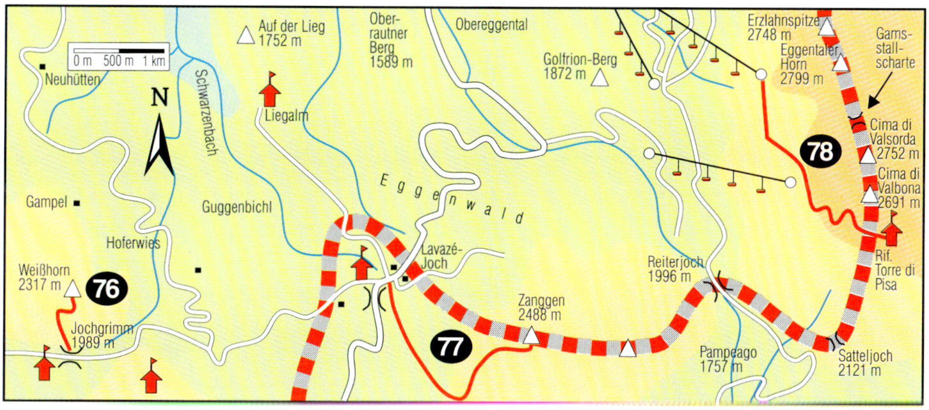

Abendlicher Blick vom Weißhorn auf Rosengarten, Latemar und Zanggen

... und nach der Tour

In Deutschnofen und der näheren Umgebung kommen nicht nur Natur-, sondern auch Kunstfreunde auf ihre Kosten:

Die Pfarrkirche des Ortes enthält im neugotischen Hochaltar vier gotische Reliefs im sogenannten weichen Stil der 1420er Jahre: Geburt Christi, Anbetung der Könige, Darstellung im Tempel und Tode Mariens sind die übriggebliebenen Teile eines Altars, den Hans von Judenburg für die Bozner Pfarrkirche geschaffen hatte.

Auf einer Anhöhe östlich von Deutschnofen liegt das Kirchlein St. Helena mit wertvollen Fresken der Bozner Schule aus der Zeit um 1410.

Den Höhepunkt bildet schließlich der meistbesuchte Wallfahrtsort Südtirols, Maria Weißenstein. Die 1673 geweihte Kirche enthält zahlreiche interessante Ausstattungsstücke, darunter viele sehenswerte Votivtafeln.

Die Reiterjochspitzen in der Latemargruppe vom Lavazéjoch

77 Zanggen ②

i: Tourismusbüro, I-39050 Deutschnofen/ Petersberg, Tel. (0471) 616567.

Landkarte: Kompass-Karte 1:50000, Nr. 74, Tramin-Cavalese.

Führer: Kammerer, Südtirol für Bergwanderer, Bd. 5, Tappeiner, Bozen.

Talort: Deutschnofen, 1388 m.

Ausgangspunkt: Lavazéjoch, 1807 m, von Deutschnofen über Rauth 12 km.

Aufstieg: 2 Std.

Abstieg: 1$^1/_2$ bzw. 2$^1/_4$ Std.

Stützpunkte: Am Lavazéjoch mehrere Gasthöfe und Hotels.

✳: Sehr lohnende, leichte und reizvolle Bergwanderung mit eindrucksvoller Rundsicht.

78 Rifugio Torre di Pisa ②

i: Tourismusbüro, I-3905 Obereggen, Tel. (0471) 615795.

Landkarte: Kompass-Karte 1:50000, Nr. 74, Tramin-Cavalese.

Führer: Kammerer, Südtirol für Bergwanderer, Bd. 5, Tappeiner, Bozen.

Talort: Obereggen, 1552 m.

Ausgangspunkt: Oberholz, 2150 m.

Aufstiegszeit: 2 Std., auf dem beschriebenen Weg unschwierig.

Abstieg: 1$^1/_2$ bis 2$^1/_2$ Std.

Stützpunkte: Gasthäuser in Obereggen, Rifugio Torre di Pisa, 2671 m.

✳: Latemar-Wanderung mit zahlreichen eindrucksvollen Nahbildern.

Tip: Bei Rundweg Bergerfahrung erforderlich!

77 Zanggen, 2488 m ②

(Den Verlauf dieser Route finden Sie auf der Kartenskizze Seite 107)

Breiter, mächtiger Bergrücken mit baumlosem Gipfelplateau südöstlich über dem Lavazéjoch. Weil der Bergstock völlig freisteht, schenkt er eine prächtige Rundsicht, besonders schöne Nahblicke zum Latemar und Tiefblicke vor allem nach Süden ins Fleimstal und zur Lagoraikette der Fleimstaler Alpen.

Auffahrt: Von Deutschnofen über Rauth zum Lavazéjoch 12 km.

Aufstieg: Vom Lavazéjoch führt ein breiter Weg in den Hochwald, erst gemächlich, dann ansteigend zu Wegweisern und Forststeig, dann steiler auf ein Sättelchen zu einem weiteren Wegweiser, der die Nr. 574 trägt und zum hier schon sichtbaren Gipfelkreuz deutet. Nun steiler, bald schon die Baumgrenze auf den baumfreien, breiten Rücken zu einem großen Steinmann und Mauerresten. Weiter dem deutlich sichtbaren Steig und seiner Markierung folgend über mehrere Höcker des Bergrückens empor zum letzten Aufschwung mit Kreuz, das man nach insgesamt 2 Std. erreicht.

Abstieg: Auf gleichem Weg 1$^1/_2$ Std. oder über den breiten Weg hinab zum Reither Joch auf Markierung 574, weiter auf Markierung 9 zur Malga Daiano und zum Ausgangspunkt, 2 $^1/_4$ Std.

78 Rifugio Torre di Pisa auf der Cima di Cavignon, 2671 m ②

(Den Verlauf dieser Route finden Sie auf der Kartenskizze Seite 107)

Diese sehr hoch und prächtig gelegene Unterkunftshütte ist ein wichtiger Stützpunkt im Bereich der Latemar-Gruppe. Der Auf- und Abstieg vermittelt sehr nachhaltige Eindrücke durch weite Fernsicht.

Auffahrt: Von Obereggen mit Sessellift nach Oberholz, 2150 m.

Aufstieg: Von der Bergstation des Sesselliftes nach rechts, südwärts durch baumfreies Almgelände in einen Kessel und oberhalb der Bergstation des nur im Winter betriebenen Liftes zu einem langen Rücken – stets auf Markierung 22 – und durch blumenübersätes Gelände gemächlich ansteigend, bis der Weg 22 auf die Markierung 516 trifft. Nun steil nördlich empor zur Hütte, die nach 2 Std. erreicht ist.

Abstieg: Dafür gibt es zwei Möglichkeiten: Entweder geruhsamer auf gleichem Weg zur Bergstation Oberholz hinab, 1$^1/_2$ Std. Oder auf Markierung 516 unter abenteuerlichen Felswänden zum Steig 18 und zur Gamsstallscharte, 2560 m, hinauf. Jenseits durch ein wildes Felslabyrinth hinab zu steilen Schrofenhängen – bei Nässe Vorsicht! – und weiter hinab zur Bergstation Oberholz, 2$^1/_2$ Std. Dieser Weg ist auch in umgekehrter Richtung zu begehen, jedoch mühsamer und länger.

Die wichtigsten Orte von A – Z

KALTERN

Ital. Caldaro, 426 m, 6475 Einwohner (Marktgemeinde). Berühmter Weinort im Überetsch, um 1200 erstmals genannt, seit dem Mittelalter wichtiger Weinhandelsplatz. Die Pfarrkirche Mariä Himmelfahrt ist ein klassizistischer Bau mit teils barocker Einrichtung; sie enthält ein Altarbild von Michelangelo Unterberger und Fresken von Josef Schöpf. Die gotische Katharinenkirche besitzt Fresken des 14. Jahrhunderts. Die spätromanische Nikolauskirche wurde um 1300 erbaut und im 16. Jahrhundert umgebaut. Die Fresken stammen von Bartlmä Dill-Riemenschneider, dem Sohn des berühmten Tilman. Der Ansitz Mühlburg, auch Schlößl genannt, ist in reinem Überretscher Stil erbaut. In Kaltern befinden sich ein Weinmuseum und eine Burgenschau.

MARGREID

Ital. Margré, 363 m, 1060 Einwohner. In der Umgebung hat man römische Münzen gefunden; der Ort wird jedoch erstmals im 12. Jahrhundert urkundlich erwähnt. Das malerische Dorfbild ist von Rundbögen, Spitzbögen und Renaissance-Elementen bestimmt. Beim Augustinerhaus steht die älteste Rebe mit nachgewiesenem Pflanzjahr 1601. Sehenswert sind die Ansitze Stetten und Hirschprunn.

NEUMARKT

Ital. Egna, 214 m, 4097 Einwohner (Marktgemeinde). Hauptort des Unterlandes, der im 13. Jahrhundert zerstört und neu aufgebaut wurde. Vom 12. Jahrhundert an erfreut sich der Ort großer Bedeutung, besonders durch die Etschschiffahrt. Ein steinerner Zeuge dieser Zeit ist das Ballhaus, das für die Warenlagerung nötig war. Berühmt sind die Lauben mit Saalhäusern (Häuser mit Durchfahrten). Die Kirche St. Nikolaus steht auf romanischen Grundmauern und wurde im 15. Jahrhundert von Konrad von Neumarkt erweitert; das Sterngewölbe wurde um 1500 gebaut. Vor dem Stümpflhaus sollte man den fast hundertjährigen Walnußbaum mit 15 m Höhe und 2,6 m Umfang beachten. Über dem Ort befindet sich die Burgruine Kaldiff.

Eingangstorbogen des Hauses Löwengang in Margreid

SALURN

Ital. Salorno, 226 m, 2676 Einwohner. Südlichster Südtiroler Ort, in dessen Umgebung römische Gräber freigelegt wurden. Im 6. Jahrhundert fand hier eine große Schlacht zwischen Franken und Langobarden statt. Seit dem Mittelalter ist der Ort wichtiger Handelsplatz; von seiner Bedeutung zeugen unter anderem mehrere Ansitze aus der Renaissance. Die Pfarrkirche St. Andreas wurde im 13. Jahrhundert erwähnt und im 17. Jahrhundert neu errichtet. Auf einem Felsen über dem Ort steht die Haderburg.

TRAMIN

Ital. Termeno, 276 m, 3001 Einwohner. Berühmter Weinort an der Südtiroler Weinstraße. Die Kirche St. Julitta und Quiricus wurde im 11. Jahrhundert erstmals erwähnt und 1910/11 mit neugotischem Langhaus erneuert; der Chor stammt aus dem 14. Jahrhundert, der kunstvolle gotische Turm des 15. Jahrhunderts ist 93 m hoch. Das Gotteshaus besitzt Fresken der Bozner Schule und ein Altarbild von Martin Knoller. Die Kirche St. Valentin am Friedhof, ursprünglich ein romanischer Bau, enthält ebenfalls Fresken der sogenannten Bozner Malerschule. In der Nähe befindet sich die schöne Kirche St. Jakob auf Kastelaz mit wertvollen, gut erhaltenen romanischen Fresken in der Apsis. In Tramin lebt noch der alte Volksbrauch des Egetmann-Umzugs in der Faschingszeit.

BRIXEN

Region Brixen

Übersicht der beschriebenen Touren

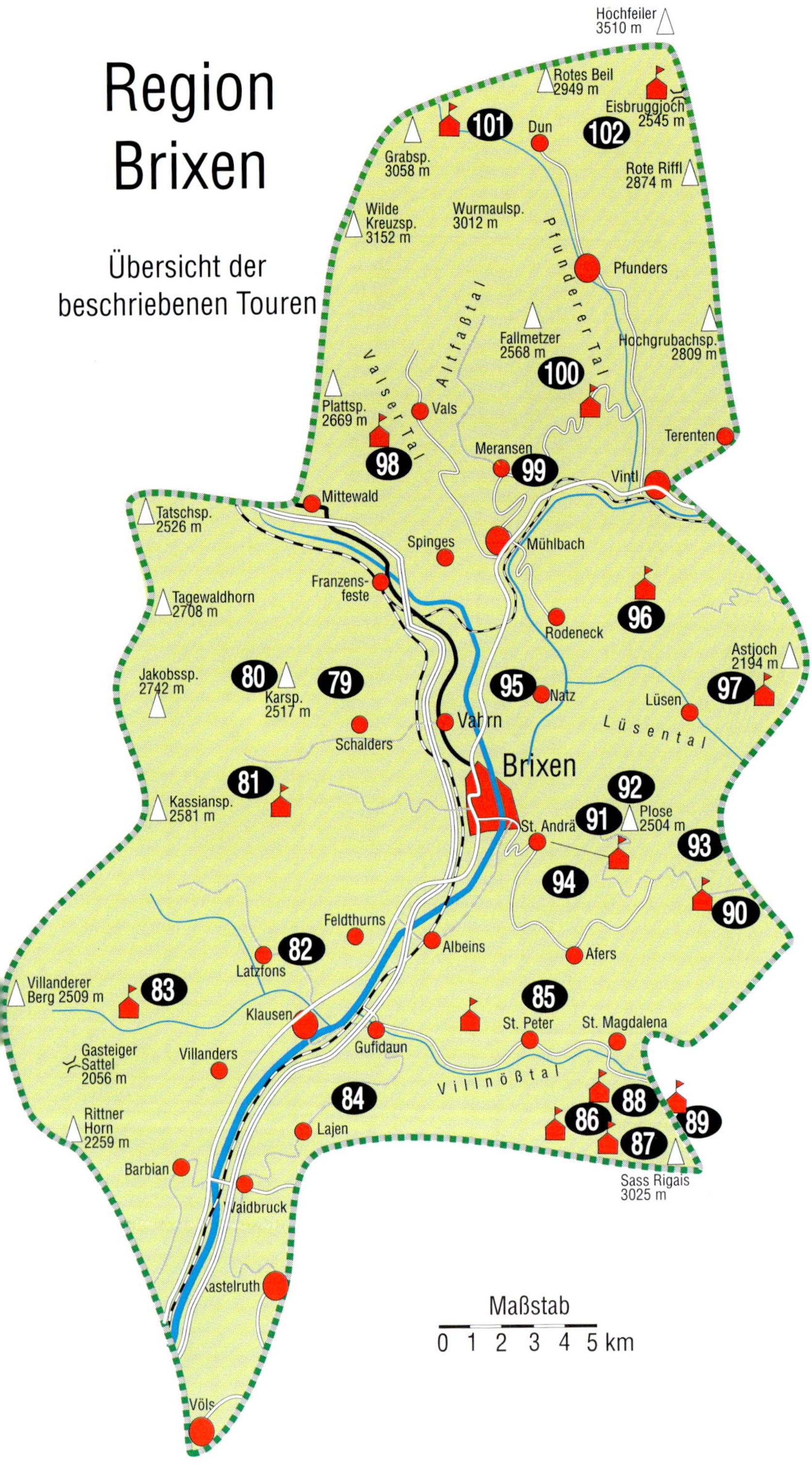

Diese Region mit dem Zentrum Brixen umfaßt den Mittellauf des Eisacks mit wenigen Nebentälern oder auch nur kurzen Talabschnitten und einen Teil des Rienztals mit drei Nebentälern. Das Gebiet reicht bis zum Alpenhauptkamm. Seine Grenze verläuft vom Hochfeiler, dem höchsten Gipfel der Zillertaler Alpen, nach Süden über das Eisbruggjoch zur Napfspitze, weiter über die Hochgrubachspitze nach Terenten, quert das Pustertal (hier das Tal der Rienz), steigt empor zu Astjoch und Würzjoch, über den Tulln, dann auf dem Geislerkamm zur Außerraschötz, abwärts nach Lajen, über das Grödental nach Kastelruth und Völs, wo sie auf die Grenze zur Region Bozen trifft. Diese Grenzlinie zieht sich weiter bis zum Tagewaldhorn und abwärts nach Mittewald; von dort geht es aufwärts über Plattspitze und Wilde-Kreuz-Spitze zum Hochfeiler.

Die Gliederung wird überwiegend von Tälern in Nord-Süd-Richtung bestimmt, lediglich im südlichen Teil gibt es drei von Osten nach Westen verlaufende Täler. Hauptader ist das Eisacktal mit zwei bedeutenden und dichter bewohnten Seitentälern, Villnöß- und Grödental; das Pustertal liegt nur zum kleinen Teil in dieser Region, entsendet aber drei lange Täler, das Valser Tal und das Pfunderer Tal weit nach Norden, das Lüsental nur anfangs gegen Norden, später biegt es gegen Osten und Süden. Die niedrigste Stelle liegt mit 370 m bei Atzwang, die höchste mit 3510 m auf dem Hochfeiler. Trotz der geringen Höhe der meisten Haupttäler kann der größte Teil des Gebiets als alpin und hochalpin bezeichnet werden. Das wegen der Längenausdehnung von Norden nach Süden sehr unterschiedliche Klima läßt in den Talregionen unübersehbar Zeichen des Südens, wie etwa mediterrane Zierpflanzen, erkennen, die aber mit steigender Höhe und nördlicher Lage rasch abnehmen und sich den Bedingungen des Hochgebirges nähern.

Die meist dichtbesiedelten, oft ebenen Talböden sind seit Jahrtausenden von regem Verkehr durchzogen. Im teils engen Eisacktal laufen drei vielbefahrene Verkehrsstränge parallel: eine Hauptstraße, die Auto-

St. Peter in Villnöß, der in einer Talweitung gelegene Hauptort. Er ist Ausgangspunkt für Wanderungen in der Geisler- und Peitlerkofelgruppe

bahn – teils auf Stelzen – und die Eisenbahn, was verständlicherweise zu Lärm, Abgasentwicklung und anderen Störungen geführt hat. Trotzdem sind weite Teile des Talbodens um Brixen von Obstbaum- und Weinkulturen bedeckt, ein Hinweis auf die klimatischen Vorzüge.

Das Fürstbistum Brixen ist seit über 1000 Jahren geistlicher Mittelpunkt von ganz Südtirol und hat besonders hier, aber auch im ganzen Land die Entstehung außergewöhnlicher Kunstwerke begünstigt, was ganz besonders für die Zeit höchster Bedeutung der Fürstbischöfe im Mittelalter gilt.

Im Eisacktal hat sich, besonders um Brixen, Industrie entwickelt, die sich aber meist auf den ebenen Talboden beschränkt. So ist der Großteil des Gebietes verhältnismäßig ruhig geblieben und besitzt viele gute Voraussetzungen für Urlauber. Wenn es auch, abgesehen vom Plose-Skigebiet, kaum irgendwelche touristische Zentren gibt, so findet man doch sehr viele eher ruhige und gemütliche Urlaubsorte. Das gilt für die drei großen Gebirgsgruppen der Region: Sarntaler Alpen, Pfunderer Berge – eine Untergruppe der Zillertaler Alpen – und Dolomiten mit dem kleinen Westteil des sehr bekannten Grödentals und dem ganzen Villnößtal. Gerade auf die Kennzeichnung von Wanderwegen wird überall Wert gelegt, und das Angebot an Hütten kann sich sehen lassen.

→ ORIENTIERUNGSSTUFEN BRIXEN

① Touren 79, 82, 83, 84, 85, 86, 87, 88, 89, 90, 91, 92, 94, 95, 96, 97, 99, 101

② Touren 80, 81, 93, 98, 100, 102

① = Kurze Spaziergänge oder Wanderungen ohne jede Schwierigkeit, meist auf guten Wegen, auch für Ältere und kleinere Kinder geeignet.

② = Wanderungen eventuell von längerer Dauer, aber ohne Schwierigkeiten und besondere Ausrüstungsanforderungen, größere Kinder unter geeigneter Aufsicht können teilnehmen.

Nordöstliche Sarntaler Berge

Am Anstieg zur Karspitze. Schalders mit Schrotthorn

79 Scheibenberg ①

i: Tourismusbüro, I-39040 Vahrn, Tel. (0472) 837470.
Landkarte: Kompass-Karte 1:50000, Nr. 56, Brixen.
Führer: Kammerer, Südtirol für Bergwanderer, Bd. 4, Tappeiner, Bozen.
Talort: Vahrn, 671 m, Autobahnausfahrt Brixen-Pustertal.
Ausgangspunkt: Spiluck, Gasthof Ortner, 1325 m, 6 km von Vahrn.
Aufstieg: 3 Std., unschwierig.
Abstieg: 1 Std.
Stützpunkte: Zirmaitalm- und Gostner-Hof-Jausenstationen.
✳: Schöne Hochwaldwanderung mit Panoramablicken.
Tip: Besonders zur Alpenrosenblüte ein Erlebnis.

79 Scheibenberg, 1967 m ①

Von Spiluck ausgehend, ist die wenig begangene Runde über die Anhöhe des Scheibenberges eine nicht lange, vom Frühsommer bis zum Spätherbst empfehlenswerte Hochwaldwanderung.
Auffahrt: Von Vahrn nach Spiluck, Gasthof Ortner, 1325 m, 6 km.
Aufstieg: Von dort folgt man der Straße bis zur zweiten Kehre; der Steig Markierung 2 zweigt dort rechts ab, Hinweis. Er führt auf teils steilem Weg zum Hochwald und biegt dort nach Westen zum Wetterkreuz auf einer Felskanzel, 1930 m, 2 Std., Aussichtspunkt. Die Markierung 2A führt nordwestwärts über die bewaldete Gipfelfläche, 1967 m, biegt dann nach Westen, zwischen Alpenrosen abwärts zu einer Senke und über einen Sattel zur Spilucker Scharte, 1796 m.

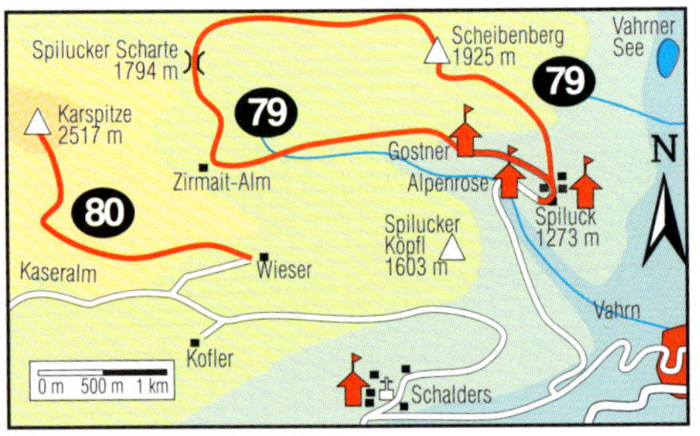

Im Hochwald wieder leicht ansteigend, erreicht man die Zirmaitalm, 1891 m, 1 Std. Insgesamt 3 Std.
Abstieg: Auf dem Weg Markierung 2 nach Spiluck zum Gostner-Hof, 1380 m, und auf der Straße zum Parkplatz beim Gasthof Ortner, 1 Std.

80 Karspitze, 2517 m ②

Der nicht zu lange Anstieg zu diesem prächtigen Aussichtsgipfel ist eine vom Frühsommer bis zum Spätherbst, besonders zur Blütezeit der Alpenrosen, lohnende Bergwanderung.
Auffahrt: Von Vahrn über Schalders zum Wieser am Ende der Straße, 1535 m, 9 km.
Aufstieg: Auf der nach Westen ansteigenden Forststraße geht man bis zum Bachgraben unter den ersten Almhütten. Man steigt dort über Grashänge zur Ruine der Kaserhüttl-

Tils auf dem Brixner Mittelgebirge gegen die Pfunderer Berge

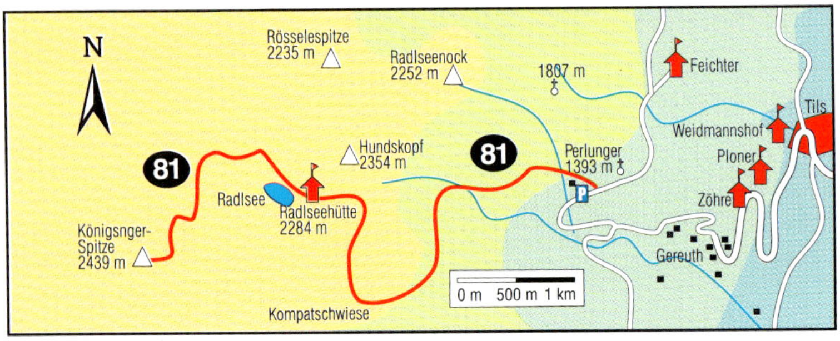

Sella-, Marmolata- und Langkofelgruppe aus der Umgebung der Radlseehütte

80 Karspitze ②

i: Tourismusbüro, I-39040 Vahrn, Tel. (0472) 837470.
Landkarte: Kompass-Karte 1:50000, Nr. 56, Brixen.
Führer: Kammerer, Südtirol für Bergwanderer, Bd. 4, Tappeiner, Bozen.
Talort: Vahrn, 671 m, Autobahnausfahrt Brixen-Pustertal.
Ausgangspunkt: Wieser-Hof in Schalders, 1535 m, 9 km von Vahrn.
Aufstieg: 3¼ Std., unschwierig.
Abstieg: 2 Std.
Stützpunkt: Zirmaitalm-Jausenstation.
✳: Einer der lohnendsten Aussichtsberge dieser Gegend.

alm an, 2068 m, 1¾ Std. Der weitere Anstieg, von der Waldgrenze nordwärts bis zum Südostgrat, verläuft weglos, im oberen Teil hält man sich rechts. Am Südostgrat führt der Steig Markierung 2 zur Karspitze, 2517 m, 1½ Std., unschwierig. Insgesamt 3¼ Std.
Abstieg: Auf gleicher Route 2 Std.

81 Königsangerspitze, 2436 m ②

Dieser viel besuchte Wanderberg über der Radlseehütte in den östlichen Sarntaler Alpen über dem Talkessel von Brixen bietet einen besonders schönen Blick zu den Dolomiten.
Auffahrt: Von Brixen zum Perlunger-Parkplatz, 1380 m, 8½ km.
Aufstieg: Man folgt der Markierung 8, hier gibt es auch eine Hinweistafel, auf Forstweg zum Bärenbachgraben. Der Fußweg führt steil zu einem Brünnlein, beim Kruzifix mit Rastbank links zu einer Forststraße und weiter zur Kompatsch-Wiese, 1837 m, 1¼ Std. Die Markierung 8/18 führt nun im Hochwald zu den Weidehängen und zur Radlseehütte, 2284 m, 1½ Std. Der Steig mit Markierung 7 zieht sich westwärts hinauf zum Kamm und links über den felsigen Nordgrat auf einem Steig zum Gipfel, 2436 m, ½ Std. Insgesamt 3¼ Std.
Abstieg: Auf gleichem Weg 2¼ Std.

81 Königsangerspitze ②

i: Tourismusbüro, I-39042 Brixen, Tel. (0472) 836401.
Landkarte: Kompass-Karte 1:50000, Nr. 56, Brixen.
Führer: Kammerer, Südtirol für Bergwanderer, Bd. 4, Tappeiner, Bozen.
Talort: Brixen, 560 m, Autobahnausfahrt Brixen-Pustertal.
Ausgangspunkt: Parkplatz Perlunger, 1380 m, 8½ km von Brixen.
Aufstieg: 3¼ Std., unschwierig.
Abstieg: 2¼ Std.
Stützpunkt: Radlseehütte, 2284 m.
✳: Lohnender und sehr bekannter Aussichtsgipfel am Ostabfall der Sarntaler Alpen.
Tip: Übernachtung in der Radlseehütte zu empfehlen.

Eine der zahlreichen uralten Felszeichnungen, ein Mühlespiel, auf der Tschötscher Heide bei Tils

Über dem mittleren Eisacktal

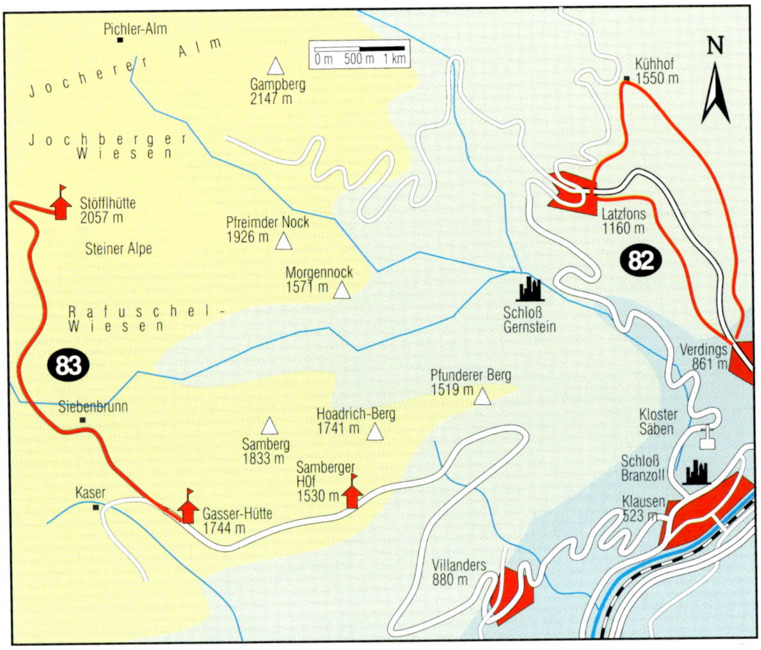

82 Kühhof ①

i: Tourismusbüro, I-39043 Klausen, Tel. (0472) 847424.

Landkarte: Kompass-Karte 1:50000, Nr. 56, Brixen.

Führer: Kammerer, Südtirol für Bergwanderer, Bd. 4, Tappeiner, Bozen.

Talort: Klausen, 523 m, Autobahnausfahrt Klausen-Gröden.

Ausgangspunkt: Verdings, 961 m, 7 km ab Klausen.

Aufstieg: 2 Std., unschwierig, nicht anstrengend.

Abstieg: 1 1/2 Std.

✳: Eine der schönsten Eisacktaler Wanderungen.

82 Kühhof, 1550 m ①

Der nach Süden gewandte Abhang des Latzfonser Berges, mit Blick zu den westlichen Dolomiten, ist besonders im Frühling und im Herbst ein schönes Wandergebiet.

Auffahrt: Von Klausen nach Verdings 7 km.

Aufstieg: In Verdings, 961 m, folgt man der Dorfgasse bis zum oberen Ortsrand. Nach kurzer Strecke auf ebenem Fahrweg nach Westen, Markierung 1A, zweigt man rechts ab (Hinweistafel) und steigt zur Asphaltstraße an. Markierung 1 führt, nach oben abzweigend, weiter bergan. In schönem Anstieg über die Mitterwiesen erreicht man einen Forstweg, der zum Ratscheinerhof führt, 1201 m. Oberhalb des Hofes führt Markierung 1 über Weidehänge nordwestwärts. Im Wald einen Fahrweg abkürzend, erreicht man den Kühhof, 1550 m, 2 Std.

Abstieg: Markierung 1A führt zu den unterhalb liegenden Höfen, dort auf Fahrweg ostwärts und nach einem Graben rechts abzweigend auf steilem Waldweg zu den Höfen und auf Feldwegen abkürzend zum Ortskern von Latzfons, 1172 m, 3/4 Std. Beim Parkplatz in der Kurve östlich der Kirche zweigt die Markierung 1A rechts ab. Man folgt nun dem alten Latzfonser Weg in gemütlicher Wanderung bis Verdings, 3/4 Std. Insgesamt 1 1/2 Std.

83 Stöfflhütte, 2057 m ①

Diese Hütte in Panoramalage auf der Villanderer Alm ist ein lohnendes, leicht erreichbares Wanderziel (1995 in Umbau) mit prachtvollem Rundumblick.

Schloß Gernstein über Villanders und Klausen

Auffahrt: Von Klausen zur Gasserhütte, 1744 m, 13 km.
Aufstieg: Vom Parkplatz folgt man der nach Westen ansteigenden Almstraße, die an Wiesen entlang in mäßiger Steigung zur Waldgrenze führt. An der zweiten Verzweigung nimmt man den Wirtschaftsweg rechts, er führt im Zirbenhochwald nach Nordwesten. Teils abwärts quert man den Graben des Thinnebachs und erreicht das unübersichtliche Hügelgelände der Villanderer Alm. Die Straße führt nach Norden; leicht an- und absteigend kommt man an einigen Sennhütten vorbei zur Stöfflhütte, 2057 m, 1¾ Std.
Abstieg: Auf gleichem Weg 1¼ Std.

84 Gufidaun – Lajen – Gnoll ①

Diese interessante, vom Frühsommer bis zum Spätherbst lohnende Wanderung führt durch das vielfältige Eisacktaler Mittelgebirge zwischen Villnöß-, Eisack- und Grödental. Wegen der Höhenlage dieser Unternehmung genießt man umfassende Rundblicke über das Eisacktal und zu den Dolomitenzinnen.
Wegverlauf: In Gufidaun, 724 m, folgt man kurz der Straße nach Gnoll, zweigt der Markierung 6A folgend rechts auf Fahrweg zum Haus Schönblick ab, wandert dort süd

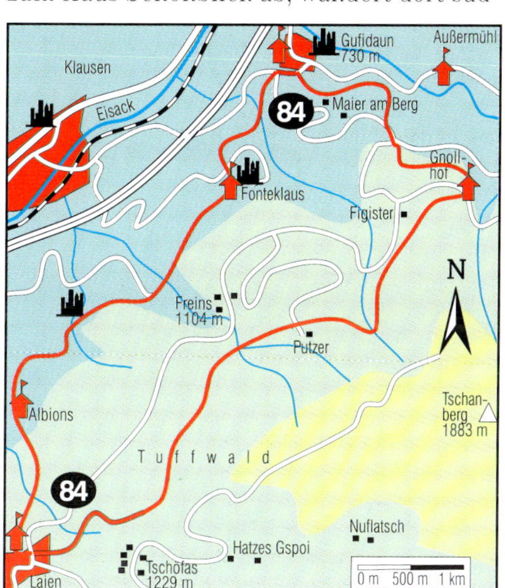

Kloster Säben, früher Bischofssitz, hoch über der Talenge von Klausen

83 Stöfflhütte ①

i: Tourismusbüro, I-39040 Villanders, Tel. (0472) 843121.
Landkarte: Kompass-Karte 1:50000, Nr. 56, Brixen.
Führer: Kammerer, Südtirol für Bergwanderer, Bd. 4, Tappeiner, Bozen.
Talort: Klausen, 523 m, Autobahnausfahrt Klausen-Gröden.
Ausgangspunkt: Gasserhütte, 1744 m, 13 km von Klausen.
Aufstieg: 1¾ Std., nicht anstrengend.
Abstieg: 1¼ Std.
Stützpunkte: Stöfflhütte, Gasserhütte, Jausenstationen.
✳: Leichte Wanderung mit schönem Dolomitenpanorama.

Der Ort Gufidaun liegt über dem Eisacktal und über dem unteren Villnößtal

84 Gufidaun–Lajen–Gnoll ①

i: Tourismusbüro, I-39043 Gufidaun, Tel. (0472) 844048.

Landkarte: Kompass-Karte 1:50000, Nr. 56, Brixen.

Führer: Kammerer, Südtirol für Bergwanderer, Bd. 6, Tappeiner, Bozen.

Talort: Klausen, 523 m, Autobahnausfahrt Klausen-Gröden.

Ausgangspunkt: Gufidaun, 724 m, 4 km ab Autobahnausfahrt.

Gesamtfußweg: Etwa 15 km, 4 1/4 Std.

Stützpunkte: Gasthof Gnoll, Figister-Hof-Jausenstation.

✳: Eine klassische Eisacktaler Mittelgebirgswanderung mit vielen kleinen Schönheiten.

... und nach der Tour

Nach der Wanderung lädt der Torgglkeller inmitten der Klausener Altstadt zur Einkehr. In den historischen Kellerstuben werden hausgemachte Nudelgerichte, Pizze, Südtiroler Speck und Kaminwurzen angeboten, dazu einheimische und italienische Weine.

wärts zum Trockerbach und am Schatthang ansteigend zu einer Waldwiese und zur Straße nach Fonteklaus. Nach kurzer Strecke auf der Straße zweigt man mit Markierung 10 links auf einen Waldweg ab und gelangt zum Mair zu Tassis, 818 m. Ein rot-weiß markierter Weg führt aufwärts zum Prantschunhof, zum nächsten Bachgraben, zu den Feldern und auf Fahrweg nach Albions, 1 1/2 Std., 890 m. Nun auf Markierung 5, auf Fahr- und Feldwegen, ansteigend nach Lajen, 1100 m, 1 1/2 Std. Im oberen Ortsbereich, an der Straßenverzweigung mit Hinweistafeln, folgt man der nach Nordosten führenden Höfestraße mit Markierung 35. Im Wald führt Markierung 6 links abzweigend in längerer Wanderung nach Norden zum Putzer, 1254 m, und weiter zum Figister. Kurz auf der Straße, gelangt man dann zum Gasthof Gnoll, 1146 m, 2 Std. Auf dem alten Fußweg Markierung 7 steigt man steil nach Gufidaun ab, 3/4 Std. Insgesamt 4 1/4 Std.

85 Jochkreuz, 1350 m ①

In der warmen Jahreszeit bis in den Spätherbst besonders empfehlenswerte, interes-

St. Peter in Villnöß, hinten links die Aferer- und rechts die Villnösser Geislergruppe

Ein Teil der Stadt Klausen mit Burg Branzoll und Kloster Säben gegen die Sarntaler Alpen

85 Jochkreuz ①

i: Tourismusbüro, I-39040 Villnöß, Tel. (0472) 840180.

Landkarte: Kompass-Karte 1:50000, Nr. 56, Brixen.

Führer: Kammerer, Südtirol für Bergwanderer, Bd. 6, Tappeiner, Bozen.

Talort: Klausen, 523 m, Autobahnausfahrt Klausen-Gröden.

Ausgangspunkt: Teis, 920 m, 7 km ab Autobahnausfahrt Klausen-Gröden.

Gesamtstrecke: 11 km, 4 1/4 Std., ohne jede Schwierigkeit.

Stützpunkte: Moarhof, Jausenstation bei den Jochhöfen.

☀: Eine abwechslungsreiche Rundwanderung mit zahlreichen reizvollen Landschaftsbildern.

sante Rundwanderung über dem unteren Villnößtal mit Blicken zu den Geislerspitzen und den Sarntaler Alpen.

Wegverlauf: In Teis, 920 m, folgt man dem oberhalb der Kirche steil beginnenden Forstweg zum bewaldeten Nordabhang des Hauben. Markierung 30A zweigt dort rechts ab und führt auf etwas steilem Fußweg zum Waldsattel Jochkreuz, 1350 m, 1 1/4 Std. Die Höfestraße mit Markierung 30 führt durch die Mulde der Jochhöfe zum Weiler St. Jakob, 1265 m, mit dem malerisch gelegenen Kirchhügel. Die Straße führt dann am steileren Hang im Wald nach St. Peter in Villnöß hinab, 1154 m, 1 Std. Mit Markierung 11 wandert man auf der Höfestraße westwärts nach St. Valentin und weiter zum Einzelhof Miglanz, 1083 m. Die Markierung 11 folgt nun dem alten Fußweg, anfangs durch die Felder ansteigend, dann in ebener Wanderung im Wald nach Westen. Nach Durchquerung des felsigen Gostnergrabens führt der Steig hinab zu den Feldern von Teis. Man folgt dort dem Fahrweg nach Teis, 2 Std. Insgesamt 4 1/4 Std.

... und nach der Tour

In Klausen gibt es ein schönes Stadtmuseum im Kapuzinerkloster, das vielfältige Zeugnisse sakraler Kunst zeigt: Plastiken, Hinterglasbilder, Gemälde, Grafik.

Geöffnet 8.3.-10.9. 10-12 und 16-19 Uhr, So und Mo geschlossen.

Auf dem Sträßchen zur Zanser Alm; darüber die Fermedaspitzen

henweg führt dann links abwärts in die Mulde unter dem Mittagsschartenkar; man folgt dort dem markierten Steig steil hinab zum Broglesbach und dem Forstweg nach Ranui, 2¼ Std.

88 Glatschalm ①

i: Tourismusbüro, I-39040 St. Peter in Villnöß, Tel. (0472) 840180.

Landkarte: Kompass-Karte 1:50000, Nr. 56, Brixen.

Führer: Kammerer, Südtirol für Bergwanderer, Bd. 6, Tappeiner, Bozen.

Talort: St. Peter in Villnöß, 1154 m, 10 km von Klausen.

Ausgangspunkt: Zanser Alm, 1685 m, 6 km von St. Magdalena.

Aufstieg: ¾ Std., unschwierig.

Abstieg: ½ Std.

Stützpunkt: Berggasthof Glatschalm, 1902 m.

✳: Kurzer Anstieg zu einer einmalig schönen Almwiese.

88 Glatschalm, 1902 m ①

(Den Verlauf dieser Route finden Sie auf der Kartenskizze Seite 119)

Dieser Berggasthof befindet sich in landschaftlich prachtvoller Lage im Villnösser Talschluß im Naturpark Puez-Geisler auf einer flachen Bergwiese mit Blick zur eindrucksvollen Nordseite der Geislerspitzen mit Sass Rigais und Furchetta.

Auffahrt: Von St. Magdalena in Villnöß auf guter Teerstraße zum Zanser-Alm-Parkplatz (Parkgebühr), 1685 m, 6 km. Hierher verkehrt auch ein Linienbus.

Aufstieg: Man folgt der südostwärts im Wald weiterführenden Forststraße bis zur rechts steil abzweigenden Zufahrtsstraße, diese führt in zwei Kehren zur Glatschalm, 1902 m, ¾ Std.

Abstieg: Auf gleichem Weg ½ Std.

Anregung: Auf dem kurzen Verbindungssteig zum Adolf-Munkel-Weg und auf diesem nach Osten zur Brücke im Wildbach von Tschantschenon, mit Rückweg auf der Straße nach Zans.

Abendbeleuchtung auf Furchetta und Sass Rigais aus dem Villnößtal

Das Kirchlein St. Johann in Ranni bei St. Magdalena in Villnöß gegen die Geislergruppe

89 Schlüterhütte ①

i: Tourismusbüro, I-39040 St. Peter in Villnöß, Tel. (0472) 840180.

Landkarte: Kompass-Karte 1:50000, Nr. 56, Brixen.

Führer: Kammerer, Südtirol für Bergwanderer, Bd. 6, Tappeiner, Bozen.

Talort: St. Peter in Villnöß, 1154 m, 10 km von Klausen.

Ausgangspunkt: Zanser Alm, 1685 m, 9 km von St. Peter.

Aufstieg: 1 3/4 Std., unschwierig.

Abstieg: 1 1/4 Std. (nach Anregung 2 Std.).

Stützpunkte: Schlüterhütte, 2297 m, Gampenalm-Jausenstation, 2062 m.

☼: Sehr lohnende Wanderung in landschaftlich eindrucksvoller Umgebung zu einer schön gelegenen Hütte.

89 Schlüterhütte, 2297 m ①

(Den Verlauf dieser Route finden Sie auf der Kartenskizze Seite 119)

Dieser Hüttenanstieg im landschaftlich eindrucksvollen Villnösser Talschluß ist eine nicht zu lange, sehr lohnende Bergwanderung.

Auffahrt: Von St. Magdalena in Villnöß auf guter Teerstraße zum Zanser-Alm-Parkplatz (Parkgebühr), 1685 m, 6 km. Hierher auch Linienbus.

Aufstieg: Man folgt anfangs der Straße an der Pension Sass Rigais vorbei, in der Wiese weiter zum Wald. Eine Forststraße führt am Bach entlang bis zum Bereich von Tschantschenon, wo man auf den Fahrweg zur Schlüterhütte trifft. Markierung 35 führt, die Kehren des Fahrweges abkürzend, zur Gampenalm, 2062 m, 1 Std. Ein markierter Steig führt durch die Wiese zum felsigen Abhang, in Kehren hinauf und nordostwärts zur Hütte, 2297 m, 3/4 Std. Man kann aber auch auf der Straße bleiben. Insgesamt 1 3/4 Std.

Abstieg: Auf dem Anstiegsweg 1 1/4 Std.

Anregung: Von der Hütte in der Grasmulde nach Osten ansteigend zum Bronsoisattel, 2421 m. Der Steig Markierung 3 führt am begrasten Südhang des Sobutschkammes leicht abwärts nach Westen zum Kreuzjoch, 2293 m. An der Westseite absteigend, führt der Steig Markierung 33 hinab zur Tschantschenon-Alm. Man folgt dort der Straße zur Zanser Alm, 2 Std.

Die Schlüterhütte am Westabhang des Kreuzkofeljochs, dahinter erheben sich die Geislerspitzen

Über Brixen

Der Brixner Talkessel von der Plose-Seilbahn aus gesehen

90 Gampenwiesen ①

i: Tourismusbüro, I-39042 Brixen, Tel. (0472) 836401.

Landkarte: Kompass-Karte 1:50000, Nr. 56, Brixen.

Führer: Kammerer, Südtirol für Bergwanderer, Bd. 6, Tappeiner, Bozen.

Talort: Brixen, 560 m, 6 km ab Autobahnausfahrt Brixen-Pustertal.

Ausgangspunkt: Skihütte, 1911 m, 19 km ab Brixen.

Aufstieg: 1 1/4 Std., ganz leicht.

Abstieg: 1 Std.

Stützpunkte: Schatzerhütte, 2004 m, Enzianhütte, 1968 m.

✳: Genußreiche und nicht anstrengende Almwanderung in einmaliger Dolomitenlandschaft.

91 Zirmhöhenweg ①

i: Tourismusbüro, I-39042 Brixen, Tel. (0472) 836401.

Landkarte: Kompass-Karte 1:50000, Nr. 56, Brixen.

Führer: Kammerer, Südtirol für Bergwanderer, Bd. 6, Tappeiner, Bozen.

Talort: Brixen, 560 m, 6 km ab Autobahnausfahrt Brixen-Pustertal.

Ausgangspunkt: Plose-Kabinen-Umlaufbahn-Bergstation Kreuztal, 2050 m.

Aufstieg: 1 1/2 Std., ganz leicht.

Abstieg: Auf dem Anstiegsweg, 1 1/2 Std.

Stützpunkte: Plose-Seilbahn-Restaurant, 2050 m, Ochsenalm-Jausenstation, 2085 m.

✳: Landschaftlich einmalig schöner Panoramaweg hoch über dem Talkessel von Brixen.

90 Gampenwiesen, 2000 m ①

Dieses idyllische Almgebiet liegt in einer der schönsten Landschaften der Dolomiten und ist in gemütlicher Wanderung erreichbar.

Auffahrt: Von Brixen über Palmschoß zum Parkplatz Skihütte, 1911 m, 19 km.

Wegverlauf:: Man folgt weiterhin dem Fahrweg. Er führt hinter dem Bachgraben nach Süden in den Almbereich der Gampenwiesen bis zur Schatzerhütte, 2004 m, und leicht abwärts weiter zur Enzianhütte, 1968 m, 1 1/4 Std.

Rückweg: Auf gleicher Route 1 Std.

Pfarrkirche und Mariahilf-Kapelle in St. Andrä bei Brixen

91 Zirmhöhenweg, 2100 m ①

Dieser Höhenweg, auch Brixner Höhenweg genannt, führt von der Kabinen-Umlaufbahn Kreuztal in meist ebenem Verlauf entlang der Waldgrenze an den Westabhängen des Plosemassivs in bequemer Wanderung zu einer Einkehrhütte.

Auffahrt: Von Brixen auf der Plosestraße über St. Andrä zur Talstation der Plosebahn, 8 km, und mit ihr zur Bergstation Kreuztal, 2050 m.

Aufstieg: Von der Bergstation führt der Zirmhöhenweg mit Markierung 30 in kurzem Anstieg zur oberen Grenze des Hochwaldes und dort in nahezu ebenem Verlauf am Westabhang des Schönjöchls nach Norden. Den Trametschgraben und weitere Mulden ausgehend, erreicht man die schön gelegene Ochsenalm, 2085 m, 1 1/2 Std.

Abstieg: Verläuft auf dem gleichen Weg 1 1/2 Std.

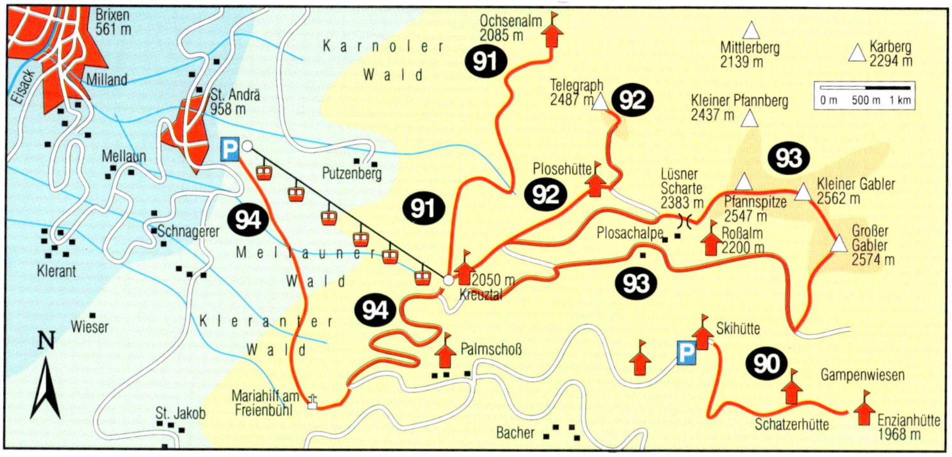

92 Telegraph ①

i: Tourismusbüro, I-39042 Brixen, Tel. (0472) 836401.

Landkarte: Kompass-Karte 1:50000, Nr. 56, Brixen.

Führer: Kammerer, Südtirol für Bergwanderer, Bd. 6, Tappeiner, Bozen.

Talort: Brixen, 560 m, 6 km ab Autobahnausfahrt Brixen-Pustertal.

Ausgangspunkt: Kabinenbahn-Bergstation Kreuztal, 2050 m.

Aufstieg: 1¾ Std., ganz leicht.

Abstieg: 1¼ Std.

Stützpunkt: Plosehütte, 2466 m.

✳: Großartige Panoramawanderung und eindrucksvolles Gipfelerlebnis. Dolomitenlandschaft.

92 Telegraph, 2487 m ①

Der Telegraph, einer der Hauptgipfel im Plosemassiv, bietet eine umfassende Rundsicht, aus der sich die nahen Dolomitenriesen Peitlerkofel, Geislerspitzen, Sella, Marmolata und Langkofel herausheben, aber auch der Zillertaler Hauptkamm gut zu sehen ist. Auch der Blick in den nahezu 2000 Meter tieferen Brixner Talkessel ist beeindruckend.

Auffahrt: Von Brixen auf der Plosestraße über St. Andrä zur Talstation der Plosebahn, 8 km, und mit ihr zur Bergstation Kreuztal, 2050 m.

Aufstieg: Von der Bergstation führt der Plosesteig Markierung 7 im Pistenbereich am Südosthang des Schönjöchls mäßig ansteigend, im oberen Teil entlang der breiten Kammlinie, zur Plosehütte, 2466 m, 1½ Std. Vom Schutzhaus führt eine ebene Straße nach Norden; an einigen technischen Anlagen vorbei gelangt man zur großen Gipfelfläche des Telegraphs, 2487 m, ¼ Std. Insgesamt 1¾ Std.

Abstieg: Auf dem gleichen Weg, 1¼ Std.

Der beeindruckende Gipfel des Peitlerkofel von der Gampenalm aus

... und nach der Tour

Wer früh im Jahr in der Sonne des Eisacktales wandert, dem sei empfohlen, im Anschluß an die Tour nach Gasthäusern mit dem Schild „Eisacktaler Spezialitätenwochen" Ausschau zu halten. Jedes Jahr im März beteiligen sich zahlreiche Wirte an dieser ältesten Südtiroler Spezialitätenwoche und bereiten Schlutzkrapfen, Eisacktaler Weinsuppe, Gamsschinken, Knödel und viele weitere typische Gerichte. Informationen verschickt der Hotelier- und Gastwirteverband, Bahnhofstr.21, I-39042 Brixen.

Tiefblick auf Brixen vom Plose-Anstieg, dahinter die Schalderer Berge

93 Großer Gabler ②

i: Tourismusbüro, I-39042 Brixen, Tel. (0472) 836401.

Landkarte: Kompass-Karte 1:50000, Nr. 56, Brixen.

Führer: Kammerer, Südtirol für Bergwanderer, Bd. 6, Tappeiner, Bozen.

Talort: Brixen, 560 m, 6 km ab Autobahnausfahrt Brixen-Pustertal.

Ausgangspunkt: Kabinenbahn-Bergstation Kreuztal, 2050 m.

Aufstieg: 2¼ Std., unschwierig, nicht sehr anstrengend.

Abstieg: 1¾ Std.

Stützpunkt: Roßalmhütte, 2200 m.

✳: Nicht zu langer, äußerst lohnender Panorama-Höhenweg mit weiter Fernsicht und zahlreichen Eindrücken.

Tip: Besonders reizvoll bei klarem Wetter im Sommer und Herbst.

93 Großer Gabler, 2574 m ②

(Den Verlauf dieser Route finden Sie auf der Kartenskizze Seite 123)

Als höchster Gipfel des Plosemassivs ein Aussichtsberg ersten Ranges, von der Bergstation der Kabinen-Umlaufbahn Kreuztal in nicht zu langer Wanderung erreichbar.

Auffahrt: Von Brixen auf der Plosestraße über St. Andrä zur Talstation der Plosebahn, 8 km, und mit ihr zur Bergstation Kreuztal, 2050 m.

Aufstieg: Von der Bergstation führt der Plosesteig Markierung 7 im Pistenbereich ansteigend bis zum Osthang des Schönjöchls; man wechselt dort zur nahen Plosestraße und folgt dieser nach Nordosten bis zur Linkskehre nahe an der Lüsner Scharte, 2383 m. Markierung 7 führt nun auf Steigspuren im Kammbereich nordostwärts weiter bis nahe der Pfannspitze, 2545 m, kurzer Abstecher zum Gipfelkreuz, Aussichtspunkt. Die markierte Steigspur zweigt kurz vorher rechts ab und quert am Südhang des Kleinen Gablers, der auch überschritten werden kann, zum folgenden Sattel. Man steigt dort am gestuften unschwierigen Felsengrat mit Drahtseilhandlauf zur Gipfelfläche des Großen Gablers an, 2574 m, 2¼ Std., kleine Hütte.

Abstieg: Man folgt dem Südwestkamm weglos bis zu einem Fahrweg, er führt in bequemer Wanderung an den Weidehängen nach Westen zum Gasthof Roßalm und nach Kreuztal zur Bergstation, 1¾ Std.

Zillertaler Alpen von der Plose; links Tuxer Kamm, Hochfeiler, Großer Möseler, Turnerkamp, Schwarzenstein und Löffler

Das Kirchlein St. Jakob in Afers liegt wunderschön vor der Geislergruppe in der Nähe des Freienbühls

94 Abstieg über Freienbühl ①

i: Tourismusbüro, I-39042 Brixen, Tel. (0472) 836401.

Landkarte: Kompass-Karte 1:50000, Nr. 56, Brixen.

Führer: Kammerer, Südtirol für Bergwanderer, Bd. 6, Tappeiner, Bozen.

Talort: Brixen, 560 m, 6 km ab Autobahnausfahrt Brixen-Pustertal.

Ausgangspunkt: Kabinenbahn-Bergstation Kreuztal, 2050 m.

Abstieg: 2½ Std., unschwierig.

Stützpunkt: Plose-Seilbahn-Restaurant, 2050 m.

☼: Herrliche Wald- und Aussichtswanderung im Abstieg.

94 Abstieg über Freienbühl ①

(Den Verlauf dieser Route finden Sie auf der Kartenskizze Seite 123)

Schöne und nicht anstrengende Abstiegswanderung von der Kreuztal-Bergstation über den Kamm zum Freienbühl mit malerisch gelegener Wallfahrtskapelle und längerer nicht anstrengender Abwärts-Waldwanderung zur Talstation der Kabinen-Umlaufbahn bei St. Andrä.

Auffahrt: Von Brixen auf der Plosestraße über St. Andrä zur Talstation der Plosebahn, 8 km, und mit ihr zur Bergstation Kreuztal, 2050 m.

Wegverlauf: Von der Bergstation führt Markierung 3 zur Straßenverzweigung am unterhalb liegenden Kreuztal-Sattel. Man wandert dort einige hundert Meter auf der Straße abwärts und zweigt beim Hinweis rechts auf den Steig Markierung 3 ab. Er führt über den bewaldeten Bergrücken südwärts zum Freienbühl, 1770 m, 1 Std., Kapelle, schöner Aussichtspunkt. Man folgt nun dem Steig Markierung 5; er führt durch das Waldgebiet nach Nordwesten (Kreuzwegstationen). Im Bereich der Skipiste erreicht man einen Einzelhof und auf dem Hof-Zufahrtsweg den Parkplatz an der Kabinenbahn-Talstation, 1067 m, 1½ Std. Insgesamt 2½ Std.

... und nach der Tour

Ein paar Auto(bus)minuten nördlich von Brixen sollte man sich eines der schönsten Klöster Südtirols ansehen: Neustift/Novacella. Das 1142 gegründete Augustinerchorherrenstift wird am Rundbau der Michaelskapelle betreten. Die Stiftskirche zu Unserer Lieben Frau stammt aus der Gründungszeit, zeigt sich uns heute aber in barockem Gewand mit Fresken des berühmten Matthäus Günter. Die Freskierung im Kreuzgang stammt aus dem 15. Jahrhundert. Der Bibliothekssaal enthält reichen Stuck aus dem Rokoko. Angeschlossen ist eine Gemäldesammlung mit bedeutenden Werken altdeutscher Meister.

Um Schloß Rodeneck

95 Hochflächen-Dörferrunde ①

i: Tourismusbüro, I-39040 Schabs, Tel. (0472) 415122.

Landkarte: Kompass-Karte 1:50000, Nr. 56, Brixen.

Führer: Kammerer, Südtirol für Bergwanderer, Bd. 6, Tappeiner, Bozen.

Ausgangspunkt: Schabs, 772 m, 2 1/2 km ab Ausfahrt Brixen-Pustertal.

Rundstrecke: 9 km, 3 1/2 Std., Wanderwege, nicht anstrengend.

Stützpunkte: Gasthöfe in den Ortschaften.

☀: Fast ebene Wanderung am oberen Rand des Obstbaugebiets.

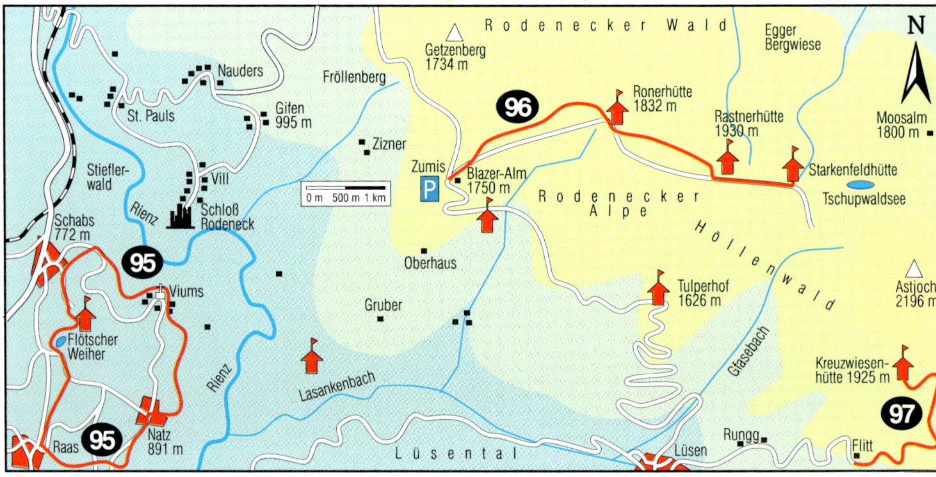

95 Hochflächen-Dörferrunde ①

Die im eher engen Eisacktal einmalige Hochfläche mit den vier Ortschaften Schabs, Viums, Natz und Raas bietet ein weites, meist ebenes, abwechslungsreiches Wandergebiet. **Wegverlauf:** In Schabs, 772 m, führt die blauweiße Markierung bei der Kirche ostwärts ansteigend zum obersten Haus und am Waldrand nach Norden zur Straße nach Viums. Man folgt dieser aufwärts bis zur ersten Kurve und zweigt links auf einen Waldweg ab. Beim Hinweis kurz rechts ansteigend erreicht man Viums, 896 m, 3/4 Std. Vom südöstlichen Ortsende zweigt man links auf einen Fahrweg ab, die Markierung führt im Wald südwärts nach Natz, 889 m, 3/4 Std. Südlich der Ortschaft zweigt man wieder links von der Straße ab, ein Feldweg führt zum Sumpfgebiet Laugensee und dort zur Hauptstraße. Auf dieser nordwärts zur Verzweigung, wo man auf der linken Fahrbahn eine Feldeinfahrt erreicht. Links abzwei-

... und nach der Tour

In den fünf Dörfern des Hochplateaus – Natz, Schabs, Raas, Viums und Aicha – fällt auch dem Wanderer das milde Klima auf, das Edelkastanien und Wein hervorragend gedeihen läßt. So nimmt es nicht wunder, daß hier der Brauch des Törggelens (siehe auch S.67) im Monat Oktober alte Tradition hat. Folgende Gasthöfe laden den Urlauber zur Weinverkostung ein: Gasthof Anich und Gasthof Sun in Natz, Gasthof Hochrain, Hotel Hubertushof, Gasthof Kaltenhauser, Gasthof Steinraffler in Raas und der Gasthof Flötscherhof in Viums.

Auf der Hochfläche von Natz; Viums gegen Pfunderer Berge

Schloß Rodeneck von der anderen Rienz-Talseite etwa von Westen

gend kommt man zum Wasserspeicher in den Mooswald, dort absteigend zum Sumpfsee Raiermoos, weiter nordwärts zum Moser-Hof und links der Straße entlang nach Raas, 820 m, 1 Std. Im Norden des Dorfes führt ein Feldweg zum Flötscherhof, links abzweigend gelangt man nach Schabs, 1 Std. Insgesamt 3½ Std.

96 Rodenecker Alm, 1936 m ①

Höhenwanderung zu den sonnigen Wiesen der schönen Rodenecker Alm. Kurze und im wesentlichen wenig anstrengende Wanderung mit schönen Fernblicken auf die umliegende Bergwelt.

Auffahrt: Von Mühlbach über Rodeneck/Nauders und den Ahnerberg zum Zumis-Parkplatz, 1725 m.

Wegverlauf: Man folgt der ostwärts leicht ansteigenden Almstraße und zweigt nach einigen hundert Schritten links ab. In gemütlicher Wanderung durch Wald und ebene Almwiesen erreicht man die Ronerhütte, 1832 m, 1 Std. Der Fußweg Markierung 2 führt leicht ansteigend weiter nach Osten. Später geht man wieder auf der Straße, die durch den schönsten Bereich der ebenen Almwiesen zur Starkenfeldhütte, 1936 m, führt, 1 Std. Etwas weiter nördlich liegt die Rastnerhütte, 1930 m. Insgesamt 2 Std.

Abstieg: Auf den gleichen Wegen, 1¾ Std.

97 Kreuzwiesenhütte, 1924 m ①

Wegen ihrer schönen, geschützten Lage in einer Wiesenmulde an der Waldgrenze ist diese Einkehrhütte ein beliebtes Ausflugsziel.

Auffahrt: Von Brixen nach Lüsen-Flitt zum Kompatsch-Hof, 1383 m, Parkplatz knapp.

Aufstieg: Man folgt der Almstraße, Markierung 2/10, die am bewaldeten Bergrücken ostwärts ansteigt. In der Verzweigung führt die Straße links zur ersten Alm, 1830 m. In der nächsten Verzweigung wieder links, führt Markierung 2A auf einem Fahrweg zum Bachgraben und am Hang gegenüber zur Hütte, 1924 m, 2¼ Std.

Abstieg: Auf dem Anstiegsweg, 1½ Std.

96 Rodenecker Alm ①

i: Tourismusbüro, I-39030 Rodeneck, Tel. (0472) 454044.

Landkarte: Kompass-Karte 1:50000, Nr. 56, Brixen.

Führer: Kammerer, Südtirol für Bergwanderer, Bd. 6, Tappeiner, Bozen.

Talort: Mühlbach, 777 m, 5 1/2 km ab Ausfahrt Brixen-Pustertal.

Ausgangspunkt: Zumis-Alm-Parkplatz, 1725 m, 12 km ab Mühlbach.

Aufstieg: 2 Std., auf guten Wegen, wenig anstrengend.

Abstieg: 1¾ Std.

Stützpunkte: Ronerhütte, 1832 m, Starkenfeldhütte, 1936 m, Rastnerhütte, 1930 m.

✳: Wunderschöner und nicht anstrengender, ausssichtsreicher Panorama-Höhenweg.

97 Kreuzwiesenhütte ①

i: Tourismusbüro, I-39040 Lüsen, Tel. (0472) 413750.

Landkarte: Kompass-Karte 1:50000, Nr. 56, Brixen.

Führer: Kammerer, Südtirol für Bergwanderer, Bd. 6, Tappeiner, Bozen.

Talort: Brixen, 560 m, 6 km ab Autobahnausfahrt Brixen-Pustertal.

Ausgangspunkt: Flitt, Kompatsch-Hof, 1383 m, 15 km ab Brixen.

Aufstieg: 2¼ Std., unschwierig.

Abstieg: Auf dem Anstiegsweg, 1½ Std.

Stützpunkt: Kreuzwiesenhütte, 1924 m.

✳: Kurze und sehr lohnende Wanderung im Bereich der Almen.

Am Südrand der Zillertaler Alpen

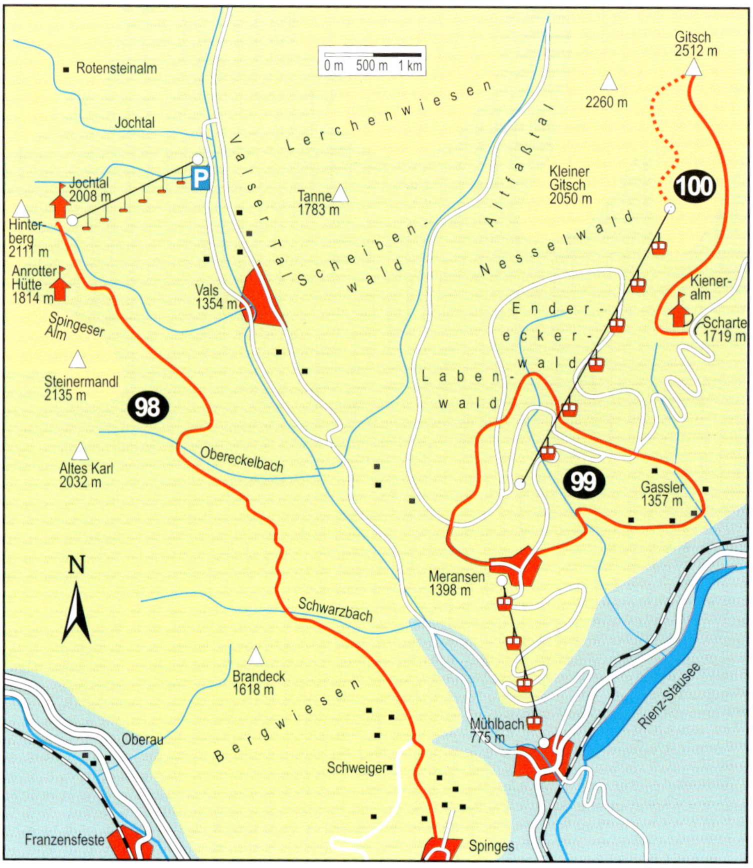

98 Spingeser Höhenwanderung ②

Eine längere Höhenwanderung bergab für Liebhaber friedlicher, stiller, meist einsamer Waldlandschaft. In Spinges erinnert noch manches an Katharina Lanz, die als „Jeanne d'Arc von Spinges" 20jährig 1797 tapfer gegen die Franzosen kämpfte.

Auffahrt: Von Vals mit dem Jochtal-Sessellift zur Bergstation Jochtal, 2008 m.

Wegverlauf: Markierung 9 führt in den Wiesen nach Süden zur Anratterhütte, 1814 m, am unteren Ende der Liftanlagen. Dort folgt man der Forststraße, die leicht abwärts führt, in längerer Wanderung im großen Spingeser Waldgebiet bis zum oberen Rand der Felder von Spinges, 1359 m, $2^1/_4$ Std. Die Markierung zweigt dort von der Straße links ab und führt an einigen Höfen vorbei zum Dorfplatz in Spinges, 1100 m, $^1/_2$ Std. Insgesamt $3^1/_2$ Std.

Anregung: Die Markierung 7 führt weiter ostwärts absteigend zu den untersten Höfen und in etwas wechselhaftem Verlauf nach Mühlbach, 777 m, $^3/_4$ Std.

98 Spingeser Höhenwanderung ②

i: Tourismusbüro, I-39037 Mühlbach, Tel. (0472) 849467.

Landkarte: Kompass-Karte 1:50000, Nr. 56, Brixen.

Führer: Kammerer, Südtirol für Bergwanderer, Bd. 7, Tappeiner, Bozen.

Talort: Vals, 1371 m, $15^1/_2$ km ab Ausfahrt Brixen-Pustertal.

Ausgangspunkt: Jochtal-Sessellift-Bergstation, 2008 m. Lift verkehrt nicht alle Tage!

Wegverlauf: 11 km, $3^1/_2$ Std., unschwierig.

Stützpunkte: Anratterhütte, 1814 m, Jochtal-Bergrestaurant, 2008 m.

☀: Längere Höhenwanderung abwärts im Waldbereich.

Der Wilde See über dem Valser Tal gegen die Domenarspitze

Bei der Wieserhütte auf der Westseite des Gitsch im oberen Altfaßtal

99 Meransener Rundweg ①

Diese Rundwanderung auf der sonnigen Hangterrasse des Bergdorfes Meransen bietet eine weite Sicht und ein schönes Dolomitenpanorama.

Auffahrt: Ab Mühlbach entweder mit Seilbahn oder mit Auto nach Meransen.

Rundweg: Die blau-weiße Markierung führt ab Seilbahn auf der Hauptstraße abwärts zur ersten Kehre, dort auf der Höfestraße nach Westen und rechts ansteigend zum Kirchplatz. Nach weiterem Anstieg auf der Dorfstraße zweigt man nach der Pension „Des Alpes" rechts auf den Weg zu einem Wäldchen ab und erreicht einen Einzelhof, 1510 m, 1¼ Std. An der Verzweigung folgt man der Straße rechts, nach Norden, und gelangt leicht absteigend zu einer Mühle. Nach Verlassen des Waldes führt der Fahrweg ostwärts durch die Felder zum Scheider-Hof, 1517 m, ½ Std. Man wandert nun abwärts, überquert die Asphaltstraße, folgt dem Fahrweg zur Pension Frieda und erreicht am Graben entlang den untersten mehrerer Höfe, 1353 m. Die Markierung (auch Nr. 11 rot-weiß) führt auf der Straße nach Westen zum Bach und bei den Höfen gegenüber wieder ansteigend zur Ortsmitte, ¾ Std. Insgesamt 2½ Std.

Schnitzerei über einem Hofeingang in Vals

99 Meransener Rundweg ①

i: Tourismusbüro, I-39037 Meransen, Tel. (0472) 520197.

Landkarte: Kompass-Karte 1:50000, Nr. 56, Brixen.

Führer: Kammerer, Südtirol für Bergwanderer, Bd. 7, Tappeiner, Bozen.

Talort: Mühlbach, 777 m, 5½ km ab Ausfahrt Brixen-Pustertal.

Ausgangspunkt: Meransen-Seilbahn-Bergstation, 1400 m.

Rundweg: 7 km, 2½ Std., unschwierig.

Stützpunkte: Mehrere Gasthöfe im Ortsbereich.

✳: Genußreiche und wenig anstrengende Panoramarunde mit weiten Fernsichten.

100 Gitsch ②

i: Tourismusbüro, I-39037 Meransen, Tel. (0472) 520197.

Landkarte: Kompass-Karte 1:50000, Nr. 56, Brixen.

Führer: Kammerer, Südtirol für Bergwanderer, Bd. 7, Tappeiner, Bozen.

Talorte: Mühlbach, 777 m, 5 1/2 km ab Autobahnausfahrt Brixen-Pustertal; Weitental im Pfunderer Tal, 880 m, von der Autobahnausfahrt Brixen-Pustertal 14 km.

Ausgangspunkt: Scharte, der Straßenpaß zwischen der Hochfläche von Meransen und dem Pfunderer Tal, 1741 m, von Mühlbach 12 km, von Weitental 5 km.

Aufstieg: 2½ Std., unschwierig, etwas mühsam.

Abstieg: 1½ Std.

Stützpunkt: Gasthof Kieneralm auf der Scharte, 1741 m.

✳: Einer der berühmten Aussichtsberge des Landes mit einfachem Aufstieg.

Blick auf das Pustertal und die Sextener Dolomiten von der Scharte am Gitschaufstieg

101 Weitenbergalm ①

i: Tourismusbüro, I-39030 Vintl-Pfunders, Tel. (0472) 869100.

Landkarte: Kompass-Karten 1:50000, Nr. 44, Sterzing und Nr. 82, Tauferer Tal, Ahrntal.

Führer: Kammerer, Südtirol für Bergwanderer, Bd. 7, Tappeiner, Bozen.

Talort: Vintl, 755 m, 15 km ab Autobahnausfahrt Brixen-Pustertal.

Ausgangspunkt: Dun, 1500 m, im Pfunderer Talschluß, 12 km ab Vintl.

Aufstieg: $1^{3}/_{4}$ Std., unschwierig.

Abstieg: $1^{1}/_{4}$ Std.

Stützpunkte: Weitenberg-Alm-Jausenstation, Pfunderer Lärchenwirt.

☼: Sehr lohnende Hochtäler- und Almwanderung zwischen Pfunderer Bergen und Zillertaler Hauptkamm.

100 Gitsch, 2512 m ②

(Den Verlauf dieser Route finden Sie auf der Kartenskizze Seite 128)

Letzter, südlichster Gipfel eines langen Kammes mit besonders umfassender Dolomitenschau, interessanten Blicken zum Zillertaler Hauptkamm und Tiefblicken auf Pustertal und Pfunderer Tal.

Auffahrt: Von Mühlbach über Meransen zur Scharte, 12 km. Oder von Weitental zur Scharte, 5 km.

Aufstieg: Von der Scharte, 1741 m, steigt man über eine lange Schneise gegen Norden aufwärts, im Winter eine Skiabfahrt. Höher oben lichten sich Wald bzw. Unterholz zu beiden Seiten des Anstiegs und gehen in Skipistengelände mit verschiedenen Liftanlagen über. Hier kann der Anstieg im weiten Almgelände zum riesenbuckelartigen Gipfel beliebig gewählt werden. $2^{1}/_{2}$ Std.

Abstieg: Erfolgt auf der gleichen Route in $1^{1}/_{2}$ Std.

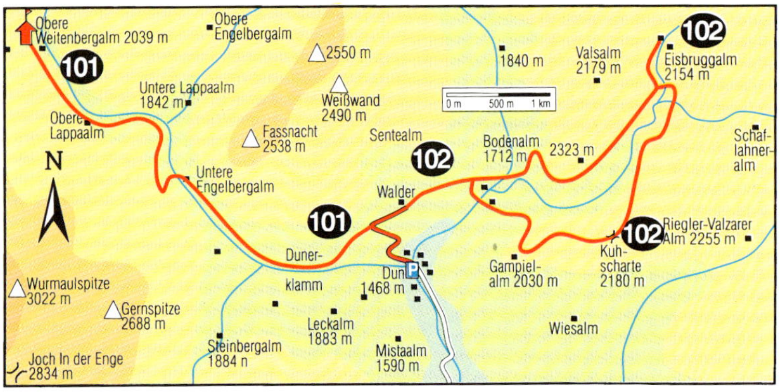

Hinweis: Wer sich 1 Std. Weg ersparen will, wählt die Auffahrt mit der Gitschbahn von Meransen, bewegt sich dann allerdings fast nur im erschlossenen Skigebiet.

101 Weitenbergalm, 2039 m ①

Eine landschaftlich eindrucksvolle Wanderung zur neuen Alm-Einkehrhütte im Pfunderer Talschluß, im unvermutet großen Almkessel von Weitenberg.

Auffahrt: Von Vintl über Pfunders und durch eine enge Felsschlucht nach Dun, Fahrverbot bei 1500 m, Parkplatz etwas tiefer am Bach.

Aufstieg: Man folgt weiterhin der in den Wiesen von Dun steil ansteigenden Höfestraße bis oberhalb der ersten Kehre und zweigt dort links ab auf Fahrweg Markierung 19. Er zieht am Sonnenhang der felsigen Klamm nach Westen in das Weitenbergtal. Hinter der Brücke am orographisch rechten Hang zum sich öffnenden, schönen Weitenberg-Almkessel und zur bewirtschafteten Hütte der Weitenbergalm, 2039 m, $1^{3}/_{4}$ Std.

Abstieg: Auf der gleichen Route, $1^{1}/_{4}$ Std.

102 Eisbruggalm, 2154 m ②

Die markante Hochgebirgslandschaft im Talschluß von Pfunders zeigt sich besonders schön von der Aussichtswarte unterhalb der Eisbruggalm, dem kanzelartig zum Tal vorspringenden Wiesensattel von Gampiel.

Auffahrt: Von Vintl über Pfunders und durch eine enge Felsschlucht nach Dun, Fahrverbot bei 1500 m, Parkplatz etwas tiefer am Bach.

Rundtour: Von Dun folgt man dem Fußweg Markierung 13 (Hinweistafel), der in den Wiesen zum Walder-Hof und zur nahen Bodenalm führt. Dort ostwärts am Steilhang in Kehren hinauf zum Eisbruggtal. Links am Hang, oberhalb der Bachschlucht gelangt man um den Bergrücken herum nach Norden in das Hochtal. Man kann dort die Eisbruggalm erreichen, 2154 m, 2 Std. Etwas unterhalb der Alm, 2070 m, zweigt die Markierung des Pfunderer Höhenweges zum Bach ab, der auf Lawinenschnee überschritten wird. Der Steig führt gegenüber am Hang

Die Kirche von Pfunders, dem Hauptort des Pfunderer Tals

102 Eisbruggalm ②

i: Tourismusbüro, I-39030 Vintl-Pfunders, Tel. (0472) 869100.

Landkarte: Kompass-Karte 1:50000, Nr. 82, Pfunderer Tal-Ahrntal.

Führer: Kammerer, Südtirol für Bergwanderer, Bd. 7, Tappeiner, Bozen.

Talort: Vintl, 755 m, 15 km ab Autobahnausfahrt Brixen-Pustertal.

Ausgangspunkt: Dun, 1500 m, im Pfunderer Talschluß, 12 km ab Vintl.

Rundtour: 4 Std., unschwierig.

Stützpunkt: Eisbruggalm-Jausenstation, 2154 m.

☼: Eindrucksvolle und aussichtsreiche Rundtour zu Füßen des Zillertaler Hauptkamms.

südwärts ansteigend zum Grassattel Kuhscharte, 2180 m, $1/2$ Std. Absteigend folgt man dem Weg Markierung 30 in Sichtverbindung zur Gampielalm, 2030 m. Nördlich der Almhütte in den Wald abzweigend führt ein markierter Steig am steilen Nordabhang hinab zum Eisbruggbach. Nach der Brücke folgt man dem Anstiegsweg Markierung 13 zum Ausgangspunkt, $1\,1/2$ Std. Insgesamt 4 Std., unschwierig.

... und nach der Tour

Wer in Vintl wandern und danach in historischen Gemäuern übernachten möchte, hat die Auswahl zwischen dem Ansitz Baumgarten in Vintl, der zu einer Pension mit 25 Betten umgebaut wurde, und dem Ansitz Kandlburg im nahen Mühlbach, einem Hotel mit 30 Betten.

Hochfeiler und Weißzint von der Kuhscharte über dem Eisbruggtal

Die wichtigsten Orte von A – Z

Die Stadt Brixen und ihre dörferreiche Umgebung vor dem Hintergrund der Pfunderer Berge

BRIXEN

Ital. Bressanone, 561 m, 17326 Einwohner (Stadtgemeinde). Bedeutende Stadt und Verkehrsknotenpunkt. Sie ist bereits seit 990 Bischofssitz und liegt am Zusammenfluß von Rienz und Eisack an der Stelle einer Siedlung aus vorgeschichtlicher Zeit. Die belegbare Geschichte beginnt 901 mit der in Regensburg ausgestellten Schenkung des Grundstücks Prihsna an den Bischof von Säben. Im Jahr 1380 wurde der Ansiedlung das Stadtrecht verliehen. Schlimme Einschnitte in der Entwicklung waren mehrere Brände, die Pest, die Bauernkriege und die Befreiungskriege. Vom 14. bis 16. Jahrhundert bestand hier die sogenannte Brixner Malschule. Reizvolle Altstadt mit Lauben, Arkaden und zahlreichen Sehenswürdigkeiten. Der Dom aus dem 10. Jahrhundert, im 18. Jahrhundert umgebaut, besitzt Fresken des Barockmalers Paul Troger, Altarbilder der Brüder Michelangelo und Franz Unterberger aus der berühmten Fleimstaler Künstlerfamilie und einen weltbekannten freskengeschmückten Kreuzgang. Weitere sehenswerte Bauwerke: Johanneskirche, Weißer Turm (Wahrzeichen von Brixen), Pfarrkirche St. Michael, bischöfliche Hofburg mit Loggienhof und Krippensammlung, Diözesanmuseum, Kapuzinerkloster, Glokkengießerhaus, Lachmayrhaus und Michaelsbrunnen. 3 km nördlich liegt das berühmte barockisierte Kloster Neustift mit freskiertem gotischem Kreuzgang.

Der Ort Rodeneck gegen Plosemassiv

FELDTHURNS

Ital. Velturno, 854 m, 2346 Einwohner. Ort über dem Eisacktal südwestlich von Brixen, der im 10. Jahrhundert erstmals genannt wurde. Die Herkunft des Namens könnte etruskisch oder indogermanisch sein. Die Pfarrkirche, etwas außerhalb, stammt aus dem 15. Jahrhundert und wurde im 19. Jahrhundert erweitert. In der Kirche St. Laurentius befinden sich sehenswerte Holzstatuen. Einen Besuch lohnen auch Schloß Velthurns, zwei Ansitze und ein schöner Bildstock im Dorf.

FRANZENSFESTE

Ital. Fortezza, 747 m, 917 Einwohner. Größerer Ort, der durch die Brennerbahn und die Franzensfeste (durch Franz I. 1833 zur Sicherung der Brixner Klause erbaut) entstanden ist. Neuromanische Kirche mit altem Holzrelief. Zollstelle und Abzweigung der Pustertalbahn. Stausee, in dem der Ort Unterau versunken ist.

KASTELRUTH

Ital. Castelrotto, 1060 m, 5697 Einwohner (Marktgemeinde). Größerer Ort hoch über dem Eisacktal zu Füßen des Puflatsch, der im 10. Jh. erstmals genannt wurde. Schöner Dorfkern mit Brunnen und alten blumengeschmückten Häusern. Die Kirche wurde um 1191 erbaut und später verändert. Über dem Ort die Ruinen der gleichnamigen Burg. Kastelruth ist bekannt wegen seiner prachtvollen Fronleichnamsprozession.

KLAUSEN

Ital. Chiusa, 525 m, 4377 Einwohner (Stadtgemeinde). Schöne alte Kleinstadt an der Enge des Eisacktals unterhalb von Säben, die 1027 erwähnt wurde. Bedeutendste Zollstätte des Bistums Brixen und seit 1308 Stadt. In den Freiheitskriegen führte Pater Haspinger den Klausner Landsturm. Ende des 19. Jahrhunderts sammelte der Germanist Zingerle Künstler um sich, die sich in schwärmerischer Romantik für den Minnesänger Walther von der Vogelweide begeisterten, was der Stadt viel Aufmerksamkeit einbrachte. Bis zum Ersten Weltkrieg hatte sie den Ruf als „Künstlerort", wozu unter anderem die Maler Loesch, Carl Spitzweg und Franz von Defregger beitrugen. Zahlreiche Kunstschätze und Sehenswürdigkeiten ziehen auch heute Kunstinteressierte an. Die St.-Andreas-Kirche des 15. Jahrhunderts ist ein Werk der Brixner Bauhütte; sie enthält eine Potsch-Madonna, wertvolle Holzfiguren, eine sehenswerte Orgelempore und ein Sakristeigewölbe. Vielleicht das berühmteste Schaustück ist der Loretoschatz, der außerhalb des Kapuzinerklosters untergebracht ist – entsprechend der Vorschrift, daß im Haus eines Bettelordens keine Reichtümer sein dürfen. In und um Klausen befinden sich mehrere schön gelegene Burgen und Ansitze.

MÜHLBACH

Ital. Rio di Pusteria, 777 m, 2482 Einwohner (Marktgemeinde). Ort am westlichen Eingang ins Pustertal an der Mündung des Valser Bachs in die Rienz, die östlich von Mühlbach aufgestaut ist. Die Pfarrkirche enthält wertvolle Fresken von Friedrich Pacher. Im Ort die alte Kandelburg und mehrere schöne Ansitze. Östlich des Ortes die Reste der Befestigungen der Mühlbacher Klause aus dem 13. Jahrhundert.

VAHRN

Ital. Varna, 690 m, 3304 Einwohner. Ort über dem Eisacktal bei Brixen am Eingang ins Schalderer Tal mit sehenswerten alten Anwesen. Die Kirche St. Georg aus dem 14. Jahrhundert wurde im 18. Jahrhundert barockisiert und besitzt ein Fresko des Meisters Leonhard von Brixen.

Feldthurns gegen Plosemassiv, Aferer Geiseln und Geislergruppe

VILLNÖSS

Ital. Funes, 900 – 1800 m, 2320 Einwohner. Gemeinde des gleichnamigen Tals, eines östlichen Seitentals des Eisacktals in beeindruckender Lage zwischen den Aferer Geiseln und der Geislergruppe von besonderer landschaftlicher Schönheit. Es ist seit römischer Zeit besiedelt. Hauptort ist St. Peter, dessen Kirche St. Petrus aus dem 11. Jahrhundert Kuppelfresken von Josef Schöpf und ein barockes Altarbild enthält.

Der Ort Vals im Valser Tal gegen die Gaisjochspitze

STERZING

Sterzing, die nördlichste Region des Landes, ist ein verhältnismäßig kleines Gebiet, das vom Brenner bis Mittewald im Eisacktal und von der Schwarzwandspitze nordöstlich des Timmelsjochs bis zum Hochfeiler reicht. Die Grenze dieser in der Hauptsache hochalpinen Region verläuft vom Hochfeiler an auf der Abgrenzung Brixen-Sterzing bis zum Tagewaldhorn, dann folgt gegen Westen die Grenze Bozen-Sterzing bis zur Ötschspitze und dann die Grenze Meran-Sterzing bis zur Schwarzwandspitze im Alpenhauptkamm. Ab hier gilt die Staatsgrenze im Verlauf des Alpenhauptkamms über den Brenner bis zum Hochfeiler.

Die Gliederung dieses Gebietes geschieht durch den Eisack (Wipptal und Obereisacktal), das Ridnauntal und das Pfitschtal, die sich bei Sterzing treffen und den großen Sterzinger Talboden mit ebener Fläche haben entstehen lassen. Dazu kommt noch das bedeutende Pflerschtal, das bei Gossensaß in das Wipptal mündet. Das Wipptal, Tal der Sill und des oberen Eisacks, reicht von Innsbruck bis zur Brixener Klause bei Franzensfeste, nach anderen Auslegungen bis Sterzing. Schließlich muß noch das Ratschingstal und das Jaufental genannt werden.

Die niedrigste Stelle liegt bei Mittewald mit 803 m, die höchste auf dem Hochfeiler, 3510 m, wo auch die Regionen Brixen und Bruneck zusammentreffen. Unter 1000 m Seehöhe bleiben nur das Tal des Eisacks bis kurz nach Sterzing sowie kleine Abschnitte von Ridnaun- und Pfitschtal. Die größere Durchschnittshöhe wirkt sich deutlich auf das Klima aus, obwohl statistisch immer noch deutliche Unterschiede gegen die Gegenden nördlich des Alpenhauptkamms festgestellt werden können: Man trifft nicht unbedingt niedrigere Temperaturen an, sondern weniger Sonnenschein als im Süden.

Der seit langem starke Durchgangsverkehr zum Brenner ist zwar nicht geringer als im Bereich Brixen, konnte sich jedoch wegen der weniger dichten Besiedlung nicht so negativ bemerkbar machen. Angebliche Untertunnelungspläne zwischen Innsbruck und Mittewald bzw. Franzensfeste könnten auf lange Sicht vielleicht Erleichterung für das Wipptal und sogar eine Rettung weiter Tallandschaften bringen.

Auch durch die günstige Verkehrslage brachte der ergiebige Silber- und Bleibergbau des Mittelalters sehr vielen Menschen Brot und einigen sogar großen Reichtum; Sterzing blühte auf, errichtete wertvolle

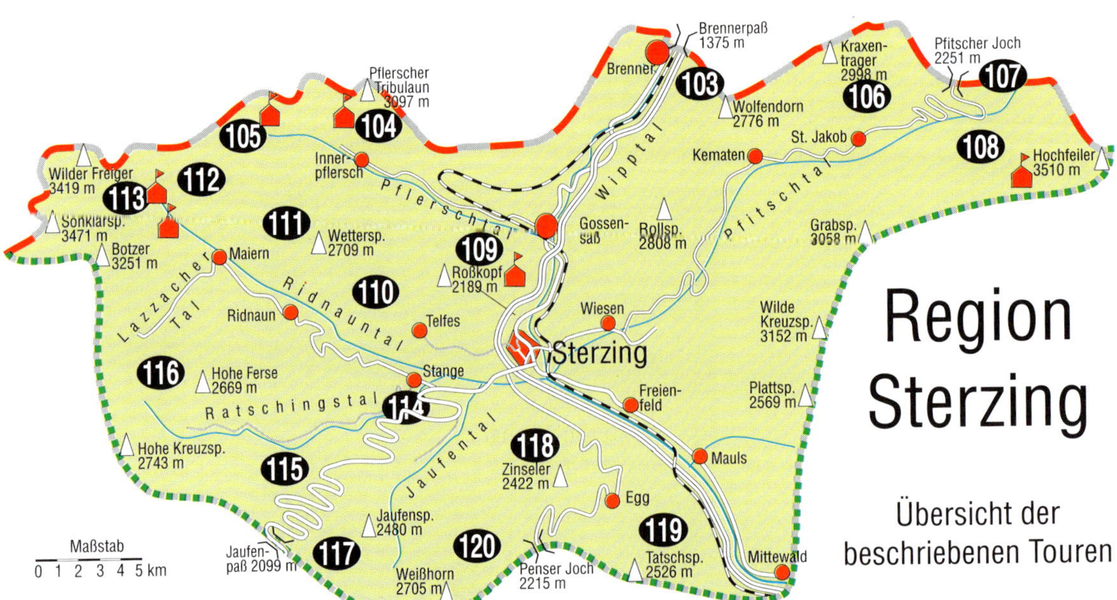

Region Sterzing

Übersicht der beschriebenen Touren

Bauwerke und kaufte Kunstwerke. Wer heute durch das kleine Gossensaß kommt, wird sich nur schwer vorstellen können, daß hier im 15. Jahrhundert mehrere tausend Bergleute arbeiteten.

Sterzing stellte auch einen wichtigen Versorgungsposten für Reisende zwischen den Ländern nördlich und südlich der Alpen dar: Mehr als die Hälfte der Züge der deutschen Könige und Kaiser nahmen ihren Weg nach Italien über den Brenner, natürlich waren hier auch Goethe und andere bedeutende Persönlichkeiten, vor allem aber wurde dieser bequemste Alpenübergang von unzähligen Kaufleuten benutzt. Auch das vermittelte den Bewohnern der Gegend reiche Verdienstmöglichkeiten.

Heute stellt zweifellos die Berglandschaft das wichtigste Kapital des Gebiets dar, die im Sommer wie im Winter viele Menschen hierher zieht. Neben dem Zentrum Sterzing mit dem Wander- und Skigebiet Roßkopf und einer Kabinenbahn gibt es auch andere Orte, die viele Urlauber anziehen, so etwa Gossensaß und Ridnaun. Das konnte in diesem Ausmaß erst durch die Einbeziehung der Wintersaison geschehen.

Die Landschaft zwischen den Gletschern und Hochgipfeln des Alpenhauptkamms und den Sarntaler Alpen bietet viele herrliche Wandergebiete ohne Gefahren und ohne nennenswerte Schwierigkeiten. Die Auswahl an Hütten ist groß. Im Vergleich zu manchen weithin bekannten Gebieten läßt sich hier meist noch mehr Ruhe und Individualität genießen.

Die Stadt Sterzing im weiten Talkessel, wo Wipptal, Ridnauntal und Pfitschtal zusammentreffen

→ ORIENTIERUNGSSTUFEN STERZING

① Touren 103, 109, 114, 118

② Touren 104, 105, 106, 107, 108, 110, 111, 113, 115, 116, 117, 119, 120

③ Touren 103 (mit Wolfendorn), 105 (über Tribulaunhütte), 112

① = Kurze Spaziergänge oder Wanderungen ohne jede Schwierigkeit, meist auf guten Wegen, auch für Ältere und kleinere Kinder geeignet.

② = Wanderungen eventuell von längerer Dauer, aber ohne Schwierigkeiten und besondere Ausrüstungsanforderungen, größere Kinder – ab etwa 10 Jahren – können unter geeigneter Aufsicht teilnehmen.

③ = Unternehmungen ohne größere Schwierigkeiten, die aber Trittsicherheit, Schwindelfreiheit und geeignete Ausrüstung voraussetzen. Eigene Erfahrung oder Führung durch Erfahrene wichtig. Größere Kinder nur mit Erfahrung und Sicherung.

Am Nordrand Südtirols

103 Flatschspitze ①/③

i: Tourismusbüro, I-39040 Gossensaß, Tel. (0472) 632372.

Landkarte: Kompass-Karte 1:50000, Nr. 44, Sterzing.

Führer: Kammerer, Südtirol für Bergwanderer, Bd. 7, Tappeiner, Bozen.

Ausgangspunkt: Enzianhütte, 1904 m, 6 1/2 km ab der Staatsstraße südlich von Brennerbad.

Aufstieg: 2 1/4 Std., unschwierig.

Abstieg: 1 1/4 Std.

Stützpunkt: Enzianhütte, 1894 m.

✳: Leicht ersteigbarer Aussichtsberg im Alpenhauptkamm

Tip: Der Übergang zum Wolfendorn verläuft in Hochgebirgsgelände.

104 Tribulaunhütte ②

i: Tourismusbüro, I-39040 Gossensaß, Tel. (0472) 632372.

Landkarte: Kompass-Karte 1:50000, Nr. 44, Sterzing.

Führer: Koch, Südtirol für Bergwanderer, Bd. 2, Tappeiner, Bozen.

Talort und Ausgangspunkte: St. Anton Innerpflersch, 1245 m, Stein, 1418 m, 15 bzw. 16 km von Gossensaß.

Aufstieg: 2 1/2 Std. bzw. 3 3/4 Std., beide nicht schwierig.

Abstieg: Auf gleichen Wegen 1 3/4 Std. bzw. 2 1/4 Std.

Stützpunkte: Gasthaus im Pfarrhof, Tribulaunhütte, 2368 m.

✳ Großartige Höhenwanderung zu einer besonders schön gelegenen Hütte unter dem mächtigen Turm des Pflerscher Tribulauns.

103 Flatschspitze, 2566 m ① (mit Wolfendorn ③)

Die Flatschspitze, ein beliebter Skitouren- und Aussichtsberg im Alpenhauptkamm, ist, von der wieder geöffneten Enzianhütte ausgehend, über die südseitigen Grashänge in gemütlichem Anstieg erreichbar und schenkt eine weitreichende Rundschau.

Auffahrt: Von Brennerbad auf Wirtschaftsweg, Wegweiser Zirogalm, bis zur Enzianhütte, 1904 m.

Aufstieg: Jetzt folgt man der nach Osten ansteigenden, verfallenden Straße. Teils auf Steig abkürzend, gelangt man zum Schlüsseljoch, 2208 m, 1 Std. Der Steig mit der Markierung 3 führt nun am flachen Kamm nach Norden zur Flatschspitze, 2566 m, 1 1/4 Std. unschwierig. Insgesamt 2 1/4 Std.

Abstieg: Auf gleicher Route 1 1/4 Std.

Anregung: Der Anstieg zum Wolfendorn, nordöstlich im Alpenhauptkamm, erfordert Trittsicherheit. Man folgt dem Steig Markierung 3, den Grat am Steilhang südostseitig umgehend, zum Flatschjöchl hinab, 2395 m, und gegenüber wieder steil ansteigend zur Abzweigung des Landshuter Höhenweges rechts an der Bergkante. Der Steig links führt dort in weiterem Anstieg zum Wolfendorn, 2776 m, 1 3/4 Std.

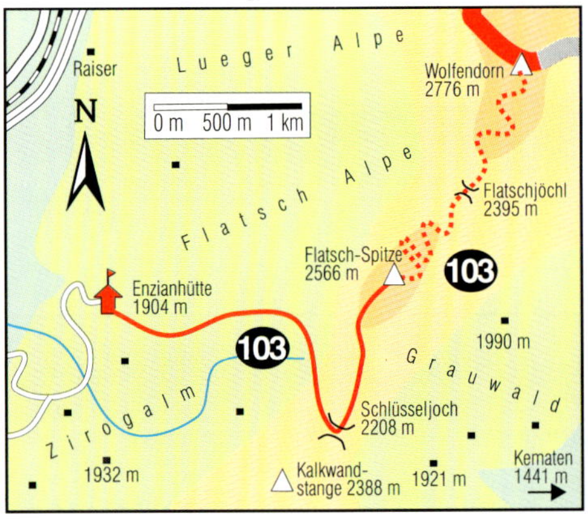

104 Tribulaunhütte, 2368 m ②

Die kleine, am Sandessee unter dem gewaltigen dolomitenartigen Felsaufbau des Pflerscher Tribulauns gelegene Tribulaunhütte ist schon allein wegen ihrer Lage und ihrer

Wolfendorn, rechts Hochwandspitze von der Flatschspitze

Sandessee, Tribulaunhütte gegen Pflerscher Tribulaun

zwei verschiedenen Anstiege einen Besuch wert, auch wenn man von ihr aus nicht weitergeht.

Aufstiege bzw. Abstiege nach Wahl: Zwei Wege führen von Pflersch zur Hütte. Der mit 7 markierte Weg von Innerpflersch, 1245 m, ist steiler, landschaftlich aber abwechlungsreicher. Im oberen, felsigen Bereich erfreut er im Frühsommer mit einer ausgesprochen mannigfaltigen Flora. Es ist ratsam, diesen Weg für den Aufstieg zu wählen. Sanfter, in vielen Kehren – also besser für den Abstieg – ist der mit 8 bezeichnete Weg von Stein, 1418 m, aus. Man hat also die Wahl, je nachdem, ob man lieber steil ansteigt, oder steil hinabgeht. Für Weg 7 benötigt man 2½ Std.; für Weg 8 braucht man 3¼ Std.

Abstiege: Auf den oben genannten Wegen 7 braucht man 1¾ Std., auf Weg 8 dauert es 2 ¼ Std.

Anregungen: Von der Hütte aus kann man zwei Höhenwege begehen, entweder jenen zur Magdeburger Hütte oder den Pflerscher Höhenweg. Beide verlangen Trittsicherheit und Schwindelfreiheit. Wer einen Abstecher zur österreichischen Tribulaunhütte machen will, wandere über die Pflerscher Scharte, 2599 m, und dann hinab zur Hütte, 2040 m. Den Pflerscher Tribulaun, 3096 m, können Geübte auf dem Normalweg besteigen; er ist drahtseilgesichert, aber steinschlaggefährdet und erfordert Kletterei mit Schwierigkeitsgrad II+.

105 Magdeburger Hütte, 2423 m② (bei Rückkehr über Tribulaunhütte③)

105 Magdeburger Hütte ② ③

i: Tourismusverein, I-39040 Gossensaß, Tel. (0472) 632372.

Landkarte: Kompass-Karte 1:50000, Nr. 44, Sterzing.

Führer: Koch, Südtirol für Bergwanderer, Bd. 2, Tappeiner, Bozen.

Talort und Ausgangspunkt: Weiler Stein, 1418 m, im hintersten Pflerschtal. 16 km von Gossensaß.

Aufstieg: 3½ Std., unschwierig.

Abstieg: 2 Std.

Stützpunkte: Magdeburger Hütte, 2423 m, evtl. Tribulaunhütte, 2368 m.

☀: Bequeme Hüttenwanderung in hochalpiner Landschaft mit eindrucksvollen Bildern.

Diese Wanderung ist bis zur Magdeburger Hütte ein äußerst lohnender Tagesausflug. Der als Anregung genannte Höhenweg zur Tribulaunhütte ist nur geübten Bergsteigern anzuraten und verlangt Trittsicherheit und Schwindelfreiheit. Bei guter Kondition läßt sich diese prachtvolle Tour in einem Tag bewältigen. Besser ist es, in der Magdeburger Hütte zu nächtigen, und anderntags den Höhenweg recht früh anzugehen.

Aufstieg: Vom Weiler Stein im hintersten Pflerschtal führt der mit 6 markierte Weg in rund 3½ Std. zur Magdeburger Hütte hinauf. Erst nach der Waldgrenze wird der Weg

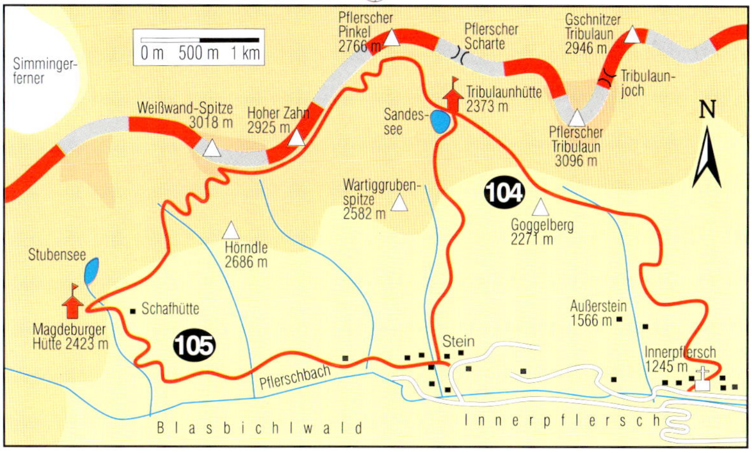

Magdeburger Hütte gegen Zwerchwand und Rochollspitze

106 Landshuter Höhenweg ②

i: Tourismusbüro, I-39040 Sterzing, Tel. (0472) 765325.

Landkarte: Kompass-Karte 1:50000, Nr. 44, Sterzing.

Führer: Kammerer, Südtirol für Bergwanderer, Bd. 7, Tappeiner, Bozen.

Talort: St. Jakob in Pfitsch, 1446 m, 20 km ab Sterzing.

Ausgangspunkt: Pfitscher Joch, 2250 m, 12 km ab St. Jakob.

Wegstrecke: 3 Std., unschwierig.

Rückweg: $2^1/_2$ Std.

Stützpunkte: Europahütte, 2687, Pfitscher-Joch-Haus, 2275 m.

✳: Aussichtsreiche und wenig anstrengende Höhenwanderung mit Bergpanorama und Talblicken.

Tip: Besteigung des Kraxentragers ist sehr zu empfehlen.

107 Rotbachlspitze ②

i: Tourismusbüro, I-39040 Sterzing, Tel. (0472) 765325.

Landkarte: Kompass-Karte 1:50000, Nr. 44, Sterzing.

Führer: Kammerer, Südtirol für Bergwanderer, Bd. 7, Tappeiner, Bozen.

Talort: St. Jakob in Pfitsch, 1446 m, 20 km ab Sterzing.

Ausgangspunkt: Pfitscher Joch, 2250 m, 12 km ab St. Jakob.

Aufstieg: 2 Std., unschwierig.

Abstieg: $1^1/_4$ Std.

Stützpunkte: Pfitscher-Joch-Haus, 2275 m.

✳: Sehr aussichtsreiche und wenig anstrengende Gipfeltour.

etwas steiler, und ganz zuletzt erblickt man die Hütte, die in der Nähe des kleinen Rocholl- oder Stubensees liegt. Insgesamt 3 $^1/_2$ Std., unschwierig.

Abstieg: Entweder auf gleicher Route zurück, rund 2 Std., oder wie unter „Anregungen" beschrieben.

Anregungen: Der Rückweg über die Tribulaunhütte (Orientierungsstufe 3) benutzt den Höhenweg Markierung 7, führt unter der Weißwandspitze auf schmalem Schotterband (oft Schnee, deshalb Erkundigung in der Hütte empfohlen) zum Hohen Zahn, 2924 m. Schwindelfreiheit und Trittsicherheit erforderlich! Mitnahme eines Pickels ratsam. Der Hohe Zahn kann bei Begehung des Höhenweges ohne wesentlichen Umweg überschritten werden. Dann geht es verhältnismäßig zügig hinab, oft über ausgedehnte Schneefelder zur Tribulaun-Hütte neben dem runden Sandessee. Dieser „Balkonweg" bietet neben der schönen Wegführung auch eine prächtige Fernsicht zu den Dolomiten, ganz besonders aber herrliche Nahblicke auf die drei Tribulaune. Für den Höhenweg und den Abstieg nach Innerpflersch rechnet man mit $6^1/_2$ Std. Gehzeit. Die mit ihrem weißen pyramidenartigen Gipfelaufbau auf dunklem Sockel charakteristische Weißwandspitze, 3018 m, kann von der Hütte aus leicht in $1^3/_4$ Std. erstiegen werden.

Hochfernerstock vom Landshuter Höhenweg

106 Landshuter Höhenweg ②

Der teils mit Steinplatten angelegte Landshuter Höhenweg ist der kürzeste und landschaftlich reizvollste Zugang zur umbenannten Europahütte, die früher als Landshuter Hütte bekannt war und durch die Grenze zweigeteilt ist.

Auffahrt: Von St. Jakob zum Pfitscher Joch, 2250 m, 12 km.

Wegverlauf: Man folgt dem nach Westen verlaufenden breiten, ebenen Höhenweg mit Markierung 3, der stets aussichtsreich am Südabhang des schroffen Gipfelkammes entlang zu einer Scharte führt. Dann steigt er im Kar zur Europahütte, 2687 m, empor. 3 Std. unschwierig.

Rückweg: Auf dem gleichen Weg, 2 $^1/_2$ Std.

Anregung: Der Anstieg zum Kraxentrager, 2999 m, am besten nach Übernachtung in der Europahütte, ist eine kurze, interessante Bergtour. $1^1/_4$ Std., abwärts $^3/_4$ Std.

107 Rotbachlspitze, 2895 m ②

Leicht ersteigbare Aussichtskanzel mit prächtiger Rundsicht; die Glanzpunkte bilden die nahen Hängegletscher des Hochfernerstocks.

Auffahrt: Von St. Jakob zum Pfitscher Joch, 2250 m, 12 km.

Aufstieg: Auf deutlichen Steigspuren geht es meist auf dem breiten Kamm im allgemeinen gegen Osten empor entlang der Grenze (eingeschlagene Pflöcke). Dann wird ein Grathöcker überschritten und der Anstieg wird etwas steiler. Über Schutt und manchmal Schnee wird der Gipfel erreicht. 2 Std.

Abstieg: Auf gleicher Route 1¼ Std.

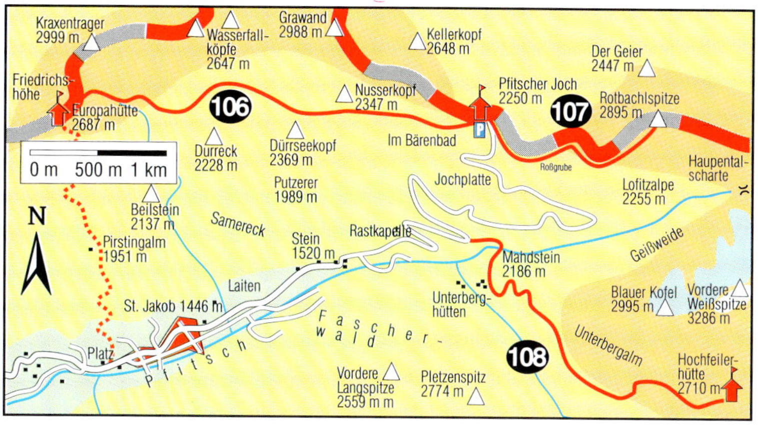

108 Hochfeilerhütte, 2710 m ②

Die neu erbaute Hochfeilerhütte liegt am Südabhang des Hochfeilers an seinem Normalanstieg. Der kürzeste Zugang ist eine landschaftlich interessante und lohnende Bergwanderung und führt in eine hochalpine Landschaft.

Auffahrt: Von St. Jakob auf der Pfitscher-Joch-Straße bis zur dritten Kehre, 1718 m, 8 km ab St. Jakob.

Aufstieg: Bei Hinweistafeln führt der Fußweg mit der Markierung 1 zur Brücke über den Oberbergbach, überquert ihn und zieht im Hochwald rechts um den Bergrücken herum zu den Hütten am Sonnenhang des Unterbergtals. Nach einigen Kehren zieht er am teils steil abbrechenden Hang taleinwärts zum Moränenbereich, dort über den begrasten Hang zwischen Weißkar (links) und Gliederkar (rechts) in mehreren Kehren zum Schutzhaus, 2710 m, 3½ Std.

Abstieg: Auf gleichem Weg 2¼ Std.

108 Hochfeilerhütte ②

i: Tourismusbüro, I-39040 Sterzing, Tel. (0472) 765325.

Landkarte: Kompass-Karte 1:50000, Nr. 44, Sterzing.

Führer: Kammerer, Südtirol für Bergwanderer, Bd. 7, Tappeiner, Bozen.

Talort: St. Jakob in Pfitsch, 1446 m, 20 km ab Sterzing.

Ausgangspunkt: Pfitscher-Joch-Straße, 3. Kehre, 1718 m, Parkplatz.

Aufstieg: 3½ Std., unschwierige Anstieg.

Abstieg: 2¼ Std.

Stützpunkt: Hochfeilerhütte, 2710 m.

☀: Sehr lohnender, interessanter Hüttenaufstieg in sehenswerter Hochgebirgslandschaft.

... und nach der Tour

Im Pfitscher Tal frage man sich zum „Pretzhof" durch, wo man feine einheimische Speisen aus den besten frischen Zutaten serviert bekommt: Es gibt Wildgerichte, Polenta und hausgemachte Wurst- und Specksorten, dazu Südtiroler Wein zu moderaten Preisen. Gratis ist die traumhafte Umgebung ohne touristischen Rummel.

St. Jakob in Pfitsch gegen Pfitscher Joch und Rotbachlspitze

Sterzing, Ridnaun und Ratschings

Der Kalkgipfel des Pflerscher Tribulauns vom Roßkopf

109 Roßkopf ①

i: Tourismusverband Südtiroler Wipptal, I-39049 Sterzing, Tel. (0472) 765325.

Landkarte: Kompass-Karte 1:50000, Nr. 44, Sterzing.

Führer: Koch, Südtirol für Bergwanderer, Bd. 2, Tappeiner, Bozen.

Talort: Sterzing, 948 m.

Ausgangspunkt: Bergstation der Roßkopfseilbahn, 1806 m.

Aufstieg: 1 Std., ganz leicht.

Abstieg: 1/2 Std.

Stützpunkt: Sterzinger Haus, 1930 m.

☀: Großartiger, leicht ersteigbarer Aussichtspunkt.

Tip: Für Gehtüchtige Erweiterung der Tour zur Telfer Weißen empfohlen.

110 Der Ridnauner Höhenweg ②

i: Tourismusverein, I-39040 Ratschings, Tel. (0472) 765325.

Landkarte: Kompass-Karte 1:50000, Nr. 44, Sterzing mit Kurzführer.

Führer: Koch, Südtirol für Bergwanderer, Bd. 2, Tappeiner, Bozen.

Talort: Sterzing, 948 m.

Ausgangspunkt: Bergstation der Roßkopfseilbahn, 1806 m.

Gehzeit: Bis Maiern 6 Std., keinerlei Schwierigkeit.

Endpunkt: Maiern, 1372 m im Talschluß von Ridnaun. Bergbaumuseum. Busverbindung von Sterzing.

Stützpunkte: In der Nähe der Bergstation Sterzinger Haus, 1930 m, Prischeralmhütte, 2160 m.

☀: Großartige Wanderung mit eindrucksvoller Aussicht.

109 Roßkopf, 2189 m ①

Letzter, südöstlichster Gipfel im Kamm der Telfer Weißen über Sterzing mit Tiefblicken in das Obereisacktal und das Ridnauntal und reizvoller Rundsicht. Ganz leicht und mit geringem Zeitaufwand zu ersteigen.

Auffahrt: Mit der Roßkopfseilbahn vom Nordrand von Sterzing zur Bergstation, 1806 m.

Aufstieg: Von der Bergstation folgt man dem Wegweiser zum Sterzinger Haus, geht auf einem Sträßchen kurz abwärts, dann steiler zur Hütte empor. Hinter ihr verläuft der Steig über steile Wiesen zum gerundeten Kamm und weiter auf dem Kamm, an einer Liftstation vorbei gegen Südsüdwest. Nach einem begrasten Vorgipfel geht es meist im Zickzack zum teils felsigen Gipfel, etwa 1 Std.

Abstieg: Entweder auf gleicher Route, 1/2 Std. Oder von etwas östlich unter dem Gipfel auf Wegspuren an Liftbauten vorbei ziemlich gerade bergab in Richtung auf die Bergstation, wofür man weniger als 1/2 Std. braucht.

Anregung: Die lange Kammwanderung bis zur Telfer Weißen, 2566 m, dauert 2 1/2 Std. Der Übergang vom Ost- zum Westgipfel erfordert kurze Kletterei. Rückkehr auf dem gleichen Weg 1 1/2 Std. Auch Abstieg zum Ridnauner Höhenweg möglich.

110 Der Ridnauner Höhenweg ②

Dieser nicht beschwerliche Höhenweg zählt zu den reizvollsten Bergwandererlebnissen des Landes. Es ist aus zwei Gründen ratsam, die beschriebene Richtung zu bevorzugen, denn man spart den langen Anstieg von Maiern zum Höhenweg und nicht zuletzt hat man beim Weg taleinwärts stets die immer prächtiger werdende Aussicht zu den Stubaier Bergen und Gletschern im Talschluß vor sich.

Auffahrt: Mit der Roßkopfseilbahn vom Nordrand von Sterzing zur Bergstation, 1806 m.

Wegbeschreibung: Der 8 1/2 km lange Weg fängt mit der Markierung 28A bei der Bergstation der Roßkopfseilbahn an. Er verläuft an den Hängen des Bergkammes zwischen Pflerscher Tal und Ridnaun, stets auf der Ridnauner Seite hoch über dem Tal. Nach der Abzweigung des Steiges zum Roßkopfgipfel, 2189 m, ist der Höhenweg bis zur Prischeralm mit 28B bezeichnet, ab Prischeralm bis Maiern mit 27. Der nirgends ausgesetzte Weg kann von jedem einigermaßen geübten Geher ohne Schwierigkeit zurückgelegt werden. Gut auf die Markierung achten! Bei klarem Wetter bestehen

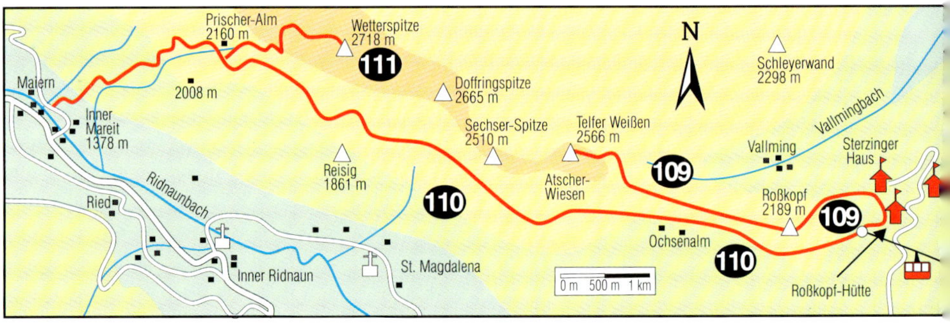

Am Ridnauner Höhenweg auf der Prischer Alm gegen Stubaier Hauptkamm

111 Wetterspitze ②

i: Tourismusverein, I-39040 Ratschings, Tel. (0472) 765325.

Landkarte: Kompass-Karte 1:50000, Nr. 44, Sterzing.

Führer: Koch, Südtirol für Bergwanderer, Bd. 2, Tappeiner, Bozen.

Talort und Ausgangspunkt: Maiern, 1372 m, im Talschluß von Ridnaun, von Sterzing 13 km (auch Linienbus).

Aufstieg: 3 1/4 Std., nicht schwierig, aber großer Höhenunterschied.

Abstieg: Auf gleicher Route, 2 1/2 Std.

Stützpunkt: Prischeralmhütte, 2160 m.

✳: Herausragender Aussichtspunkt mit Blicken zum nahen Alpenhauptkamm und zu den Dolomiten.

keine Orientierungsprobleme. Nur geringfügige Gegensteigungen leiten in einsame Kare, etwa zum winzigen Seebersee, 2210 m, und vorbei an der gleichnamigen Alm. Unter den Südhängen der Wetterspitze vorbei erreicht man die im Sommer bewirtschaftete Prischeralmhütte, 2160 m. Über Weidegelände in Kehren, dann im Wald, später schmal durch Erlengebüsch und wieder im Wald steigt man hinab nach Maiern, 1372 m. Insgesamt etwa 6 Stunden.

111 Wetterspitze, 2709 m ②

Dieser aussichtsreiche, frei aufragende Gipfel ist ohne Mühe zu ersteigen. Er steht im Bergrücken, der vom Roßkopf über die Telfer Weißen gegen Westen bis hin zur vergletscherten Aglsspitze zieht. Geradezu überwältigend ist der Blick zum nördlich gegenüber mächtig aufragenden dolomitartigen Tribulaun, 3096 m.

Aufstieg: In Maiern, 1372 m, also im Talschluß von Ridnaun, beginnt die Markierung 27. Kehren im Wald, später ein schmaler Pfad durch Erlengebüsch führen nochmals in den Wald und dann auf Almwiesen, die

Der Gipfel des leicht ersteigbaren Roßkopfs von seinem Anstiegsweg

... und nach der Tour

Zwei Ansitze laden in Sterzing zum Besuch ein:

Im Ansitz Jöchlsthurn befindet sich das Landesbergbaumuseum mit einer umfangreichen Sammlung zur Geschichte des Tiroler Bergbaus, Münzen und Mineralien. Geöffnet April – Ende Oktober Di-Sa 10-12 und 14-17 Uhr, So/Mo geschlossen.

In Schloß Reifenstein, einer der schönsten und besterhaltenen Burgen Südtirols mitten im Sterzinger Moos, werden von Ostern bis November Führungen veranstaltet

Die Burg Reifenstein im südlichen Sterzinger Talkessel; im Hintergrund die vergletscherten Hochgipfel der Stubaier Alpen

teils noch gemäht werden. Nach einer längeren Querung in nordöstliche Richtung folgen als Saumweg gut angelegte Kehren. In etwa 1¾ Std. erscheint die Prischeralmhütte, 2160 m. Ab hier steigt man auf nicht steilen Serpentinen zum Maurerjoch, 2511 m (auch Allrißjoch genannt) empor, 1 Std. Vom Joch geht es über den Westgrat auf dem Steig zum Gipfel; etwa ½ Std. Insgesamt 3¼ Std.
Abstieg: Auf gleicher Route 2½ Std.

112 Pfurnsee ③

i: Tourismusverein, I-39040 Ratschings, Tel. (0472) 765325.

Landkarte: Kompass-Karte 1:50000, Nr. 44, Sterzing.

Führer: Koch, Südtirol für Bergwanderer, Bd. 2, Tappeiner, Bozen.

Talort und Ausgangspunkt: Maiern, 1372 m, von Sterzing 13 km.

Aufstieg: 3½ Std., Schwindelfreiheit und Trittsicherheit erforderlich.

Abstieg: 2¼ Std.

☀: Ein unvergeßliches Hochgebirgs- und Einsamkeitserlebnis.

Tip: Die auf manchen Karten eingezeichnete Markierung 9A von der Grohmannhütte zum See besteht nicht.

112 Pfurnsee, 2456 m ③

Wer einen See in weltferner Einsamkeit besuchen will, schwindelfrei ist und einen steilen Anstieg nicht scheut, der wandere zum Pfurnsee in überwältigend hochalpiner Umgebung mit Blicken auf Botzer, Becherhaus, Übeltalferner und zahlreiche Gipfel der Stubaier Alpen.
Aufstieg: Von Maiern, 1372 m, steigt man auf Markierung 9 bergan, ziemlich steil bis zu einer neuen Forststraße, die bis zum Senner- oder Aglsboden befahrbar ist (gesperrt). Dabei begeht man den uralten Plattenweg, der durch den Straßenbau nicht zerstört wurde. Am steinegefügten Staudamm des Aglsbodens befinden sich Wegweiser. Durch ein Gatter geht man zu ebenen, sumpfigen Wiesen. Hier steht nur ein Wegweiser zum Becherhaus, auf einem Stein findet man die Markierung 9A zum Pfurnsee. Auf ihr gelangt man zur Aglsalm, 2004 m. Weiter über Weideböden steigt man empor, unter dem Hocheck, fast senkrecht

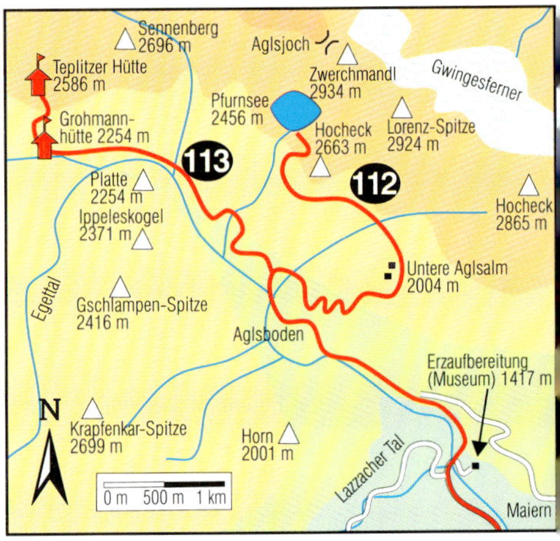

Der Pfurnsee in hochalpiner Weltferne und Einsamkeit. Hinter ihm breitet sich der Übeltalferner, der größte Gletscher Südtirols; darüber ragen Schwarzwandspitze und Sonklarspitze

Die Teplitzer Hütte gegen den Übeltalferner; dahinter Hochgwänd, Botzer und Königshofspitze

über dem Talboden, etwas ausgesetzt und schmal, über mehrere Bäche bis zum Hauptabfluß des Sees. Vorsicht: Diesen Bach nicht überschreiten, trotz des jenseits sichtbaren irreführenden Markierungszeichens, sondern einem Richtungspfeil und weiteren Zeichen rechts hinauf zum nahen See folgen, 3½ Std.

Abstieg: Wie Aufstieg 2¼ Std.

113 Grohmannhütte, 2254 m, und Teplitzer Hütte, 2586 m ②

Der Besuch dieser beiden Hütten ist äußerst lohnend. Für weniger ausdauernde Geher ist die niedrigere Grohmannhütte, häufig auch Übeltalfernerhütte genannt, 2254 m, schon ein schönes Tagesziel. Eine deutliche Steigerung bildet der Weiterweg zur Teplitzer Hütte, 2586 m, der jedem Gehtüchtigen sehr zu empfehlen ist.

Aufstieg: Von Maiern führt der mit 9 bezeichnete Steig zu den beiden Hütten hinauf. Zunächst ziemlich steil bis zu einer neuen Fahrstraße (gesperrt!), die bis zum Senner- oder Aglsboden leitet. Man braucht aber nicht auf ihr weiter zu gehen, sondern kann den alten Weg benutzen. Hat man den ebenen, etwas sumpfigen Aglsboden durchschritten, steigt der Pfad zur nächsten Talstufe empor, auf der man bald zur Grohmannhütte gelangt. Die Fortsetzung des Weges, nochmals rund 300 Höhenmeter mit steilem Anstieg, führt in hochalpines Gebiet und schenkt immer umfassendere Aussicht. Die Teplitzer Hütte, 2586 m, nahe dem Hangenden Ferner gelegen, steht in einer prächtigen Landschaft. Von ihr aus sind die meistbesuchten Ziele das Becherhaus, 3195 m, die Müllerhütte, 3148 m, der Wilde Freiger, 3418 m, die Aglsspitze, 3194 m, und die Feuersteine, 3250 m, – alles Gletschertouren, die für Ungeübte nur mit Bergführer machbar sind! Insgesamt 2½ bzw. 3¼ Std. unschwierig.

Abstieg: Auf gleichem Weg 2½ Std.

113 Grohmannhütte und Teplitzer Hütte ②

i: Tourismusverein, I-39040 Ratschings, Tel. (0472) 765325.

Landkarte: Kompass-Karte 1:50000, Nr. 44, Sterzing mit Kurzführer.

Führer: Koch, Südtirol für Bergwanderer, Bd. 2, Tappeiner, Bozen.

Talort und Ausgangspunkt: Maiern, 1372 m, von Sterzing 13 km.

Aufstieg: 2½ Std., bzw. 3¼ Std. mehr, keinerlei Schwierigkeit, aber Höhenunterschied von 1200 m berücksichtigen.

Abstieg: 2½ bzw. 3¼ Std.

Stützpunkte: Grohmannhütte, 2254 m, Teplitzer Hütte, 2586 m.

☀: Lohnende, alpine Hüttenwanderung mit zahlreichen Hochgebirgsbildern.

Tip: Die Hütten sind nur im Hochsommer geöffnet.

... und nach der Tour

Wer durch Sterzing kommt, hat die Möglichkeit, sich einen der bedeutendsten gotischen Flügelaltäre Südtirols anzuschauen: In der Pfarrkirche zu Unserer Lieben Frau im Moos befindet sich das von 1455 bis 1458 von dem Ulmer Meister Hans Multscher geschaffene Meisterwerk. Im Zuge einer Barockisierung wurde der Altar einst in seine Einzelteile zerlegt und verkauft, so daß einiges unwiederbringlich verloren ist. Noch heute befinden sich Teile im Nationalmuseum München und im Ferdinandeum in Innsbruck. Die meisten Bestandteile, so die bemalten Altarflügel und die Skulpturen, konnten in Sterzing wieder zusammengeführt werden. Neben den in der Kirche zu sehenden Teilen befinden sich Tafeln auch im Sterzinger Deutschhaus, das das städtische Museum beherbergt.

Geöffnet 1.5.-31.10. Mo – Sa 10-12 und 14-17 Uhr, So und Feiertage geschlossen.

Die reißende Gilfenklamm zwischen Stange und Außer-Ratschings

114 Gilfenklamm ①

i: Tourismusverein, I-39040 Ratschings, Tel. (0472) 765325.

Landkarte: Kompass-Karte 1:50000, Nr. 44, Sterzing.

Führer: Koch, Südtirol für Bergwanderer, Bd. 2, Tappeiner, Bozen.

Talort: Stange, 971 m, von Sterzing 6 km.

Ausgangspunkt: Jaufensteg, 1149 m, an der Straße von Stange nach Ratschings.

Aufstieg: 1¼ Std., unschwierig, gut gesicherter Steig.

Abstieg: ¾ Std.

Stützpunkt: Gasthaus Jaufensteg.

☀: Beeindruckendes Erlebnis der Gewalt des Wassers.

Tip: Beste Zeit ist der Frühsommer während der Schneeschmelze, aber auch bis Ende September.

114 Gilfenklamm ①

Jeder Besucher von Sterzing oder Ratschings sollte wenigstens einmal die Gilfenklamm, eine der einzigartigen Sehenswürdigkeiten der Alpen, durchwandern. Besonders im Frühsommer zur Zeit der Schneeschmelze bietet sie ein großartiges Naturschauspiel. Das Wasser stürzt durch eine aus Ratschinger Marmor bestehende Schlucht. An einer Stelle überrascht ein 15 m hoher Wasserfall, der von der hoch darüber führenden Brücke besonders eindrucksvoll zu sehen ist. Um die ganze Schönheit der Klamm zu genießen, sollte man sie im Aufstieg wie im Abstieg durchwandern.

Wegbeschreibung: Der untere Eingang ist in der Nähe von Stange, 971 m, der obere bei Jaufensteg, 1149 m, an der Straße von Stange nach Ratschings. Gleich gegenüber des Gasthauses Jaufensteg ist der Eingang zur Klamm. Man steigt nun in die Kühle der wasserdurchtosten Felsenge, und auf kunstvoll, teils kühn angelegten Brücken und Treppen überquert man mehrmals die Schlucht und gelangt nach und nach an deren Ausgang, abwärts ¾ Std., aufwärts 1¼ Std. Eintrittsgebühr!

Rückkehr zum Ausgangspunkt: Man wandert entweder durch die Klamm zurück – mit Sicherheit die erlebnisreichere Möglichkeit – oder nimmt den Weg auf der Fahrstraße. Je nach Richtung ¾ Std. oder 1¼ Std.

Um Ratschingstal und Jaufenpaß

115 Almenrunde zu den Wasserfallseen ②

Eine ausgedehnte Almenrunde in größtenteils noch ursprünglicher Berglandschaft. Die Hütten sind im Sommer fast alle bewirtschaftet, und man kann zumindest Getränke bekommen. Im allgemeinen ist diese Wandertour ziemlich bequem, nur der letzte Abstieg ist etwas steil und steinig.

Wegbeschreibung: Vom Weiler Bichl über die Brücke des Ratschinger Baches bergan in Richtung Reaser-Hof. Bevor man ihn erreicht, zweigt rechts ein mit 13B bezeichneter Steig ab. Er führt zur verlassenen Waldalm, 1773 m, $1\frac{1}{2}$ Std. Wenig oberhalb der Hütte befindet sich die Bergstation des von Ratschings heraufführenden Sesselliftes. Viele Wegweiser deuten hier zu verschiedenen Zielen. Weiter auf Markierung 13B über Weidegelände zur Landleralm empor, 1903 m, $\frac{1}{2}$ Std. In einer knappen halben Stunde weiteren Anstiegs ist der Bergkamm erstiegen, der das Ratschingstal vom Passeier Tal trennt. An klaren Tagen hat man weite Sicht. Wenige Schritte gegen Westen führen zu den dort eingebetteten kleinen, teils versumpften Wasserfallseen. In $\frac{1}{4}$ Std. ist man wieder unten bei der Landleralm und folgt der Markierung 15A über Weideböden und durch lichten Wald zur Äußeren Wumblsalm, 1865 m, 1 Std. Der Almenweg leitet mäßig empor zu einem Joch mit Gatter (Weidegrenze). Jenseits hinab durch Wald und über aussichtsreiche Almwiesen zur Hütte der Inneren Wumblsalm, 1906 m,

Der Wasserfallsee in der Nähe des Jaufenpasses

115 Almenrunde zu den Wasserfallseen ②

i: Tourismusverein, I-39040 Ratschings, Tel. (0472) 765325.

Landkarte: Kompass-Karte, 1:50000, Nr. 44, Sterzing.

Führer: Koch, Südtirol für Bergwanderer, Bd. 2, Tappeiner, Bozen.

Talort und Ausgangspunkt: Ratschings/Bichl, 1280 m, von Sterzing 14 km.

Wegzeit: 6 Std., unschwierig, einige Gegensteigungen.

Stützpunkte: Einige der Almen sind bewirtschaftet.

☼: Schöne, ruhige Almenwanderung mit interessanten Ausblicken.

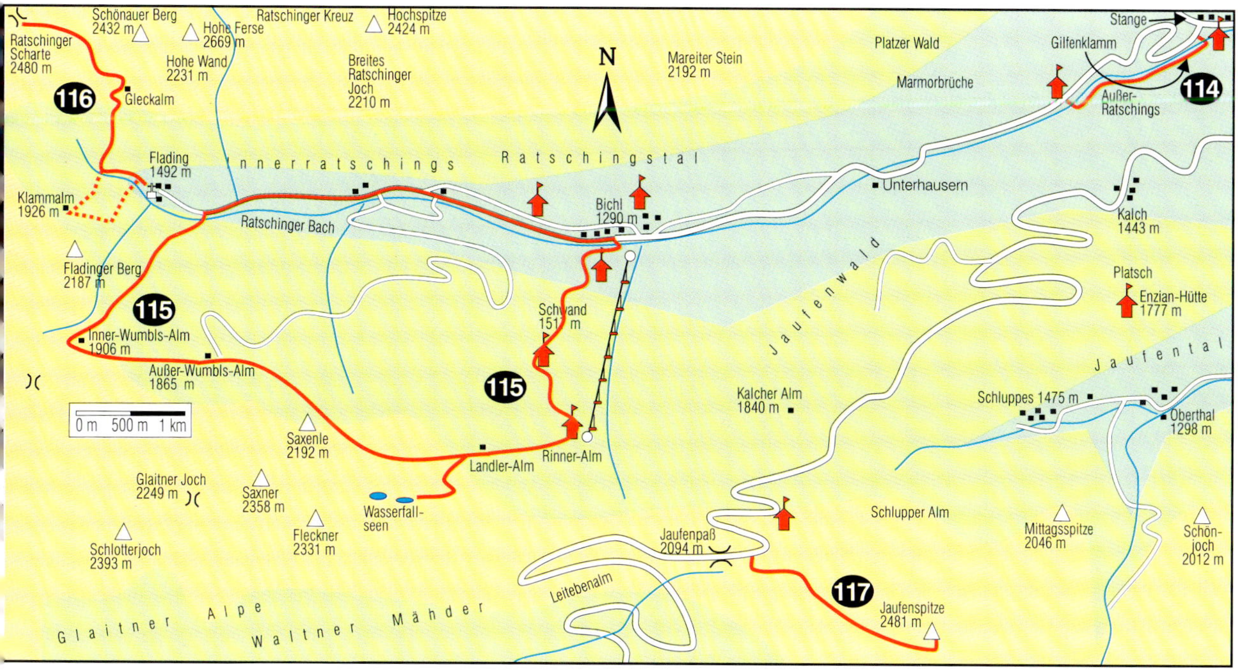

Ratschings gegen Hohe Kreuzspitze, Zermaidspitze und Ratschinger Weißen

1 Std. Die beiden Wumblsalmen haben bis jetzt ihre Ursprünglichkeit bewahrt. Von der Inneren Wumblsalm führt Markierung 10 ins Tal. Dieser Weg ist etwas mühsam, wurzelig und steinig. Bei einer kleinen Brücke über den Ratschinger Bach mündet er nach $^3/_4$ Std. in die Talstraße, auf der man etwa 1 Std. bis Ratschings talab wandern muß. Insgesamt etwa 6 Std.

116 Ratschinger Scharte, 2480 m ②

(Den Verlauf dieser Route finden Sie auf der Kartenskizze Seite 145)

Für Wanderer, die Stille und Einsamkeit suchen, eine lohnende und wenig anstrengende Wanderung über entlegene Almen zur breiten und aussichtsreichen Senke der Ratschinger Scharte.

Auffahrt: Von Ratschings/Bichl nach Flading, 5 km.

Aufstieg: In Flading am Talende beginnt bei der kleinen Kapelle der Weg, Markierung 13A, der stets gleichmäßig ansteigend zur nächsten Talstufe, den Weideböden der Klammalm, führt. Der Steig wendet sich nun nach Norden, überquert die nassen Wiesen und leitet zu einem steilen Hang, der mit guten Kehren überwunden wird, vorbei an einem hübschen Wasserfall. Auf der erreichten Anhöhe breiten sich die welligen Weideböden der Gleckalm, 2264 m, vor dem Wanderer aus, 2 Std. In einer Wiesenmulde rechts des Weges liegt die Almhütte. Meist weiden hier oben nur Schafe. Den weiteren Anstieg begleitet ein munterer Bach und in zusätzlichen $^3/_4$ Std. sanften Anstieges ist man am Ziel, der Ratschinger Scharte, die die Sicht auf die nahen Berge freigibt. Insgesamt $2^3/_4$ Std.

116 Ratschinger Scharte ②

i: Tourismusverein, I-39040 Ratschings, Tel. (0472) 756666.

Landkarte: Kompass-Karte 1:50000, Nr. 44, Sterzing.

Führer: Koch, Südtirol für Bergwanderer, Bd. 2, Tappeiner, Bozen.

Talort: Ratschings/Bichl, 1280 m, von Sterzing 14 km.

Ausgangspunkt: Flading im Talschluß von Ratschings, 1482 m, von Bichl 5 km.

Aufstieg: $2^3/_4$ Std., unschwierig.

Abstieg: $1^1/_2$ Std.

Stützpunkte: Gasthaus Fladig, 1482 m, Klammalm, 1925 m.

☀: Einsame Wanderung durch reizvolle Berglandschaft.

... und nach der Tour

Am Schneeberg in Ridnaun/Maiern kann man einen erst 1985 stillgelegten Schaustollen unter Tage besichtigen.

Seit 1237 wurden zunächst Silber, später auch andere Erze abgebaut. Im Jahr 1486 arbeiteten hier in 70 Stollen über 1000 Bergleute!

In dem Schaustollen werden die Geschichte des Abbaus und die Arbeitsbedingungen der Knappen gezeigt. In den Gebäuden der ehemaligen Aufbereitungsanlage, wo das wertvolle Metall vom Gestein getrennt wurde, hat man noch erhaltene Zeugnisse der jahrhundertealten Bergbautätigkeit versammelt: Dokumente zu Mineralogie, Geologie, der Arbeit im Stollen, Erztransport, das Leben der Bergleute.

Geöffnet April-Ende Oktober Di-So 9.30-16.30 Uhr, Voranmeldung von Gruppen erwünscht. Das Museum ist behindertengerecht ausgebaut.

Die Jaufenspitze etwa von Nordwesten, vom Anstiegsweg vom Jaufenpaß

Auch auf dem begrenzten Raum des Jaufenspitz-Grates haben „fleißige Baumeister“ Steinmänner aufgerichtet

117 Jaufenspitze ②

i: Tourismusverein, I-39040 Ratschings, Tel. (0472) 765325.

Landkarte: Kompass-Karte 1:50000, Nr. 44, Sterzing.

Führer: Koch, Südtirol für Bergwanderer, Bd. 2, Tappeiner, Bozen.

Talort: Gasteig, 950 m, von Sterzing 4 km.

Ausgangspunkt: Jaufenpaß, 2099 m, von Gasteig 11 km.

Aufstieg: 1 Std., unschwierig, aber Trittsicherheit und Schwindelfreiheit wichtig.

Abstieg: 3/4 Std.

Stützpunkt: Sterzinger Jaufenhaus, 1993 m, östlich unterhalb der Paßhöhe.

✳: Bekannter Aussichtsgipfel mit kurzem Anstieg.

Abstieg: Wer eine kleine Abwechslung möchte, verläßt den Weg 13A bei den Klammalmweiden gegen Süden. Man überquert die Wiesen, zuletzt über eine Brücke zur Hütte der Klammalm, 1925 m. Der anschließende Abstieg vollzieht sich auf dem zur Alm führenden Weg, Markierung 12 nach Flading, 1 1/2 Std.

117 Jaufenspitze, 2481 m ②

(Den Verlauf dieser Route finden Sie auf der Kartenskizze Seite 145)

Beherrschendes Felshorn über dem Jaufenpaß, das trotz seiner etwas abweisenden Gestalt unschwierig zu ersteigen ist, dabei aber ein wenig Trittsicherheit und Schwindelfreiheit verlangt. Weite Fernsicht.
Auffahrt: Von Gasteig auf der Jaufenstraße zum Jaufenpaß, 2099 m, 11 km.
Aufstieg: Von der Paßhöhe des Jaufenpasses, 2099 m, führt die Markierung 11 in südöstlicher Richtung die weniger steilen Westhänge empor, zuletzt nach einem Bogen, von Süden her zum felsigen Gipfel. Stellenweise sind Drahtseilsicherungen angebracht, die alle heikleren Stellen auf angenehme Weise entschärfen. 1 Std. von der Paßhöhe.
Abstieg: Auf dem gleichen Weg, 3/4 Std.

Der Fernblick von der Jaufenspitze wird an schönen Tagen nur durch den Dunst begrenzt

Um das Penser Joch

Auf dem Gipfel des Weißhorns gegen die Zillertaler Alpen mit Hochferner und Hochfeiler

Auf dem Weg zum Zinseler; hinten die Stubaier Alpen (Bild unten)

118 Zinseler ①

i: Tourismusverein, I-39040 Ratschings, Tel. (0472) 765325.

Landkarte: Kompass-Karte 1:50000, Nr. 44, Sterzing.

Führer: Kammerer, Südtirol für Bergwanderer, Bd. 4, Tappeiner, Bozen.

Talort: Sterzing, 948 m, Autobahnausfahrt.

Ausgangspunkt: Penser-Joch-Straße, ½ km nördlich der Paßhöhe, von Sterzing 15 km.

Aufstieg: 1½ Std., keine Schwierigkeiten.

Abstieg: Auf dem gleichen Weg, 1 Std.

Stützpunkt: Alpenrosenhof, Penser Joch, 2214 m.

✳: Kurze, lohnende Wanderung zu einem prachtvollen Aussichtsgipfel.

Tip: Besonders schön zur Alpenrosenblüte und im Herbst.

118 Zinseler, 2422 m ①

Ausgehend von der Penser-Joch-Straße ist der Anstieg zum Zinseler, einem bekannten Aussichtsberg über dem Talkessel von Sterzing, eine gemütliche, kurze, aber sehr lohnende Kammwanderung.

Auffahrt: Von Sterzing auf der Penser-Joch-Straße bis etwa ½ km vor die Paßhöhe.

Aufstieg: An der Nordseite des Penser Jochs, etwa ½ km nördlich vor der Paßhöhe, 2150 m (Hinweistafel), zweigt der Steig Markierung 14/15 von der Paßstraße westwärts ansteigend ab und führt kurz steil zum nahen Jaufentaler Jöchl hinauf. Man folgt dann dem Steig auf dem Kamm nach Norden; hinter dem weiten Gospeneider Joch führt er am Südhang zur Gipfelfläche des Zinselers, 2422 m, 1½ Std.

119 Tatschspitze, 2526 m ②

Von der Penser Alm an der Paßstraße südseitig knapp unter dem Penser Joch ausgehend, ist der Höhenweg zur Tatschspitze eine nicht zu lange und auch nicht überlaufene Bergwanderung.

Auffahrt: Von Sterzing auf der Penser-Joch-Straße zum Penser Joch und noch ein wenig weiter zur Penser Alm, 16 km.

Aufstieg: Von der Penser Alm, 2158 m (Hinweistafel), führt Markierung 4A ostwärts, dann südseitig um einen Bergrücken herum, am steilen Grashang entlang und kurz nordseitig querend zum Niedeck-Sattel, 2250 m. Die Steigspur läuft nun am Kamm weiter nach Osten, am Gipfelhang nordwestseitig zur Tatschspitze, 2526 m, 2¼ Std.

Abstieg: Auf gleicher Route 2 Std.

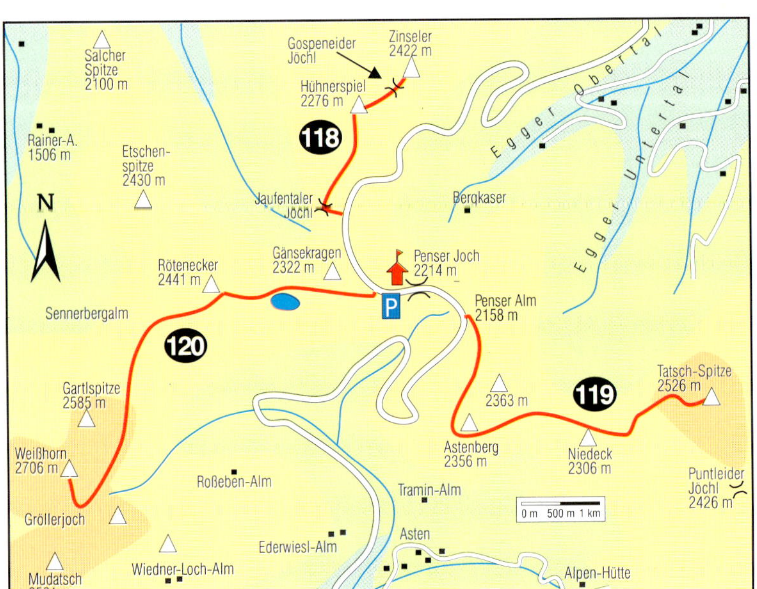

Das Sarntaler Weißhorn vom Weg Penser Joch-Weißhorn

119 Tatschspitze ②

i: Tourismusbüro, I-39049 Sterzing, Tel. (0472) 765325.

Landkarte: Kompass-Karte 1:50000, Nr. 44, Sterzing.

Führer: Kammerer, Südtirol für Bergwanderer, Bd. 4, Tappeiner, Bozen.

Talort: Sterzing, 948 m, Autobahnausfahrt.

Ausgangspunkt: Penser Alm, 2158 m.

Aufstieg: 2 1/4 Std., unschwierig und wenig anstrengend.

Abstieg: 2 Std.

Stützpunkt: Alpenrosenhof, Penser Joch, 2214 m.

☀: Nicht sehr lange, aber lohnende Panoramawanderung und schöne Gipfeltour.

120 Weißhorn ②

i: Tourismusbüro, I-39049 Sterzing, Tel. (0472) 765325.

Landkarte: Kompass-Karte 1:50000, Nr. 44, Sterzing.

Führer: Kammerer, Südtirol für Bergwanderer, Bd. 4, Tappeiner, Bozen.

Talort: Sterzing, 948 m, Autobahnausfahrt.

Ausgangspunkt: Penser-Joch, 2214 m, von Sterzing 16 km.

Aufstieg: 2 1/2Std., unschwierig, eine Stelle erfordert besondere Vorsicht.

Abstieg: 2 Std..

☀: Sehr lohnende Panoramawanderung und eindrucksvolle Gipfeltour mit grandioser Aussicht.

120 Weißhorn, 2705 m ②

Weithin sichtbares Felshorn am Nordrand der Sarntaler Alpen, dessen Nordseite aus Kalk besteht, der an einer Stelle den Leib des Berges durchdringt und im Süden zwischen dunklem Schiefer zum Vorschein kommt. Großartiger Aussichtsgipfel, der auf einer reizvollen Panoramawanderung zu erreichen ist. Die Tour ist leicht, nur bei einem kleinen Teil des Gipfelaufstiegs ist Vorsicht nötig.

Auffahrt: Von Sterzing zum Penser Joch, 2214 m, 16 km.

Aufstieg: In leichtem Auf und Ab auf markiertem Steig meist auf der Höhe des gerundeten Kammes gegen Westen, stets mit freier Sicht nach allen Seiten. Der Kamm wendet sich gegen Südwesten, man passiert die unteren Steinwandseen. Die schon nahen Südabstürze des Weißhorns zeigen einen großen weißen Fleck; hier dringt der Kalk der Nordseite durch den Berg und tritt aus. Der Anstieg wird jetzt steil, und Drahtseilsicherungen erleichtern den Aufstieg. Die günstige Felsschichtung fördert das Vorankommen, weil immer gute Tritte vorhanden sind. Schließlich öffnet sich nach einem kurzen flachen Gratstück die herrliche Rundsicht vom großen Gipfelkreuz aus, 2 1/2 Std.

Abstieg: Auf gleichem Weg, wobei Vorsicht angebracht ist. 2 Std.

Die wichtigsten Orte von A – Z

Blick vom Nordhang des Zinselers in den Talkessel von Sterzing

BRENNER

Ital. Brennero, 1370 m, Gemeindesitz Gossensaß, ital. Colle Isarco, 1098 m, 2220 Einwohner (Marktgemeinde). Ort auf der gleichnamigen Paßhöhe, der hauptsächlich aus Zollgebäuden, Bahnhof, Kasernen, Gaststätten und Geschäften besteht. Die Kirche aus dem 14. Jahrhundert wurde im 17. Jahrhundert erweitert. Südlich des Brenners in Brennerbad besteht eine Heilquelle, es gibt mehrere Gasthäuser.

GOSSENSASS

Ital. Colle Isarco, 1100 m, 2220 Einwohner (Gemeinde Brenner). Ort südlich des Brenners im Wipptal an der Mündung des Pflerschtals, im 13. Jahrhundert erstmals erwähnt. Im Mittelalter reicher Ort durch ausgedehnten Bergbau und den Handel über den Brenner. Die Kirche, von Franz de Paula Penz erbaut, besitzt Fresken von Matthäus Günther. Die Friedhofskapelle enthält einen spätgotischen Flügelaltar. Das alte Knappenhaus, das sogenannte Ralserhaus, ist mit Fresken von Rudolf Stolz geschmückt.

Altes Bild von Gossensaß, als es noch keine Autobahn gab

PFITSCH

Ital. Vizze, 948 m, 2534 Einwohner. Gemeinde des 32 km langen Pfitschtals, eines östlichen Eisack-Seitentals, das bei Sterzing mündet. Im Mittelalter reicher Bergbau nach Kupfer-, Silber- und Bleierzen, bekannt für seinen Mineralienreichtum (Burgumer Tal). Verhältnismäßig wenig erschlossenes Tal mit vielen landschaftlichen Höhepunkten.

RATSCHINGS

Ital. Racines, Gemeindesitz in Stange, 976 m, 3691 Einwohner. Große Gemeinde der drei Täler Ridnaun, Ratschings und Jaufen. Sehenswert die Gilfenklamm zwischen weißem Marmor. Um das Ridnauntal, das beim größten Gletscher der Stubaier Alpen, dem Übeltalferner beginnt, liegen die ehemaligen Bergwerke, die im Mittelalter zu Wohlstand geführt haben und in denen 40 verschiedene Mineralien gefördert wurden. Heute ist der größte Teil aufgelassen. In Maiern steht das Landesbergbaumuseum, in Schloß Wolfsthurm (Mareit) das Landesjagdmuseum.

STERZING

Ital. Vipetino, 948 m, 5603 Einwohner (Stadtgemeinde). Alte Stadt an der Brennerstraße, wo Wipp-, Jaufen-, Ridnaun- und Pfitschtal zusammentreffen und eine ausgedehnte Talweitung bilden. In der Umgebung fand man Reste zahlreicher vorgeschichtlicher Siedlungen, später war hier der römische Ort Vipitenum. Im Mittelalter erlangte die Stadt große Bedeutung durch den Handel an der Brennerstraße und die zahlreichen Bergwerke in der Umgebung. Ein großer Brand unterbrach die Entwicklung. Der Stadtkern hat sein reizendes mittelalterliches Bild fast vollständig erhalten und ist für jeden Besucher Südtirols ein Anziehungspunkt. Die Pfarrkirche Unsere Liebe Frau im Moos wurde im 13. Jahrhundert erstmals erwähnt, im 15. Jahrhundert umgebaut und erhielt im 18. Jahrhundert eine barocke Neuausstattung mit Fresken von J. A. Mölkh; berühmt ist der Multscher-Altar, von dem nicht mehr alle Teile vorhanden sind. In der Heiliggeistkirche befinden sich Fresken von Hans von Bruneck aus dem 15. Jahrhundert. Im ehemaligen Stadtspital befindet sich das Multscher-Museum, ebenso der sehenswerte Mithrasstein. Einen Besuch lohnen die Ansitze Jöchlturm aus dem 15. Jahrhundert mit wertvoller geschnitzter gotischer Decke, Heidenschaft aus dem 16. Jahrhundert und Wildenburg aus dem 17. Jahrhundert. Südlich stehen auf Felshügeln im Tal die schönen Burgen Sprechenstein und Reifenstein.

BRUNECK

Antholzer Tal gegen Rieserfernergruppe mit Schneebigem Nock, Wildgall und Hochgall

Die nordöstlichste Region Südtirols umfaßt das mittlere Tal der Rienz mit Tauferer- und Ahrntal, Reintal, Antholzer Tal und dem gegen Süden abzweigenden Olanger Tal. Auch das unterste Gadertal gehört dazu. Die Begrenzung wird im Norden und Nordosten durch die Staatsgrenze gebildet und zwar vom Hochfeiler zum Nordosteck Südtirols bei der Birnlücke und von dort etwa nach Süden bis zum Hinterbergkofel südlich des Obersees östlich des Staller Sattels. Von dort zieht die Grenze gegen die Region Hochpustertal über Rote Wand und Amperspitze, überquert das Pustertal bei Welsberg, steigt zum Brunstriedl an, bleibt auf dem Kamm, der über den Furkelsattel nach Westen zieht, überquert das Gadertal nördlich von Zwischenwasser und steigt zum Astjoch, von wo an die Grenze gegen die Region Brixen bis zum Hochfeiler gilt.

Zwei etwa gleichlange Hauptadern sorgen für eine übersichtliche Gliederung, das Pustertal selbst und sein langes Seitental, das Ahrntal. Neben diesen großen Einschnitten sind noch das Reintal, Seitental des Tauferer Tals (unterer Teil des Ahrntals), das Antholzer Tal, das vom Pustertal gegen Norden bzw. Nordosten abgeht, und das Olanger Tal gegen Süden zu nennen. Bis auf den Talkessel von Bruneck, breiteren Talabschnitten des Rienztals bei Percha und Olang und dem ebenen und geweiteten Tauferer Tal gibt es nur Berglandschaft, die als alpin und hochalpin einzustufen ist. Der niedrigste Punkt liegt bei etwa 760 m, der höchste auf dem Hochfeiler mit 3510 m, dem die Dreiherrnspitze im Nordosten mit 3499 m nur wenig nachsteht. Der tiefe Einschnitt des Pustertals trennt in dieser Region ungefähr die Kristallingesteine im Norden von Sedimentgesteinen im Süden. So hat das

Alte Bürgerhäuser säumen auch heute noch Straßen und Plätze der Stadt Bruneck

Gebiet Anteile an beiden geologischen Unterteilungen. Allerdings ist der Kristallinteil sehr groß, während die Dolomitenkalke im Süden nur eine kleine Fläche einnehmen. Klimatisch gesehen unterscheidet sich diese Landschaft schon sehr vom Süden Südtirols, was man auch auf den ersten Blick sieht: Saftig-grüne Wiesen, von überwiegend Nadelwald und Bergen umgeben, herrschen vor. Es gibt aber dennoch mehr Sonnenschein als nördlich der Alpen.

Hauptort der Region ist die mittelalterlich gebliebene Stadt Bruneck mit vielen Sehenswürdigkeiten an der Mündung des Tauferer Tals in das Tal der Rienz, die seit ihrer Gründung immer an erster Stelle stand und auch auf künstlerischem Gebiet herausragend war; ihre berühmtesten Söhne sind die Maler Michael und Friedrich Pacher mit ihren spätgotischen Meisterwerken.

Auch die anderen größeren Orte des Gebiets gehören zu den beliebten Urlaubszielen, doch haben alle ihr ursprüngliches Gesicht bewahrt.

Während um Bruneck, im Pustertal und im Tauferer Tal kleinere Industrieansiedlungen bestehen, ist das übrige Gebiet nach wie vor bäuerlich und handwerklich geprägt. Das Ende des Bergbaus im ausgehenden 19. Jahrhundert hat besonders die Bevölkerung des Ahrntals verarmen lassen. Vor etwa 100 Jahren hat man dort das Klöppeln eingeführt, das einen bescheidenen Zusatzverdienst sicherte. Auch die Schnitzerei von hölzernen Perchtenmasken ist dazugekommen.

Der Fremdenverkehr, dessen bescheidene Anfänge schon Jahrzehnte zurückliegen, hat erst, als der Wintersport in Mode kam und die Urlauber mehr wurden, einzelne Zentren entstehen lassen. Vor allem der Kronplatz ist bekannt geworden, dessen Gipfelbereich und Hänge stark mit Pisten und Aufstiegshilfen erschlossen sind. Alle anderen Brennpunkte des Fremdenverkehrs sind ruhiger geblieben, und die Erschließung ist noch nicht so weit fortgeschritten.

Für den Bergwanderer bestehen rund ums Jahr vielfältige Möglichkeiten; man kann ohne besondere Anstrengung beachtliche Höhen in den Pfunderer Bergen, dem Zillertaler Hauptkamm, der Venedigergruppe oder in den Randgebieten der Dolomiten erreichen. Das Wegenetz ist umfangreich, gut markiert, und auch Hütten gibt es genug. Eine besondere Attraktion für viele Mineralienfreunde ist das Ahrntal, wo heute noch Bergkristall, Rauchquarz, Amethyst, Rutil und Adular gefunden werden.

Alte Bauernhäuser in Lappach gegen die beiden Weißzinte

Region Bruneck

Übersicht der beschriebenen Touren

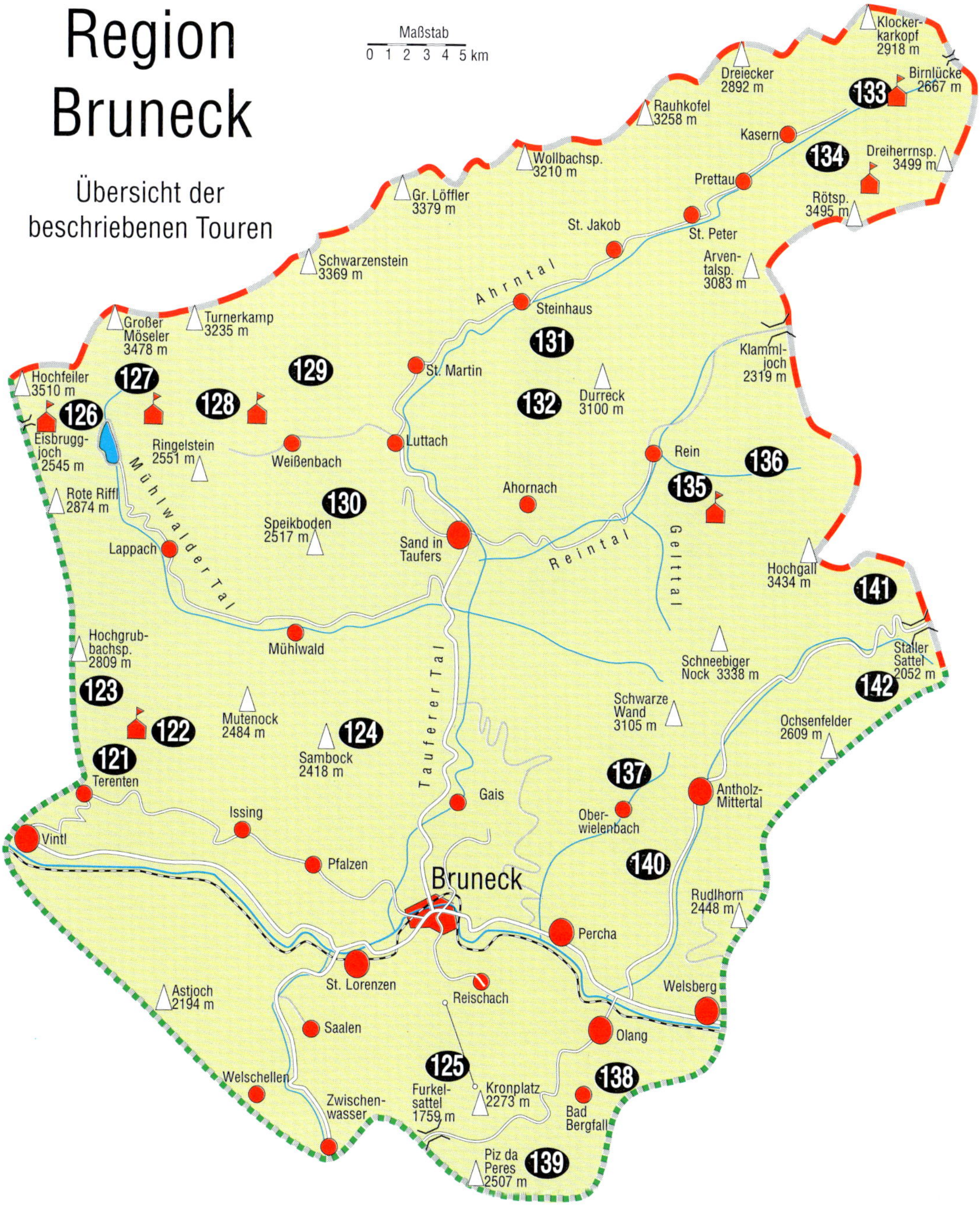

→ ORIENTIERUNGSSTUFEN BRUNECK

① Touren 121, 122, 125, 129, 131, 133 (bis zur Lahneralm), 135, 138, 140

② Touren 123, 124, 126, 127, 128, 130, 132, 133, 134, 136, 137, 139, 142

③ Tour 141

① = Kurze Spaziergänge oder Wanderungen ohne jede Schwierigkeit, meist auf guten Wegen, auch für Ältere und kleinere Kinder geeignet.

② = Wanderungen eventuell von längerer Dauer, aber ohne Schwierigkeiten und besondere Ausrüstungsanforderungen, größere Kinder unter geeigneter Aufsicht können teilnehmen.

③ = Unternehmungen ohne größere Schwierigkeiten, die aber Trittsicherheit, Schwindelfreiheit und geeignete Ausrüstung voraussetzen. Eigene Erfahrung oder Führung durch Erfahrene wichtig. Größere Kinder nur mit Erfahrung und Sicherung.

Über dem mittleren Pustertal

121 Terentner Panoramarunde ①

i: Tourismusbüro, I-39030 Terenten, Tel. (0472) 546140.

Landkarte: Kompass-Karte 1:50000, Nr. 57, Bruneck.

Führer: Kammerer, Südtirol für Bergwanderer, Bd. 7, Tappeiner, Bozen.

Talort: Vintl, 755 m, 15 km ab Autobahnausfahrt Brixen-Pustertal.

Ausgangspunkt: Terenten, 1210 m, $5^{1}/_{2}$ km ab Vintl.

Wegzeit: $4^{1}/_{2}$ Std., 13 km.

Stützpunkte: Gasthöfe in Terenten, Hauerhof-Jausenstation.

✳: Landschaftlich reizvolle Panoramawanderung über dem mittleren Pustertal.

122 Tiefrastenhütte ①

i: Tourismusbüro, I-39030 Terenten, Tel. (0472) 546140.

Landkarte: Kompass-Karte 1:50000, Nr. 57, Bruneck.

Führer: Kammerer, Südtirol für Bergwanderer, Bd. 7, Tappeiner, Bozen.

Talort: Vintl, 755 m, 15 km ab Autobahnausfahrt Brixen-Pustertal.

Ausgangspunkt: Winnebachtal-Parkplatz, 1550 m, 9 km ab Vintl.

Aufstieg: $2^{1}/_{4}$ Std., unschwierig.

Abstieg: $1^{1}/_{2}$ Std.

Stützpunkt: Tiefrastenhütte, 2312 m.

✳: Sehr lohnender Hüttenanstieg und aussichtsreiche Wanderung in der Landschaft der Pfunderer Berge.

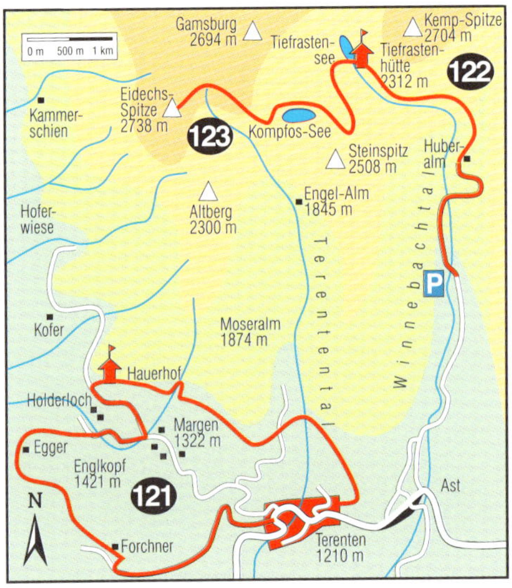

121 Terentner Panoramarunde ①

Mit freien Ausblicken zu den Dolomitengipfeln vermittelt dieser Rundweg einen sehr informativen Eindruck der Landschaft des mittleren Pustertals.

Auffahrt: Von Vintl nach Terenten, $5^{1}/_{2}$ km.

Wegverlauf: Ab Terenten, 1210 m, folgt man der Hauptstraße nach Westen bis zur Abzweigung der Straße nach Margen, steigt dort kurz an, zweigt links auf die Straße nach Pein ab und folgt dieser bis zum Forchnerhof. Markierung 1 führt dort auf einem Waldweg nach Westen zum einsam gelegenen Eggerhof, 1225 m, $1^{1}/_{2}$ Std. Man folgt der Hofzufahrt nach Margen, 1313 m, und dort der Straße zum steil an der Bergkante des Eidechs gelegenen Hauerhof, 1440 m, $1^{1}/_{2}$ Std. Der Rundweg führt nun ostwärts im Wald wieder zu den Feldern (Antennenturm) und an ihrem oberen Rand entlang zu den alten Mühlen im Terententál. Am Hang gegenüber gelangt man talauswärts zu einem Hof; Markierung 1 führt am oberen Feldrand nach Osten, schwenkt in einer feuchten Wiese südwärts und führt zum nächsten Hof. Auf Feldwegen oder auf der Hauptstraße gelangt man nun nach Westen zur Ortsmitte von Terenten, insgesamt 4 $^{1}/_{2}$ Std.

122 Tiefrastenhütte, 2312 m ①

Diese schön gelegene neu erbaute Schutzhütte in der Hochgrubbachgruppe oberhalb Terenten am Tiefrastensee ist in nicht allzu langem, aber sehr lohnendem Anstieg erreichbar.

Auffahrt: Von Vintl über Terenten zum Winnebachtal-Parkplatz, 1550 m, 9 km von Vintl.

Aufstieg: Man folgt weiterhin der Straße, die in Kehren im Hochwald zur verfallenen Huberalm, 1912 m, führt. Der nach Norden ansteigende Fußweg Markierung 23 zieht

Blick von der Tiefrastenhütte zu den Pragser Dolomiten

Plassenjoch und Hochgrubbachspitz (rechts), vom Anstieg zum Gitsch

123 Eidechsspitze ②

i: Tourismusbüro, I-39030 Terenten, Tel. (0472) 546140.

Landkarte: Kompass-Karte 1:50000, Nr. 57, Bruneck.

Führer: Kammerer, Südtirol für Bergwanderer, Bd. 7, Tappeiner, Bozen.

Talort: Vintl, 755 m, 15 km ab Autobahnausfahrt Brixen-Pustertal.

Ausgangspunkt: Tiefrastenhütte, 2312 m, Zugang siehe Tour 122.

Aufstieg: $1^3/_4$ Std., unschwierig.

Abstieg: 1 Std.

Stützpunkt: Tiefrastenhütte, 2312 m.

☼: Lohnendster und leicht ersteigbarer Aussichtsgipfel in den Pfunderer Bergen über Terenten.

über dem Wasserfall links zum höheren, anfangs ebenen Talboden, dann rechts am Hang weiter ansteigend zum Schutzhaus, 2312 m, $2^1/_4$ Std.

Abstieg: Auf gleicher Route $1^1/_2$ Std.

123 Eidechsspitze, 2738 m ②

Von der Tiefrastenhütte aus ist die Besteigung dieses bekannten Aussichtsberges eine der lohnendsten Unternehmungen über dem Pustertal. Eine relativ kurze, interessante Bergtour.

Aufstieg: Von der Tiefrastenhütte, 2312 m, führt der Steig Markierung 22 über felsige Grasböden nach Südwesten und am steilen Hang links ansteigend zur Kompfoßscharte, 2488 m.

Man steigt dann über die Grashänge bei den Kompfoßseen westwärts an. Nach Querung eines Felshanges gelangt man zu einem flachen Geröllsattel und über den Nordostabhang zum Gipfel der Eidechsspitze, meist „Eidechs“ genannt, 2738 m, $1^3/_4$ Std.

Abstieg: Auf dem Anstiegsweg 1 Std.

124 Sambock, 2396 m ②

Der Sambock, am Ende eines Bergkamms hoch über drei Tälern gelegen, ist ein herausragender Aussichtspunkt mit weiter Fernsicht und interessanten Tiefblicken.

Auffahrt: Von Pfalzen auf schmaler Bergstraße nach Platten zum Lechner und kurz weiter zum Tierstallerhof, 8 km.

Aufstieg: Vom schön gelegenen Tierstaller, 1638 m, dem höchsten Berghof über Pfalzen, führt Markierung 66A, Hinweis, über die Weide nach Norden zu einem Fahrweg. Man folgt diesem im Wald nach Nordosten bis zur ersten Kehre; der Fußweg Markierung 66A zweigt dort rechts ab und führt zur noch im Waldbereich liegenden Stockpfarrer-Alm, 1962 m, $1^1/_4$ Std. An der nächsten Verzweigung folgt man dem Steig links; er führt

Großer Möseler und Turnerkamp von der Eidechsspitze

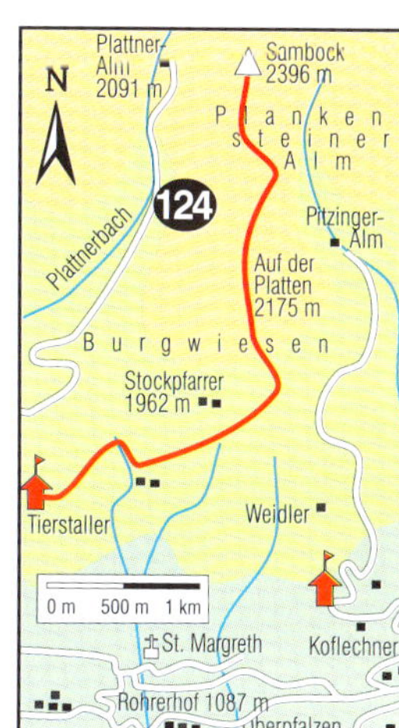

Kronplatz und Zillertaler Hauptkamm vom Piz da Peres

Auf dem Kronplatz-Gipfelplateau gegen Pustertal, Tauferer Tal und Zillertaler Hauptkamm (Foto unten)

124 Sambock ②

i: Tourismusbüro, I-39030 Pfalzen, Tel. (0474) 528159.

Landkarte: Kompass-Karte 1:50000, Nr. 57, Bruneck.

Führer: Kammerer, Südtirol für Bergwanderer, Bd. 7, Tappeiner, Bozen.

Talort: Pfalzen, 1022 m, 5 1/2 km ab Bruneck.

Ausgangspunkt: Tierstaller-Hof, 1638 m, 8 km ab Pfalzen.

Aufstieg: 3 Std., unschwierig.

Abstieg: 2 1/4 Std.

Stützpunkt: Lechner Jausenstation, 1586 m.

✳: Bekannter und eindrucksvoller Aussichtsgipfel über dem Brunecker Talkessel, der in unschwierigem Anstieg zu erreichen ist.

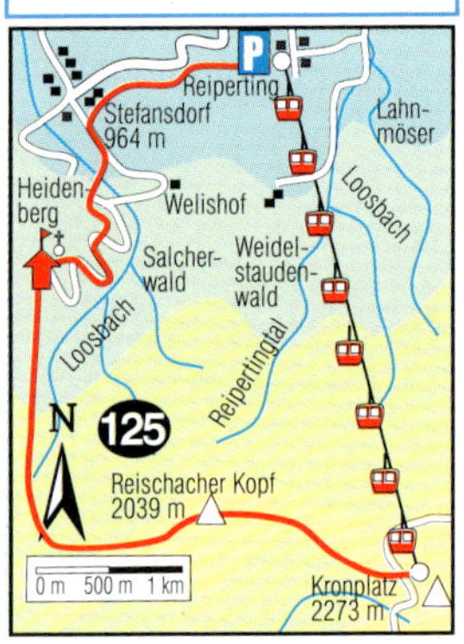

125 Kronplatz-Panoramaweg ①

i: Tourismusbüro, I-39031 Bruneck, Tel. (0474) 555722.

Landkarte: Kompass-Karte 1:50000, Nr. 57, Bruneck.

Führer: Kammerer, Südtirol für Bergwanderer, Bd. 6, Tappeiner, Bozen.

Talort: Reischach, 953 m, 3 km von Bruneck, Busverbindung.

Ausgangspunkt: Kronplatz-Kabinenbahn-Gipfelstation, 2275 m.

Weg mit Abstieg: 3 Std., unschwierig.

Stützpunkte: Schutzhütten am Kronplatz, Berggasthof Heidenberg.

✳: Besonders lohnender Panorama-Höhenweg mit anschließendem Waldabstieg.

nach Norden zur Waldgrenze und am Alpenrosenhang steiler zum Kreuz „Auf der Platte“, 2175 m. Nordwärts am flachen Bergrücken ansteigend, gelangt man zum ausgeprägteren Südkamm und folgt diesem zum Sambock-Gipfel, 2396 m, insgesamt 3 Std.

Abstieg: Auf der gleichen Route 2 1/4 Std.

125 Kronplatz-Panoramaweg ①

Vom Kronplatz-Gipfel aus bietet der Panoramaweg ein bequemes und landschaftlich begeisterndes Höhenweg-Erlebnis, das mit dem Abstieg zur Talstation der Bergbahn abgeschlossen wird.

Auffahrt: Mit der Kronplatz-Kabinen-Umlaufbahn von Reischach bei Bruneck zur Gipfelstation, 2275 m.

Wegverlauf und Abstieg: Man folgt dem Steig zum ehemaligen Seilbahngebäude. Markierung 8 (auch 4 und 2) führt dort am steilen Hang westseitig zur Blockhütte im ersten Sattel hinab. Der Panoramaweg folgt dem teils bewaldeten, flachen Bergkamm nach Westen. Man überschreitet den Reischacher Kopf, 2039 m. Markierung 8 zieht dann leicht absteigend zur Steigkreuzung in einem flachen Waldsattel, 1900 m, 1 Std. (auf die Hinweise achten). Man folgt dem Steig Markierung 12 nordwärts am bewaldeten Bergrücken absteigend zum Berggasthof Heidenberg, 1300 m, 1 Std. Teils auf Fußweg, die Straße abkürzend, gelangt man zu den Feldern oberhalb von Stefansdorf. Eine blau-weiße Markierung (Hinweistafel) führt auf überwiegend ebenen Fahr- und Feldwegen an zwei Einzelhöfen vorbei zur Talstation der Umlaufbahn, 970 m, 1 Std. Insgesamt 3 Std.

Über dem Neves-Stausee

126 Edelrauthütte, 2545 m ②

Der interessante Talweg zur Edelrauthütte (Eisbruggjochhütte) ist eine sehr lohnende, nicht zu lange Bergwanderung in ansprechender Hochgebirgslandschaft.

Auffahrt: Von Lappach im Mühlwalder Talschluß auf schmaler, steiler Bergstraße zum Neves-Stausee, 1870 m, 4 km von Lappach, Parkplatz im Bereich des Staudamms.

Aufstieg: Man folgt der für den Verkehr gesperrten Uferstraße (der kürzere Weg über die Staumauerbrücke ist versperrt) nach Norden zur Unteren Nevesalm und zur Brücke über den Gletscherbach, um am anderen Ufer, an der Almhütte vorbei, den Anfang des Saumweges beim Pfeifholder Bach zu erreichen. In Kehren ansteigend führt der breite Fußweg Markierung 26 über die bewaldete Steilstufe zu den Weideböden des Pfeifholder Tals. Dieses Hochtal leitet in einigen Stufen in zunehmend herberer Landschaft zum Eisbruggjoch. Man steigt nach Westen, anfangs mäßig steil, dann steiler über Geröll und Blockhalden, weiter oben noch im Sommer teils über Firnfelder zur Hütte, 2 3/4 Std.

Abstieg: Auf dem gleichen Weg 2 Std.

Anregung: In 1 1/4 Std. kann die aussichtsreiche Napfspitze, 2888 m, unschwierig, wenn auch etwas mühsam, erstiegen werden.

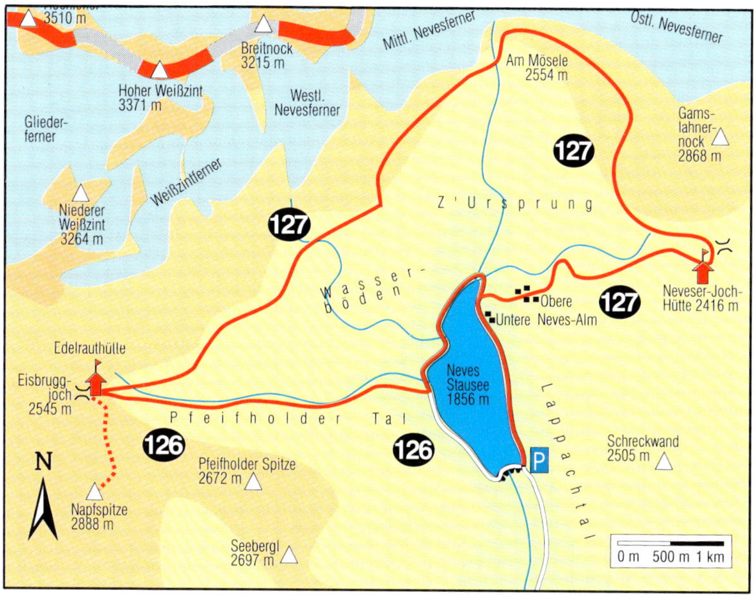

126 Edelrauthütte ②

i: Tourismusbüro, I-39030 Mühlwald-Lappach, Tel. (0474) 653220.

Landkarte: Kompass-Karte 1:50000, Nr. 82, Tauferer-Ahrntal.

Führer: Kammerer, Südtirol für Bergwanderer, Bd. 7, Tappeiner, Bozen.

Talort: Lappach, 1436 m, 14 km ab Mühlen im Tauferer Tal.

Ausgangspunkt: Neves-Staudamm, 1870 m, 4 km ab Lappach.

Aufstieg: 2 3/4 Std., unschwierig.

Abstieg: 2 Std.

Stützpunkt: Edelrauthütte (Eisbruggjochhütte), 2545 m.

☀: Sehr lohnender Aufstieg zu einer schön gelegenen, kleinen Hütte, die zahlreiche Tourenmöglichkeiten bietet.

Blick zum Möseler vom Aufstieg zur Napfspitze; im Vordergrund eine Quarzeinsprengung

Auf dem Neveser Höhenweg; oben der Turnerkamp

127 Neveser Höhenweg ②

i: Tourismusbüro, I-39030 Mühlwald-Lappach, Tel. (0474) 653220.

Landkarte: Kompass-Karte 1:50000, Nr. 82, Tauferer-Ahrntal.

Führer: Kammerer, Südtirol für Bergwanderer, Bd. 7, Tappeiner, Bozen.

Talort: Lappach, 1436 m, 14 km ab Mühlen im Tauferer Tal.

Ausgangspunkt: Neves-Staudamm, 1870 m, 4 km ab Lappach.

Aufstieg: Bis zur Edelrauthütte 5¼ Std., unschwierig, teils weglos, bei viel Wasser Umwege nötig, Trittsicherheit erforderlich.

Abstieg: 2 Std.

Stützpunkte: Nevesjochhütte, 2419 m, Edelrauthütte, 2545 m.

☼: Aufregend schöne, teils etwas abenteuerliche Tagestour im Gletscherbereich.

Tip: Nur bei besten Wetterverhältnissen zu empfehlen.

127 Neveser Höhenweg ②

(Den Verlauf dieser Route finden Sie auf der Kartenskizze Seite 157)

In durchschnittlich 2500 m Höhe verläuft dieser großartige Höhenweg unter den Gletschern, das oberste Lappachtal ausgehend, von der Nevesjoch- zur Edelrauthütte. Vom Nevesstausee aus ist er in einer Tageswanderung zu begehen, noch angenehmer freilich mit Übernachtung in einer Hütte!

Auffahrt: Von Lappach im Mühlwalder Talschluß auf schmaler, steiler Bergstraße zum Neves-Stausee, 1870 m, 4 km von Lappach, Parkplatz im Bereich des Staudamms.

Aufstieg und Wegverlauf: Man folgt der Uferstraße nach Norden zur Unteren Nevesalm und steigt auf dem Fahrweg in Kehren nach Osten zur Oberen Nevesalm und über Grasbuckel zur Nevesjochhütte oder Chemnitzer Hütte an, 2419 m, 1¾ Std. Der Neves-Höhenweg Markierung 1 verläuft vom Joch nordwestwärts zum Moränenbereich des Neveser Ferners, 2530 m. Die Markierung führt dort teils weglos nach Westen, die Gletscherbäche müssen von Stein zu Stein überquert werden. Bei viel Wasser kann man höher oben, wo das Bachbett seichter ist leichter durchkommen. Nach Überquerung der Randmoräne des Neveser Ferners führt der Weg durch einen Sumpfboden im Quellbereich des Ursprungbachs und weiter nach Südwesten. Über einen kleinen See gelangt man zu einer Anhöhe, 2600 m. Der Plattenweg führt zu einem Vorsprung und westwärts zur Edelrauthütte, 2545 m, 3½ Std. Insgesamt 5¼ Std.

Abstieg: Auf dem Hüttensteig mit der Markierung 26 im Pfeifholder Tal nach Osten zum Stausee und links herum zum Ausgangspunkt, 2 Std.

Speikboden und Weißenbachtal

128 Speikboden, 2517 m ②

Diese einmalig schöne Aussichtskanzel über Tauferer-, Ahrn- und Weißenbachtal ist von der Bergstation Michlreis in einer kurzen Bergwanderung zu erreichen.

Der Speikboden ist wegen seiner Rundsicht und für seine malerischen Talblicke bekannt.

Auffahrt: Von Sand in Taufers 1½ km zur Talstation Drittelsand, dann mit Lift zur Bergstation Michlreisalm, 1970 m.

Aufstieg: Ab Bergstation folgt man dem Steig Markierung 18, der zur Skipiste führt, überquert diese und steigt nach Nordwesten zum Kamm. Der kurze Abstecher rechts zum Wetterkreuz am Kleinen Nock, 2227 m, lohnt wegen des schönen Tiefblicks. Nach Rückkehr zur Abzweigung folgt man dem gut angelegten Steig über den teils felsigen Kamm nach Südwesten.

Der Große Nock wird am Hang gequert, der Steig führt über den Seewassernock im Bogen nach links zum Speikboden, 2517 m, 2 Std.

Burg Taufers und Schwarzenstein von Sand in Taufers

Abstieg: Man folgt dem Kamm nach Osten, an der Verzweigung führt der Steig Markierung 27 nach Norden an einem kleinen See vorbei zum Bereich der Pisten und zur Bergstation, 1 Std.

129 Gögenalm, 2027 m ①

Beliebtes Ausflugsziel und schön gelegene, aussichtsreiche Jausenstation am Weg zum

128 Speikboden ②

i: Tourismusbüro, I-39030 Sand in Taufers, Tel. (0474) 678076.

Landkarte: Kompass-Karte 1:50000, Nr. 82, Tauferer-Ahrntal.

Führer: Kammerer, Südtirol für Bergwanderer, Bd. 7, Tappeiner, Bozen.

Talort: Sand in Taufers, 834 m.

Ausgangspunkt: Lift-Bergstation Michlreisalm, 1970 m.

Aufstieg: 2 Std., unschwierig.

Abstieg: 1 Std.

Stützpunkt: Bergrestaurant Michlreisalm, 1980 m, Jausenstation.

☀: Leichte Panoramawanderung zu einem herrlichen Aussichtsgipfel.

129 Gögenalm ①

i: Tourismusbüro, I-39030 Luttach, Tel. (0474) 671136.

Landkarte: Kompass-Karte 1:50000, Nr. 82, Tauferer-Ahrntal.

Führer: Kammerer, Südtirol für Bergwanderer, Bd. 7, Tappeiner, Bozen.

Talort: Luttach, 956 m, 19 km ab Bruneck.

Ausgangspunkt: Althaus, 1440 m, 6 km ab Luttach.

Aufstieg: 2¼ Std., bequemer Weg.

Abstieg: 1¾ Std.

Stützpunkt: Gögenalm- und Tratteralm-Jausenstation.

☀: Geruhsame Almwanderung im landschaftlich reizvollen Talschluß von Weißenbach.

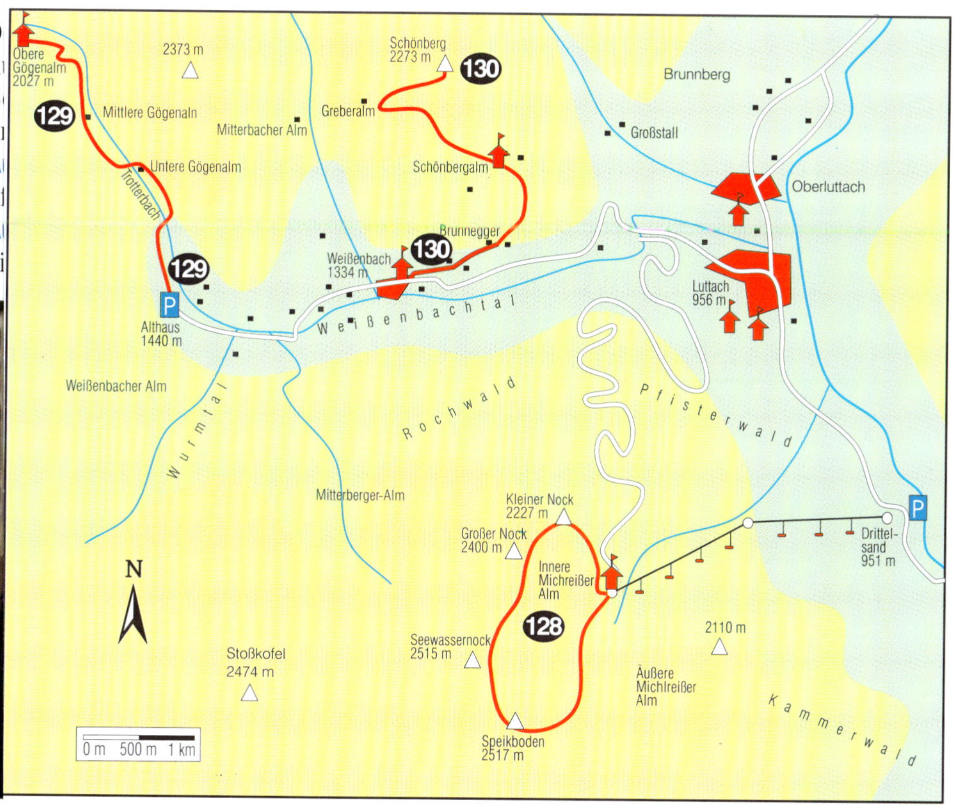

Ahrntalschluß

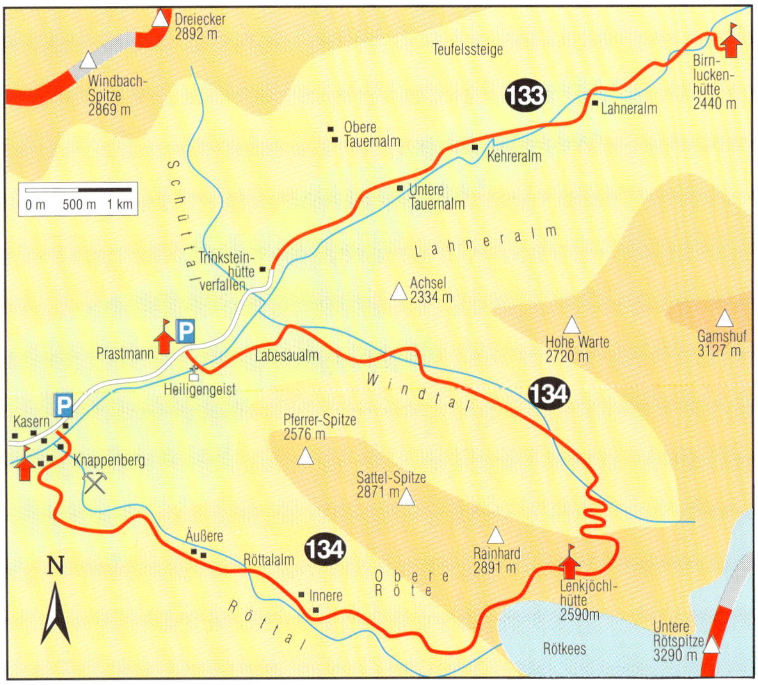

133 Birnlückenhütte ② bis Lahneralm ①

i: Tourismusbüro, I-39030 Prettau, Tel. (0474) 654188.

Landkarte: Kompass-Karte 1:50000, Nr. 82, Tauferer-Ahrntal.

Führer: Kammerer, Südtirol für Bergwanderer, Bd. 7, Tappeiner, Bozen.

Talort: Kasern, 1582 m, 41 km ab Bruneck.

Ausgangspunkt: Jägerhütte, Parkplatz, 1640 m, 2 km ab Kasern.

Aufstieg: $3^{1}/_{4}$ Std., unschwierig.

Abstieg: 2 Std.

Stützpunkte: Birnlückenhütte, 2441 m, Prastmann-, Annemarie-, Jägerhütte-, Lahneralm-Jausenstation.

☀: Landschaftlich sehr lohnende Hüttenwanderung.

133 Birnlückenhütte, 2441 m ② (bis zur Lahneralm ①)

Die landschaftlich interessante Bergwanderung zur Birnlückenhütte ist ein beliebter, viel begangener Ausflug im Ahrntaler Talschluß und schenkt eine Fülle prachtvoller Hochgebirgsbilder, besonders zur Dreiherrnspitze.

Auffahrt: Von Kasern zur Jägerhütte mit Parkplatz, 1640 m, 2 km.

Aufstieg: Die ab hier gesperrte Straße endet beim Trinksteinhaus; man folgt dort dem sonnseitig am Bach verlaufenden Fahrweg über Wiesenböden zur Kehreralm und gelangt in steilerem Anstieg am Schatthang zur Lahneralm, 1978 m, $1^{1}/_{2}$ Std. Von der Alm führt der Weg durch die teils sumpfigen Wiesen nach Osten zum steilen Hang. Auf dem Fußweg mit Markierung 13 in Kehren ansteigend, erreicht man einen Graben und folgt diesem bis zur Birnlückenhütte, 2441 m, $1^{3}/_{4}$ Std., insgesamt $3^{1}/_{4}$ Std.

Abstieg: Auf dem Anstiegsweg 2 Std.

134 Lenkjöchlhütte, 2590 m ②

Die Tour zur Lenkjöchlhütte ist eine landschaftlich großartige Runde unter der stark vergletscherten Rötspitze mit Anstieg im Röttal und Abstieg im Windtal. Die Lenkjöchlhütte steht auf dem Lenkjöchl, von dem man zu den Bergen um die

Oberes Ahrntal bei Kasern im Frühjahr gegen Birnlücke

Die Rötspitze aus dem oberen Röttal

134 Lenkjöchlhütte ②

i: Tourismusbüro, I-39030 Prettau, Tel. (0474) 654188.

Landkarte: Kompass-Karte 1:50000, Nr. 82, Tauferer-Ahrntal.

Führer: Kammerer, Südtirol für Bergwanderer, Bd. 7, Tappeiner, Bozen.

Talort: Kasern, 1582 m, 41 km ab Bruneck.

Ausgangspunkt: Kasern, Parkplatz am Ortsende, 1590 m.

Aufstieg: 3¼ Std., unschwierig.

Abstieg: 2¼ Std.

Stützpunkte: Lenkjöchlhütte, 2590 m, Rötalm-, Prastmann- und Annemarie-Jausenstation.

✳: Eindrucksvolle Berg-Rundtour in hochalpiner Landschaft über eine herrlich gelegene Hütte.

Dreiherrnspitze, zur Rötspitze, aber auch nach Westen blicken kann. Ein besonders beeindruckendes Bergerlebnis!

Aufstieg: Ab Parkplatz am Ortsende von Kasern kurz nach dem Gasthof Tauernrast (Weghinweise) führt Markierung 11 am Schatthang hinauf zum St.-Barbara-Bildstock, in Kehren die Talstufe überwindend, auch rechts auf dem Naturlehrpfad zum Röttalkreuz und zur Rötalm, 2116 m, 1¾ Std. Hinter der Inneren Rötalm nordostwärts ansteigend, folgt man dem Steig zur Hütte, 2590 m, 1½ Std., insgesamt 3¼ Std.

Abstieg: Im Windtal führt der Steig Markierung 12 am Steilhang in Kehren zum Wasserfall hinab. Links am Bach entlang erreicht man dann die Talmündung, steigt dort an der Labesaualm vorbei zur Heilig-Geist-Kapelle ab, 1619 m, 2 Std. Von der Jausenstation Prastmann wandert man talauswärts und erreicht nach ¼ Std. den Parkplatz. Insgesamt 2¼ Std.

Die östlichsten Berge des Zillertaler Hauptkamms vom Weg zur Birnlückenhütte

... und nach der Tour

Im Prettautal, dem obersten Teil des Ahrntals, mußte man sich nach Schließung des letzten Kupferbergwerks 1894 nach neuen Erwerbsmöglichkeiten umsehen. Die ersten, die mit dem Klöppeln von Spitzen ein karges Auskommen hatten, waren deshalb ehemalige Bergarbeiter. Auch einige Mädchen aus dem Dorf erlernten die Technik; eine von ihnen, die legendäre Rosa Mittermair, eröffnete dann die noch heute bestehende Klöppelschule.

Im Dorfzentrum von Prettau befinden sich Läden, die die berühmten, in der Umgebung in Heimarbeit hergestellten Spitzen verkaufen. Dort wird für Interessierte auch die Teilnahme an Klöppelkursen vermittelt.

Reintal

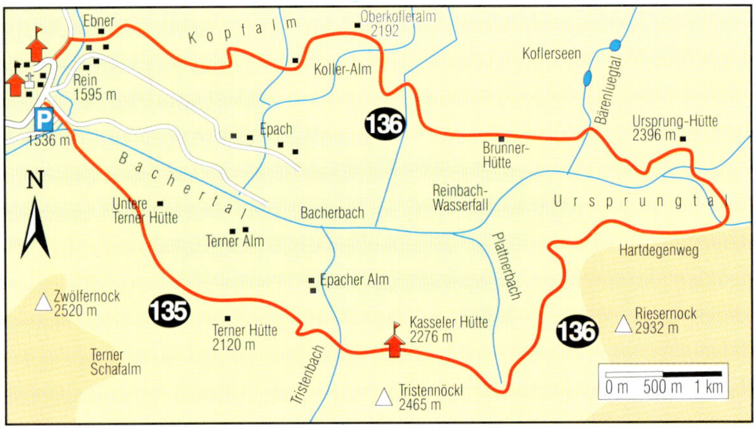

135 Kasseler Hütte ①

i: Tourismusbüro, I-39032 Sand in Taufers, Tel. (0474) 678076.

Landkarte: Kompass-Karte 1:50000, Nr. 82, Tauferer-Ahrntal.

Führer: Kammerer, Südtirol für Bergwanderer, Bd. 7, Tappeiner, Bozen.

Ausgangspunkt: Rein, 1598 m, 10 km ab Sand in Taufers.

Aufstieg: 2¹/4 Std., unschwierig.

Abstieg: Auf dem Anstiegsweg, 1¹/2 Std.

Stützpunkt: Kasseler Hütte, 2276 m.

☼: Großartiges Landschaftserlebnis bei kurzem Aufstieg.

135 Kasseler Hütte, 2276 m ①

Dieses landschaftlich eindrucksvoll gelegene Schutzhaus zu Füßen des mächtigen Hochgalls ist nicht allzu weit vom hoch gelegenen Bergdorf Rein entfernt, was die Beliebtheit dieses Hüttenanstiegs „sichtbar" erklärt.

Aufstieg: Ab der Brücke im Talboden von Rein, 1536 m, Hinweise, führt der Fußweg Markierung 1 über eine ebene Wiese zum bewaldeten Schatthang, und dort wird die Talstufe in steilen Kehren ansteigend überwunden. Man wandert dann mäßiger ansteigend zur Terner Alm, weiter zur Waldgrenze und zur Eppacher Alm, 2041 m, 1¹/2 Std. Jetzt ist schon die Hütte zu sehen. Nun führt der Weg zum Wildbach im stark ausgeprägten Tristenbachgraben und am Hang gegenüber in Kehren zur Kasseler Hütte, 2276 m, ³/4 Std., insgesamt 2¹/4 Std.

Abstieg: Auf dem gleichen Weg 1¹/2 Std. Oder auf Route 136.

136 Arthur-Hartdegen-Höhenweg ②

Diese eindrucksvolle Panoramawanderung führt in einer Höhe von 2300 Metern von der Kasseler Hütte durch den Talschluß und am Hang gegenüber zurück nach Rein.

Wegverlauf: Von der Kasseler Hütte, 2276 m (Hinweistafel), führt der Steig mit der Markierung 8 in ebenem Verlauf im Weidegelände nach Osten. Nach Überquerung des – vormittags nicht so angeschwollenen – Rein-

Am Friedhof von Rein; Blick in die Rieserfernergruppe

Hochgall und Wildgall von der Bärenluegspitze über dem Klammljoch

136 Arthur-Hartdegen-Höhenweg ①

i: Tourismusbüro, I-39032 Sand in Taufers, Tel. (0474) 678076.

Landkarte: Kompass-Karte 1:50000, Nr. 82, Tauferer-Ahrntal.

Führer: Kammerer, Südtirol für Bergwanderer, Bd. 7, Tappeiner, Bozen.

Ausgangspunkt: Kasseler Hütte, 2276 m, 2 1/2 Std. von Rein, 1536 m, 10 km ab Sand in Taufers.

Weglänge: 14 km, 4 Std., nicht schwierig.

Stützpunkt: Kasseler Hütte, 2276 m.

☀: Eindrucksvoller, vielgestaltiger Höhenweg in großartiger Berglandschaft.

Tip: Nur bei sicherem Schönwetter zu empfehlen.

…bachs werden die Gletscherschliffe und Moränenhänge des stark zurückgewichenen Hochgallgletschers ansteigend durchquert. Beim Plattner Bach, 2365 m, wendet sich der Weg nach Norden und führt unter den Wänden des Riesernocks entlang. Der nach Nordwesten vorspringende Felssporn wird mit Hilfe eines Seilhandlaufs überklettert. Unter der Nordflanke des Riesernocks querend erreicht man den ebenen Moränenauslauf des Lenksteinferners, 2350 m, 1 1/2 Std. Nach der Brücke über den Ursprungbach führt Markierung 8A ansteigend zur Ursprungalm, 2396 m. Eindrucksvoller Blick zum Hochgall. Nun folgt man dem Höhenweg im Almbereich nach Westen zur Oberen Kofleralm, 2192 m, 1 1/4 Std. Der Steig führt durch Felsgelände hinab zur Unteren Kofleralm und im Wald weiter zum Ebenerhof, 1652 m. Durch die Felder gelangt man zur Knuttentalstraße und folgt dieser nach Rein, 1 1/4 Std. Für die gesamte Strecke braucht man 4 Std.

Auf dem Anstieg zur Kasseler Hütte zu Füßen des Hochgalls

… und nach der Tour

Größte Attraktion in Sand in Taufers ist das Schloß Taufers, von der einflußreichen Sippe der Taufers Anfang des 13. Jahrhunderts auf einem Felsvorsprung am Eingang des Ahrntals errichtet. Von wechselnden Besitzern wurde das Schloß durch die Jahrhunderte ausgebaut und erweitert, so daß es heute über 64 zum Teil reich und prächtig ausgestaltete Räume verfügt. Besonders sehenswert sind Gerichtssaal, Bibliothek, Rittersaal, Kapelle und das „Geisterzimmer": Letzteres war das Zimmer der unglücklichen Margarete von Taufers, deren Bräutigam kurz vor der Hochzeit ermordet wurde und deren Geist deshalb ruhelos durch die Gemäuer wandert.

Im Schloß werden rund ums Jahr Führungen veranstaltet, zu saisonal unterschiedlichen Zeiten.

Olanger und Antholzer Tal

Der Rammelstein vom Gipfel des Schönbichls; hinten die Sextener Dolomiten

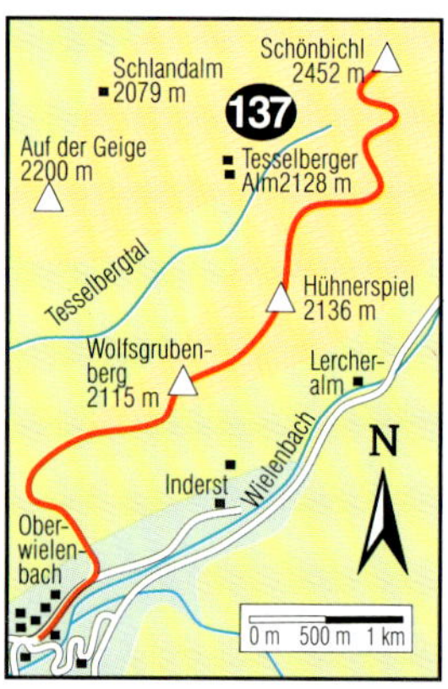

137 Schönbichl, 2452 m ②

Der Schönbichl ist ein besonders lohnender und leicht ersteigbarer Aussichtsberg in der südlichen Rieserfernergruppe hoch über dem Pustertal, der mit nicht zu langem, landschaftlich reizvollem Weg erstiegen werden kann.

Auffahrt: Von Percha nach Oberwielenbach zum oberen Ortsrand, 4 km.

Aufstieg: In Oberwielenbach, 1350 m, beim Feuerwehrhaus links abzweigend, folgt man der steilen Straße zum Oberwolfsgruber. Der im Wald nach Westen ansteigende Fahrweg Markierung 3 führt weiter zum Tauerntalsattel, 1680 m, 1 Std. Auf dem Waldweg Markierung 7, rechts im Bereich der Kammlinie ansteigend, gelangt man zu den Weiden am breiten Bergrücken.

Die Wegspuren führen nordostwärts zum steileren Grashang, teils auch weglos erreicht man den Schönbichl, 2452 m, 2¼ Std. Insgesamt 3¼ Std.

Abstieg: Auf dem Anstiegsweg 2¼ Std.

138 Brunstalm, 1889 m ①

Diese Einkehrhütte am Sonnenhang des Brunstriedl-Rückens oberhalb von Olang ist ein lohnendes Ausflugsziel mit besonders schönem Blick zu den Olanger Dolomiten

137 Schönbichl ②

i: Tourismusbüro, I-39030 Percha, Tel. (0474) 401155.

Landkarte: Kompass-Karte 1:50000, Nr. 57, Bruneck.

Führer: Kammerer, Südtirol für Bergwanderer, Bd. 7 und 8, Tappeiner, Bozen.

Talort: Percha, 972 m, 4 km ab Bruneck.

Ausgangspunkt: Oberwielenbach, 1350 m, 4 km ab Percha.

Aufstieg: 3¼ Std., ohne Schwierigkeit.

Abstieg: 2¼ Std.

Stützpunkte: Gasthöfe in Oberwielenbach.

☀ Landschaftlich äußerst lohnender Gipfelanstieg mit reizvollen Tal- und Dolomitenbildern.

Hochalpenkopf und Maurerkopf vom Brunstriedl

Auf dem Gipfel des Piz da Peres; links hinten die Drei Zinnen, rechts der Seekofel

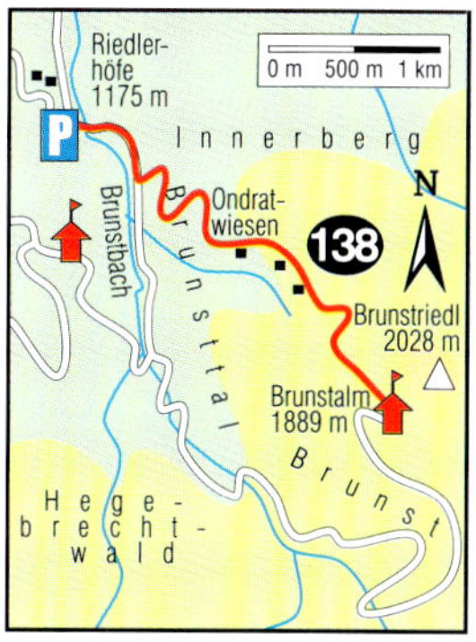

138 Brunstalm ①

i: Tourismusbüro, I-39030 Olang, Tel. (0474) 498005.

Landkarte: Kompass-Karte 1:50000, Nr. 57, Bruneck.

Führer: Kammerer, Südtirol für Bergwanderer, Bd. 8, Tappeiner, Bozen.

Talort: Olang, 1048 m.

Ausgangspunkt: Brunsttal, 1175 m, knapper Parkplatz, von Olang 2 km.

Aufstieg: 2 1/4 Std., leichter Weg.

Abstieg: 1 3/4 Std.

Stützpunkt: Brunstalm-Jausenstation, 1889 m.

✳: Lohnende Wanderung, Anstieg zu einer schön gelegenen und aussichtsreichen Alm.

Tip: Man kann auch bis zur Alm der Forststraße folgen.

und besonders gegen Norden zu den Gletscherbergen des Zillertaler Hauptkamms.

Auffahrt: Von Olang zur Brücke im Brunsttal, 1175 m, 2 km.

Aufstieg: Die Markierung 20 führt anfangs auf Forstweg, dann links abzweigend auf Steig zu einem Sattel. Dort steigt man südostwärts steil an, dann rechts, auf die Abzweigung achten, auf Steig zu einer Forststraße und auf dieser zur Brunstalm, 1889 m, 2 1/4 Std.

Abstieg: Auf dem Anstiegsweg oder auf der Forststraße 1 3/4 Std.

Der aus drei Dörfern, Ober-, Mitter- und Niederolang, bestehende Ort Olang in der größten Talweitung des oberen Pustertals

Die Dreifingerspitze vom Anstieg zum Piz da Peres

139 Piz da Peres ②

i: Tourismusbüro, I-39030 Olang, Tel. (0474) 498005.

Landkarte: Kompass-Karte 1:50000, Nr. 57, Bruneck.

Führer: Kammerer, Südtirol für Bergwanderer, Bd. 8, Tappeiner, Bozen.

Talort: Olang, 1048 m.

Ausgangspunkt: Furkelsattel, 1759 m, Parkplatz am Straßenrand, von Olang 11 km.

Aufstieg: 2¼ Std., unschwierig.

Abstieg: 2 Std.

Stützpunkte: Mehrere Gasthöfe am Furkelsattel.

✳: Herrlicher, nicht schwierig zu ersteigender Aussichtsgipfel zwischen Pustertal und Enneberg.

Tip: Nur bei sicherem Schönwetter empfohlen.

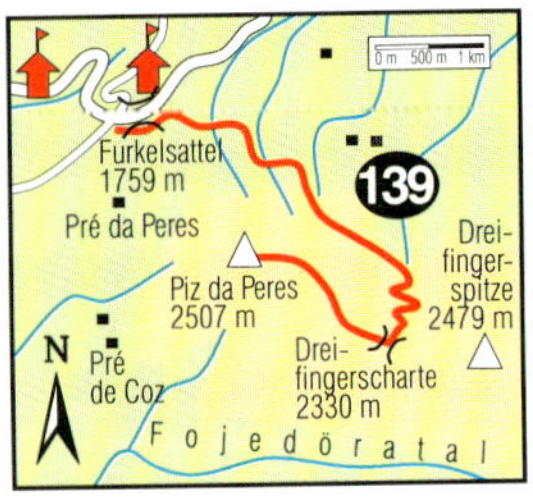

139 Piz da Peres, 2507 m ②

Diese markante Felspyramide ist der westliche Eckpfeiler des Olanger Kammes am Nordrand der Dolomiten. Zu seinen Füßen breitet sich der Furkelsattel, der ihn vom Kronplatzmassiv trennt. Trotz seines schroffen Aussehens ist er ein beliebtes und gar nicht schwieriges Bergwanderziel. Neben seiner abwechslungsreichen Aussicht zum Alpenhauptkamm und in die Dolomiten, ist sein Blumenreichtum zu nennen. Gelber Alpenmohn und Edelweiß sind die auffallendsten Pflanzen am Anstiegsweg.

Im Antholzer Tal; hinten Wildgall und Hochgall

Auffahrt: Von Olang zum Furkelsattel 1759 m, 11 km.

Aufstieg: Auf der südlich am Furkelsattel abzweigenden Straße führt Markierung 3 ostwärts zu einer Schottergrube. Ab dort zieht der Steig durch einen Wildbachgraben, dann links zur Bergkante, nordseitig im Wald unter Wänden entlang zum Kar und in Kehren zur Dreifingerscharte, 2330 m. Man folgt den Steigspuren am ostseitigen Grashang zum Gipfel, 2507 m, 2¼ Std.

Abstieg: Auf dem Anstiegsweg 2 Std.

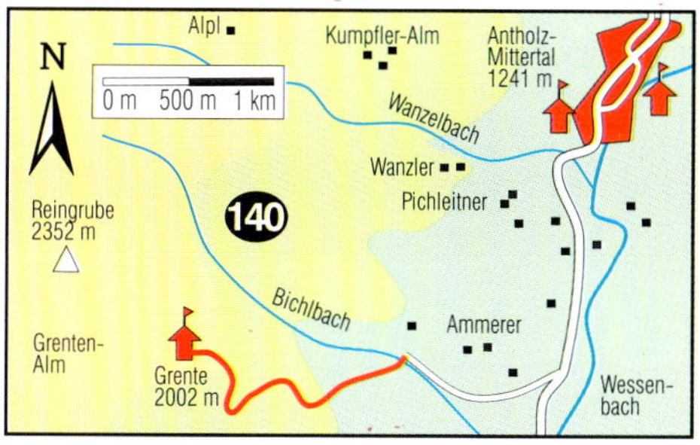

140 Grentealm, 2002 m ①

Leichte Wanderung zu einer Jausenstation in schöner Lage an der Waldgrenze am Ostabhang des Rammelsteins über dem Antholzer Tal.

Auffahrt: Von Antholz-Mittertal auf der Talstraße bis zu den Häusern mit Sägewerk zwischen Niedertal und Mittertal (Hinweistafel), auf geteerter Bergstraße bis zum Fahrverbot, 1430 m.

Aufstieg: Man folgt dort dem Wirtschaftsweg, der in einigen Kehren zur Alm führt. Der Fußweg Markierung 6 verkürzt den Anstieg in steilen Abkürzungen. 2 Std.

Abstieg: Auf gleichem Weg $1^1/_2$ Std.

Der Hochgall aus der Gegend des Staller Sattels

Das Almerhorn aus dem oberen Antholzer Tal in der Nähe des Antholzer Sees

140 Grentealm ①

i: Tourismusbüro, I-39030 Antholz, Tel. (0474) 492116.

Landkarte: Kompass-Karte 1:50000, Nr. 57, Bruneck.

Führer: Kammerer, Südtirol für Bergwanderer, Bd. 8, Tappeiner, Bozen.

Talort: Antholz-Mittertal, 1241 m.

Ausgangspunkt: Fahrverbot an der Straße zur Grentealm, 1430 m, kleiner Parkplatz.

Aufstieg: 2 Std., ganz einfach.

Abstieg: $1^1/_2$ Std.

Stützpunkt: Grentealm-Jausenstation.

✳: Geruhsamer Anstieg mit eindrucksvollem Blick auf die Rieserfernergruppe.

... und nach der Tour

In Oberrasen im Antholzer Tal fällt bei der Durchfahrt der Ansitz Heufler auf. Wer sich nach einer anstrengenden Bergtour bei feiner einheimischer oder italienischer Küche erholen und dabei in wunderschönen historischen Stuben sitzen will, ist in diesem 1558 erbauten Schloß am Ziel seiner Wünsche. In den Zimmern des Hotels kann man zu erschwinglichen Preisen übernachten.

Die Sextener Dolomiten von der Roten Wand; im ersten Drittel von links sind Große und Westliche Zinne zu erkennen, rechts die Dreischuisterspitze

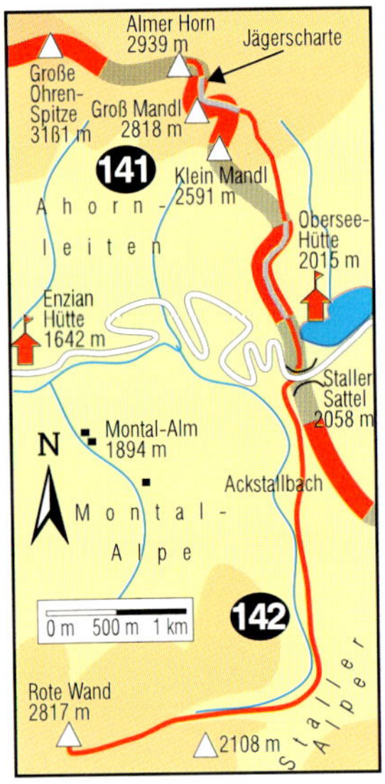

141 Almerhorn ③

i: Tourismusbüro, I-39030 Antholz, Tel. (0474) 492116.

Landkarte: Kompass-Karte 1:50000, Nr. 45, Defereggental.

Führer: Kammerer, Südtirol für Bergwanderer, Bd. 8, Tappeiner, Bozen.

Talort: Antholz-Mittertal, 1241 m.

Ausgangspunkt: Staller Sattel, Parkplatz Obersee, 2020 m.

Aufstieg: 3½ Std., Trittsicherheit notwendig.

Abstieg: 2½ Std.

Stützpunkt: Oberseehütte, 2020 m.

✳: Großartiger Aussichtsgipfel, aber nicht ganz kurze Tour, die Kondition erfordert.

Tip: Nur für Bergwanderer mit Hochgebirgserfahrung.

141 Almerhorn, 2985 m ③

Schöner, in längerem Anstieg erreichbarer Aussichtsgipfel mit kleinem nordseitigem Gletscher in der östlichen Hochgallgruppe über dem Staller Sattel. Er zeichnet sich durch eindrucksvolle Schau in die Gletscherwildnis der Hochgall-Ostflanke aus. Diese Bergtour kann nur bei besten Verhältnissen unternommen werden und erfordert Kondition sowie alpine Erfahrung und Ausrüstung.

Der Obersee und Oberseehütte am Staller Sattel, im Hintergrund der Wildgall und, teils verdeckt, der Hochgall

Auffahrt: Zufahrt von Antholz-Mittertal am Antholzer See vorbei mit Ampel und Einbahnverkehr zum Staller Sattel, 2058 m, Parkplatz am Obersee, 2020 m.
Aufstieg: Ab Oberseehütte (Hinweistafel) auf Fußweg zur Scharte westlich des Staller Sattels (Staatsgrenze), dort im Kammbereich ansteigend, dann rechts am Hang nordwestwärts in Kehren über Moränen zur Mulde unterhalb der Scharte. Auf Steig am Schutthang zum Felsaufschwung, der Anstieg führt dort links, bei Ausaperung mit Drahtseil gesicherter Zickzack-Steig in den Felsen, aber bis zum Hochsommer über den steilen Firnhang, oben nach rechts querend zur Jägerscharte, 2870 m, 3 Std. Vom flachen Schartenbereich führt ein Plattensteig rechts am Blockhang zum nahen Gipfel, 2985 m, ½ Std., insgesamt 3½ Std.
Abstieg: Auf gleicher Route, 2½ Std.

142 Rote Wand, 2817 m ②

Zu den lohnendsten leichten Wandergipfeln Südtirols darf sicher die Rote Wand in den Villgratner Bergen südlich des Staller Sattels gezählt werden. Sie ist eine Aussichtswarte ersten Ranges, deren Glanzpunkte Wildgall und Hochgall den Antholzer See ungefähr 2000 Meter überragen. Dazu

Wildgall und Hochgall, tief unten der Antholzersee von der Roten Wand

142 Rote Wand ②

i: Tourismusbüro, I-39030 Antholz, Tel. (0474) 492116.

Landkarte: Kompass-Karte 1:50000, Nr. 57, Bruneck.

Führer: Kammerer, Südtirol für Bergwanderer, Bd. 8, Tappeiner, Bozen.

Talort: Antholz-Mittertal, 1241 m.

Ausgangspunkt: Staller Sattel, Parkplatz vor der Grenze, 2050 m.

Aufstieg: 2 1/2 Std., unschwierig.

Abstieg: 1 3/4 Std.

Stützpunkte: Oberseehütte, 2020 m.

☀: Großartiger und einfach erreichbarer Panoramaplatz über dem Antholzer See.

... und nach der Tour

Der Antholzer See hoch über dem Antholzer Tal gilt zu Recht als einer der schönsten Bergseen Südtirols. Vom Ende dieses Sees aus erreicht man in einem Spaziergang von etwa einer halben Stunde die Steinzgeralm, wo man mit etwas Glück den besten Südtiroler Graukäse und rahmige Butter erstehen kann.

kommt die ziemlich nahe wildzerklüftete Reihe von Türmen und Zinnen der Sextener Dolomiten und nicht zuletzt ein guter Teil der Hohen Tauern.

Auffahrt: Zufahrt von Antholz-Mittertal am Antholzer See vorbei mit Ampel und Einbahnverkehr zum Staller Sattel, 2020 m, Parkplatz nahe der Grenze, 2050 m.

Aufstieg: Von den Wegtafeln bei der Grenzschranke steigt man auf Markierung 7 anfangs etwas steiler, dann gemächlicher über dem Tal des Ackstallbachs in den Talkessel der Staller Alm. Bei einer Wegverzweigung im flachen Talboden biegt die Markierung 7 gegen Westen ab, steigt wieder steiler an und erreicht eine Scharte, wo der Blick auf die Dolomiten frei wird. Von ihr in wenigen Minuten zum geräumigen Gipfel aus rötlichem Stein mit großem Kreuz, 2 1/2 Std.

Abstieg: Auf gleicher Route 1 3/4 Std.

Die wichtigsten Orte von A – Z

Das Geburtshaus Michael Pachers, der zu den größten Künstlern des deutschen Sprachraums gehört

AHRNTAL

Ital. Valle Aurina, 850 – 1600 m, 5315 Einwohner. 50 km langes, bedeutendstes Seitental des Rienztals, dessen unterer Teil Tauferer Tal genannt wird. Bereits in vorrömischer Zeit besiedelt. Im Mittelalter wurde in diesem außerordentlich mineralreichen Gebiet das beste Kupfer von ganz Europa erzeugt. Neuerdings sind Klöppeln und das Schnitzen von Holzmasken typische Ahrntaler Handwerkszweige. Zahlreiche Ortschaften mit schönen Bauernhäusern. Luttach besitzt eine Kirche des 15. Jahrhunderts, die später umgestaltet wurde, einen alten Kornkasten und einen Ansitz, der heute ein Hotel beherbergt.
Steinhaus und Prettau waren früher Zentren des Bergbaus. Die Prettauer Kirche besitzt ein Altarbild von Franz Unterberger.

Steinhaus im Ahrntal vom Kleinklausen-Sessellift

BRUNECK

Ital. Brunico, 838 m, 12818 Einwohner (Stadtgemeinde). Hauptort des Pustertals an der Mündung des Ahrntals und in der Nähe der Mündung des Gadertals, gegründet vom Brixner Fürstbischof 1250, mit reizvollem mittelalterlichen Stadtbild, von der gleichnamigen Burg überragt. Der Wohlstand des Mittelalters wurde durch Überschwemmungen, Brände, Pestepidemien und die Auswirkungen der Reformation häufig unterbrochen. Die Brüder Pacher, bedeutende Schnitzer und Freskomaler der Spätgotik, und andere Künstler sind hier geboren. Die neuromanische Pfarrkirche besitzt ein Pacher-Kruzifix, das Florianitor ein Fresko von Rudolf Stolz, das Ursulinentor ein Fresko von Hans von Bruneck. Weitere erhaltene Stadttore und schöne Ansitze sowie zahlreiche Kunstwerke lohnen einen Besuch.

GAIS

Ital. Gais, 836 m, 2640 Einwohner. Ort im Tauferer Tal, im 10. Jahrhundert erstmals erwähnt. Im Ort befindet sich die Kirche St. Johannes aus dem 12. Jahrhundert mit drei Rundapsiden; sie wurde später öfter verändert und 1910 neuromanisch renoviert; im Inneren Fresken aus dem Jahr 1804 von Johann Renzler. Außerdem gibt es einen romanischen Pfarrhof und in der Nähe Burg Neuhaus und die Burgruine Kehlburg.

OLANG

Ital. Valdaora, 1047 m, 2633 Einwohner. Gemeinde im gleichnamigen Tal aus drei Orten, Mitter-, Nieder- und Oberolang. Sehenswert sind die barocke Ägidiuskirche mit gotischen Ausstattungsteilen und das Tharerstöckl am Hinrichtungsort des Freiheitskämpfers Peter Sigmayr. Die Pfarrkirche in Niederolang aus dem 18. Jahrhundert hat einen gotischen Turm. In der Umgebung entdeckt man schöne Bildstöckl.

PFALZEN

Ital. Falzes, 1022 m, 2086 Einwohner. Schön gelegener Ort über dem Pustertal bei Bruneck mit im 19. Jahrhundert neu erbauter Kirche, aber altem Turm; Altarbild von Johann Josef Karl Henrici und Kreuzweg von Josef Renzler. Der Ansitz Luttach stammt aus dem 14. Jahrhundert.

RASEN-ANTHOLZ

Ital. Rasun-Anterselva, 1030-1642 m, 2584 Einwohner. Gemeinde, die alle Orte des 15 km langen Antholzer Tals umfaßt. In Mittertal steht eine Kirche aus dem 18. Jahrhundert mit spätgotischem Spitzturm, die Niedertaler Kirche des 15. Jahrhunderts besitzt ein Außenwandfresko, die Kirche in Obertal wurde von zwei Bauern gestiftet. Um Niederrasen hat man Funde aus der La-Tène-Zeit gemacht, die Kirche enthält Fresken des von den Nazarenern beeinflußten Anton Psenner. In Oberrasen stehen eine Kirche aus dem 14. Jahrhundert, der schöne Ansitz Heufler und der Hauserhof aus dem 17. Jahrhundert.

SAND IN TAUFERS

Ital. Campo Tures, 865 m, 4570 Einwohner. Hauptort des Tauferer Tals, im 11. Jahrhundert erstmals genannt. Die Kirche aus dem 16. Jahrhundert hat ein schönes Netzgewölbe. Der Ansitz Neumelans stammt von 1582/83. Über dem Ort erhebt sich die mächtige, guterhaltene Burganlage Taufers aus dem 13. Jahrhundert mit zahlreichen sehenswerten Ausstattungsstücken.

ST. LORENZEN

Ital. San Lorenzo di Sebato, 810 m, 3151 Einwohner (Marktgemeinde). Bedeutender Ort im Pustertal nahe der Gadertalmündung. An seiner Stelle sind eine vorgeschichtliche Siedlung und das Römerkastell Sebatum nachgewiesen. Das Ortsbild ist durch schöne Häuser aus dem 16. bis 18. Jahrhundert geprägt. Die Kirche aus dem 13. Jahrhundert besitzt die Egerer-Kapelle des 15. Jahrhunderts und die Traubenmadonna von Michael Pacher, ferner eine wertvolle Kanzel und Holzskulpturen. In der Nähe stehen die Ruine Michelsburg und das ehemalige Kloster Sonnenburg.

TERENTEN

Ital. Terento, 1210 m, 1457 Einwohner. Ort auf der Hochebene nördlich des Pustertals, wo römische Besiedlung nachgewiesen ist. Die Kirche St. Georg ist ein spätgotischer Bau, der im 19. Jahrhundert neuromanisch umgestaltet wurde.

Heiligkreuz bei St. Lorenzen im Pustertal gegen die Riesenfernerberge

Wandmalerei am östlichen Stadtturm von Bruneck zur Erinnerung an den Gründer der Stadt, Fürstbischof von Brixen, Graf von Bullenstätten

LADINISCHE TÄLER

Sass da la Luesa von östlich unterhalb des Grödner Jochs

Die Verbindung zwischen den einzelnen Tälern dieser Region wird vor allem durch die gemeinsame rätoromanische (ladinische) Sprache hergestellt, die ein großer Teil der Bewohner noch spricht. Zu ihr gehören in Südtirol hauptsächlich zwei bedeutende Täler, das Grödental und das Gadertal, die beide bekannte Fremdenverkehrszentren bilden (die ebenfalls ladinischsprachigen Nachbartäler Buchenstein und Fassatal gehören schon zur Provinz Trient).

Die Grenze folgt ein sehr langes Stück der Provinzgrenze gegen Belluno und Trient vom Seekofel über die Sella- und Langkofelgruppe zur Roterdspitze, wo sie auf die Grenze gegen die Region Bozen trifft, die bis Völs am Schlern gilt. Sie setzt sich mit der Regionengrenze gegen die Region Brixen bis zum Astjoch fort, quert das Gadertal und erreicht über den Piz da Peres den Seekofel.

Die beiden Täler, die in das Eisack- und in das Pustertal münden, sorgen für eine deutliche Gliederung, die durch Villnöß-, Campill-, Enneberg- und Rautal und das Tal von St. Kassian ergänzt wird. Die Landschaft ist ausschließlich alpin und hochalpin einzustufen. Die niedrigsten Punkte im Gröden- und im Gadertal liegen um 1000 m, der höchste auf dem Gipfel des Langkofels 3179 m. Die klimatischen Bedingungen der beiden Täler und ihrer Seitentäler sind trotz der beachtlichen Durchschnittshöhe sehr angenehm: Viele Sonnentage und eine relative Wetterbeständigkeit erinnern schon an den Süden. Trotzdem haben die allgemein harten Bedingungen des Hochgebirges auch hier den Menschen früher das Leben schwer gemacht.

Durch den Schneereichtum sind hier einige bekannte Wintersportgebiete entstanden, die wegen der Verbindung von viel Sonne und bis in den Frühling vorteilhaften Pistenverhältnissen äußerst beliebt sind: Dazu gehören St. Ulrich, St. Christina und Wolkenstein im Grödental, die Seiser Alm, Corvara, Kolfuschg und viele andere.

Manche Berufe werden als typisch etwa für das Grödental angesehen, wie die Holzschnitzer, die auf eine lange Reihe berühmter Künstler zurückschauen können. Die Menschen sind überwiegend Ladiner mit eigener alter Kultursprache, die in der letzten Zeit zunehmend gepflegt wird. Für den deutschsprachigen Besucher ist es angenehm, sich in diesem Gebiet ohne Einschränkung überall deutsch verständigen zu können. Interessantes über die Ladiner und ihre Sprache findet man im Heimatmuseum St. Ulrich und im Ladinischen Kulturzentrum St. Martin am Thurn. Sie leben seit über 2000 Jahren in diesem Gebiet und viele Sagen erzählen von seiner Vergangenheit, als es das Königreich Fanes noch gab.

Im „ladinischen“ Abschnitt der Dolomiten steht ein guter Teil der schönsten Dolomi-

Region Ladinien

Übersicht der beschriebenen Touren

Maßstab
0 1 2 3 4 5 km

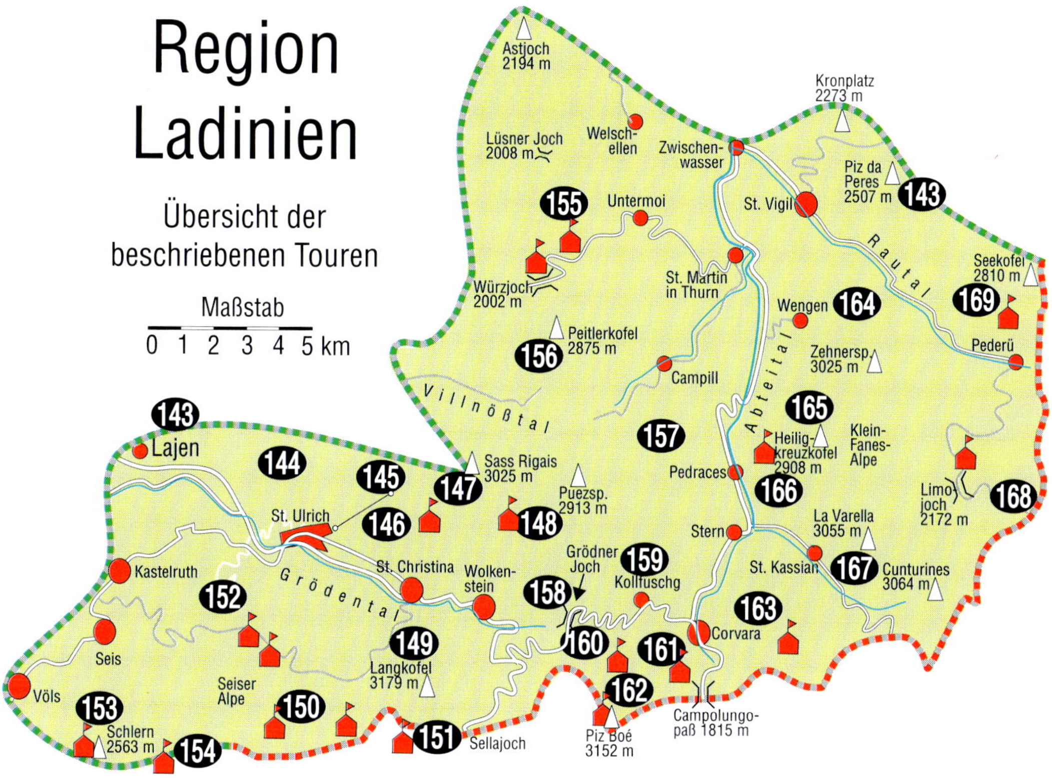

tenriesen: Langkofel, Sella, Lavarella, Sass Rigais und Furchetta, Sass Songher, Peitlerkofel und Heiligkreuzkofel, die den Tälern ihr besonderes Gepräge gegeben haben. Im Gegensatz zu den bisher genannten Regionen fehlt den ladinischen Tälern eine städtische Siedlung, die allein wegen der Höhe und wegen des beengten Platzes in den schmalen Tälern nicht entstehen konnte.

Für Bergfreunde ist die gesamte Region reizvoll und interessant, denn gerade Wanderer und Naturfreunde finden eine reiche Auswahl an leichten bis mäßig schwierigen Touren mit vielen Aufstiegshilfen, zu denen auch hochgelegene Straßen zu rechnen sind. Das Netz der Hütten ist ziemlich dicht, so daß man bei fast jeder Wanderung auch am Berg übernachten oder einkehren kann.

→ ORIENTIERUNGSSTUFEN LADINISCHE TÄLER

① Touren 143, 144, 151, 155, 163, 164, 166

② Touren 145, 146, 148, 149, 150, 152, 153, 154, 156, 157, 158, 159, 161, 165, 168

③ Touren 147, 160, 162, 167, 169

① = Kurze Spaziergänge oder Wanderungen ohne jede Schwierigkeit, meist auf guten Wegen, auch für Ältere und kleinere Kinder geeignet.

② = Wanderungen eventuell von längerer Dauer, aber ohne Schwierigkeiten und besondere Ausrüstungsanforderungen, größere Kinder unter geeigneter Aufsicht können teilnehmen.

③ = Unternehmungen ohne größere Schwierigkeiten, die aber Trittsicherheit, Schwindelfreiheit und geeignete Ausrüstung voraussetzen. Eigene Erfahrung oder Führung durch Erfahrene wichtig. Größere Kinder nur mit Erfahrung und Sicherung.

Um das Grödental

143 Der Poststeig ①

i: Tourismusbüro, I-39043 Klausen, Tel. (0472) 847424.

Landkarte: Kompass-Karten 1:50000, Nr. 56, Brixen und Nr. 59, Sellagruppe-Marmolata

Führer: Kammerer, Südtirol für Bergwanderer, Bd. 6, Tappeiner, Bozen.

Talort und Zielpunkt: Klausen, 523 m, Autobahnausfahrt Klausen-Gröden.

Ausgangspunkt: St. Ulrich, 1234 m, mit Linienbus von Klausen.

Strecke: 5 Std., 11 km, unschwierig, meist Abstieg, geringe Aufstiege.

Stützpunkte: Gasthöfe in den Ortschaften, Gasthof Pedrutsch.

✳: Wunderschöne, wenig anstrengende Panoramawanderung.

144 Außerraschötz ①

i: Tourismusbüro, I-39046 St. Ulrich, Tel. (0471) 796328.

Landkarte: Kompass-Karte 1:50000, Nr. 59, Sellagruppe-Marmolata.

Führer: Kammerer, Südtirol für Bergwanderer, Bd. 5 und 6, Tappeiner, Bozen.

Talort: St. Ulrich, 1234 m, Busverbindungen.

Ausgangspunkt: Raschötzlift-Bergstation, 2103 m.

Aufstieg: 3/4 Std., ganz einfach.

Abstieg: Auf dem Anstiegsweg, 1/2 Std.

Stützpunkte: Raschötzhütte, 2170 m, Raschötzlift-Restaurant.

✳: Herrlicher Aussichtspunkt, mit geringstem Kraft- und Zeitaufwand erreichbar.

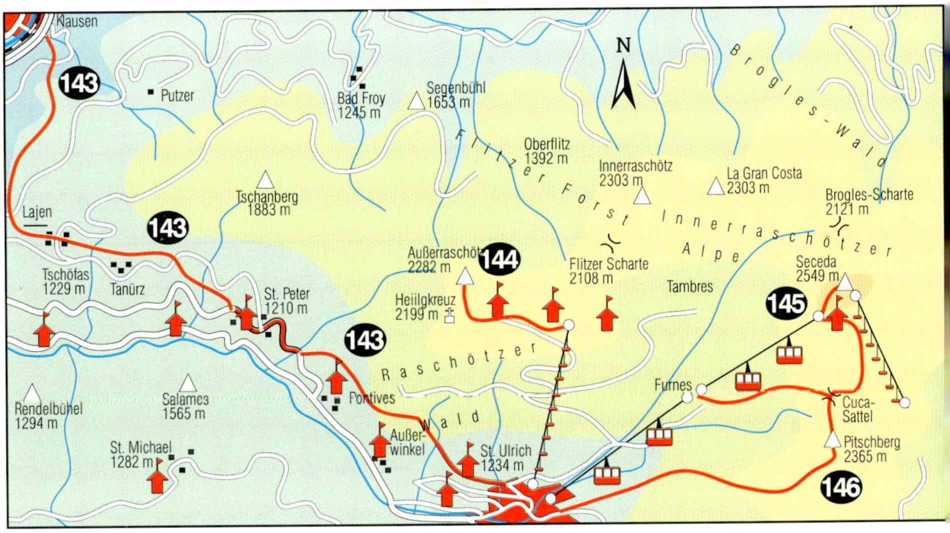

143 Der Poststeig ①

Der alte Poststeig von St. Ulrich nach Klausen ist eine beliebte, viel begangene und mit wenig Anstrengung verbundene Wanderung; sie bietet neben vielfältigen Schönheiten am Wegesrand ein beeindruckendes Panorama.

Wegverlauf: Ab der Bus-Haltestelle in St. Ulrich, 1180 m, folgt man der Straße nach Außerwinkel. Am Ortsende, nach einem alten Haus, Hinweis Markierung P, zweigt man rechts auf einen Pflasterweg ab, der kurz ansteigend zum westwärts im Wald verlaufenden Poststeig bringt. Der Steig führt im steilen Wald oberhalb Pontives entlang zum Gasthof Pedrutsch. Man folgt der Zufahrt zur Hauptstraße hinab und erreicht auf dieser wieder ansteigend St. Peter, 1210 m, 2 1/2 Std. Die Markierung führt, einmal die Straße überquerend, oberhalb Tanürz nach Tschöfas, und leicht abwärts nach Lajen, 1100 m, 1 1/4 Std. Man folgt nun der Markierung 5, die in schöner Wanderung durch Felder und Wald nach Albions, 890 m, und auf dem alten Fußweg nach Klausen, 523 m, 1 1/4 Std. führt. Insgesamt 5 Std.

Auf den Secedawiesen über dem Grödental wird noch mit der Hand gemäht

144 Außerraschötz, 2282 m ①

Der westliche Gipfel des Raschötzkammes, ein Aussichtsberg ersten Ranges, ist von der Raschötzlift-Bergstation über die schön gelegene Raschötzhütte in kurzer Panoramawanderung erreichbar.

Auffahrt: Von St. Ulrich mit Sessellift zur Raschötzlift-Bergstation, 2103 m.

Aufstieg: Ab der Bergstation führt ein Fahrweg in Sichtverbindung nach Westen zur Raschötzhütte, 2170 m, 1/4 Std. Auf Steigspuren nach Nordwesten am Weidehang ansteigend, erreicht man das Gipfelkreuz, 2282 m, 1/2 Std. Insgesamt 3/4 Std.

Abstieg: Auf dem gleichen Weg, 1/2 Std.

145 Seceda, 2519 m ②

Die Seceda, westlichster Gipfel der Geislergruppe, ist ein schnell erreichbarer und besonders lohnender Aussichtspunkt und wird entsprechend häufig besucht.

Auffahrt: Von St. Ulrich mit der Seceda-Seilbahn zu ihrer Bergstation, 2453 m.

Aufstieg: Ab Bergstation führt der Steig am Grashang in ganz kurzem Anstieg zum Seceda-Gipfel, 2519 m, 1/4 Std.

Abstieg: Auf gleichem Weg in wenigen Minuten zurück zur Bergstation.

Anregung: Die kurze Gipfeltour rechtfertigt einen längeren Abstieg. Man steigt zur Jausenstation Sophiehütte und auf Markierung 6 zum Cucasattel, 2150 m, ab. Von dort erreicht man mit Markierung 2 die Mittelstation, 1736 m, 1 1/4 Std. Von hier entweder mit der Seilbahn zurück oder auf Markierung 3 an der Mareufer Alm vorbei zur Hohen Brükke, auf der Straße nach Oberwinkel und zur Talstation, 1256 m, 3/4 Std. Insgesamt 2 Std.

Grödental mit Sella-, Marmolata- und Langkofelgruppe

145 Seceda ②

i: Tourismusbüro, I-39046 St. Ulrich, Tel. (0471) 796328.

Landkarte: Kompass-Karte 1:50000, Nr. 59, Sellagruppe-Marmolata.

Führer: Kammerer, Südtirol für Bergwanderer, Bd. 5 und 6, Tappeiner, Bozen.

Talort: St. Ulrich, 1234 m, Busverbindungen.

Ausgangspunkt: Seceda-Seilbahn-Bergstation, 2453 m.

Aufstieg: 1/4 Std., leicht.

Abstieg: Wenige Minuten zur Bergstation. Zu Fuß zur Talstation 2 Std.

Stützpunkte: Seceda-Restaurant, Sophiehütte-Jausenstation.

☀: Ganz leicht erreichbarer Aussichtsgipfel mit großartigen Nahblicken und weiter Rundumsicht.

Seceda, von der Kleinen Fermeda aus gesehen

Das Langental von der Puezhütte; dahinter die Langkofelgruppe

146 Pitschberg ②

i: Tourismusbüro, I-39046 St. Ulrich, Tel. (0471) 796328.
Landkarte: Kompass Karte 1:50000, Nr. 59, Sellagruppe-Marmolata.
Führer: Kammerer, Südtirol für Bergwanderer, Bd. 5 und 6, Tappeiner, Bozen.
Talort: St. Ulrich, 1234 m, Busverbindungen.
Ausgangspunkt: Seceda-Seilbahn-Bergstation, 2453 m.
Aufstieg: 1 1/4 Std. (zuerst abwärts), leicht.
Abstieg: 1 3/4 Std. nach St. Ulrich.
Stützpunkte: Seceda-Restaurant, Sophiehütte-Jausenstation.
✳: Sehr schöner Wandergipfel mit wunderschönen Talblicken und weiter Rundsicht.

146 Pitschberg, 2363 m ②

(Den Verlauf dieser Route finden Sie auf der Kartenskizze Seite 176)

Erhebung in einem grünen Kamm nördlich des Grödentals mit prachtvoller Rundumsicht und reizenden Talblicken; ohne Schwierigkeit zu ersteigen.

Auffahrt: Von St. Ulrich mit der Seceda-Seilbahn zu ihrer Bergstation, 2453 m.
Aufstieg: Zwischenabstieg zur Sophiehütte und mit Markierung 6 südwestwärts zum Cucasattel, 2153 m, absteigen, 3/4 Std. Dann auf südwärts über den Kamm ansteigendem Steig zum Pitschberg, 2363 m, 1/2 Std.
Abstieg: Auf Markierung 6 direkt nach St. Ulrich, 1 3/4 Std.

147 Sass Rigais ③

i: Tourismusbüro, I-39047 St. Christina, Tel. (0471) 793046.
Landkarte: Kompass-Karte 1:50000, Nr. 59, Sellagruppe-Marmolata.
Führer: Kammerer, Südtirol für Bergwanderer, Bd. 5 und 6, Tappeiner, Bozen.
Talort: St. Christina, 1428 m, Busverbindungen.
Ausgangspunkt: Col-Raiser-Bergstation, 2102 m.
Aufstieg: 3 1/2 Std., Trittsicherheit und Kondition nötig.
Abstieg: 2 1/2 Std.
Stützpunkte: Col-Raiser-Hütte, 2102 m, Regensburger Hütte, 2039 m.
✳: Berühmter Dolomiten-Dreitausender mit interessantem Anstieg und prächtigem Panorama.
Tip: Nur bei bestem Wetter zu empfehlen.

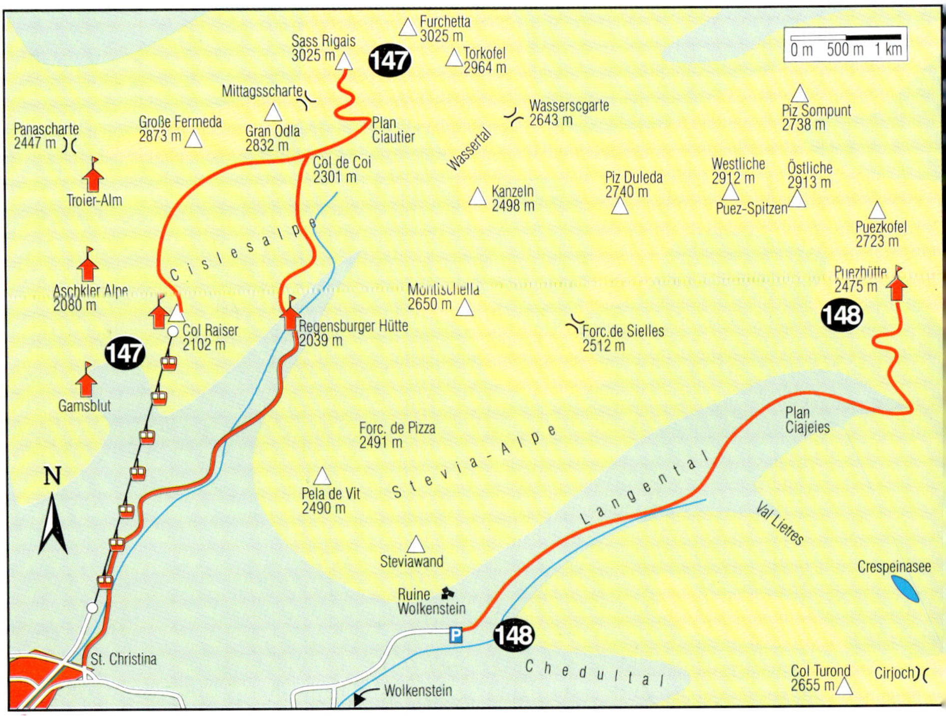

147 Sass Rigais, 3025 m ③

Der Sass Rigais, Hauptgipfel der Geislergruppe, ist auf einem viel begangenen Klettersteig zu erreichen. Die Besteigung erfordert Bergerfahrung, Kondition, Trittsicherheit und entsprechende Ausrüstung. Der Bergsteiger wird durch Bilder einer phantastischen Felsnatur belohnt und erlebt die Tiefblicke, vorbei an senkrechten Felswänden, in das tief unten liegende Villnößtal. Außerdem bieten die nahen Dolomitengruppen von Sella, Langkofel und Marmolata grandiose Ausschnitte.

Auffahrt: Von St. Christina mit dem Gondellift zum Col Raiser, 2102 m.

Aufstieg: Vom Col Raiser folgt man dem Weg Markierung 2 und zweigt beim Hinweis Sass Rigais rechts ab. Ein rot markierter Steig führt nordostwärts zum Wiesenboden Plan Ciautier, 2263 m, 1 Std., Hinweistafel. Jetzt geht es in Kehren im Mittagsschartenkar zum Einstieg, 2500 m, rechts an den Felsen roter Hinweis. Die Drahtseile beginnen in einer Schlucht und führen über den Felsvorbau zum begrasten Südabhang. In längerem Anstieg auf einem Steig in Kehren erreicht man den Südgrat. Dort führen Drahtseile steil zur Höhe und luftig weiter zum Gipfel, 3025 m, insgesamt 3½ Std.

Abstieg: Erfolgt auf der gleichen Route, 2½ Std.

Rast auf der Cislesalm beim Aufstieg zum Sass Rigais

148 Puezhütte, 2475 m ②

Diese große, neu erbaute, viel besuchte Schutzhütte im Naturpark Puez-Geisler-Gruppe wird durch das landschaftlich reizvolle Langental in nicht allzu langer Bergwanderung erreicht.

Auffahrt: Von Wolkenstein zum Parkplatz am Eingang des Langentals, 1610 m.

Aufstieg: Man folgt dem Fahrweg bis zur ebenen Wiese Plan Ciajëies im Talschluß, 1850 m, 1½ Std. Der Steig Markierung 4 führt dort anfangs am Bach entlang, dann links ansteigend zu einer Grasterrasse und weiter in Kehren im Kar nach Norden zur Hütte, 2475 m, 1¾ Std. Insgesamt 3¼ Std.

Abstieg: Auf gleichem Weg, 2½ Std.

148 Puezhütte ②

i: Tourismusbüro, I-39048 Wolkenstein, Tel. (0471) 795122.

Landkarte: Kompass-Karte 1:50000, Nr. 59, Sellagruppe-Marmolata.

Führer: Kammerer, Südtirol für Bergwanderer, Bd. 5 und 6, Tappeiner, Bozen.

Talort: Wolkenstein, 1563 m.

Ausgangspunkt: Parkplatz am Eingang zum Naturpark, 1610 m.

Aufstieg: 3¼ Std., unschwierig.

Abstieg: 2½ Std.

Stützpunkte: Puezhütte, 2475 m.

✳: Landschaftlich schöner und vielseitiger, sehr lohnender Hüttenanstieg.

… und nach der Tour

In der „Cesa di Ladins“ am Antoniusplatz in St. Ulrich informiert die Union di Ladins umfassend über ladinische Sprache und Kultur. Hier sind auch die Bibliothek „Ladina“ und das Grödner Heimatmuseum untergebracht mit interessanten historischen Funden, Mineralien, Fossilien, Dokumenten zu Flora und Fauna; außerdem ist hier eine reiche Auswahl echten Grödner Kunsthandwerkes zu sehen, vor allem natürlich Holzschnitzerei.

Geöffnet Mo – Fr 9-12 und 15-18 Uhr.

Auf dem Weg zur Puezhütte; darüber Puezkofel

Um das Sellajoch

149 Langkofelrunde ②

i: Tourismusbüro, I-39048 Wolkenstein, Tel. (0471) 795122.

Landkarte: Kompass-Karte 1:50000, Nr. 59, Sellagruppe-Marmolata.

Führer: Kammerer, Südtirol für Bergwanderer, Bd. 5, Tappeiner, Bozen.

Talort: Wolkenstein, 1563 m.

Ausgangspunkt: Langkofelschartenhütte, 2685 m, bzw. Parkplatz beim Sellajochhaus, 2180 m.

Wegstrecke: 2 1/2 Std., bzw. 3 3/4 Std.(Fußaufstieg zur Langkofelscharte), unschwierig.

Stützpunkte: Sellajochhaus, 2180 m, Langkofelschartenhütte, 2685 m, Langkofelhütte, 2253 m, Rifugio Comici, 2153 m.

✳: Landschaftlich ungemein eindrucksvolle Rundtour, die bei Benutzung des Gondellifts nur wenig Anstrengung erfordert.

150 Friedrich-August-Weg ②

i: Tourismusbüro, I-39048 Wolkenstein, Tel. (0471) 795122.

Landkarte: Kompass-Karte 1:50000, Nr. 54, Bozen.

Führer: Kammerer, Südtirol für Bergwanderer, Bd. 5, Tappeiner, Bozen.

Talort: Wolkenstein, 1563 m.

Ausgangspunkt: Sellajochhaus, 2180 m.

Wegstrecke: 2 Std.

Rückweg: 2 Std.

Stützpunkte: Sellajochhaus, 2180 m, Friedrich-August-Hütte, 2298 m, Rifugio Pertini, 2300 m.

✳: Klassische Dolomitenwanderung mit großartigen Eindrücken.

Tip: Die Besteigung des Plattkofels ist sehr zu empfehlen.

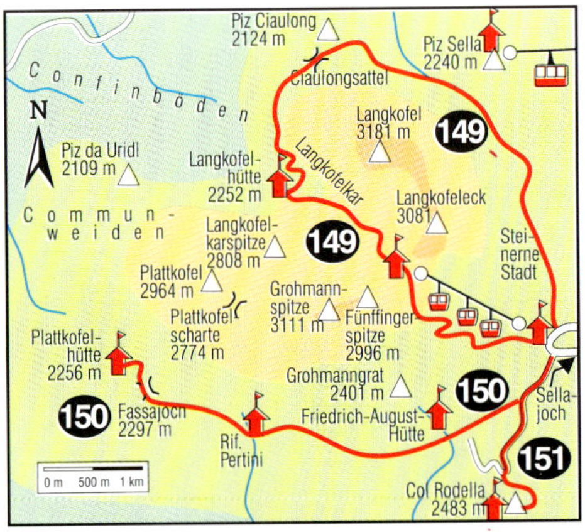

149 Langkofelrunde ②

Diese Tour umrundet den Langkofel, einen der eigenwilligsten Gipfel der Alpen. Dabei erlebt man in eindrucksvoller Weise die vielen verschiedenen Gesichter dieses Berges, die nahezu alle Abstufungen zwischen schöner Form und Unnahbarkeit widerspiegeln.

Auffahrt: Von Wolkenstein auf der landschaftlich schönen Sellajochstraße zum Sellajochhaus, 2180 m, 11 km. Dann mit dem Gondellift zur Langkofelschartenhütte/Toni-Demetz-Hütte, 2685 m.

Wegstrecke: Von der Toni-Demetz-Hütte auf gutem Weg durch ein schluchtartiges, sich erweiterndes Tal abwärts ins Langkofelkar zur Langkofelhütte, 2253 m, 3/4 Std. Weiter auf in der Regel gutem Weg gegen Norden zum Ciaulongsattel, 2114 m, und auf Markierung 526 zwischen den Langkofel-Nordabstürzen und dem Monte Soura wieder gegen Osten zum Rifugio Comici, 2153 m.

Von hier geht es mit gleicher Markierung gegen Norden an den Wänden des Langkofelstocks entlang. Dabei bieten sich in der Steinernen Stadt unvergeßliche Anblicke mit Riesenfelsblöcken zwischen üppiger Vegetation. Nach 2 1/2 Std. reiner Gehzeit erreicht man das Sellajochhaus.

150 Friedrich-August-Weg ②

Dieser prachtvolle Höhenweg vom Sellajoch zur Plattkofelhütte ist einer der lohnendsten der Dolomiten. Er kann mit der Besteigung des Plattkofels auf unschwierige und genußreiche Weise gekrönt werden.

Auffahrt: Von Wolkenstein auf der Sellajochstraße bis zum Sellajochhaus, 2180 m, nördlich unter dem Sellajoch.

Wegverlauf: Auf Markierung 4 zuerst auf einem Sträßchen bzw. daneben über Weideflächen gegen Süden zur Forcella Rodella, 2308 m, und zur Friedrich-August-Hütte, 2298 m. Durch welliges Gelände immer zu Füßen der Wände der Langkofelgruppe auf Steig Nr. 4 und 594 gegen Westen vorüber am Rifugio Pertini, 2300 m. Der Weg geht nun

Grohmannspitze, Fünffingerspitze und Langkofeleck aus der Steinernen Stadt

Abstieg im Langkofelkar zur Langkofelhütte gegen Dantersasc

steiler auf und ab und quert die Ausläufer des Plattkofelstocks. Zuletzt in weitem Bogen abwärts zur Plattkofelhütte, 2297 m, 2 Std.

Rückweg: Auf gleichem Weg mit gleichem Zeitaufwand.

Anregung: In 2 Std. kann der Plattkofel, 2964 m, auf gut markiertem Steig unschwierig erstiegen werden; sehr lohnend.

151 Col Rodella, 2483 m ①

Vom Sellajoch erscheint der Berg wie ein keckes Hörnchen im Süden, in Wirklichkeit hat er Platz für zwei Hütten, eine Bergbahnstation und eine Straße. Auf jeden Fall ist der Gipfel ein dankbarer Aussichtspunkt für genußreiche Sicht zu allen zentralen Dolomitengruppen, vor allem zur Langkofelgruppe.

Auffahrt: Von Wolkenstein auf der landschaftlich sehr schönen Sellajochstraße zum Sellajochhaus, 2180 m, 11 km.

Aufstieg: Vom Sellajochhaus auf Markierung 4 nach Süden, meist auf der Straße oder daneben über Weideflächen, mit geringen Höhenunterschieden, über die Saleihütte zur Forcella di Rodella und – wer will – zur nahen Friedrich-August-Hütte, 2298 m. Bei der Wegverzweigung links aufwärts zum Rifugio Des Alpes und weiter zum höchsten Punkt mit Gipfelhütte. 1½ Std., ganz leicht und wenig anstrengend.

Abstieg: Auf gleicher Route 1 Std.

Das Felshorn der Rodella aus der Gegend des Sellajochs

151 Col Rodella ①

i: Tourismusbüro, I-39048 Wolkenstein, Tel. (0471) 795122.

Landkarte: Kompass-Karte 1:50000, Nr. 59, Sellagruppe-Marmolata.

Führer: Kammerer, Südtirol für Bergwanderer, Bd. 5, Tappeiner, Bozen.

Talort: Wolkenstein, 1563 m.

Ausgangspunkt: Parkplatz beim Sellajochhaus, 2180 m.

Aufstieg: 1½ Std., unschwierig.

Abstieg: 1Std.

Stützpunkte: Sellajochhaus, 2180 m, Friedrich-August-Hütte, 2298 m, Rifugio Des Alpes, 2340 m, Rifugio Col Rodella, 2483 m.

✳: Lohnende Kurzwanderung zum großartigen Panoramaplatz auf dem Gipfel des Col Rodella.

... und nach der Tour

Wer sich auch nach dem Urlaub nicht von der Grödner Küche trennen mag, dem sei das Kochbuch „Speisa da zacan“ von Anneliese Paratoni empfohlen, das in den Büros der Touristenvereine erhältlich ist. Hier findet man Rezepte für „Crafucins da ula verda“ (Schlutzkrapfen), „Bales de furmenton“ (schwarzplentene Knödel), „Panicia cun cern sfumieda y bales“ (Gerstsuppe mit geräuchertem Schweinefleisch und Knödeln) und vieles mehr – keine Angst, die Rezepte sind in ladinischer, italienischer und deutscher Sprache aufgeführt!

Um die Seiser Alm

Auf den Puflatschwiesen; hinten Sella- und Langkofelgruppe

152 Puflatsch ②

i: Tourismusbüro, I-39040 Kastelruth, Tel. (0471) 706333.

Landkarte: Kompass Karte 1:50000, Nr. 54, Bozen.

Führer: Kammerer, Südtirol für Bergwanderer, Bd. 5, Tappeiner, Bozen.

Talort: Kastelruth, 1065 m.

Ausgangspunkt: Bergstation der Gondelbahn von Kastelruth, 1481 m.

Aufstieg: 2¹/4 Std., unschwierig.

Abstieg: 1¹/2 Std.

Stützpunkte: Gasthof Tschonadui, etwa 1520 m, Gasthof Arnika, etwa 1950 m.

✳: Äußerst lohnende und aussichtsreiche Gipfeltour mit Wanderung über die Hochfläche.

Tip: Dieser Anstieg ist vielseitiger als der etwas kürzere und meist überlaufene von der Seiser Alm.

153 Schlern ②

i: Tourismusbüro, I-39040 Seis am Schlern, Tel. (0474) 707024.

Landkarte: Kompass-Karte 1:50000, Nr. 54, Bozen.

Führer: Hauleitner, Wanderführer Dolomiten, Rother, München.

Talort: Kastelruth, 1065 m.

Ausgangspunkt: Parkplatz Seiser Alm, 1870 m.

Aufstieg: 3 Std., unschwierig.

Abstieg: 2¹/2 Std.

Stützpunkte: Schlernhäuser, 2457 m, Saltner Hütte, 1825 m.

✳: Großartiger Panoramaberg mit phantastischen Abendblicken zum Rosengarten.

Tip: Übernachtung in den Schlernhäusern empfohlen.

152 Puflatsch, 2176 m ②

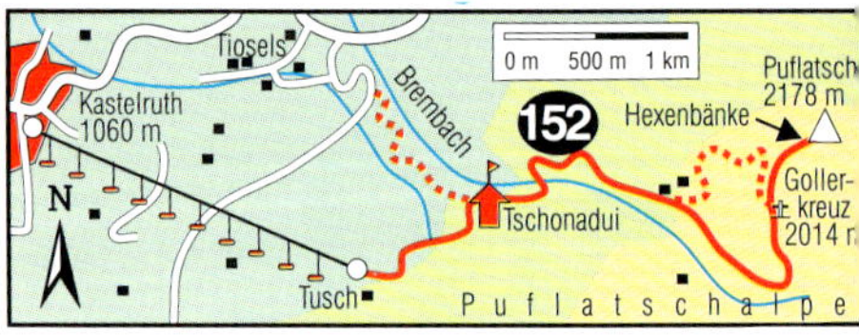

Plateauberg, der gegen Norden mit Felsen abstürzt und auf der ausgedehnten, nur leicht gegen Süden geneigten Fläche von der Puflatsch-Alpe bedeckt ist. Über sie führt der manchmal überlaufene Weg von der Seiser Alm zum Gipfel. Der beschriebene Anstieg ist weniger begangen. Die Besonderheit der Gipfelumgebung sind die Hexenbänke an der Westseite des Gipfels, eigenartige in einer scheinbaren Bank gruppierte Felsformationen, die an menschliche Bearbeitung erinnern könnten. Wunderschönes Aussichtserlebnis nach einem teils steilen, aber nicht sehr langen Anstieg.

Auffahrt: Von Kastelruth mit Gondelbahn zur Bergstation, 1481 m.

Aufstieg: Zuerst wenig steil zum Tschonadualm-Gasthaus, dann steil auf einem Holzziehweg aufwärts und dann wieder bequemer auf einem Steig auf die Puflatschhochfläche, Gasthaus Arnika. Jetzt nur mehr wenig ansteigend über blumenübersäte Weideflächen im allgemeinen gegen Norden zum höchsten Punkt mit den Hexenbänken 2¹/4 Std., unschwierig.

Abstieg: Auf gleichem Weg, 1¹/2 Std.

Anregung: Der Abstieg kann von Trittsicheren etwas abgekürzt werden, indem sie beim Gollerkreuz auf markiertem Steig über die Steilstufe gegen Westen absteigen und dann wieder auf den bekannten Weg treffen. Au dem Weg von der Tschonaduialm nach Tiosels bei Kastelruth stehen nördlich des Wegs die berühmten Hexensessel.

153 Schlern, 2564 m ②

Das Wahrzeichen Südtirols, der Schlern, ist wegen seiner charakteristischen Form von vielen Stellen gut erkennbar und bietet auch selbst herrliche Fern- und Tiefblicke. Der Berg mit ausgedehnter Hochfläche ist ein beliebtes Wanderziel, das vor allem von der Seiser Alm aus besucht wird.

Auffahrt: Von Seis oder Kastelruth zum Parkplatz Seiser Alm, 1870 m, 11 km.

Aufstieg: Über welliges Wiesengelände bequem auf Weg Nr. 10 und 5, an der Saltner Hütte vorbei, über den Bach zum „Touristensteig", der mit Markierung 1 die breite Flanke des Berges durchzieht und zu den Schlernhäusern, 2457 m, führt. Die beiden Schlerngipfel Petz, 2564 m, und Burgstall, 2510 m, sind von den Schlernhäusern in 1/2 Std. bzw. 3/4 Std. erreichbar. Jeder Gipfel bietet seine eigenen Reize mit Tief- und Fernblicken. Insgesamt 3 Std.

Abstieg: Auf gleichem Weg 2 1/2 Std.

154 Schutzhaus Tierser Alpl, 2441 m ②

Die Überschreitung der Roßzahnscharte zum stattlichen Schutzhaus Tierser Alpl, am Südfuß des Roßzahnkammes gelegen, ist

Die Tierser-Alpl-Hütte zwischen Seiser Alm und Rosengarten; im Hintergrund die Roßzähne

Bei den Hexenbänken, scheinbar bearbeitete Steinfiguren, am Gipfel des Puflatsch

eine der landschaftlich schönsten Bergwanderungen auf der Seiser Alm.

Auffahrt: Von Kastelruth auf die Seiser Alm, 1870 m, 11 km, Parkplatz, und mit Panorama-Sessellift zur Bergstation, 2000 m.

154 Schutzhaus Tierser Alpl ②

i: Tourismusbüro, I-39040 Kastelruth, Tel. (0471) 706333.

Landkarte: Kompass-Karte 1:50000, Nr. 54, Bozen.

Führer: Kammerer, Südtirol für Bergwanderer, Bd. 5, Tappeiner, Bozen.

Talort: Kastelruth, 1060 m, 7 km von Waidbruck im Eisacktal.

Ausgangspunkt: Panorama-Sessellift-Bergstation, 2000 m.

Aufstieg: 2 Std., unschwierig.

Abstieg: 1 3/4 Std.

Stützpunkt: Schutzhaus Tierser Alpl, 2441 m.

☀: Ein landschaftlich wunderschöner und leichter Hüttenaufstieg über die Seiser Alm und einen Bergkamm.

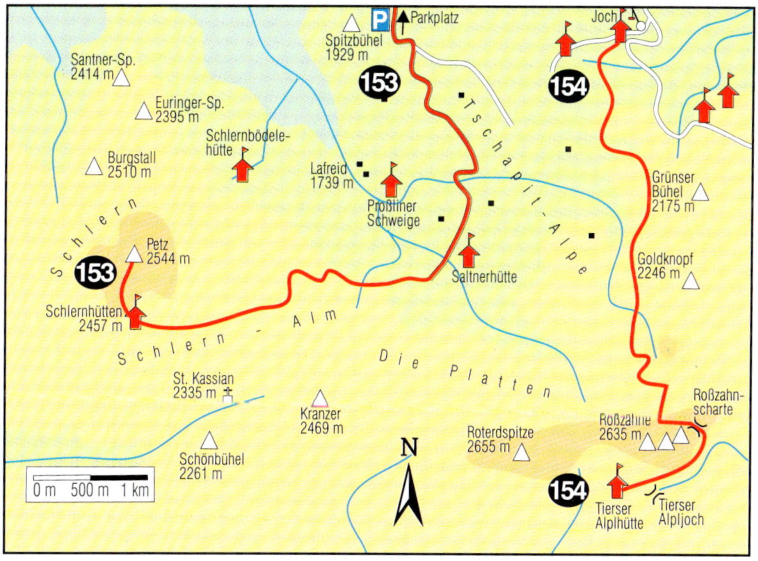

Aufstieg: Ab der Lift-Bergstation, Hotel Panorama, 2000 m, folgt man dem Fußweg nach Süden; er führt auf Stegen durch eine weite Mulde, dann ansteigend, mit Markierung 2 über Wiesen und Weidehänge zu einem felsigen Graben, 2220 m. In Kehren im steilen Kar am Nordabhang des Roßzahnkammes erreicht man die Roßzahnscharte, 2499 m. Der Steig führt am Südosthang im Felsgelände abwärts und im Kar nach Südwesten querend zur Hütte, 2441 m, 2 Std.

Abstieg: Auf Anstiegsweg 1 3/4 Std.

Um den Peitlerkofel

155 Maurerberg ①

i: Tourismusbüro, I-39030 St. Martin in Thurn, Tel. (0474) 523175.

Landkarte: Kompass-Karte 1:50000, Nr. 56, Brixen.

Führer: Kammerer, Südtirol für Bergwanderer, Bd. 6, Tappeiner, Bozen.

Talort: St. Martin in Thurn, 1127 m.

Ausgangspunkt: Würzjochstraße, Parkplatz Geweihte Wasser, 1869 m.

Aufstieg: $1^{3}/_{4}$ Std., ohne jede Schwierigkeit.

Abstieg: $1^{1}/_{4}$ Std.

Stützpunkt: Maurerberghütte (Berggasthaus Antermoia), 2127 m.

☼: Gemütliche Almwanderung zu einem lohnenden Aussichtsgipfel mit Prachtschau zum Peitlerkofel.

156 Peitlerkofel ②

i: Tourismusbüro, I-39030 St. Martin in Thurn, Tel. (0474) 523175.

Landkarte: Kompass-Karte 1:50000, Nr. 56, Brixen.

Führer: Kammerer, Südtirol für Bergwanderer, Bd. 6, Tappeiner, Bozen.

Talort: St. Martin in Thurn, 1127 m.

Ausgangspunkt: Würzjoch, 2006 m.

Aufstieg: $2^{3}/_{4}$ Std., der oberste Teil des Gipfelanstiegs erfordert Trittsicherheit.

Abstieg: Auf gleicher Route $1^{3}/_{4}$ Std.

Stützpunkte: Gasthäuser auf dem Würzjoch, 2006 m.

☼: Besteigung eines der berühmtesten Aussichtsgipfel der Dolomiten mit landschaftlich reizvollem Anstieg.

Tip: Möglichkeit für eine wunderschöne Rundtour.

155 Maurerberg, 2332 m ①

Der aussichtsreiche begraste Maurerberg zwischen der Rodenecker Alm im Norden und dem Peitlerkofel im Süden ist, von der Würzjochstraße ausgehend, in gemütlicher Wanderung zu erreichen.

Anfahrt: Von St. Martin in Thurn über Untermoi auf der Würzjochstraße zum Parkplatz auf dem Sattel Geweihte Wasser, 1869 m, nordöstlich unter dem Würzjoch.

Aufstieg: Man folgt der Straße, dann dem Fußweg zur Maurerberghütte, 2127 m, 1 Std. Fahrspuren führen nach Westen zum Alfreider Joch, man folgt dort der flachen Kammlinie nordwärts zum Maurerberg, 2332 m, $^{3}/_{4}$ Std. Insgesamt $1^{3}/_{4}$ Std.

Abstieg: Auf gleicher Route, $1^{1}/_{4}$ Std.

156 Peitlerkofel, 2875 m ②

Felsgipfel mit charakteristischer Form am Nordrand der felsigen Dolomitenberge. Großartiger Aussichtsberg, der häufig Besuch bekommt. Für den letzten Teil des Aufstiegs ist Trittsicherheit nötig; Drahtseilsicherungen.

Auffahrt: Von St. Martin in Thurn über Untermoi auf der Würzjochstraße zum Parkplatz auf dem Würzjoch, 2006 m.

Auf den Roes de Putia gegen die Kreuzkofelgruppe

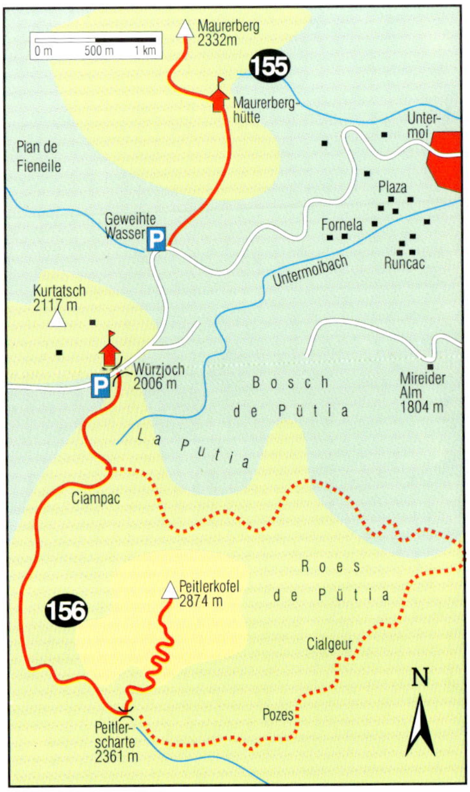

Aufstieg: Von der Paßhöhe steigt man entlang der Markierung 8A gegen Süden empor, wandert ein Stück westlich unter dem Peitlerkofel herum und kommt in das schluchtartige Tal, das zur Peitlerscharte führt. In ihm steiler zur Scharte, 2361 m. Jetzt geht es zuerst in Serpentinen einen steilen Schotterhang empor zum Einstieg, wo die Felsen beginnen. Der letzte Anstiegsteil erfordert Trittsicherheit, ist anfangs drahtseilgesichert und geht später in weniger steile Hänge über, $2^{3}/_{4}$ Std., unschwierig, nur der letzte Teil erfordert Trittsicherheit.

Abstieg: Auf gleicher Route $1^{3}/_{4}$ Std. Oder wie bei „Anregung" beschrieben.

Anregung: Um aus der Gipfeltour eine Rundtour zu machen, steigt man von der Peitlerscharte nach Osten auf Steigspuren tiefer und trifft bald auf den Weg 35 vom Kreuzkofeljoch. Auf diesem Weg bzw. dieser Markierung bleibt man und kann jetzt eine geruhsame, fast ebene Almwanderung genießen, vor sich stets die mächtigen Kreuzkofelwände jenseits des Gadertals. Auf dem Gömajoch wechselt man auf die Markierung 8B und steigt nun gegen Nordwesten ab

Der Peitlerkofel von Norden vom Würzjoch

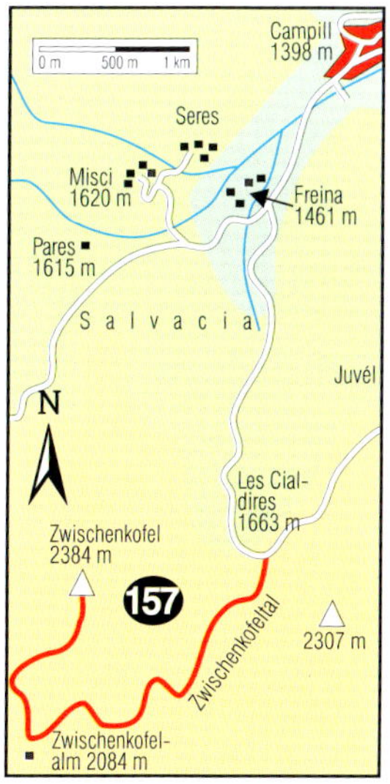

wärts, durchquert dann in leichtem Auf und Ab eine Märchenlandschaft aus Felsblöcken und Baumriesen und erreicht schließlich wieder das Würzjoch. Dieser Weg dauert etwa $2^1/_2$ Std.

157 Zwischenkofel, 2384 m ②

Der Zwischenkofel, einheimisch Crep da les Dodesc (Zwölferspitze) genannt, ist ein lohnendes Gipfelziel im romantischen Talschluß von Campill, ein noch stilles, wenig begangenes Dolomitenhochtal, das in die Puezgruppe führt.

Auffahrt: Von Campill auf einer Schotterstraße aufwärts, bis rechts ein Forstweg abzweigt, 1663 m (Cialdires), kleiner Parkplatz, Hinweistafeln.

Aufstieg: Man folgt der Markierung 6. Sie führt, anfangs auf dem Forstweg, dann auf einem Fußweg zur Mulde der Antersass-Alm. Nach einem großen Felsblock mit Zirbe zweigt rechts der Steig zum Zwischenkofel ab, 2065 m, Pfeil-Hinweis. Die Steigspuren führen nordwärts ansteigend zu einer Grasmulde und dort nach Westen zu einem Sattel. Nun erreicht man rechts, nordostwärts am Weidehang entlang, an einigen Scharten vorbei, den ebenen Gipfel des Zwischenkofels, 2384 m, 2 Std.

Abstieg: Auf gleicher Route $1^1/_2$ Std.

Blumenwiesen am Peitlerkofel; hinten die Wände von Zehner und Heiligkreuzkofel

157 Zwischenkofel ②

i: Tourismusbüro, I-39030 St. Martin in Thurn, Tel. (0474) 523175.

Landkarte: Kompass-Karte 1:50000, Nr. 56, Brixen.

Führer: Kammerer, Südtirol für Bergwanderer, Bd. 6, Tappeiner, Bozen.

Talort: Campill (Longiarü), 1398 m, $6^1/_2$ km ab St. Martin in Thurn.

Ausgangspunkt: Campiller Talschluß Cialdires, 1663 m.

Aufstieg: 2 Std., unschwierig.

Abstieg: $1^1/_2$ Std.

Stützpunkte: Gasthöfe in Campill.

☀: Landschaftlich sehr lohnender, weniger begangener Gipfelaufstieg.

Um das Grödnerjoch

Der Sass Songher von seiner weniger bekannten Nordwestseite

158 Große Cirspitze ②

i: Tourismusbüro, I-39033 Kolfuschg, Tel. (0471) 836145.
Landkarte: Kompass-Karte 1:50000, Nr. 59, Sellagruppe-Marmolata.
Führer: Kammerer, Südtirol für Bergwanderer, Bd. 5 und 6, Tappeiner, Bozen.
Talort: Kolfuschg, 1615 m.
Ausgangspunkt: Grödnerjoch, 2121 m, von Kolfuschg 7 km.
Aufstieg: 1½ Std., Trittsicherheit nötig.
Abstieg: 1 Std.
Stützpunkte: Gasthöfe auf dem Grödnerjoch.
✳: Landschaftlich sehr lohnender, weniger begangener Gipfelaufstieg.

159 Sass Songher ②

i: Tourismusbüro, I-39033 Kolfuschg, Tel. (0471) 836145.
Landkarte: Kompass-Karte 1:50000, Nr. 59, Sellagruppe-Marmolata.
Führer: Kammerer, Südtirol für Bergwanderer, Bd. 5 und 6, Tappeiner, Bozen.
Talort: Kolfuschg, 1615 m.
Ausgangspunkt: Grödnerjoch, 2121 m, von Kolfuschg 7 km.
Aufstieg: 2½ Std., unschwierig, Trittsicherheit nötig.
Abstieg: 1½ Std.
Stützpunkt: Col-Pradat-Hütte, 2038 m.
✳: Ein besonders lohnender Dolomiten-Prachtberg mit herrlicher Rundsicht.

158 Große Cirspitze, 2592 m ②

Höchster der zahlreichen Felszähne der Cirspitzen nördlich des Grödnerjochs. Trotz der wilden und abweisenden Gestalt ein unschwierig und rasch zu ersteigender prächtiger Aussichtsgipfel, der nur Trittsicherheit erfordert.
Auffahrt: Von Kolfuschg zum Grödnerjoch, 7 km.
Aufstieg: Von der Paßhöhe auf einem Graskamm in nordwestlicher Richtung zu einer schluchtartigen Rinne. In ihr steigt man bis zu ihrem scheinbaren Ende (durch einen Block versperrt). Hier wendet sich der Steig nach rechts und kommt nach einem langen Linksbogen in eine Scharte, von der man plötzlich nach Westen und Norden blickt, ein prachtvolles Bild der Geislerspitzen. Nun über Schrofen und Geröll leicht zum höchsten Punkt. 1½ Std., markiert, Trittsicherheit nötig.
Abstieg: Auf gleicher Route, 1 Std.

159 Sass Songher, 2665 m ②

Gewaltiger, massiger Felsturm, Wahrzeichen des Tals von Corvara/Kurfar und Kolfuschg. Eindrucksvolle Bergtour mit einer Fülle herrlicher Ausblicke.
Auffahrt: Von Kolfuschg mit Sessellift zum Col Pradat, 2038 m.
Aufstieg: Von der Bergstation auf gutem Steig nach Nordwesten ansteigen, von links mündet der Weg von Kolfuschg bei einer Kapelle, jetzt noch etwa 100 Höhenmeter weiter bis zur Abzweigung der Markierung 7 nach rechts. Auf ihr unter den Wänden nach Osten aufwärts, durch eine kleine Schlucht und weniger steil zur Sass-Songher-Scharte, 2435 m. Von hier über die steilen Nordhänge, teils Seilsicherungen, über Stufen und Schotter zum Gipfel. 2½ Std., Trittsicherheit nötig.
Abstieg: Auf gleicher Route 1½ Std.
Anregung: Für den direkten Weg von Kol-

Die Cirspitzen über dem Grödner Joch; der höchste massige Turm ist die Große Cirspitze

Pisciadùseehütte in der Sellagruppe gegen den Sass de la Luesa

160 Pisciadùseehütte ③

i: Tourismusbüro, I-39033 Kolfuschg, Tel. (0471) 836145.
Landkarte: Kompass-Karte 1:50000, Nr. 59, Sellagruppe-Marmolata.
Führer: Kammerer, Südtirol für Bergwanderer, Bd. 5 und 6, Tappeiner, Bozen.
Talort: Kolfuschg, 1615 m.
Ausgangspunkt: Grödnerjoch, 2121 m, von Kolfuschg 7 km.
Aufstieg: 2 Std., teils Trittsicherheit nötig.
Abstieg: 1³/4 Std.
Stützpunkt: Pisciadùseehütte, 2585 m.
✳: Ein großartiger alpiner Hüttenanstieg für Bergerfahrene.
Tip: Nur bei guten Verhältnissen und schönem Wetter zu empfehlen.

fuschg – also ohne Sessellift – benötigt man nur eine knappe Stunde mehr.

160 Pisciadùseehütte, 2585 m ③

Die in großartiger Landschaft gelegene und viel besuchte Schutzhütte auf der nördlichen Terrasse des Sellastocks ist vom Grödnerjoch auf steilem, teils gesichertem Anstieg durch die Felsschlucht Val Setus zu erreichen.
Auffahrt: Von Kolfuschg zum Grödnerjoch, 2121 m, 7 km.
Aufstieg: Vom Gasthof Frara am Grödnerjoch führt der Steig Markierung 666 am Grashang südwärts ansteigend zur ersten Schutterrasse, dort nach Osten zur Mündung des Val Setus. In steilen Serpentinen, im Frühsommer teils über Firn, erreicht man die Felsstufe. Die Drahtseile führen über gut gestufte, aber abgetretene Felsen zur oberen Schutterrasse, man folgt dort dem Fußweg links weiter, leicht absteigend zur Hütte, 2585 m, 2 Std.
Abstieg: Auf gleicher Route 1³/4 Std.

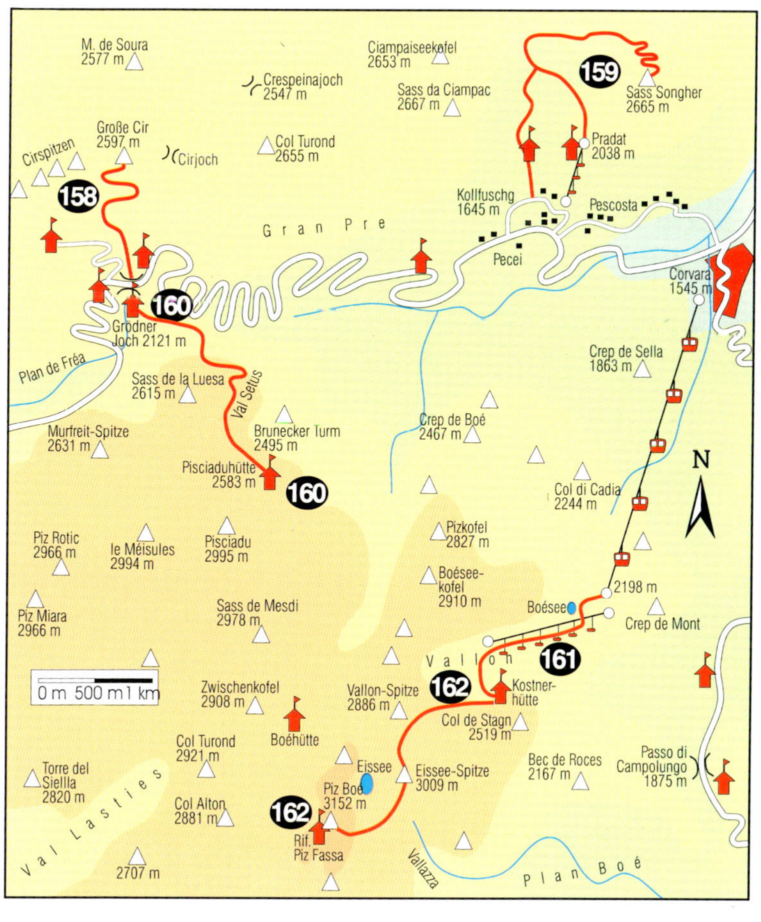

Über Corvara/Kurfar

Die Franz-Kostner-Hütte gegen Süden, wo die Marmolata dominiert

161 Franz-Kostner-Hütte ②

i: Tourismusbüro, I-39033 Corvara/Kurfar, Tel. (0471) 836176.

Landkarte: Kompass-Karte 1:50000, Nr. 59, Sellagruppe-Marmolata.

Führer: Kammerer, Südtirol für Bergwanderer, Bd. 5 und 6, Tappeiner, Bozen.

Talort: Corvara/Kurfar, 1522 m.

Ausgangspunkt: Sessellift-Bergstation im Vallon-Kar, 2537 m.

Aufstieg: 1/4 Std., unschwierig.

Abstieg: Bis Crep de Mont 1/2 Std.

Stützpunkte: Franz-Kostner-Hütte, 2541 m, Restaurant bei der Kabinenbahn-Bergstation, 2198 m.

✳: Leicht erreichbare Hütte in prächtiger, hochalpiner Lage.

Tip: Für Trittsichere ist von hier der Piz Boè zu besteigen (Tour 162).

161 Franz-Kostner-Hütte, 2541 m ②

(Den Verlauf dieser Route finden Sie auf der Kartenskizze Seite 187)

Diese neu erbaute Schutzhütte im Vallonkar an der Nordostseite des Sellastocks ist vom Vallonlift in ganz kurzem und interessantem Anstieg erreichbar.

Auffahrt: Von Corvara/Kurfar mit der Kabinenbahn zur Bergschulter Crep de Mont, 2198 m, und mit dem Sessellift zur Hangschwelle im Vallon-Kar, 2537 m.

Aufstieg: Man folgt dem markierten Weg kurz ab-, dann ansteigend zur nahen Hütte, 1/4 Std.

Abstieg: Der Steig Markierung 638 führt im Bereich der Liftanlage, am schöngelegenen Boèsee vorbei (Hinweis) zur Bergstation der Kabinenbahn auf dem Crep de Mont, 2198 m, 1/2 Std.

Anregung: Von der Kostnerhütte können Piz Boè und Eisseespitze erstiegen werden, siehe Tour 162.

Der Piz Boè von seiner Nordostseite (Weg von der Franz-Kostner-Hütte)

162 Piz Boè, 3152 m (und Eisseespitze, 2791 m) ③

(Den Verlauf dieser Route finden Sie auf der Kartenskizze Seite 187)

Der auf unschwierigem Weg erreichbare Hauptgipfel des Sellastocks gehört zu den meistbestiegenen Dreitausendern in den Dolomiten. Dazu trägt nicht nur der relativ kurze Aufstieg, sondern auch die bewirtschaftete Schutzhütte Capanna Piz Fassa am Gipfel bei.

Auffahrt: Von Corvara/Kurfar mit der Kabinenbahn bis Crep de Mont und mit dem Sessellift zum Vallon-Kar, 2537 m.

Aufstieg: Nach kurzem Zugang zur Franz-Kostner-Hütte, 2541 m, 1/4 Std., folgt man dem Steig Markierung 672. Er führt bei den Hinweisen westlich der Hütte am Geröllhang nach Süden zum Karkessel am Ostfuß der Vallonspitze. Rechts über gestufte, gesicherte Felsen auf dem Lichtenfelser Steig ansteigend, zum oberen steilen Schutthang und südwärts querend, zu einem Geröllsattel, 2781 m. Im Karstgelände nach Südwesten ansteigend, nach Steinmännchen und Markierung zum Kar am Nordhang der Eisseespitze. In Kehren zum Felsaufbau und auf gutem, teils gesichertem Steig zur Eisseespitze, 3009 m, 2 Std. Weiter über den Grat Cresta Strenta, auf markiertem Steig, in Sichtverbindung zum Piz Boè, 3152 m, ½ Std. Insgesamt 2¾ Std.

Abstieg: Auf gleicher Route 2 Std.

163 Pralongià/Prelungé, 2138 m ①

Wunderschönes blumenreiches, welliges Almgelände auf der Hochfläche östlich über Corvara/Kurfar mit gleichnamigem Gasthaus und Liftstationen. Prachtvoll freie Rundumsicht zu mehreren Dolomitengruppen.

Auffahrt: Von Corvara/Kurfar mit der Sesselbahn zum Col Alt, 1980 m. Zu diesem Punkt benötigt man zu Fuß auf Markierung 23 (beginnt im Weiler Col) 1½ Std.

Wegverlauf: Vom Col Alt in kurzem Abstieg

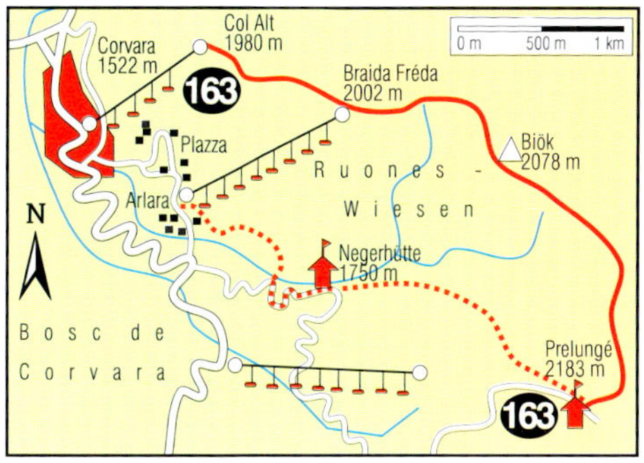

zu einem Sattel, 1917 m, dann stets auf Markierung 23 über weite, freie Weideflächen. Dabei passiert man die Bergstation Braida/Freida mit Restaurant Pre Ciarlun, 2003 m, des Sessellifts vom Weiler Arlara. Mit nur geringen Höhenunterschieden und immer aussichtsreich führt die geruhsame Wanderung zum Gasthaus Pralonigà/Prelungé. Vom Col Alt 2½ Std., etwa 7 km, auf Höhenwegen bequem und ohne jede Schwierigkeit.

Abstieg: Man wählt den gegen Westen führenden Weg Nr. 23 (die Nr. 23 geht auch nach Osten weiter), kommt an Skiliften vorbei, überquert die teils feuchten Parüs (Sumpfgebiet) und führt in der Nähe der Negerhütte, 1750 m (abseits des Weges), ein Stück auf der Straße. Dann verläuft der Steig wieder durch Wiesen und stößt in Arlara auf die Straße nach Corvara/Kurfar. 1¾ Std.

162 Piz Boè und Eisseespitze ③

i: Tourismusbüro, I-39033 Corvara/Kurfar, Tel. (0471) 836176.

Landkarte: Kompass-Karte 1:50000, Nr. 59, Sellagruppe-Marmolata.

Führer: Kammerer, Südtirol für Bergwanderer, Bd. 5 und 6, Tappeiner, Bozen.

Talort: Corvara/Kurfar, 1522 m, 33 km ab St. Lorenzen im Pustertal.

Ausgangspunkt: Sessellift-Bergstation im Vallon-Kar, 2537 m.

Aufstieg: 2¾ Std., unschwierig.

Abstieg: 2 Std.

Stützpunkte: Franz-Kostner-Hütte, 2541 m, Rifugio Piz Fassa, 3152 m.

✳: Der lohnendste Dolomiten-Dreitausender mit eindrucksvoller, umfassender Fernsicht und prachtvollen Nahblicken.

Tip: Sonnenuntergang, Übernachtung und Sonnenaufgang auf dem Gipfel sind ein besonderes Erlebnis.

163 Pralongià/Prelungé ①

i: Tourismusbüro, I-39033 Corvara/Kurfar, Tel. (0471) 836176.

Landkarte: Kompass-Karte 1:50000, Nr. 59, Sellagruppe-Marmolata.

Führer: Kammerer, Südtirol für Bergwanderer, Bd. 5 und 6, Tappeiner, Bozen.

Talort: Corvara/Kurfar, 1522 m.

Ausgangspunkt: Sessellift-Bergstation Col Alt, 1980 m.

Höhenweg: 2½ Std., unschwierig.

Abstieg: 1¾ Std.

Stützpunkte: Col Alt, 1980 m, Pre Ciarlun, 2003 m, Pralongià/Prelungé, 2109 m.

✳: Wunderschöne leichte Hüttenwanderung über ein blumenreiches Hochplateau.

Die Sellagruppe von der Cupanna Pradat über dem oberen Corvaratal, unten einige Häuser von Kolfuschg

Abteital und Enneberg

Der Zehner, der höchste Gipfel in der Umrahmung der Fanesalpe, vom Gipfel des Heiligkreuzkofels

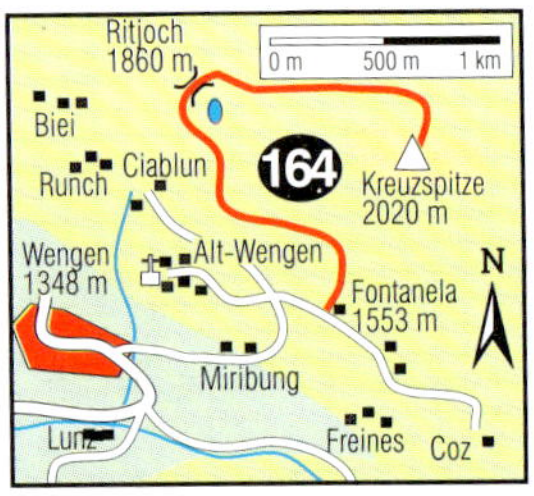

164 Kreuzspitze ①

i: Tourismusbüro, I-39030 Wengen, Tel. (0471) 843072.
Landkarte: Kompass-Karte 1:50000, Nr. 57, Bruneck-Toblach.
Führer: Kammerer, Südtirol für Bergwanderer, Bd. 6, Tappeiner, Bozen.
Talort: Wengen, 1348 m.
Ausgangspunkt: Gasthof Ciurnadü, 1550 m.
Aufstieg: 1¾ Std., ohne Schwierigkeit.
Abstieg: 1 Std.
Stützpunkt: Gasthof Ciurnadü-Jausenstation.
✳: Lohnende Kurzwanderung zu einem begeisternd schönen Aussichtsplatz.

164 Kreuzspitze (Crusc da Rit), 2021 m ①

Die Kreuzspitze ist eine wunderschöne Aussichtskanzel zwischen Enneberg und Wengental, die über den idyllischen Wiesensattel, das Ritjoch, leicht zu ersteigen ist.
Auffahrt: Von Wengen auf der Straße nach Colz bis zum Gasthof Ciurnadü, 1550 m.
Aufstieg: Auf der Straße geht man kurz zurück bis zum Kruzifix beim Brunnen. Markierung 13/15 führt dort abzweigend, auf Steig und Fahrweg im Wald ansteigend nach Norden. Nach einer Bergwiese erreicht man mit Markierung 6 das Ritjoch, 1863 m, 1¼ Std. Vom Joch im Kammbereich südwärts ansteigend, führt ein markierter Steig zu einem Forstweg; man folgt diesem bis zum Kruzifix auf ebener Wiese, zweigt dort rechts ab und erreicht die nahe Aussichtskanzel Crusc da Rit, 2021 m, ½ Std., insgesamt 1¾ Std.
Abstieg: Auf dem gleichen Weg, 1 Std.

Der Heiligkreuzkofel mit seinen senkrechten Westabstürzen vom Anstieg zu seinem Gipfel

165 Heiligkreuzkofel, 2907 m ②

Höchster Punkt einer langen gelbroten Wandflucht über dem Gadertal, zu dessen Füßen das Wallfahrtskirchlein Heiligkreuz steht. Für Trittsichere ist dieser großartige Panoramagipfel unschwierig zu ersteigen.
Auffahrt: Mit der Sesselbahn von Pedraces-St. Leonhard zur Bergstation, 1840 m.
Aufstieg: Auf steilem Fahrweg an Kreuzwegstationen vorbei auf Markierung 7 zur Heiligkreuz-Kapelle mit Gasthaus, 2045 m, dann auf gut markiertem Steig Markierung 7 teils steil über Geröllhalden und auf Bändern immer in der Nähe der Wände empor. Kurz vor der Kreuzkofelscharte, 2609 m, erleichtern Drahtseile die Bewältigung der Platten. Nun geht es markiert, aber ohne Nummer über felsdurchsetzte Grasflächen, später Schotter nicht mehr sehr steil hinauf zum Gipfel. 3½ Std. Trittsicherheit stellenweise nötig, sonst unschwierig.

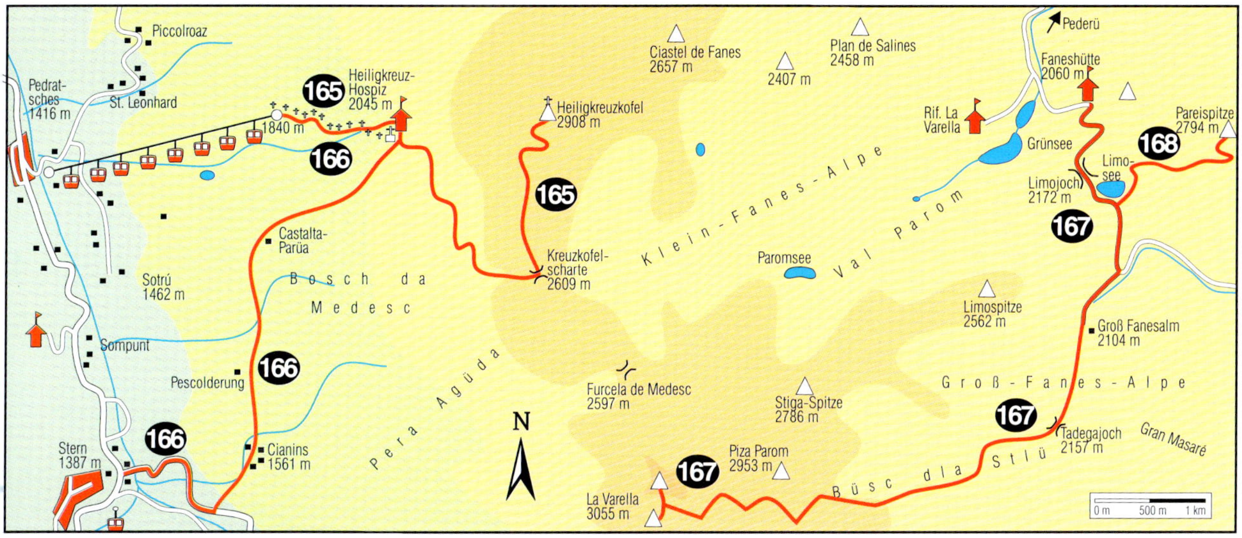

165 Heiligkreuzkofel ②

i: Tourismusbüro, I-39030 Stern, Tel. (0474) 847037.

Landkarte: Kompass-Karte 1:50000, Nr. 57, Bruneck-Toblach.

Führer: Kammerer, Südtirol für Bergwanderer, Bd. 6, Tappeiner, Bozen.

Talorte: Pedraces, 1322 m, bzw. St. Leonhard, 1371 m.

Ausgangspunkt: Bergstation der Sesselbahn, 1840 m (Talstation zwischen Pedraces und St. Leonhard).

Aufstieg: 3 1/2 Std., teils Trittsicherheit nötig, sonst unschwierig.

Abstieg: 2 1/2 Std.

Stützpunkt: Gasthaus Heiligkreuz, 2045 m.

✳: Großartiger Aussichtsgipfel mit eindrucksvollen Westabstürzen, für Trittsichere nicht schwierig zu ersteigen.

Tip: Hüttenübernachtung empfohlen.

Das Wallfahrtskirchlein Heiligkreuz vor den im Abendlicht aufglühenden Wänden des Heiligkreuzkofels

Die Faneshütte an der gesperrten Limojochstraße gegen die Pareispitze

166 Heiligkreuz-Stern ①

i: Tourismusbüro, I-39030 Stern, Tel. (0474) 847037.

Landkarte: Kompass-Karte 1:50000, Nr. 55, Cortina d'Ampezzo.

Führer: Kammerer, Südtirol für Bergwanderer, Bd. 6, Tappeiner, Bozen.

Talorte: Pedraces, 1322 m, bzw. St. Leonhard, 1371 m.

Ausgangspunkt: Bergstation der Sesselbahn, 1840 m (Talstation zwischen Pedraces und St. Leonhard).

Aufstieg: 1/2 Std., unschwierig.

Abstieg: 2 1/4 Std. bis Stern.

Stützpunkt: Gasthaus Heiligkreuz, 2045 m.

✳: Überwiegend bequemer Abstieg mit großartigem Schauerlebnis ohne irgendwelche Schwierigkeiten.

Tip: Auch der Weg mit Markierung 15 ist gut geeignet, allerdings steigt man danach auf Markierung 12 etwas steiler ab.

Abstieg: Auf gleicher Route 2 1/2 Std.

Anregung: Die Übernachtung im Gasthaus Heiligkreuz bringt mehrfache Erleichterung; man kann früher aufbrechen und den Anstieg bis zur Scharte im Schatten hinter sich bringen.

166 Heiligkreuz-Stern ①

(Den Verlauf dieser Route finden Sie auf der Kartenskizze Seite 191)

Diese Wanderung, größtenteils bergab, verbindet den Besuch der Wallfahrtskapelle Heiligkreuz mit den sich ständig ändernden Tal- und Bergblicken beim Weg nach Süden, der in Stern endet – ein stimmungsvolles Erlebnis.

Auffahrt: Mit der Sesselbahn von Pedraces-St. Leonhard zur Bergstation, 1840 m.

Aufstieg: Auf steilem Fahrweg an Kreuzwegstationen vorbei auf Markierung 7 zur Heiligkreuz-Kapelle mit Gasthaus, 2045 m, 1/2 Std., leicht.

Abstieg: Auf gutem Weg mit Markierung 13 wandert man sanft bergab gegen Südwesten, kommt zwischen zwei idyllischen Seeaugen am Munt de Costalta, 1828 m, vorbei und genießt fast unablässig die reizvollsten Blicke. Hinter den Häusern von Costalta verläuft der Weg ein Stück gemächlich auf der Straße oder etwas steiler auf einer Abkürzung. Weiter geht es meist durch Wiesengelände über die Weiler Pescolderung, Crazzolara, Fisti und Cianins zur St. Kassianer Straße, auf der das letzte kleine Stück nach Stern zurückgelegt wird. 2 1/4 Std., bequemer Weg, keinerlei Schwierigkeiten. Rückkehr nach Pedraces eventuell mit dem Bus.

167 Lavarella, 3055 m ③

(Den Verlauf dieser Route finden Sie auf der Kartenskizze Seite 191)

Die Lavarella, nach der Cunturinesspitze zweithöchster Gipfel der Kreuzkofelgruppe, steht am Südwestrand dieser ausgedehnten

Der Limosee am Limojoch gegen Piza dales Nü und Antonispitze

Beim Aufstieg zur Lavarella über der Groß-Fanes-Alpe gegen Piza Parom

Berggruppe direkt über dem Tal von St. Kassian und dem Abteital, das sie fast 2000 m überragt. Neben einer weiten Fernsicht und beeindruckenden Nahblicken bezaubern von diesem Gipfel die Tiefblicke in grüne Täler. Kein kurzer Weg, aber ganz besonders lohnend.

Auffahrt: Von St. Vigil nach Pederü, 1545 m, 12 km. Von dort Taxidienst zur Faneshütte. Der Fußanstieg erfordert etwa 1½ Std.

Aufstieg: Von der Faneshütte, 2060 m, auf der Straße über das Limojoch, 2172 m, zur Groß-Fanes-Alm und auf einem Fahrweg weiter nach Süden zum Tadegajoch, 2157 m. Jetzt auf dem rot markierten Steig durch Latschen und über Geröll in das Vallon de Lavares und am kleinen Cunturinessee vorbei gegen Westen aufwärts. Weiter auf Steigspuren, teils über Firn zum Lavarellasattel, 2885 m, am Südfuß des Gipfelkamms. Nordwärts auf Steig über Schutt und Schrofen zum Sattel zwischen den Gipfeln und links über den Grat zum niedrigeren Westgipfel, 3034 m. Zum Hauptgipfel kommt man, indem man zum Sattel zurücksteigt und gegen Osten dem Kamm folgt, insgesamt 4¼ Std., unschwierig.

Abstieg: Auf gleicher Route 2¼ Std.

168 Pareispitze, 2794 m ②

(Den Verlauf dieser Route finden Sie auf der Kartenskizze Seite 191)

Höchster Punkt eines langen etwa westöstlich-gerichteten Kammes, der im Süden vom Fanestal begrenzt wird und gegen Norden steil in das Rautal abbricht. Da die höheren Berge ziemlich weit entfernt sind, ergibt sich eine interessante Umschau und eine weite Fernsicht. Der Aufstieg ist wenig anstrengend, erstaunlich blumenreich und landschaftlich sehr lohnend.

Auffahrt: Von St. Vigil nach Pederü, 1545 m, 12 km. Von dort Taxidienst zur Faneshütte. Der Fußanstieg erfordert etwa 1½ Std.

Aufstieg: Von der Faneshütte, 2060 m, auf

167 Lavarella ③

i: Tourismusbüro, I-39030 St. Vigil in Enneberg, Tel. (0474) 501037.

Landkarte: Kompass-Karten 1:50000, Nr. 55, Cortina d'Ampezzo und Nr. 57, Bruneck-Toblach.

Führer: Kammerer, Südtirol für Bergwanderer, Bd. 6 und 8, Tappeiner, Bozen.

Talorte: St. Vigil in Enneberg, 1193 m.

Ausgangspunkt: Faneshütte, 2060 m, von Pederü (12 km von St. Vigil) Taxidienst.

Aufstieg: 4¼ Std., unschwierig, Ausdauer wichtig.

Abstieg: 2¼ Std.

Stützpunkt: Faneshütte, 2060 m.

✳: Interessante Route durch wilde Landschaft zu einem großartigen und sehr hohen Aussichtsgipfel.

Tip: Eine Hüttenübernachtung ist für die meisten Besteiger Voraussetzung.

168 Pareispitze ②

i: Tourismusbüro, I-39030 St. Vigil in Enneberg, Tel. (0474) 501037.

Landkarte: Kompass-Karten 1:50000, Nr. 55, Cortina d'Ampezzo und Nr. 57, Bruneck-Toblach.

Führer: Kammerer, Südtirol für Bergwanderer, Bd. 6 und 8, Tappeiner, Bozen.

Talort: St. Vigil in Enneberg, 1193 m.

Ausgangspunkt: Faneshütte, 2060 m. Taxidienst von Pederü, 1545 m, von St. Vigil 12 km.

Aufstieg: 2¼ Std., unschwierig.

Abstieg: 1¼ Std.

Stützpunkt: Faneshütte, 2060 m.

✳: Unschwieriger Aufstieg zu einem sehr lohnenden Gipfel mit schönem Rundblick.

Tip: Hüttenübernachtung vorteilhaft.

Monte Sella di Sennes von der Sennesalpe

169 Monte Sella di Sennes ③

i: Tourismusbüro, I-39030 St. Vigil in Enneberg, Tel. (0474) 501037.

Landkarte: Kompass-Karte 1:50000, Nr. 57, Bruneck-Toblach.

Führer: Kammerer, Südtirol für Bergwanderer, Bd. 6 und 8, Tappeiner, Bozen.

Talort: St. Vigil in Enneberg, 1193 m.

Ausgangspunkt: Gasthof Pederü, 1545 m.

Aufstieg: 4 Std., teils Trittsicherheit erforderlich.

Abstieg: $2^3/_4$ Std.

Stützpunkte: Senneshütte, 2126 m, Schutzhaus Sennesalm (Munt de Sennes), 2170 m.

✳: Interessanter Anstieg zu einem hohen, lohnenden Aussichtsgipfel.

Tip: Eine Hüttenübernachtung ist zu empfehlen.

der Straße über das Limojoch, 2172 m, und hinter dem Limosee links abzweigen. Nun folgt man der Markierung über Latschenhänge nur mäßig steil empor. Weiter quert der Steig die Hänge der Pareispitze in östlicher Richtung, um schließlich gegen Norden den Gipfel zu erreichen. $2^1/_4$ Std. ohne Schwierigkeit.

Abstieg: Auf dem gleichen Weg $1^1/_4$ Std.

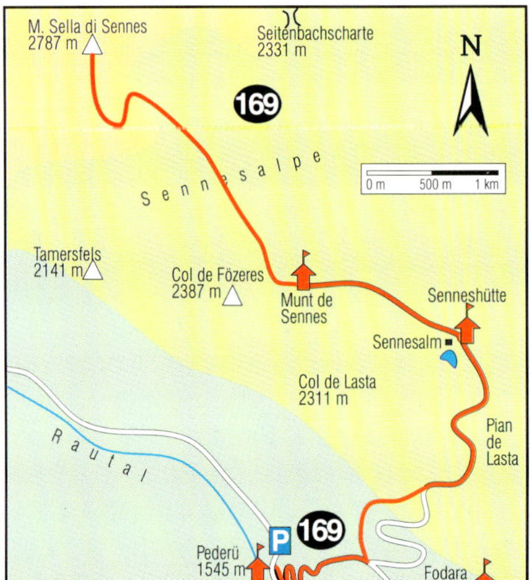

169 Monte Sella di Sennes, 2787 m ③

Der aussichtsreiche Hauptgipfel der Sennesgruppe ist von der Sennesalm aus eine sehr lohnende Bergtour, die nicht ganz kurz ist und stellenweise Trittsicherheit erfordert. Besonders eindrucksvoll sind die Blicke zur Hohen Gaisl, den Sextener Dolomiten und den Ampezzaner Dolomiten.

Auffahrt: Von St. Vigil durch das Rautal nach Pederü, 1545 m, 12 km.

Aufstieg: Vom Gasthof Pederü führt die für den allgemeinen Verkehr gesperrte Straße zur Sennesalm, Taxidienst. Nach der ersten Steilstufe folgt man links der Abkürzung Markierung 7, im Almbereich wieder der Straße zur Senneshütte, 2126 m, $1^3/_4$ Std. Die Straße führt über einen Hügel weiter westwärts zum Schutzhaus Sennesalm, 2170 m, $^1/_4$ Std. Dann folgt man den Steigspuren nach Nordwesten zum Kar, steigt dort nach links zum flachen Kamm an und folgt diesem zum Gipfel, 2787 m, 2 Std., insgesamt 4 Std. Trittsicherheit nötig.

Abstieg: Auf gleicher Route, $2^3/_4$ Std.

Die wichtigsten Orte von A – Z

ABTEI

Ital. Badia, 1434 m (Hauptort Stern), 2783 Einwohner. Gemeinde des oberen Gadertals. Die Kirche Unsere Liebe Frau stammt aus dem 16. Jahrhundert und wurde im 19. Jahrhundert umgebaut. Sehenswert ist der Ansitz Rubatsch. In St. Leonhard/San Linert steht die berühmte Rokokokirche St. Leonhard aus dem 18. Jahrhundert mit Fresken von Matthäus Günther. Hoch über dem Ort steht die früher häufig aufgesuchte Wallfahrtskirche Heiligkreuz.

CALFOSCH/KOLFUSCHG

Ital. Colfosco, 1645 m, etwa 250 Einwohner. Berühmter Fremdenverkehrsort in reizvoller Lage zu Füßen von Sella und Grödnerjoch, im 12. Jahrhundert erstmals genannt. Die St.-Vigilius-Kirche stammt aus dem 15. Jahrhundert.

CORVARA/KURFAR

Ital. Corvara, 1568 m, 1255 Einwohner. Berühmter Fremdenverkehrsort im gleichnamigen Tal, im 13. Jahrhundert erstmals genannt, mit alter Kirche aus dem 16. Jahrhundert; die neue Kirche stammt von 1959. Stark erschlossene Skilandschaft.

ENNEBERG/MAREO

Ital. Marebbe, 1284 m, 2593 Einwohner. Gemeinde um St. Vigil, ital. San Vigilio di Marebbe, 1689 Einwohner. Die Rokokokirche aus dem 18. Jahrhundert besitzt Fresken von Matthäus Günther und Kreuzwegbilder von Johann Josef Karl Henrici. Ein Bronzestandbild von Irsara erinnert an Katharina Lanz, die als „Mädchen von Spinges" die anrückenden Franzosen 1797 mit der Heugabel abwehrte. In der Nähe liegen die Ansitze Moreck und Rost.

ST. MARTIN IN THURN/ SAN MARTIN DE TOR

Ital. San Martino in Badia, 1127 m, 1519 Einwohner. Ort über dem Gadertal, im 13. Jahrhundert erstmals genannt. Die Kirche St. Medardus aus dem 15. Jahrhundert wurde später barockisiert. Sehenswert ist die gut erhaltene Burganlage aus dem 13. Jahrhundert, die später umgebaut, dann

Grödental mit St. Ulrich in Gröden und dem Langkofel

landwirtschaftlich genutzt wurde und heute als Ladinisches Kulturzentrum für alle Interessierten offen ist.

ST. ULRICH/URTIJEI

Ital. Ortisei, 1237 m, 4303 Einwohner. Hauptort des Grödentals, Mittelpunkt der Grödner Holzschnitzerei, weltbekannter Fremdenverkehrsort. Heimatmuseum mit Holzschnitzereien, Malereien und volkskundlicher Abteilung. Einen Besuch lohnen auch die Kirchen St. Ulrich von 1800, St. Anna auf dem Friedhof aus dem 15. Jahrhundert, St. Antonius aus dem 17. Jahrhundert.

St. Vigil in Enneberg gegen die Berge der Kreuzkofelgruppe

WENGEN/LA VAL

Ital. La Valle, 1353 m, 1212 Einwohner. Ort im Wengental, einem östlichen Seitental des Gadertals, der im 13. Jahrhundert Twenge genannt wurde. Viele Sagen weisen auf vorgeschichtliche Besiedlung hin. In der neuromanischen Kirche finden sich Skulpturen des berühmten einheimischen Schnitzers Dominik Moling. Das schön gelegene St. Barbara-Kirchlein aus dem 15. Jahrhundert birgt ein bedeutendes Kreuzigungsbild im Stil Michael Pachers. Der Ansitz Rungg stammt aus dem 16. Jahrhundert.

WOLKENSTEIN IN GRÖDEN

Ital. Selva, 1565 m, 2391 Einwohner. Bekannter Fremdenverkehrsort im oberen Grödental zwischen Geislergruppe, Sella und Langkofel. Die Mariahilfskirche aus dem 15. Jahrhundert wurde im 19. Jahrhundert neugotisch umgebaut; sie beherbergt den Grabstein eines Grafen von Wolkenstein von 1686. Über dem Eingang ins Langental steht die Ruine der Burg Wolkenstein, die in den Fels gehauen wurde und im 16. Jahrhundert eingestürzt ist.

Corvara/Kurfar gegen den Sass Songher

HOCHPUSTERTAL

Innichen mit Dreischusterspitze (links hinten) und Haunold

Die östlichste Region Südtirols erhielt nach ihrem Haupttal den Namen Hochpustertal, genauer die oberen Täler von Rienz und Drau mit ihren gegen Norden und Süden ziehenden Seitentälern.

Vom Hinterbergkofel über dem Stallersattel zieht die Gebietsgrenze – zusammen mit der Staatsgrenze gegen Österreich – etwa nach Südosten, überquert das Pustertal zwischen Innichen und Sillian und verläuft über den Karnischen Hauptkamm bis südöstlich des Gipfels Eisenreich, von dem aus die Provinzgrenze gegen Belluno gilt, die ungefähr gegen Westsüdwest über Zwölfer und Drei Zinnen zum Höhlensteintal zieht und dann gegen Westnordwest über die Hohe Gaisl den Seekofel erreicht. Ab hier gilt die Grenze gegen die Region Ladinien, die südlich des Grünwaldtals entlangzieht und westlich über ihm jenseits des Kreuzjochs auf den Kamm Dreifingerspitze-Flatschkofel stößt, wo die Grenze gegen die Region Bruneck erst gegen Osten, dann gegen Norden zurück zum Hinterbergkofel verläuft.

Eine deutliche Gliederung findet durch die überwiegend breiten Täler von Rienz und Drau statt. Die wichtigsten Seitentäler sind im Norden das Gsiestal, das bei Welsberg mündet, im Süden das Pragser Tal. Das Höhlensteintal ist das obere Rienztal. Das Sextental mündet in das oberste Drautal. Der niedrigste Punkt bei Welsberg liegt über 1000 m hoch, der höchste Punkt ist der Gipfel der Hohen Gaisl, 3146 m, die Dreischusterspitze ist nur 1 m niedriger.

Auch hier darf man von einer alpinen bis hochalpinen Landschaft sprechen, wenn auch das Haupttal, das Hochpustertal, stellenweise breit und geräumig erscheint. Das Klima ist zwar sonnenreicher als nördlich der Alpen, erinnert aber mit seinen Temperaturen an den Norden. Es herrschen Nadelwälder vor und die Bedingungen für Skifahrer sind hier überall hervorragend. Der Fremdenverkehr spielt im Haupttal und südlich davon eine große Rolle; die Zentren des Fremdenverkehrs liegen vor allem um Niederdorf, Toblach, Innichen und Sexten, teils auch im Pragser Tal mit Bad Altprags und seiner Bittersalzquelle. Alle diese Orte sind trotz ihrer bekannten Namen immer noch eher gemütlich zu nennen. Dem ruhigen Gsiestal ist der Fremdenverkehr in größerem Rahmen bisher trotz bescheidener Anfänge erspart geblieben.

Das Hochpustertal war immer eine bäuerlich geprägte Gegend, und auch der Bergbau

Die Drei Zinnen aus einem Befestigungsstolleneingang über der Drei-Zinnen-Hütte

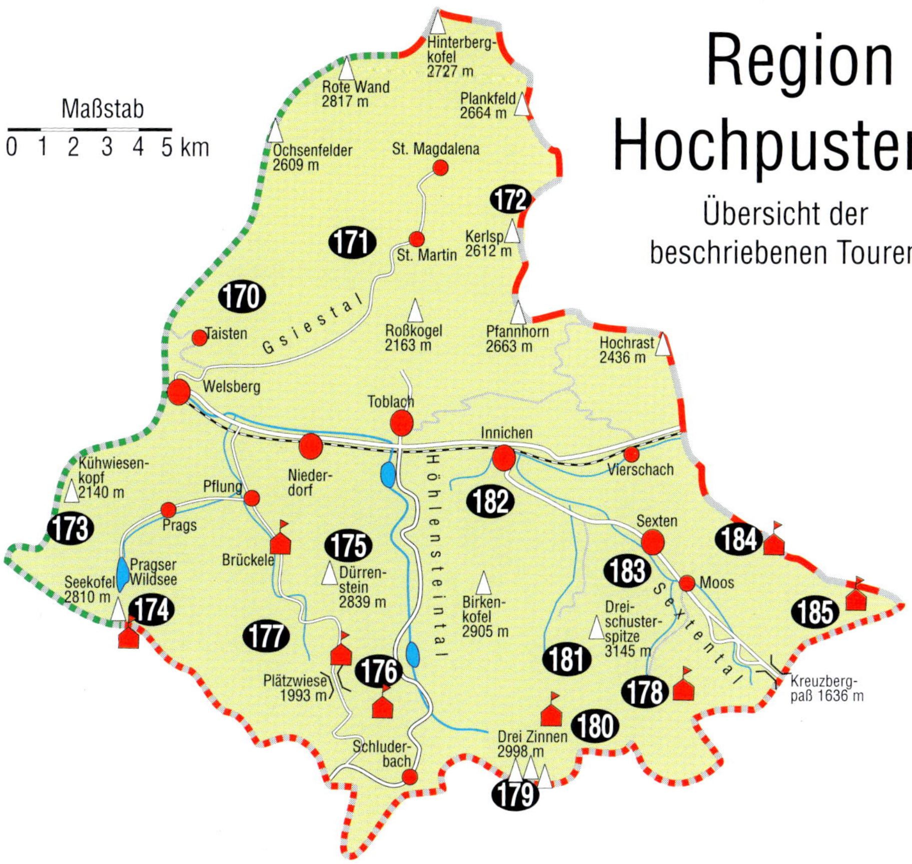

Region Hochpustertal

Übersicht der beschriebenen Touren

im Mittelalter und die Verkehrsadern nach Lienz sowie die Strada d'Alemagna durch das Höhlensteintal und über Cortina nach Venedig haben keine größeren Orte wachsen lassen.

Für den Sommer-Besucher ist die Region in der Vielfalt ihrer Landschaftsformen kaum zu überbieten: im Norden das stille Gsiestal mit abgerundeten Höhen und Bergen, während im Süden die zerklüfteten Felsen der Dolomiten dominieren. Obwohl deren Formen von der Ferne schroff und abweisend wirken, gibt es – auch in der wildesten Felsenlandschaft – gut begehbare und vor allem beeindruckende Wanderwege. Eine sehr große Anzahl bewirtschafteter Hütten bietet darüber hinaus Unterkunft und Verpflegung auf allen Unternehmungen.

Auf dem Sextener Friedhof; hinten die Gruppe des Elfers

→ ORIENTIERUNGSSTUFEN HOCHPUSTERTAL

① Touren 170, 171, 176, 185

② Touren 172, 173, 174, 175, 178, 179, 181, 182, 183, 184

③ Touren 177, 180

① = Kurze Spaziergänge oder Wanderungen ohne jede Schwierigkeit, meist auf guten Wegen, auch für Ältere und kleinere Kinder geeignet.

② = Wanderungen eventuell von längerer Dauer, aber ohne Schwierigkeiten und besondere Ausrüstungsanforderungen, größere Kinder unter geeigneter Aufsicht können teilnehmen.

③ = Unternehmungen ohne größere Schwierigkeiten, die aber Trittsicherheit, Schwindelfreiheit und geeignete Ausrüstung voraussetzen. Eigene Erfahrung oder Führung durch Erfahrene wichtig. Größere Kinder nur mit Erfahrung und Sicherung.

In den Villgratner Bergen

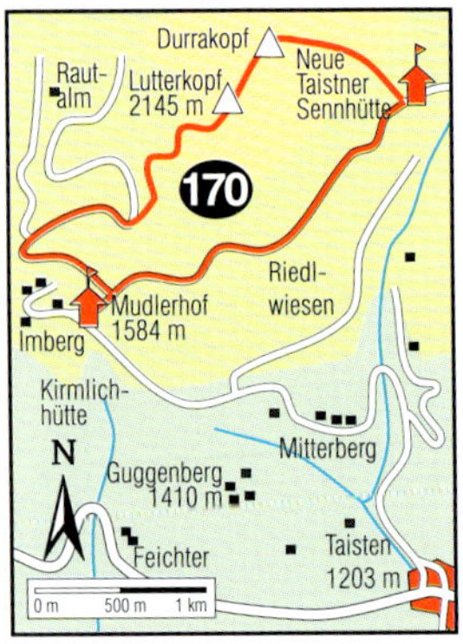

170 Lutterkopf ①

i: Tourismusbüro, I-39035 Taisten, Tel. (0474) 950000.

Landkarte: Kompass-Karte 1:50000, Nr. 57, Bruneck-Toblach.

Führer: Kammerer, Südtirol für Bergwanderer, Bd. 8, Tappeiner, Bozen.

Ausgangspunkt: Mudlerhof-Parkplatz, 1620 m.

Aufstieg: 3 1/2 Std., unschwierig.

Abstieg: 1 1/4 Std.

Stützpunkt: Berggasthof Neue Taistner Sennhütte, 2012 m.

✳: Ein unschwieriger Panorama-Höhenweg

171 Hörneckele ①

i: Tourismusbüro, I-39030 St. Martin in Gsies, Tel. (0474) 978436.

Landkarte: Kompass-Karte 1:50000, Nr. 57, Bruneck-Toblach.

Führer: Kammerer, Südtirol für Bergwanderer, Bd. 8, Tappeiner, Bozen.

Talort und Ausgangspunkt: St. Magdalena, 1308 m.

Aufstieg: 2 1/4 Std., unschwierig.

Abstieg: 1 3/4 Std.

Stützpunkt: Ragotzalm, Selbstversorgerhütte.

✳: Genußreiche Aussichts-Panoramawanderung im Gsieser Tal.

170 Lutterkopf, 2145 m ①

Über den teils ebenen Bergrücken zwischen Antholz und Taisten, im Bereich der Taistner Alm, bietet sich eine leichte Höhenwanderung mit weiter Panoramasicht.

Auffahrt: Von Welsberg zum Mudlerhof-Parkplatz, 1620 m, 6 1/2 km.

Aufstieg: Man folgt der Forststraße zur Neuen Taistner Sennhütte, 2012 m, 1 1/4 Std. Ein Fahrweg führt weiter nach Norden zu einem Sattel, 2186 m. Ausgetretene Spuren gehen dort links zum Kamm und südwestwärts zum Durakopf, 2275 m, 1 1/2 Std. Man folgt dem Steig über den Kamm zum waldfreien Lutterkopf, 2145 m, 3/4 Std. Insgesamt 3 1/2 Std., unschwierig.

Abstieg: Der Steig Markierung 31 führt südwestwärts im Wald hinab zu einer Forststraße, die zum Parkplatz führt, 1 1/4 Std.

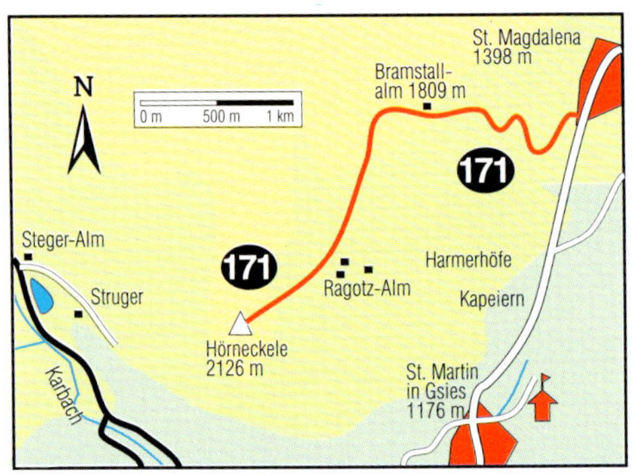

171 Hörneckele, 2127 m ①

Der bewaldete Bergkegel über St. Martin, mit einem weithin sichtbaren Gipfelkreuz ist ein von St. Magdalena in schöner Wanderung erreichbarer Aussichtspunkt.

Aufstieg: In St. Magdalena, 1398 m (Hinweistafel), kurz vor der Kirche links von der Hauptstraße abzweigend, folgt man der steilen Straße zur Häusergruppe Huiben. Beim Oberhuiber-Hof führt Markierung 52B-10 auf Fahrweg zum Bachgraben, nach der Brücke an der Wildbachsperre rechts auf Steig am Bach entlang, bei der Verzweigung mit Markierung 52B links, anfangs steiler

Im südgewandten obersten Gsiestal ist noch Getreideanbau möglich; hinten die Pragser Dolomiten

St. Martin in Gsies in ebener Lage, von Osten gesehen

zur Bramstall Alm und weiter mit Markierung 52 im Hochwald zur Ragotzalm, 2014 m. Der Steig Markierung 52 führt in den Wiesen nach Südwesten zum Bergrücken und am Kamm kurz ab- und ansteigend zum Hörneckele, 2127 m, 2¼ Std.

Abstieg: Auf dem Anstiegsweg, 1¾ Std.

172 Höhenweg 2000 ②

Dieser mit rotem Punkt markierte Almwanderweg führt vom Gsieser Talschluß am orographisch linken Abhang talauswärts zu mehreren Almen mit Einkehr und absteigend wieder zum Ausgangspunkt.

Auffahrt: Von St. Magdalena zur Talschlußhütte mit Parkplatz.

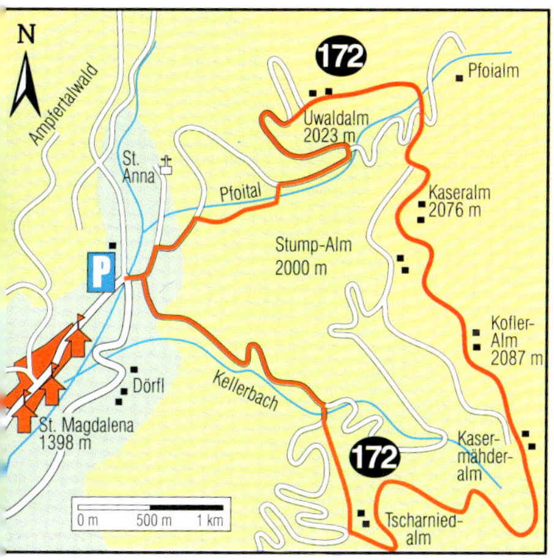

Aufstieg: Ab Talschlußhütte, 1465 m (Hinweistafel), führt eine asphaltierte Straße östlich des Baches entlang zum letzten Hof, dann als Forstweg in Kehren ansteigend zur Uwaldalm, 2042 m, 2 Std. (Markierung 12 weist den Abkürzungsweg).

Höhenweg: Der Höhenweg 2000 führt nun im Almgelände ostwärts zum Bach, dann ansteigend zur Kaseralm, 2076 m, ¾ Std. Man umrundet die Bergkante oberhalb der Stumpfalm zur Kipfleralm und erreicht im nächsten Almtal die Kasermähderalm, 2048 m, ¾ Std. Der Weg führt hinab zum Bach und um die bewaldete Bergkante in das folgende Almtal zur Oberen Tscherniedalm, 1976 m, ¾ Std. Insgesamt 2¼ Std.

Abstieg: Auf Wirtschaftsweg zum Bach und auf Asphaltstraße zurück zum Ausgangspunkt, 1¼ Std.

St. Magdalena in Gsies, der oberste Ort des Tales gegen Südwesten

172 Höhenweg 2000 ②

i: Tourismusbüro, I-39030 St. Martin in Gsies, Tel. (0474) 978436.

Landkarte: Kompass-Karte 1:50000, Nr. 57, Bruneck-Toblach.

Führer: Kammerer, Südtirol für Bergwanderer, Bd. 8, Tappeiner, Bozen.

Talort: St. Magdalena, 1398 m.

Ausgangspunkt: Talschlußhütte-Parkplatz, 1465 m.

Aufstieg: 2 Std., unschwierig.

Höhenweg: 2¼ Std., 15 km, unschwierig.

Abstieg: 1¼ Std.

Stützpunkte: Uwaldalm-, Kaseralm-Jausenstation, die anderen genannten Almen sind Einkehrhütten.

☀: Ein gut bezeichneter und aussichtsreicher Almverbindungsweg in größerer Höhe.

Tip: Trockenes Wetter bevorzugen.

... und nach der Tour

Den Hunger nach der Tour stillt man im Gsieser Tal z.B., indem man den köstlichen Käse verzehrt, den man auf den Almen des Höhenwegs 2000 erstanden hat.

Einheimische Spezialitäten, teilweise nach fast vergessenen Rezepten, zu moderaten Preisen, serviert das Restaurant Durnwald in Unterplanken in herrlicher Umgebung.

Und wer es luxuriöser mag, speist in der ersten Adresse des Tals, im Restaurant des Hotels Quelle in St. Magdalena. Hier kann auch wohnen, wer auf Komfort nicht verzichten möchte.

Um den Pragser Wildsee

173 Kühwiesenkopf ②

i: Tourismusbüro, I-39030 Prags/Pragsertal, Tel. (0474) 748660.

Landkarte: Kompass-Karte 1:50000, Nr. 57, Bruneck-Toblach.

Führer: Kammerer, Südtirol für Bergwanderer, Bd. 8, Tappeiner, Bozen.

Talort: Welsberg, 1087 m.

Ausgangspunkt: Pragser Wildsee, 1494 m, 10 km von Welsberg, Parkplatzgebühr.

Aufstieg: 2 Std., unschwierig.

Abstieg: 1 1/2 Std.

Stützpunkt: Gaststätte am Pragser Wildsee.

☀: Landschaflich reizvolle und stille Bergwanderung mit schönen Pustertal-Blicken.

173 Kühwiesenkopf, 2140 m ②

Dieser reizvolle Aussichtsgipfel im östlichen Auslauf des Olanger Kammes ist vom Pragser Wildsee in nicht sehr langem, landschaftlich schönem Anstieg zu erreichen.

Auffahrt: Von Welsberg durch das Pragser Tal zum Pragser Wildsee, 1494 m, mit Parkplatz, 10 km.

Aufstieg: Vom Parkplatz folgt man dem Fahrweg Markierung 61 nach Nordwesten zum Riedl-Hof. Ein Fußweg führt nun zum Wildbach, dann zu einer Verzweigung; der Steig Markierung 20 führt rechts steil zum Sattel an der Waldgrenze. Man steigt in den Almwiesen nordwestwärts an und erreicht dann im Bogen nach rechts den Kamm, der Steig führt in den Latschen ostwärts zum Kühwiesenkopf, 2140 m, 2 Std.

Abstieg: Auf dem gleichen Steig, 1 1/2 Std.

174 Seekofelhütte ②

i: Tourismusbüro, I-39030 Prags/Pragsertal, Tel. (0474) 748660.

Landkarte: Kompass-Karte 1:50000, Nr. 57, Bruneck-Toblach.

Führer: Kammerer, Südtirol für Bergwanderer, Bd. 8, Tappeiner, Bozen.

Talort: Welsberg, 1087 m.

Ausgangspunkt: Pragser Wildsee, 1494 m, 10 km von Welsberg, Parkplatzgebühr.

Aufstieg: 3 Std., unschwierig.

Abstieg: 2 Std.

Stützpunkte: Gaststätte am Pragser Wildsee, 1494 m, Seekofelhütte, 2350 m.

☀: Landschaftlich abwechslungs- und aussichtsreiche Hüttenwanderung ohne irgendwelche Schwierigkeiten.

Tip: Die Besteigung des Seekofels von der Seekofelhütte ist eine sehr lohnende kurze Tour, die allerdings Trittsicherheit erfordert.

174 Seekofelhütte (Egerer Hütte), 2350 m ②

Prächtig zu Füßen des berühmten Seekofels gelegen und mit weiter Sicht gegen Süden ausgestattete Hütte, deren Zugang nicht ganz kurz, aber voller Abwechslung ist. Vor allem aber erlaubt sie die Besteigung des Seekofels.

Der schön gelegene Pragser Wildsee gegen die Nordabstürze des Seekofels

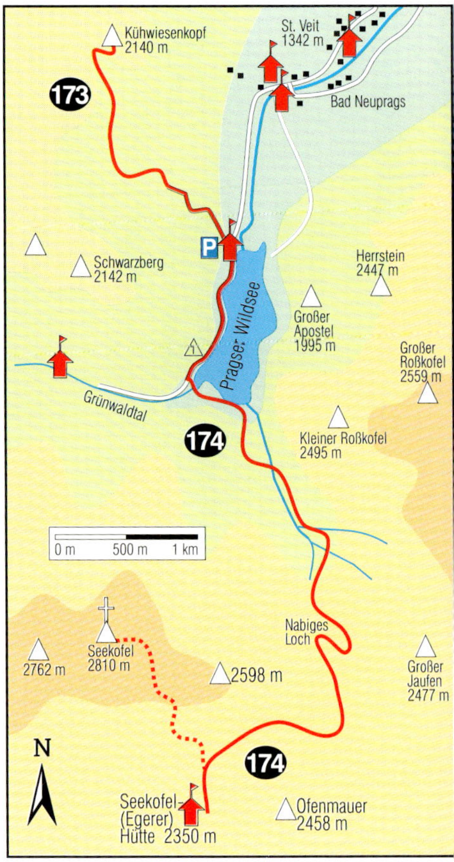

Auffahrt: Von Welsberg durch das Pragser Tal zum Pragser Wildsee, 1494 m, 10 km. Gebührenpflichtiger Parkplatz.

Aufstieg: Vom Parkplatz auf Straße am Westufer des Sees zum Südufer, dann, gut markiert mit 1, 3, 4, durch ein Tal zwischen Latschen aufsteigen zum Nabigen Loch und rechts auf Markierung 1 im Ofenkar zum Törl, 2388 m. Jetzt ein kleines Stück leicht abwärts zur Hütte. 3 Std., unschwierig.

Abstieg: Auf dem gleichen Weg, 2 Std.

Anregung: Die Besteigung des Seekofels ist – vor allem bei Nächtigung in der Hütte – eine überaus lohnende und kurze Zusatzunternehmung. In 1 1/4 Std. und mit Trittsicherheit kann dieser prächtige Panoramagipfel unschwierig erstiegen werden. Er zeichnet sich durch atemberaubende Tiefblicke zum Pragser Wildsee aus, aber auch durch ein überraschend weites Panorama, in dem der firnglänzende Alpenhauptkamm, die Sextener und die Ampezzaner Dolomiten und vor allem die nahe Hohe Gaisl die Glanzpunkte bilden.

Um die Plätzwiese

Die geräumige Hoch- und Paßfläche der Plätzwiese; hinten die Cristallogruppe (links Piz Popena)

175 Dürrenstein ②

i: Tourismusbüro, I-39030 Prags/Pragsertal, Tel. (0474) 748660.

Landkarte: Kompass-Karte 1:50000, Nr. 57, Bruneck-Toblach.

Führer: Kammerer, Südtirol für Bergwanderer, Bd. 8, Tappeiner, Bozen.

Talort: Welsberg, 1087 m.

Ausgangspunkt: Plätzwiesen-Parkplatz, 1950 m, von Welsberg etwa 13 km.

Aufstieg: 2 3/4 Std., unschwierig.

Abstieg: 2 Std.

Stützpunkt: Gasthof Plätzwiese, 1993 m.

☀: Einer der lohnendsten Gipfel des Hochpustertals mit herrlichen Cristallo- und Drei-Zinnen-Blicken.

Tip: Frühe Anfahrt, Straße ab 10 Uhr gesperrt, Buspendeldienst.

175 Dürrenstein, 2839 m ②

Der Dürrenstein, meistbesuchter Gipfel in den Pragser Dolomiten (Naturpark), ist vom Plätzwiesensattel über den Südwesthang in relativ kurzem, leichtem Anstieg erreichbar und bietet eine prachtvolle Aussicht, aus der die Drei Zinnen, der nahe Monte Cristallo und die Hohe Gaisl besonders hervorstechen.

Auffahrt: Von Welsberg über Gasthof Brückele zum Plätzwiesen-Parkplatz, 1950 m, etwa 13 km.

Wegverlauf: Kurz auf der Straße zum Berggasthof Plätzwiese, 1993 m, 1/4 Std. Beim Gasthof, Hinweistafel, auf Fußweg Markierung 40 ostwärts im Weidegelände ansteigend zum Latschenbereich. Nach Norden wendend, auf gutem Steig über felsdurchsetzte Grashänge, teils in Kehren zum Kamm, 2700 m. Auf Geröllsteig über den Vorgipfel zu einem Sattel und am flachen Felskamm mit Drahtseilhandlauf zum Hauptgipfel des Dürrensteins, 2839 m, 2 1/2 Std. Insgesamt 2 3/4 Std.

Abstieg: Auf gleicher Route 2 Std.

176 Strudelkopf, 2307 m ①

Der Strudelkopf, ein breiter Grasberg im südwärts auslaufenden, steil abbrechenden Kamm des Dürrensteinmassivs, ist ein leicht erreichbarer Gipfel mit großartigem Blick zu den umliegenden Dolomitengruppen.

Auffahrt: Von Welsberg durch das Pragser Tal auf die Plätzwiese, Parkplatz, 1950 m, etwa 13 km.

Aufstieg: Man folgt der Straße zur Dürren-

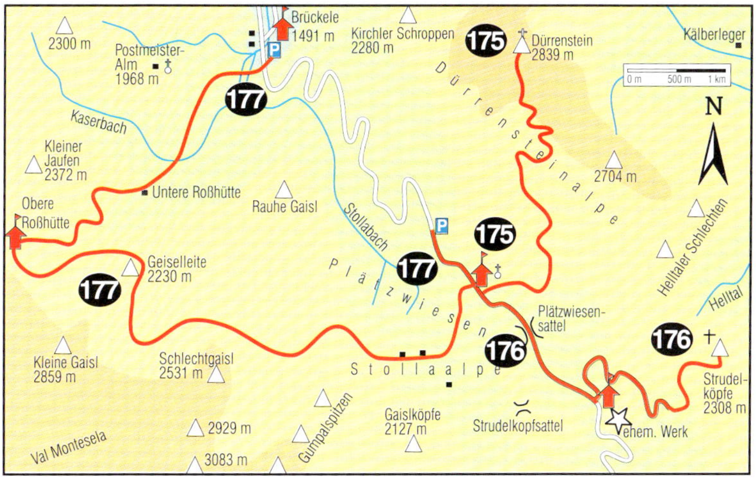

Nahe beim Gipfel des Strudelkopfs; Spiegelung der Cristallogruppe

176 Strudelkopf ①

i: Tourismusbüro, I-39030 Prags/Pragsertal, Tel. (0474) 748660.

Landkarte: Kompass-Karte 1:50000, Nr. 57, Bruneck-Toblach.

Führer: Kammerer, Südtirol für Bergwanderer, Bd. 8, Tappeiner, Bozen.

Talort: Welsberg, 1087 m.

Ausgangspunkt: Plätzwiesen-Parkplatz, 1950 m, von Welsberg etwa 13 km.

Aufstieg: 1 1/2 Std., ganz leicht.

Abstieg: 1 1/4 Std.

Stützpunkt: Dürrensteinhütte, 2028 m.

Tip: Nach Nächtigung auf der Hütte ist der Sonnenaufgang ein großes Erlebnis.

177 Plätzwiesen-Höhenweg ③

i: Tourismusbüro, I-39030 Prags/Pragsertal, Tel. (0474) 748660.

Landkarte: Kompass-Karte 1:50000, Nr. 57, Bruneck-Toblach.

Führer: Kammerer, Südtirol für Bergwanderer, Bd. 8, Tappeiner, Bozen.

Talort: Welsberg, 1087 m.

Ausgangspunkt: Plätzwiesen-Parkplatz, 1950 m, etwa 13 km von Welsberg; günstiger Brückele-Parkplatz und Benutzung des Bus-Pendeldienstes.

Wegstrecke: 3 3/4 Std., unschwierig, aber Trittsicherheit erforderlich.

Stützpunkte: Gasthof Plätzwiese, 1995 m, Roßhütte-Jausenstation, 2164 m.

Leichte Wanderung in reizvoller Umgebung.

Tip: Landschaftlich eindrucksvolle Höhenwanderung zu Füßen der Hohen Gaisl.

steinhütte, 2028 m, 1/2 Std. Auf dem Fahrweg oder auf nicht markiertem Fußweg erreicht man am Hang oberhalb der Hütte die Waldgrenze. Wo der Fahrweg nach Norden schwenkt, führt Markierung 34 ostwärts durch die Senke, am Hang noch kurz ansteigend erreicht man das große Gipfelkreuz am flachen Bergrücken, 2307 m, 1 Std. (Beschilderung Heimkehrerkreuz). Insgesamt 1 1/2 Std.

Abstieg: Auf gleicher Route 1 1/4 Std.

177 Plätzwiesen-Höhenweg ③

(Den Verlauf dieser Route finden Sie auf der Kartenskizze Seite 201)

Abwechslungsreiche Höhenwanderung in eindrucksvoller Landschaft.

Auffahrt: Von Welsberg durch das Pragser Tal zum Plätzwiesen-Parkplatz, 1950 m. Günstiger mit Buspendeldienst zwischen Brückele-Parkplatz und Plätzwiesen-Parkplatz.

Wegverlauf: Auf der Straße zum Gastho Plätzwiese, 1993 m, wo man bei Hinweistafe nach rechts abzweigt und auf Steigspurer gegen Westen zur alten Stolla-Alm wandert Der Steig mit der Markierung 3 führt zur Bach, steigt im Felsenbereich an, erreicht ir Kehren die Waldgrenze und kommt zu eine Mulde zu Füßen der Hohen-Gaisl-Wände Ein Felsbuckel wird westwärts überschritten (einzeln stehender Lärchenbusch 2330 m. Einen Rücken umgehend gelang man durch das folgende Kar zum Gaislleite Felsgrat, 2230 m. Nach einer Kante, Blick zum Bereich der Roßalm, quert der an einigen Stellen drahtseilgesicherte Steig der steilen Felshang an der Westflanke de Kammes. Im nun flachen Gelände betrit man den Hochwald und kommt zur Roßhütte, 2164 m, 2 1/2 Std.

Auf dem Almwirtschaftsweg im Bereich de Wildbachgräben geht man zum Talbo den hinunter und erreicht schließlich der Brückele-Parkplatz, 1494 m, 1 1/4 Std. Insgesamt 3 3/4 Std.

Um die Drei Zinnen

178 Zsigmondyhütte, 2224 m – Drei-Zinnen-Hütte, 2405 m ②

Den Verlauf dieser Route finden Sie auf der Kartenskizze Seite 204)

Die Rundwanderung vom Fischleintal über die beiden Hütten und durch das Altensteintal zurück ist zweifellos eine der eindrucksvollsten der ganzen Alpen. Sie faßt einen guten Teil der Schönheiten der Sextener Dolomiten zusammen und ist unschwierig, wenn sie auch gelegentlich etwas Trittsicherheit verlangt.

Auffahrt: Von Sexten ins Fischleintal und bis zum Parkplatz beim Hotel Dolomitenhof, etwa 1450 m, 4½ km.

Aufstieg: Nahezu ebener Weg in den Talschluß und bei der Verzweigung auf dem linken Weg, Markierung 101, 103 im Bachertal steiler empor, wobei sich einzigartige Anblicke des Zwölfers öffnen. Auch die Zsigmondyhütte taucht auf, zu der man von einer Wegverzweigung rechts aufwärts steigt. Auf diesem Weg 101 wird der Anstieg gegen Westen fortgesetzt und der höchste Punkt der Rundtour, das Büllelejoch mit kleiner Hütte, 2522 m, erreicht. 3½ Std.

Abstieg: Weiter auf Markierung 101 geht es jetzt gegen Westen abwärts, zuerst über Fels

Auf dem Büllelejoch bietet die Büllelejochhütte eine willkommene Einkehrmöglichkeit in prächtiger Bergnatur

178 Zsigmondyhütte – Drei-Zinnen-Hütte ②

i: Tourismusbüro, I-39030 Sexten, Tel. (0474) 710310.

Landkarte: Kompass-Karte 1:50000, Nr. 58, Sextener Dolomiten.

Führer: Kammerer, Südtirol für Bergwanderer, Bd. 8, Tappeiner, Bozen.

Talort: Sexten, 1310 m.

Ausgangspunkt: Parkplatz beim Dolomitenhof im Fischleintal, etwa 1450 m, 4½ km von Sexten.

Aufstieg: 3½ Std., unschwierig.

Abstieg: 4 Std.

Stützpunkte: Talschlußhütte, 1526 m, Zsigmondyhütte, 2224 m, Büllelejochhütte, 2522 m, Drei-Zinnen-Hütte, 2405 m.

✳: Landschaftlich einmalig schöne und interessante Rundtour zu den berühmtesten Stellen der Sextener Dolomiten.

Tip: Wegen der Länge eine Zwischenübernachtung zu empfehlen.

Die Gruppe des Zwölfers aus mehreren markanten Türmen vom Aufstieg zur Zsigmondyhütte

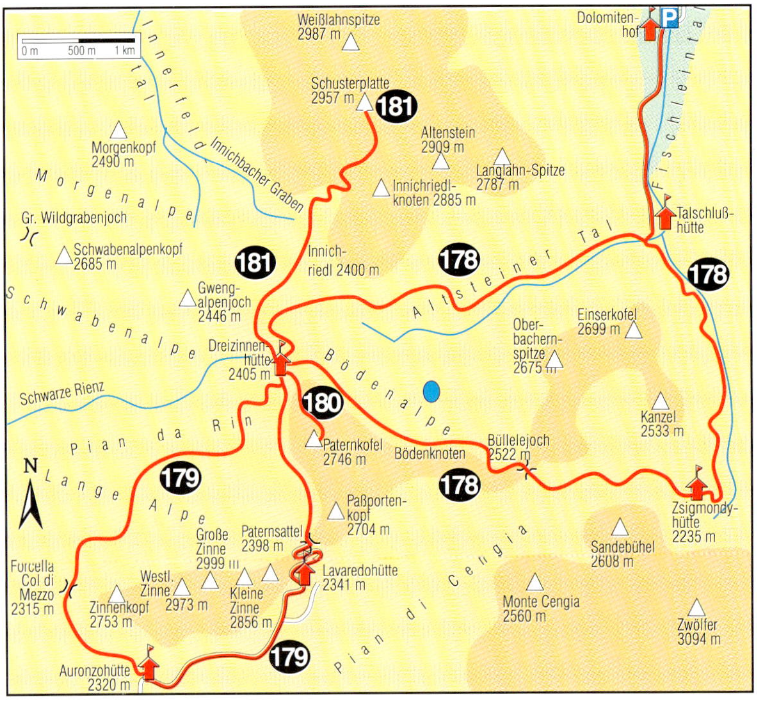

und Schotter, später über grasige Böden. Zu Füßen von Paternkofel und seinen östlichen Gratausläufern erblickt man die Bödenseen mit den Bergen der Dreischustergruppe darüber. Zuletzt steigt man ein Stück leicht aufwärts zur Drei-Zinnen-Hütte, ein besonders reizvoller Platz zum Bewundern der Drei Zinnen und anderer Gipfel. Die Hütte ist der Ausgangspunkt für zahlreiche Touren (siehe auch 179, 180, 181). Der Weg zurück zum Ausgangspunkt trägt die Markierung 102 und führt durch das Altensteiner Tal ins Fischleintal zurück. 4 Std., unschwierig.

179 Drei-Zinnen-Runde ②

Die unverwechselbaren Gestalten der Dre Zinnen zählen gewiß zu den berühmteste der ganzen Erde. Dementsprechend werde sie auch von Besuchern aus aller Welt bestaunt, vor allem von ihrer mit dem Aut leicht erreichbaren Südseite. Erheblich weniger belebt ist ihre Nordseite, welche di klassischen Bilder bietet. Diese Rundwanderung läßt die Zinnen von allen Seiten erleben und einzigartige Ansichten genießen.

Anfahrt: Von Sexten zum Parkplatz beim Do lomitenhof am Fischleinboden, etwa 1450 m 4 ½ km.

Aufstieg zur Drei-Zinnen-Hütte: Auf Markie rung 102 durch das Altensteiner Tal zu Drei-Zinnen-Hütte, 2405 m, 3 Std.

Rundwanderung: Der Weg von der Drei Zinnen-Hütte verläuft auf Markierung 10 über die eigenartige Hochfläche der Lange Alpe stets im Anblick der gewaltige Nordwände der Drei Zinnen. Man muß ers 100 m ab-, wieder aufsteigen, dann di Lange Alpe überqueren und einen Rücke umgehen, hinter dem man die Forcella Co di Mezzo, 2315 m, erreicht. Auf Weg 105 u den Zinnenkopf herum und wieder gege Osten zur Auronzo-Hütte und den Parkplät zen, zu denen man von Misurina emporfah ren kann. Nun auf breitem, häufig überlau fenem Weg südlich der Zinnen zu Lavaredo-Hütte und hinauf zum Paternsat tel, 2450 m, wo der Ausgangspunkt, die Drei

179 Drei-Zinnen-Runde ②

i: Tourismusbüro, I-39030 Sexten, Tel. (0474) 710310.

Landkarte: Kompass-Karte 1:50000, Nr. 58, Sexten.

Führer: Kammerer, Südtirol für Bergwanderer, Bd. 8, Tappeiner, Bozen.

Talort: Sexten, 1317 m.

Ausgangspunkt: Drei-Zinnen-Hütte, 2405 m, Auronzohütte, 2320 m.

Rundwanderung: 3 Std.

Wegzeit: Etwa 4 Std.

Abstieg: 2 Std.

Stützpunkte: Drei-Zinnen-Hütte, 2405 m, Rifugio Auronzo, 2320 m.

☀: Eine sehr lohnende, leichte Rundwanderung mit unvergeßlichen Eindrücken.

Die Kapelle in der Nähe der Drei-Zinnen-Hütte; hinten die Drei Zinnen von Norden

Aus dem Sextental zeigen sich die östlichen Dolomiten besonders stimmungsvoll; Elfergruppe, Zwölfer und Einser

Zinnen-Hütte, wieder sichtbar wird. Jetzt unter der Westflanke des Paternkofels auf prächtigem Steig mit herrlichen Ausblicken zurück. 4 Std., unschwierig.

Abstieg ins Tal: 2 Std.

180 Paternkofel, 2746 m ③

Ein außergewöhnlicher Felsgipfel, nicht allein von der Form her! Auch sein Anstieg bietet die Besonderheit einer etwa halbstündigen Tunnelbegehung, die natürlich eine gute Taschenlampe erfordert. Er ist nicht nur ein herausragender Aussichtspunkt, sondern erinnert auch an die Zeiten des Ersten Weltkriegs, als der Bergführer Innerkofler hier den Tod fand.

Anfahrt und Aufstieg zur Drei-Zinnen-Hütte: Von Sexten zum Parkplatz beim Dolomitenhof am Fischleinboden, etwa 1450 m, 4½ km. Weiter auf Markierung 102 durch das Altensteiner Tal zur Drei-Zinnen-Hütte, 2405 m, 3 Std.

Aufstieg: Eine funktionierende Taschenlampe ist notwendig für den Weg durch den Paterntunnel, einer Kriegsanlage, die nahe dem Felsturm „Frankfurter Würstl" beginnt. Verlassen wird der Tunnel durch das 5. Fenster. Danach bringt der Weg durch eine Rinne zur Gamsscharte, von wo Steigspuren und Steiganlagen den Gipfel unschwierig erreichen lassen. 1½ Std.

Abstieg: Bis zur Gamsscharte steigen wir auf gleichem Weg hinab. Von der Scharte geht es dann einfacher auf Steiganlagen südwärts in die nördliche Passportenscharte und durch ein Fenster im Tunnel in die Westflanke zum Verbindungsweg Paternsattel Drei-Zinnen-Hütte. 1½ Std.

Die Drei-Zinnen-Hütte mit der typischen Gestalt des Paternkofels in der Abendbeleuchtung

180 Paternkofel ③

i: Tourismusbüro, I-39030 Sexten, Tel. (0474) 710310.

Landkarte: Kompass-Karte 1:50000, Nr. 58, Sextener Dolomiten.

Führer: Kammerer, Südtirol für Bergwanderer, Bd. 8, Tappeiner, Bozen.

Talort: Sexten, 1317 m.

Ausgangspunkt: Drei-Zinnen-Hütte, 2405 m.

Aufstieg zur Drei-Zinnen-Hütte: 3 Std.

Aufstieg: 1½ Std.

Abstieg: 1½ Std.

Stützpunkt: Drei-Zinnen-Hütte, 2405 m.

☀: Prächtiger Dolomitenberg mit unschwierigem, aber außergewöhnlichem Anstieg.

... und nach der Tour

Einer der bekanntesten Söhne von Sexten ist der Historienmaler Rudolf Stolz (1874 - 1960), von dem unter anderem der berühmte Freskenzyklus „Totentanz" in der Rundkapelle des Friedhofs von Sexten stammt. In der St.-Josef-Straße 3 befindet sich das ihm gewidmete Museum, in dem der Großteil seines Werkes zu sehen ist: Skizzen, Studien, Entwürfe, Aquarelle und Fresken. Geöffnet 15.6.-15.7. und 10.9.-1.10. Di/Fr/So 10-12 Uhr, 15.7.-10.9. Di/Fr/So 10-12 Uhr und Mi/Do 17-19 Uhr.

Vom Gipfel der Schusterplatte genießt man ein großartiges Panorama; hier der Ausschnitt von den Drei Zinnen bis zum Cristallostock

181 Schusterplatte ②

i: Tourismusbüro, I-39030 Sexten, Tel. (0474) 710310.

Landkarte: Kompass-Karte 1:50000, Nr. 58, Sextener Dolomiten.

Führer: Kammerer, Südtirol für Bergwanderer, Bd. 8, Tappeiner, Bozen.

Talort: Sexten, 1317 m.

Ausgangspunkt: Drei-Zinnen-Hütte, 2405 m.

Aufstieg zur Drei-Zinnen-Hütte: 3 Std.

Aufstieg: $2^{1}/_{2}$ Std.

Abstieg: $1^{3}/_{4}$ Std.

Stützpunkt: Drei-Zinnen-Hütte, 2405 m.

✳: Eindrucksvolle Gipfelschau nach anregender Bergwanderung auf einen der lohnendsten Dolomiten-Aussichtsgipfel.

181 Schusterplatte, 2957 m ②

(Den Verlauf dieser Route finden Sie auf der Kartenskizze Seite 204)

Ein eigenständiger Gipfel im Bergstock der Dreischusterspitze, der mit einer Rundschau aufwartet, die sich sehen lassen kann. Trotz seiner großen Höhe einfach, wenn auch nicht ganz mühelos zu ersteigen.

Anfahrt und Aufstieg zur Drei-Zinnen-Hütte: Von Sexten zum Parkplatz beim Dolomitenhof am Fischleinboden, etwa 1450 m, $4^{1}/_{2}$ km. Weiter auf Markierung 102 durch das Altensteiner Tal zur Drei-Zinnen-Hütte, 2438 m, 3 Std.

Aufstieg: Von der Drei-Zinnen-Hütte nördlich in den Sattel des Innichriedls. Danach kurzer Abstieg in das mächtige Kar zwischen Schusterplatte und Altenstein, wo in vielen Kehren der Aufstieg in Richtung einer Scharte erfolgt.

Nun nach links, nördlich durch labyrinthische Felspartien auf das Gipfeldach, das sich als überraschend flach erweist. $2^{1}/_{2}$ Std. unschwierig.

Abstieg: Auf gleichem Weg, $1^{3}/_{4}$ Std.

182 Haunoldköpfl, 2160 m ②

Diese Felskanzel nordöstlich des zerklüfteten Haunoldmassivs ist ein besonderer Aussichtspunkt zwischen Innichen und Sexten. Er läßt sich mit relativ geringem Zeit- und Kraftaufwand und nicht zuletzt mit Hilfe eines Sessellifts erreichen.

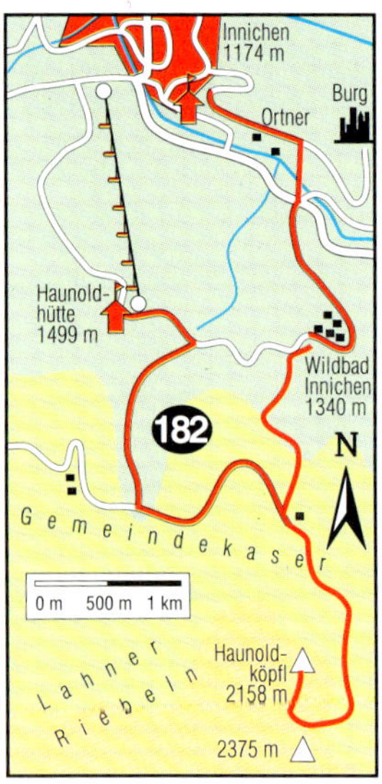

Die zahlreichen Zähne des Haunolds aus dem obersten Pustertal bei Innichen

Beim Abstieg von der Drei-Zinnen-Hütte in das Innerfeldtal; hinten der vielzackige Stock des Haunolds

182 Haunoldköpfl ②

i: Tourismusbüro, I-39038 Innichen, Tel. (0474) 913149.

Landkarte: Kompass-Karte 1:50000, Nr. 58, Sextener Dolomiten.

Führer: Kammerer, Südtirol für Bergwanderer, Bd. 8, Tappeiner, Bozen.

Talort: Innichen, 1175 m.

Ausgangspunkt: Haunoldhütte, 1500 m.

Aufstieg: 2½ Std.

Abstieg: Direkt nach Innichen 2½ Std.

Stützpunkt: Haunoldhütte, 1500 m.

☀: Schöner Panoramaplatz für das obere Pustertal mit Villgratner Bergen und Rieserferner.

… und nach der Tour

Wer Innichen verläßt, ohne sich Zeit für die Besichtigung der Stiftskirche St. Kandidus und Korbinian genommen zu haben, verpaßt das wichtigste und eindrucksvollste Bauwerk der Romanik, das sich in Tirol erhalten hat. Der größte Teil der Kirche ist vom 1284 geweihten Ursprungsbau erhalten, einige Teile sind jünger; vom Vorgängerbau aus der frühen Romanik stammt die Krypta, die den Brand um das Jahr 1200 überstanden hat. Besonders beachten sollte man die drei Portale, darunter das Venezianer Tor mit einem gut erhaltenen Relief im Bogenfeld. Bedeutendstes Ausstattungsstück ist die Kreuzigungsgruppe hinter dem Altar aus dem 13. Jahrhundert.

Auffahrt: Sessellift-Auffahrt von Innichen zur Haunoldhütte, 1500 m.

Aufstieg: Bei Wegtafeln mit Hinweisen folgt man dem Fahrweg abwärts nach Südosten zum Bach und bei der Verzweigung links ansteigend, um die Bergkante zur kleinen Wiese der Innichner-Alm-Jagdhütte. Vom Ende der Straße führt der Steig zur nächsten Bergkante und mit Markierung 7 rechts hinauf, dann links querend zum Südosthang. Dort in den Latschen und am Weidehang zum östlichen Haunoldköpfl, 2160 m, 2½ Std.

Abstieg:: Man geht zunächst zurück zur Jagdhütte und auf Steig Markierung 7 hinab zur Straße; diese führt zum verfallenen Innichner Wildbad und zur Sextener Talstraße. Man steigt dort zur Brücke ab und folgt dem Fußweg rechts am Bach entlang nach Innichen, 1175 m, 2½ Std.

Morgenlicht auf Cima d' Ambata und der Gruppe des Elferkofels aus dem Karnischen Hauptkamm

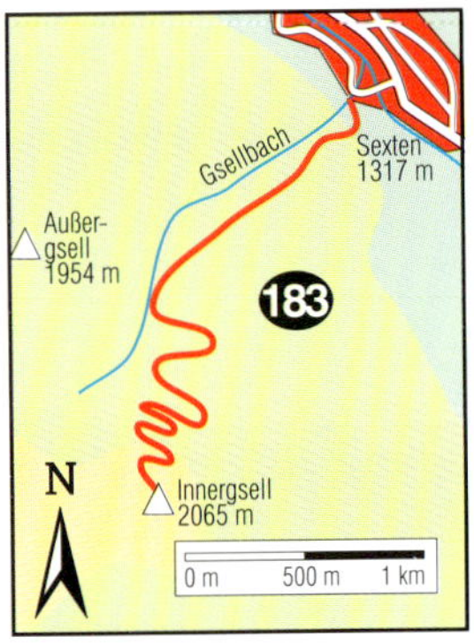

183 Innergsell ②

i: Tourismusbüro, I-39038 Innichen, Tel. (0474) 913149.

Landkarte: Kompass-Karte 1:50000, Nr. 58, Sextener Dolomiten.

Führer: Kammerer, Südtirol für Bergwanderer, Bd. 8, Tappeiner, Bozen.

Talort und Ausgangspunkt: Sexten/St. Veit, 1317 m

Aufstieg: 2 1/2 Std.

Abstieg: 1 3/4 Std.

Stützpunkte: Gastbetriebe im Ortsbereich.

✳: Panoramablick am Eingang zum Fischleintal.

Tip: Erfordert etwas Kondition.

183 Innergsell, 2065 m ②

Als vorspringender Waldrücken der Dreischuster-Gruppe am Eingang zum Fischleintal ist der Innergsell ein vorzüglicher Blickpunkt, der in etwas steilem, aber nicht zu langem Anstieg erstiegen wird.

Aufstieg: Im Ortsbereich von Sexten/St. Veit, 1317 m, ab der Brücke bei der Apotheke, folgt man der westwärts in den Wiesen ansteigenden Straße. Nach der Bergstation eines Skilifts links abzweigend, führt der Steig Markierung 12C am steilen, bewaldeten Nordosthang in Kehren, teils steil bergan zum Lärchenwald der Gsellwiesen und zur breiten Gipfelkuppe, 2065 m, 2 1/2 Std., Reste von Kriegsstellungen.

Abstieg: Auf gleicher Route 1 3/4 Std.

Die Sillianer Hütte am Abend gegen den Hochgrubengipfel

184 Sillianer Hütte, 2418 m ②

Eine Wanderung wie auf einem Aussichtsbalkon für die Sextener Dolomiten zu einer eher ruhigen Hütte knapp an der Grenze auf österreichischem Gebiet im Karnischen Hauptkamm hoch über dem Sextental. Nicht lang und kurzweilig zu begehen.

Auffahrt: Von Sexten mit der Großkabinenbahn zur Bergstation unter dem Hasenköpfl, 2103 m.

Aufstieg: Auf einem Fahrweg mit Markierung 4 gegen Südosten aufwärts zur Bergkante, herrliche Aussicht, Startplatz für Paraglider. Weiter gegen Osten zur nahen Hahnspielhütte, 2150 m, steiler südostwärts am Hang des Helm entlang; der Steig zum Helm kreuzt den Weg. Auf dem Kamm in der Nähe des Füllhorns, 2445 m, gegen Südosten fast eben zum Leckfeldsattel, 2387 m. Dort trifft man auf das Sträßchen von Sillian zur Sillianer Hütte, deren Serpentinen man

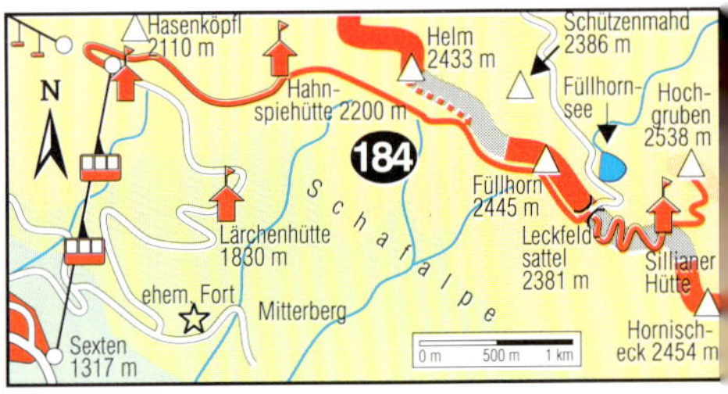

nur wenige Minuten bis zur Hütte folgt. $1\frac{1}{2}$ Std.

Abstieg: Auf dem gleichen Weg, 1 Std.

Anregung: Die Hochgruben, 2538 m, ist ein schnell erreichbares Ziel, $\frac{1}{4}$ Std.

185 Nemesalphütte, 1877 m ①

An der Ostgrenze Südtirols, der Wasserscheide zwischen Drau und Piave und einer geologischen Trennung zwischen Kalk und Schiefer, liegt der Kreuzbergpaß. Ein beschaulicher Wanderweg bietet einzigartige Bilder der östlichen Sextener Dolomiten aus dem Karnischen Hauptkamm.

Auffahrt: Von Sexten zum Kreuzbergpaß, 1636 m, 10 km (Busverkehr).

Aufstieg: Nördlich des Passes in den Buschwald auf Weg Markierung 131. Man darf sich nicht von anderen Markierungen verwirren lassen, die diesen Weg kreuzen. Nach Überschreiten von zwei neuen Holzknüppelwegen durch Moorgelände mit reicher Flora stößt der Weg auf den breiten Fahrweg mit

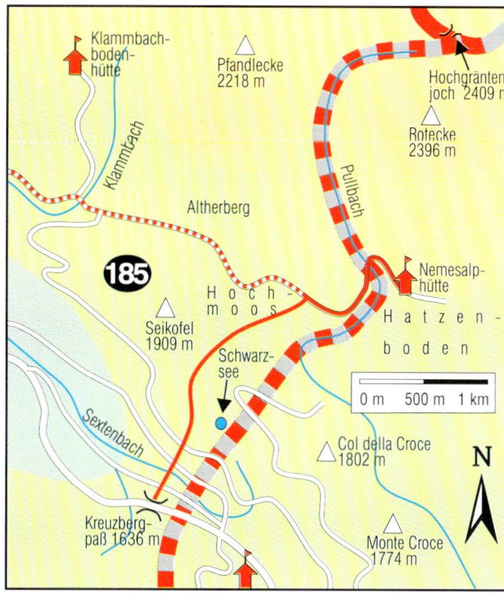

der Markierung 13. Der Fahrweg Nr. 13, der zur Nemesalpe führt, die längst sichtbar ist, endet dort nicht, sondern zieht als Wanderweg weiter in den Talhintergrund und in weitem Bogen zur Klammbachalm und weiter über die Helmhang-Hütte nach Sexten. Die Nemesalphütte ist in rund $1\frac{1}{2}$ Std. Gehzeit erreichbar.

Abstieg: Auf gleichem Weg $1\frac{1}{4}$ Std.

184 Sillianer Hütte ②

i: Tourismusbüro, I-39038 Innichen, Tel. (0474) 913149.

Landkarte: Kompass-Karte 1:50000, Nr. 58, Sextener Dolomiten.

Führer: Holl, AV-Führer Karnischer Hauptkamm, Rother, München.

Talort: Sexten, 1310 m.

Ausgangspunkt: Bergstation der Helmseilbahn, 2103 m.

Aufstieg: $1\frac{1}{2}$ Std.

Abstieg: 1 Std.

Stützpunkte: Hahnspielhütte, 2150 m, Sillianer Hütte, 2418 m.

✳: Herrliche Aussichtswanderung zu einer besonders schön gelegenen Hütte im Karnischen Hauptkamm.

Tip: Um den Sonnenaufgang hinter den Dolomitenbergen zu erleben, sollte man eine Hüttenübernachtung einplanen.

185 Nemesalphütte ①

i: Tourismusbüro, I-39038 Sexten, Tel. (0474) 913149.

Landkarte: Kompass-Karte 1:50000, Nr. 58, Sextener Dolomiten.

Führer: Kammerer, Südtirol für Bergwanderer, Bd. 8, Tappeiner, Bozen.

Talort: Sexten, 1310 m.

Ausgangspunkt: Kreuzbergpaß, 1636 m.

Aufstieg: $1\frac{1}{2}$ Std.

Abstieg: $1\frac{1}{4}$ Std.

Stützpunkte: Gasthäuser auf der Paßhöhe, Nemesalphütte, 1877 m.

✳: Anregende Wanderung durch Wald und Moor in aussichtsreiches Almgelände.

Tip: Auf Markierung 13 über Klammbach-Alm, 1944 m, Helmhang-Hütte, 1610 m, nach Sexten 3 Std. Busbenutzung zum Kreuzbergpaß empfohlen, sofern man nach Sexten absteigen will.

Die Nemesalpe gegen den Knieberg über dem Kreuzbergpaß im Karnischen Hauptkamm

Die wichtigsten Orte von A – Z

Die Kirche von St. Veit in Prags gegen den mächtigen Seekofel

GSIES

Ital. Casies, 1398 m (St. Magdalena), 2006 Einwohner. Gsies ist eine Gemeinde des 15 km langen Gsieser Tals, eines Seitentals des Pustertals, das bei Welsberg mündet. Verwaltungssitz ist der kleine Ort Durnwald, ital. Durna in Selva.

INNICHEN

Ital. San Cándido, 1173 m, 3082 Einwohner (Marktgemeinde). Zu Füßen von Haunold und Dreischustergruppe liegt malerisch der bedeutende Ort Innichen im Hochpustertal – hier das Tal der Drau –, der rund um die im Jahr 769 durch den Bayernherzog Tassilo III. und das Hochstift Freising gegründete Benediktinerabtei entstanden ist. Ehrwürdigstes Gebäude ist die romanische Stiftskirche, auch Innichner Dom genannt; sie beherbergt einen wertvollen Domschatz und eine bedeutende romanische Kreuzigungsgruppe, den sogenannten Innichner Herrgott, aus dem 1413 Blut geflossen sein soll. Seither stellt die Stiftskirche ein beliebtes Wallfahrtsziel dar. Die St.-Michaels-Kirche war ursprünglich romanisch und wurde später barock ausgestattet.

Einer der alten Bildstöcke mit Bemalung aus spätgotischer Zeit in Taisten über dem Pustertal und Gsiestal

NIEDERDORF

Ital. Villabassa, 1154 m, 1281 Einwohner. Ort im Hochpustertal mit vorgeschichtlichen und römischen Funden, im 10. Jahrhundert erstmals erwähnt. Seit dem Mittelalter ist Niederdorf Handelsknotenpunkt, lange Zeit hatte es Bedeutung als Zollstätte und Poststelle. Die Pfarrkirche aus dem 18. Jahrhundert enthält zwei Altarbilder des berühmten Barockmalers Martin Knoller. Die Kapelle St. Anna von 1500 neben der Pfarrkirche besitzt Fresken von Simon von Taisten. Das alte Gerichtshaus fällt durch seine wappengeschmückte Fassade auf, im Innern findet man eine gotische Balkendecke.

PRAGS

Ital. Braies, 1376 m, 631 Einwohner. Hauptort des gleichnamigen Tals, eines südlichen Seitentals des Tals der Rienz, das sich in Innerprags und Außerprags verzweigt. Im Talschluß von Innerprags liegt der berühmte, bis zu 40 m tiefe Pragser Wildsee. 2 km außerhalb kommt man nach Bad Altprags, ein Kurbad mit schwefelhaltigen Heilquellen.

SEXTEN

Ital. Sesto, 1317 m, 1839 Einwohner. Hauptort des Sextentals in prachtvoller Lage zwischen Karnischem Hauptkamm und den Sextener Dolomiten, im 10. Jahrhundert erstmals genannt. Die Kirche St. Petrus aus dem 19. Jahrhundert besitzt Gemälde von Albert Stolz; die Rundkapelle auf dem Friedhof enthält den berühmten Freskenzyklus „Totentanz" aus dem Jahr 1924 des Bozners Rudolf Stolz. Im Ort befindet sich ein Rudolf-Stolz-Museum. Sexten ist die Heimat der berühmten Bergführerfamilie

Der Ort Sexten im Sextental gegen die östlichen Sextener Dolomiten

Innerkofler, aus der viele Erstbesteiger bekannter Gipfel hervorgegangen sind. Sepp Innerkofler fiel 1915 am Paternkofel.

TOBLACH

Ital. Dobbiaco, 1250 m, 3202 Einwohner. Der Ort in schöner Lage im Hochpustertal, im 9. Jahrhundert erstmals erwähnt, erhielt seit dem 13. Jahrhundert durch die Strada d'Alemagna, die Verbindung nach Venedig, große wirtschaftliche Bedeutung. Vor dem Ersten Weltkrieg war Toblach ein vornehmer Erholungsort für viele gekrönte Häupter. Die Pfarrkirche aus dem 18. Jahrhundert gilt als eine der schönsten Barockkirchen Südtirols; Tabernakel und Skulpturenschmuck stammen hauptsächlich von Johann Perger, Altarbilder und Deckengemälde von Franz A. Zeiller. Eine Kapelle soll von Kaiser Maximilian nach seinem Sieg über die Venezianer bei Peutelstein gestiftet worden sein. Im Ort befinden sich die Ansitze Wiesenegg und Herbstenburg.

WELSBERG

Ital. Monguelfo, 1087 m, 2427 Einwohner. Ort im Hochpustertal mit vorgeschichtlichen und römischen Funden am Burgstall, wo jetzt noch ein Kloster steht. Die Pfarrkirche des 18. Jahrhunderts besitzt Altarbilder von Paul Troger, dem berühmtesten Sohn des Ortes. Die Fresken des Bildstocks vor der Kirche werden Michael Pacher zugeschrieben, sie sind jedoch nach dilettantischer Restaurierung stark beschädigt. Am Friedhof findet man schöne Grabkreuze und eine Pietà der Südtiroler Bildhauerin Maria Delago aus unserem Jahrhundert.

Innichen im obersten Pustertal gegen den Haunold

REGISTER

Die Ostauffahrt der Stilfser-Joch-Straße; hinten die Gruppe der Vertainspitze

IMPRESSUM

Titelbild: Langkofelgruppe
Seite 2: Flugaufnahme der Rosengartengruppe etwa von Südwesten; tief unten der Karersee. Die höchsten sichtbaren Gipfel von links sind Rosengartenspitze, Tscheinerspitze, Rotwand
Seite 3: Willkommene Labung am Bergwasser
Seite 4/5: Das schön gelegene Dorf Lajen, vor dem Einschnitt des Grödentals; hinten Sellagruppe und Langkofelgruppe
Seite 212/213: Die Hochfläche des Regglbergs mit Deutschnofen gegen Rosengarten- und Latemargruppe
Umschlagrückseite: Geislerspitzen

Textautoren: Erst Höhne, Touren Nr. 1, 4, 15-19, 21, 27, 33, 41, 52, 61-69, 107, 109, 117, 120, 142, 149, 151, 152, 156, 158, 159, 163, 165-168, 174, 178, 184 und alle Nicht-Tourentexte; Hans Kammerer, Touren Nr. 40, 42, 43, 54-59, 70-72, 76, 79-103, 106, 108, 118, 119, 121-141, 143-148, 154, 155, 157, 160-162, 164, 169-173, 175-177, 182, 183; Giovanna Koch, Touren Nr. 30-32, 44, 46, 48, 51, 53, 73, 104, 105, 110-116; Karl-Heinz Rochlitz, Touren Nr. 2, 3, 5-14, 22-26, 28, 29; Kurt Wustl, Touren Nr. 20, 34-40, 47, 49, 50, 74, 75, 77, 78, 150, 153,179-181, 185.

Texte: „...und nach der Tour": Dorothea Steinbacher

Bildnachweis: Heinrich Bauregger: 7, 183 unten; Hans Kammerer: 71 unten, 87, 89, 90, 112 oben, 118 unten, 122 oben, 123, 126, 131 unten, 165 unten, 166 oben und unten, 179; Reinold Leitner: 71 oben, 76, 81, 83, 86, 88 unten, 98, 112 unten, 113 oben, 118 oben, 121 unten, 132 unten, 133 unten, 136, 137, 138, 139, 141 oben, 142 unten, 143, 144, 145, 146 oben, 154, 155 unten, 158, 187, 202, 209; Wolfgang Rauschel: 41 oben, 66 unten, 99, 100 unten, 119, 120 unten, 121 oben, 156 oben und unten, 162, 177 unten, 188 oben und unten, 195 unten, 201; Karl-Heinz Rochlitz: 31, 38, 39, 40, 41 unten, 51, 52, 53 oben und unten, 60 oben, 61 oben; Tappeiner: 2, 3/4, 26, 37 oben, 56 oben, 63, 77, 82 unten, 84, 103, 111, 116 oben und unten, 132 oben, 135, 151, 167 unten, 177 oben, 196 oben, 211 unten, 213/214, 217; KV Meran: 66 oben; TV Bozen: 101 unten; TV Feldthurns: 17 oben, 133 oben; TV Schnals: 59 unten, 60 oben, 61 unten; TV St. Leonhard: 82 oben; TV St. Ulrich: 20 oben, 176, 195 Mitte; TV Sarnthein: 101 oben; TV Sexten: 204, 211 oben; Kurt Wustl: 67, 68 oben und unten, 106, 205 unten, 206 oben; Ernst Höhne: übrige Bilder; Titelbild: Reinhard Eisele.

Konzeption: Heinrich Bauregger/Helmut Krämer
Einbandgestaltung: Eisele & Bulach, Augsburg
Kartenskizzen und Grafiken: Ernst Höhne
Gestaltungskonzept: KES, München
Satz/Layoutrealisation: Kraxenberger Kommunikation
Herstellung: Manfred Metzger, München

Aktualisierte, genehmigte Linzenzausgabe
für Weltbild Verlag GmbH, Augsburg 2000

Projektmanagement / Herstellung: Bruckmann, München
Printed in Italy
ISBN 3-8289-3139-1

Ortler, Thurwieser-
spitze und Oberer
und Unterer Ortler-
ferner vom Gipfel
der Rötlspitze.

Reschenpaß
1507 m
Piz Lat
2805 m
Reschen
Hennesiegel-sp. 3142 m
Melag
Langtauferer Tal
Kapron
Graun
Weißseesp.
3532 m
Matscher Joch
Weißkugel
3739 m
Rojen
Danzebell
3148 m
Valvelsp.
3513 m
Grian-kopf
2896 m
St. Valentin auf der Haide
Bildstöckel-joch
Finailsp.
3514 m
Similaun
3606 m
Hint. Schwärze
3624 m
Piz Sesvenna
3205 m
Watles
2555 m
Planeiltal
Matscher Tal
Kurzras
Saldursp.
3433 m
Vernagt
Schnalstal
Planeil
Schlinig
S-charljöchl
Mals
Matsch
Avignatal
Hochalt
3265 m
Mastaun
3200 m
Karthaus
Roteck
3336 m
Gfallwand
3175 m
Zerminінger
3100 m
Trumser Spitze
2912 m
Vermoisp.
2929 m
Schluderns
Glurns
Taufers
Tanas
Eyrs
Kortsch
Schlanders
Tschars
Naturns
Staben
Prad
Stilfs
Tschengls
Laas
Göflan
Kastelbell
Latsch
Morter
Furkelsp.
3004 m
Tschenglser Hochwand
3375 m
Gomagoi
Trafoi
Laaser Tal
Martelltal
Tartscher Joch
Hoher Dieb
2405 m
Außer Sulden
Vertainsp.
3544 m
Orgelsp.
3305 m
Hasenöhrl
3257 m
Stilfser Joch
2758 m
Sulden
Schludersp.
3230 m
Martell
Ultental
M. Livrio
3174 m
Ortler
3905 m
Zufrittsp.
3439 m
St. Nikolaus
Königsspitze
3857 m
Hint. Eggensp.
3443 m
St. Gertraud
Ilmensp.
2657 m
Hochwart
2627 m
Proveis
Cevedale
3769 m
Veneziasp.
3386 m
Laurein
Timmels-joch
Wurmkogel
3082 m
Hoher First
3403 m
Moos
Pfelderer Tal
Pfelders
Hohe Wilde
3480 m
Lodner
3228 m
Tschigat
2998 m
Kolbensp.
2868 m
Passeier Tal
Partschins
Algund
Riffian
Forst
Meran
Marling
St. Vigil
1793 m
Vigil-joch
Hochwart
2508 m
Lana
St. Pankraz
St. Walburg
Uns. L. Frau im Walde
Laugen
2434 m
Gfrill
Gampenjoch
1512 m
Gaider Berg
St. Felix
Wilder Freiger
3419 m
Sonklarsp.
3471 m
Botzer
3251 m
Maiern
Ridnaun
Ridnauntal
Hohe Ferse
2669 m
Ratschingstal
Hohe Kreuzsp.
2743 m
Jaufen-paß 2099 m
St. Leonhard
St. Martin
Pflersch
Tribulaun
3097 m
Inner-pflersch
Wettersp.
2709 m
Alplersp.
2748 m
Hirzer
2781 m
Ifinger
2581 m
Schenna
Hafling
Sinich
Burgstall
Möltner Joch
Vöran
Mölten
Gargazon
Vilpian
Tisens
Nals
Terlan
Jenesien
Andrian
Missian
Eppan
Mendel-paß
Kaltern
Branzoll
Aldein
Roen
2110 m
Tramin
Auer
Kurtatsch
Ireshorn
1812 m
Margreid
Kurtinig
Laag
Hornsp.
1781 m
Buchholz
Salurn
Maßstab
0
10
20
30 km